# 거장의 은밀한 식탁

**거장의 은밀한 식탁**

**지은이** 피오나 로스 | **옮긴이** 김민수 | **처음 찍은날** 2017년 8월 10일 | **처음 펴낸날** 2017년 8월 17일 | **펴낸곳** 이론과실천 | **펴낸이** 최금옥 | **등록** 제10-1291호 | **주소** (121-822) 서울시 마포구 포은로8길 32 (망원동, 국일빌딩) 201호 | **전화** 02-714-9800 | **팩시밀리** 02-702-6655

Dining with the Famous and Infamous
By Fiona Ross


ISBN 978-89-313-6070-7 03900

- 값 23,000원
- 잘못된 책은 바꿔 드립니다.

이 도서의 국립중앙도서관 출판예정도서목록(CIP)은 서지정보유통지원시스템 홈페이지(http://seoji.nl.go.kr)와 국가자료공동목록시스템(http://www.nl.go.kr/kolisnet)에서 이용하실 수 있습니다.(CIP 제어번호: CIP2017019130)

# 거장의 은밀한 식탁

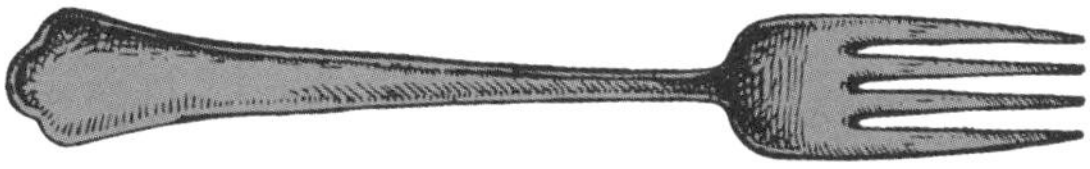

피오나 로스 지음
김민수 옮김

위대한 예술가 45인의 맛있는 인생

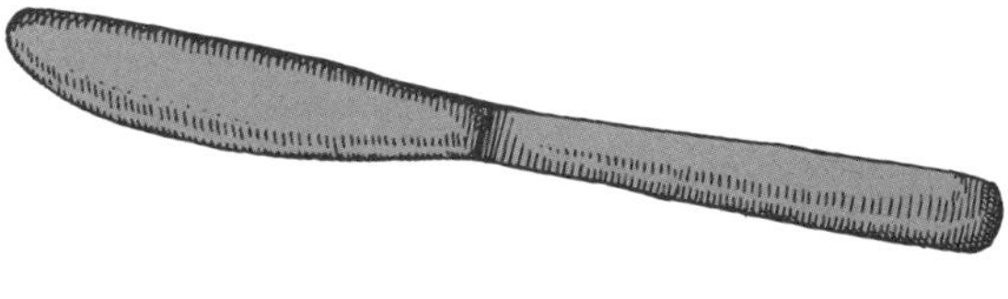

이론과실천

우리를 위해 건배! 그런데 우리 같은 사람은 누구지?
젠장, 극소수지. 게다가 그마저도 다 죽고 없지.

— 로비 번스[●]

● Robbie Burns: 18세기 스코틀랜드의 민족주의 시인.

• 일러두기

_ 요리, 재료 용어는 모두 원서대로 옮기고 외래어 표기법에 따라 표기하였습니다. 재료 설명은 이 책 뒤에 실려 있습니다.

_ 이 책에 실린 주는 모두 옮긴이가 이해를 돕기 위해 단 것입니다.

## 차례


감사의 글 10

서문 12

### 1장 화가의 식탁

살바도르 달리 20

마크 로스코 32

폴 고갱과 빈센트 반 고흐 40

앤디 워홀 49

오귀스트 르누아르 58

디에고 리베라와 프리다 칼로 67

파블로 피카소 79

### 2장 영화스타의 식탁

조앤 크로포드 92

마이클 케인 99

로렐과 하디 105

캐리 그랜트 114

마를레네 디트리히 119

알프레드 히치콕 128

엘리자베스 테일러 144

존 웨인 166

마릴린 먼로 174
험프리 보가트와 로렌 바콜 184
우디 앨런 190

3장
팝스타의 식탁

비틀즈 194
루이 암스트롱 216
프랭크 시나트라 230
우디 거스리 244
밥 딜런 253
밥 말리 262
마이클 잭슨 270
롤링 스톤즈 279

4장
작가의 식탁

에블린 워 294
C. S. 루이스 305
어니스트 헤밍웨이 315
F. 스콧 피츠제럴드 322
존 스타인벡 331
J. D. 샐린저 340
이안 플레밍 350

W. H. 오든 359
조지 오웰 370
애거서 크리스티 378
오스카 와일드 387
실비아 플라스 400

## 5장 끝으로, 미치광이 거장들

카사노바 416
시빌 리크 424
노스트라다무스 432
알리스터 크롤리 437

재료 설명 455
참고문헌 462

# 감사의 글

모든 책이 그렇듯이 이 책도 많은 사람들에게 신세를 졌다. 나의 친절하고 유능한 편집자 켄 앨벌라의 조언과 지지에 감사를 전하고 싶다. 보들리언 도서관의 덥고 먼지 가득한 위층 열람실에 근무하는 직원들은 정말 대단한 사람들이다. 그들은 서가 깊숙한 곳에 있는 희귀한 책들을 끊임없이 수레로 운반한다. 내게 보들리언을 소개해주고 가장 붐비는 시간에 도서관에서 훌륭한 동지애를 보여준 다정한 친구 질리언 해리슨, 고마워. 음식에 대한 부수적인 조사를 기꺼이 맡아준 모이라와 앨러스테어 로스도 고맙다. 마거릿과 켄 콘웨이는 그들의 부엌에서 염소고기 카레 요리를 하게 해주었고, 셸리 쿠퍼는 그녀의 뒤뜰에서 임시로 만든 쇠꼬챙이에 젖먹이 돼지를 끼워 요리하는 걸 도와주었으며, 부동산 중개업자 알렌과 해리스는 그들이 내게 세준 아파트 욕조에서 방금 말한 젖먹이 돼지를 마리네이드에 절이는 걸 허락해주었다. 모두에게 고맙다는 말을 전하고 싶다. "고잉 풋"으로 내게 영감을 준 메리 버틸과 아이린 토미니에게 나는 빚을 졌고, 나와 함께 그 길을 걷는 나의 모든 카미노 친구들에게도 빚을 졌다. 제인 갠리는 정보통신기술에 대한 조언과 초콜릿에 대한 자세한 지식으로 큰 도움을 주었다. 또 브레드 앤 버터 크리에이티브의 네이선 셸튼에게도 감사한다. 내 웹사이트와 블로그에서 보여준 그의 훌륭한 디자인 작업에 나는 두고두고 못 갚을 빚을 졌다. 앨럼 스트리트 주방에서의 정신 나간 그 모든 식사 실험들에 대해 요리크, 로버타, 루이스에게 감사하고 싶다. 채소라는 어마어마한 주제에 대해 조언을 해준 진과 리처드 헤이에게도 꼭 감사의 말을 전해야겠다. 에밀리 그레이, 네 다락에서 지내게 해줘서 고마워. 티치 휴즈에게도 감사를 전한다. 지퍼를 어떻게 잠그는 건지 내게 보여줘서! 로이신 로스에게 키스를 보내고 싶다. 사랑하는 법, 수영하는 법, 엄마가 되는 법을 내게 알려줬으니까. 그리고 영원히 나의 최고의 여자 친구가 되어줬으니까. 언제까지나 그 강아지와 거품 목욕을 하길 빌게.

끝으로, 내 사랑하는 남편이자 최고의 친구인 가렛 생거, 나에게 내 방과 500파운드를 주면서 엄청난 너그러움과 사랑, 믿음을 보여준 그에게 마음 깊이 감사를 전하고 싶다.

## 서문

음식에 관한 책은 저자의 미뢰味蕾로 시작한다. 미뢰는 자세히 들여다보면 바위 사이의 작은 웅덩이에서 물결치는 뭔가를 닮았지만, 사실 미뢰는 기쁨을 쏘아 올리는 일종의 작은 로켓 발사대이다. 그러므로 내 코와 내 코가 가진 훌륭한 후각을 잊지 않으면서 내 미뢰로 이 책을 시작해보겠다!

나는 1960년대와 70년대에 스코틀랜드 북동부에서 자랐다. 여전히 중산층 여자들은 요리를 했고 남자들은 일을 했다. 그 세계에서 내가 처음으로 음식을 발견한 곳은 어머니와 할머니의 부엌이었다. 1960년대에 부엌의 싱크대에서 벗어날 수 없었던 많은 여자들과 마찬가지로 어머니 모이라는 오페라 가수와 변호사와 미술가와 작가와 과학자와 스트립 댄서가 될 수도 있었던 자질을 가재 수프와 오리 발로틴•과 '베일을 쓴 시골처녀의 자두 푸딩'••에 남김없이 쏟아부었다. "먹어보렴." 어머니는 그렇게 말하며 셰리주 맛이 나는 크림으로 뒤덮인 거품기를 내밀곤 했다. 나는 그것이 맛있는 건 물론이고 꿈의

---

• ballottine: 고기의 뼈를 발라내고 그대로 또는 소를 채워 삶은 요리.

•• Peasant-Girl-in-a-Veil plum pudding: 으깬 사과나 자두, 아이스크림, 빵 부스러기 등을 쌓아 만드는 전통적인 스칸디나비아 디저트.

음식이라는 것을 알고 있었다. 어머니는 독실한 교인인 할머니 올리브 버켓과는 정반대의 사람 같았다. 할머니는 두꺼운 황갈색 팬티스타킹을 신고 다양한 여성용 가발을 쓰고 다녔으며, 집 내부를 복숭아색조로 꾸몄다. 하지만 촉촉한 코코넛 타워와 대황 크럼블, 버터를 바른 바삭바삭한 껍질에 속은 푹 쪄서 맛있어 보이는 경이로운 파이는 할머니의 부엌에서도 나왔다. 만약 이런 음식들이 할머니의 정신세계를 반영한다면 올리브 버켓은 마타 하리였다. 할머니가 돌아가시자 그녀의 꽤 많은 음식도 조용히 사라졌다. 할머니가 조리법을 하나도 적어놓지 않았기 때문이다. 올리브 버켓의 부엌에서 사라진 맛과 냄새를 재발견하는 일은 내 몫으로 남았다.

요컨대 내 미뢰는 향수鄕愁에 이끌린다.

과거에 대한 갈망과 그곳이 어디가 됐든 *거기* 있고 싶은 열망. 내가 갈망했고 갈망하는 과거의 사람들은 단지 할머니와 어머니만이 아니라, 모든 움직이는 사람들, 몸을 흔드는 사람들, 우리를 위해 저음으로 달빛을 불러준 가수들, 흑백텔레비전의 브라운관을 가로지른 배우와 여배우들, 그들의 눈을 통해 우리에게 시간이 흘러가고 있음을 보여준 화가들, 우리가 혼자가 아니라는 것을 보여준 작가와 시인들이었다. 처음부터 나는 그들의 인생이 어땠는지 자세히 알고 싶었다. 마릴린이 촬영장에서 온종일 영화를 찍은 후에 뭘 했는지 알고 싶었다. 담배를 피웠을까? 맨해튼을 마셨을까? 파스타를 먹었을까? C. S. 루이스는 나니아의 미스터 텀너스처럼 버터 바른 토스트를 베어 물고 차를 마셨을까?

그러한 흔적을 찾아 나선 첫 번째 시도는 30년 전 핵무기 철폐 지지를 위한 가두 행진에 참여하기 위해 런던까지 걸어간 것이었다. 맞다, 어릴 때 나는 살짝 히피였다. 여하튼 베를린 장벽은 여전히 서 있었고 영국 정부는 "핵 재앙이 일어나면 할 일"이라는 자구책 전단을 배포할 준비까지 마친 뒤였다. 그 전단에는 삶은 콩과 장기 보존 처리한 우유를 안전하게 보관하는 법, 실내복이 녹고 있는 동안 현관 밑에서 숨을 참고 누워 있는 법에 대한 유용한 조언이 가득했다. 하지만 나는 시위대의 일원인 동시에 음식에 사로잡힌 사람이었다. 따라서 런던에서 내 정신은 딴 데 팔려 있었다. 나는 런던에 가기 전에 정말 우연찮게 내 영웅 중 한 명인 오스카 와일드가 런던의 소호 거리에 있는 어느 식당에 자주 들렀다는 얘기를 어디선가 읽었다. 그래서 그 식당을 찾아보기로 한 것이다.

빗속에서 미로나 다름없는 소호 주변을 헤매고 다닌 끝에 어둠이 내려앉은 어느 길 아래쪽에서 와일드가 자주 들렀다는 식당을 발견했다. 식당은 작고 지저분했다. 창문에는 색이 바랜 레이스 커튼이 달려 있었다. 하지만 그런 건 중요하지 않았다. 그때가 내가 와일드에게 가장 가까이 다가간 순간이었기 때문이다. 마치 내 앞에 오스카의 코트자락이 보이는 것 같았다. 나는 추위와 조금 과하게 마신 황색 포도주 때문에 발그레해진 그의 통통한 볼을 상상해보았다.

그를 따라 식당 안으로 들어갔다. 초라하고 낡은 그곳은 옛 모습이 거의 남아 있지 않았다. 먼지가 자욱했고 작은 파리 한 마리가 날아다녔다. 억양이 센 그리스인 여종업원은 검정색과 흰색의 촌스런 주름들이 잡힌 옷을 입고 있었다. 여기서 와일드와 같은 식탁에 앉아 그가 나이프와 포크를 어떻게 쥐는지 보고, 런던의 스테이크 전문 식당에서 구운 양고기가 내뿜는 세기말의 냄새를 맡고, 마차 바퀴가 철벅거리는 소리를 들었다면 어떤 기분이 들었을지 궁금해졌다. 나는 흰색 천이 덮인 식탁에 혼자 앉아 가리비와 굴을 먹으면서 와일드가 내 일행이라고 상상해보았다. 비록 그와 굴을 나눠 먹지는 못하지만 그래도 그의 존재는 음미할 수 있었다. 그는 내 포크 위에 있었다.

와일드를 발견한 그날이 이 책의 본격적인 시작이었다. 이 책은 평생 만난 적도 없는 옛 친구들을 만나 함께 식사를 하기 위한 노력이었다. 20세기 주요 우상들의 식생활을 조사하다 보니 음식의 역사에 관한 매혹적인 여행을 떠나게 되었다. 많은, 정말 많은 시간을 옥스퍼드 보들리언 도서관에서 보냈다. 그곳에서 나는 그저 *소시지*나 *달걀* 같은 단어를 찾기 위해 아인슈타인에서 로렐과 하디, 프로이트, 스타인벡, 루이스, 처칠, 크리스티, 스탈린, 앨런, 레논에 이르는 다양한 우상들을 다룬 산더미 같은 책들을 열심히 뒤졌다. 단서를 찾기 힘들 때도 있었다. 예컨대 어떤 우상들은 살면서 크래커조차도 먹지 않은 것 같았다. 하지만 그들의 개성을 보여주는 끼니와 그들이 가장 좋아하고 잊지 못했던 음식을 발견하는 기쁨은 그 무엇에도 비할 수가 없었다. 그러한 발견이 계속될수록 나는 한 가지 단순하고 근본적인 교훈을 깨달았다. 우리의 본모습은 우리가 먹는 것을 통해서 드러난다는 것이다. 물론 애거서 크리스티나 험프리 보가트에겐 조리법을 적는 일 말고도 다른 할 일이 더 많았다. 그래서 나는 내 우상들의 음식과 요리 이야기에 관한 정보를 찾는 데서 멈추지 않고 한 발 더 나아가 그들의 음식 경험을 토대로 나름 정확하고 그 시대를 반영하면서 맛까지 있는 레시피를 덧붙이기로 했다. 따라서 이 책에 실린 조리법은 전적으로 나의 창작품이다. 부디 모든 음식이 맛있고 사실에 가까우며 향수를 불러일으켰으면 하는 바람이다. 반 고흐가 요리를 했을 수는 있지만 그 말이 곧 그가 요리를 잘했다는 뜻은 아니다. 나는 내 독자를 식중독에 걸리게 하고 싶지는 않았다. 내 생각에 당신이 먹지 않는 게 낫겠다 싶은 음식은 조리법을 만들지 않았다. 예를 들면 악명 높은 마술사 알리스터 크롤리가 즐겼던 정액 케이크 같은 것 말이다. 그렇다고 배경설명이나 일화는 전혀 없이 조리법만 가득한 책을 내고 싶지는 않았다. 어떤 순간의 부활이 있을 수 없다면 음식에 대한 향수도 있을 수 없으니까.

식사 시간에는 미술, 문학, 음악, 영화의 역사에 대한 뜻밖의 통찰이 드러나기도 한다. 반 고흐와 고갱의 복잡하고 격렬하고 예술적인 관계가 아를에서 함께 했던 두 사람의 정신 나간 식생활을 통해 드러나고, 남색 혐의로 기소된 오스카 와일드의 재판에서 가장 확실한 증거로 제시된 것이 그가 다른 남자—그것도 하층 계급의 남자—에게 체리 정과를 먹이는 것을 목격했다는 진술이었다는 점도 결코 우연이 아니었다. 기득권층을 이길 수는 없다고 화가 마크 로스코를 설득하는 데는 시그램 빌딩의 저녁식사가 필요했다. 캐리 그랜트나 『호밀밭의 파수꾼』의 작가 J. D. 샐린저와 낭만적인 데이트를 하고 싶으면 디너가 담긴 TV 식판●이 필요하다는 사실을 한 번이라도 상상해 본 적이 있는가? 살바도르 달리와 알프레드 히치콕의 삐딱한 유머감각은 그들의 음식 기벽에서도 확실하게 엿볼 수 있다. 달리는 초콜릿

● TV tray: TV를 보면서 먹는 음식을 받쳐놓는 쟁반.

소스를 바른 바닷가재만 있으면 누구든 침실로 데려갈 수 있다고 장담했다. 도로시 파커가 (W. H. 오든과 마찬가지로) 부엌에 있는 베이컨으로 뭘 해야 할지 몰랐다는 사실을 알고 나면 그녀가 더욱 사랑스러워진다. *정말* 그걸로 꼭 요리를 해야 해요? 반면에 조지 오웰은 맛있는 블랙베리 젤리를 만들 줄 알았고, 존 스타인벡은 자신의 개 찰리를 위해 핫케이크를 즐겨 만들었다. 샐린저는 자신의 집 굴뚝 꼭대기에서 연어 한 마리를 통째로 바구니에 넣고 훈제하려고 했다. 민트 줄렙 한 잔을 만들어보라. 그러면 양복을 입고 소년같이 옆 가르마를 탄 F. 스콧 피츠제럴드가 말끔하지는 못해도 친근한 얼굴로 당신 맞은편에 앉을 것이다. '처량한 남자의 술'이라고 불린 이안 플레밍의 자메이카 칵테일을 마셔보라. 그 술이 본드의 마티니보다 007의 진짜 모습에 대해 훨씬 더 많은 것을 말해줄 것이다. 마릴린 먼로가 아서 밀러에게 그랬듯이 실비아 플라스도 테드 휴즈의 마음에 들기 위해 빵을 구웠다. 엘리자베스 테일러의 엄청난 남편 욕심은 음식에 대한 열정에서도 그대로 드러난다. 프랭크 시나트라와 리처드 버튼의 식생활을 보면 자신들이 먹고 자란 음식의 뿌리를 잊지 않았음을 알 수 있다. 한 예로 시나트라의 식생활은 맛있는 시칠리아 요리와 그의 어머니 돌리의 부엌에서 시작되었다. 시나트라의 어머니가 자신이 만든 빨간 소스를 휘저으면 얼치기 마피아처럼 생긴 사내들이 그 소스에 빵 껍데기를 적셔 먹으면서 양념에 대해 이러쿵저러쿵 조언을 늘어놓곤 했다.

이 책은 유명 인사와 악명 높은 인사들의 인생을 접시에 담아 내놓는다. 어서 와서 역사의 식탁에 앉아볼 생각은 없으신지.

# 1장

# 화가의 식탁

위인들과 함께 음식 섭취의 기술을 알아보자. 부어라 마셔라 흥청망청거린 탓에 용의자로 지목된 사람들은 다음과 같다. 살바도르 달리, 마크 로스코, 폴 고갱과 반 고흐, 앤디 워홀, 오귀스트 르누아르, 디에고 리베라와 프리다 칼로, 그리고 파블로 피카소.

## 살바도르 달리

SALVADOR DALI

1904~1989. 스페인의 초현실주의 화가이자 판화가, 영화제작자. 마드리드의 미술학교에서 공부했고 1928년 파리로 가서 초현실주의 운동에 참가했다.

몇몇 화가들이 음식에 대해 보여주는 무관심에 가까운 태도는 무척 인상적이다. 그들은 마치 비스킷이나 케이크, 치즈 따위를 떠올리는 것은 예술에 헌신하는 순수하고 신성한 자세가 아니라고 생각하는 모양이다. 그 훌륭한 미켈란젤로는 시스티나 성당 천장벽화 작업에 깊이 몰두한 나머지 점심식사 따위는 까맣게 잊고 몇 시간씩 비계에 매달려 있었다. 그러는 동안 그의 하인이 주인의 식욕을 돋우려고 수프와 빵을 들고 마치 곡예를 하듯 성당 천장과 바닥을 분주히 오르내렸다. 반 고흐는 빵 한 조각 먹는 것조차 거의 잊고 사는 바람에 늘 지저분하고 피골이 상접한 모습으로 사람들을 놀라게 했다. 반 고흐는 두어 달에 한 번씩 마치 세례 요한 같은 몰골로 불쑥 나타나서는 마늘 수프를 사 먹거나 와인과 빵, 치즈가 조금 담긴 접시를 비우고는 다시 예언자적이고 선지자적인 고문을 받기 위해 아를의 무섭고 외진 모퉁이로 사라졌다. 반면 클로드 모네는 오늘날 '리버 커티지'● 스타일의 음식 전문가처럼 온 사방을 떠돌아다녔다. 모네 부부는 울타리를 두른 지베르니의 정원에서 사랑스럽고 촉촉한 아침 햇살을 받고 자란 제철 채소와 과일만 따서 식탁에 올리기를 고집했다. 그리고 모네는 (훗날의 소름 끼치는 스탈린처럼) 으레 식탁에서 고기를 썰었다. 물론 모네의 경우 손님에게 겁을 주려는 의도는 없었다. 다만 한 가지 명심할 것이 있다. 늦지 말 것. 모네는 한낮의 햇빛을 최대한 많이 활용하여 그림을 그리고 싶어서 점심상을 오전 11시 30분에 차렸다. 레오나르도 다 빈치는 채식주의의 수호신들과 함께 저 높은 천상에 자리 잡고 있다. 그가 새장에서 기르는 새들을 산 이유는 저녁식사를 위해서가 아니라 날개 달린 천사들처럼 피렌체의 파란 하늘로 날려 보내기 위해서였다. 다 빈치는 "육식은 살인이다"meat-is-murder 운동의 아버지였다. 이 운동은 인간이라는 육식동물이 "다른 생명체의 죽음을 통해" 살아가고 있으며, "인간은 살아 있는 묘지"라고 주장한다. 그러한 정서 때문에 세상 사람들은 〈지금 내가 얼마나 비참한지 하늘은 알겠지Heaven Knows I'm Miserable Now〉●●를 부르며 손에 들고 있는 베이컨 샌드위치를 만지작거렸다.

육욕적이고 묘지를 떠올리게 하는 다 빈치의 언급은 살바도르 달리에게는 식욕을 돋우는 자극제 역할을 했을 뿐이다. 달리는 음식과 관련하여 무엇이든 색다른 것에 흥미를 느꼈다. 그의 식습관은 모순

---

● River Cottage: 영국 TV방송국의 사회자 겸 음식전문가 휴 펀리-위팅스톨이 진행하는 쇼이자 그가 소유한 프랜차이즈 식당 이름.

●● 1980년대 영국 밴드 더 스미스가 부른 노래. 밴드의 리더 모리세이는 채식주의자였고, 밴드가 1985년에 발표한 앨범 제목은 《Meat Is Murder》였다.

과 육체적인 기벽으로 가득했다. 우리의 아홉 살 초현실주의자가 옆집에 걸린 어느 인상파 화가의 그림에서 시선을 떼지 못하고 있을 때 토스트와 예술은 하나가 되었다. 달리는 버터와 꿀을 바른 토스트를 카페오레에 적셔 천천히 입에 물었다. 꿀과 노란 버터, 그림을 비추는 무지갯빛 조명 때문에 처음으로 달리는 말 그대로 예술을 맛보았다.

사춘기 때 달리는 부엌에 들어가는 것이 금지되었지만, 부엌에서 새어 나오는 콩팥 냄새 속에 "한창나이의" 부엌 하녀들의 도발적인 냄새가 섞여 있었으니 그가 냄새를 맡으려고 부엌문 앞을 서성거린 건 당연했다. 실제로 달리는 아버지가 성게알을 삼키는 것을 보면서 처음으로 성적 흥분을 느꼈다. 달리가 성격 형성기에 가족과 보낸 세월은 음식에 자극을 받은 시기이며, 음식에서 자극을 받는 성정은 유전적 영향이었을 가능성이 크다. 치매에 걸린 그의 할머니도 머랭에 대한 생각을 할 때만 잠깐씩 정신이 맑아졌으니까.

만약 알프레드 히치콕이 만찬회를 연다면 그는 달리가 앉을 자리를 꼭 마련해야 할 것이다. 두 사람은 음식에 대해서 아주 비슷한 상상에 사로잡혀 있었다. 히치콕이 달리를 영화 〈프렌지Frenzy〉에 캐스팅한 건 체리에 대한 달리의 의견 때문이었을 것이다. 달리는 피가 섞인 즙이 가득 들어 있는 아직 따지 않은 다 익은 체리가 처녀를 연상시킨다고 말했다. 체리는 남자들로 하여금 근친상간에 대해서 다시 한 번 생각하게 만들고 강력한 최음제이며 우리를 동족을 잡아먹는 동물로 만든다. 미아 패로는 아직 아무도 따지 않은 것처럼 보이는 열아홉 살 때 달리의 눈을 사로잡았다. 달리는 그녀가 어머니와 형제자매들과 함께 살고 있는 아파트에 나타났다. 그러고는 한마디 인사도

## 스페인 머랭

재료

- 라스베리 ¼파운드(113g)
- 뜨거운 물 ½컵
- 바닐라슈가 1컵
- 달걀흰자 4개
- 신선한 레몬주스 1티스푼
- 슈가파우더 2테이블스푼
- 여분의 라스베리 ¼파운드

조리법

오븐을 250도로 예열한다. 베이킹 트레이에 유산지를 깔아둔다(혹은 베이킹 트레이에 종이 머핀컵을 놓고 머랭을 구워도 된다). 라스베리를 으깨 걸쭉하게 만든 뒤 뜨거운 물을 붓고 잘 젓는다. 으깬 라스베리를 체에 받쳐 자그마한 소스팬에 걸러낸다. 바닐라슈가를 넣고 불에 올려 저어주다가 끓어오르면 잔잔히 부글거리도록 불을 낮추고 가끔 저으며 졸이면 점점 시럽과 같이 된다. 얼음물 한 컵에 시럽을 한 방울 떨어뜨려 시험해본다. 컵 안에 엉긴 시럽에 손끝을 대보았을 때 부서지지 않고 구부러지는 실 같은 형태를 유지하면 잘 된 것이다. 인내심을 요하는 작업으로 시럽이 이 같은 소프트 크랙 단계•에 이르기까지 30분 정도 걸린다.

시럽이 거의 다 되어갈 즈음(양이 ⅔로 줄어들 것이다), 달걀흰자에 레몬주스 1티스푼을 넣고 거품을 내기 시작한다. 이 작업에는 전동거품기

• soft-crack stage: 시럽을 졸이는 과정은 시럽의 온도가 높아지고 농도가 진해짐에 따라 soft-ball 단계(112~115도, 설탕 농도 85%), firm-ball 단계(118~121도, 설탕 농도 87%), hard-ball 단계(121~129도, 설탕 농도 92%), soft-crack 단계(132~143도, 설탕 농도 95%), hard-crack 단계(149~154도, 설탕 농도 99%)로 구분한다.

가 탁월하다. 달걀흰자가 단단해지기 시작하면 2테이블스푼의 슈가 파우더를 넣는다. 달걀흰자를 단단하지만 윤기를 잃지 않을 정도로 거품을 낸다. 아주 조금씩 뜨거운 시럽을 부으며 계속 거품을 낸다. 라스베리 머랭 믹스의 거품 내기를 10분 이상 지속한다.

머랭 안에서 라스베리가 톡톡 터지는 것을 좋아한다면 이때 금속 스푼을 사용해 여분의 라스베리를 머랭 바닥에서부터 접어 올리듯 섞는다. 다른 방법으로, 라스베리를 남겨두었다가 머랭을 그릇에 낼 때 곁들여 내어도 좋다.

이제 머랭을 금속 스푼으로 베이킹 트레이에 떨어뜨려놓는데 머랭 한 개당 2테이블스푼 정도면 된다.

250도에서 60~90초간 굽는다. 바로 꺼내어 5분간 식히고 크림덩어리가 따뜻한 상태로 라스베리와 함께 그릇에 낸다.

없이 아파트 복도에 병 하나를 내려놓고는 "병 안에서 벌어지는 폭력"이라는 알쏭달쏭한 말을 내뱉고 돌아갔다. 패로 가족은 밝은 색으로 칠한 병을 가운데 두고 둘러앉아 킥킥거렸다. 그들은 무슨 재미있는 것이 들어 있는지 궁금해서 아직 페인트가 덜 마른 병 안을 들여다보았다. 하트 모양 초콜릿? 붉은 장미 한 송이? 병 안에 뭔가가 들어 있었다…. 순간 패로의 여동생이 갑자기 날카로운 비명을 질렀다. 병 안에서 쥐 한 마리가 엄숙한 저녁 의식을 치르듯 도마뱀을 집어삼키고 있었던 것이다. 미아의 어머니는 "갖고 나가! *나가!*"라고 소리를 질렀고, 남자 형제들은 병을 들고 아파트에서 뛰쳐나가 가까이에 있는 담 너머의 센트럴 파크 안으로 던져버렸다. 나중에서야 그들은 자신들이 달리의 창작품을 내버렸다는 사실을 알았다.

달리의 식욕은 그가 먹는 음식의 육체적, 물리적 측면에 자극을 받았다. 그는 정어리를 먹을 때는 반드시 카탈로니아 방식을 따라 올리브 오일에 찍은 딱딱한 빵과 함께 통째로 먹었다. 뛰어난 자기 연출가였던 그는 "혁명가 달리"라는 이미지가 마음에 쏙 들었다. 그의 정어리 사랑은 1924년에 카탈로니아 분리독립을 선동한 죄목으로 21일간 투옥됐을 때부터 시작됐다. 달리는 감옥에서 매일 정어리 통조림을 한 개씩만 배급받았다고 주장했고, 그런 주장을 할 때 자신이 투옥되어 있었던 기간을 실제보다 석 달 이상 부풀려 이야기하곤 했다. 정어리와 정치적 독립이 손을 잡은 셈이다. 즉 둘 다 순교자의 고통을 맛봤고, 달리는 남은 생애 동안 기꺼이 정어리만 먹고 살겠다고 당당하게 주장했다. 달리의 그 말을 듣고 조지 오웰은 격분해 침을 뱉었다! 오웰은 제2차 세계대전이 임박했을 때 달리가 원한 일이라고는 위험에서 빠져나갈 구멍을 찾는 일이 전부였다고 주장했다. 그것도 근사한 식당 근처에서!

정어리 말고 다른 걸 먹을 수 있는 자유가 주어졌을 때, 달리는 바삭바삭한 음식과 맛좋은 갈비, 달팽이를 굉장히 좋아했다. 그는 달팽이가 지나간 자리에는 사랑스러운 자취가 남는데, 그것이 마치 정액으로 만든 길을 닮았고, 달팽이를 마늘과 섞어 요리하면 맛이 일품이라고 말했다. 이제 당신에게 추천해줄 음식이 있다. 아직도 배에서 꼬르륵 소리가 나는가? 우리와 마찬가지로 달리도 이따금 자신의 건강을 걱정했다. 그래서 가장 좋아하는 대추주스를 조금씩 마셨고 과일 샐러드를 챙겨 먹으려고 노력했다. 하지만 크림 한 덩이의 유혹, 크림에 흠뻑 빠진 체리와 라스베리의 유혹은 끝내 뿌리치지 못했다. 보나마나 그는 함께 식사를 하고 싶지 않은 상대였을 것이다. 그가 당신이 성게를 먹는 것을 보다가 갑자기 자위행위를 하지 않는다면, 적어도 당신은 그의 입에서 나오는 엉덩이에 대한 무식한 농담을 들을 각오를 해야 한다. "프랑스 사람들은 먹기 위해서 산다죠." 달리는 자신의 생각을 말했다. "난 방귀를 뀌기 위해서 먹죠." 그는 엉덩이와 관계된 것은 한순간도 놓치지 않았다. 로댕의 〈생각하는 사람〉에 대해 달리는 이렇게 말했다. "그는 생각하고 있는 게 아니다. 기다랗고 환상적인 똥을 싸고 있는 것이다."

이런 이야기를 좀 어처구니없다고 생각할지 모르지만, 어느 날 아침 달리가 자신의 조수 바이올레테라에게 "거기 내 바지 좀 건네줘. 바지 사타구니 부분의 냄새를 맡아봐도 돼. 향기가 끝내주거든"이라고 유혹 같은 제안을 했을 때 그가 무슨 생각을 했을지 상상해보라. 맞다, 바이올레테라는 그녀가 아니라 "그"이다. 달리는 매력적인 사람들(그는 바이올레테라의 배꼽에 집착한 나머지 거기에 손가락을 집어넣는 걸 즐겼다)이나 집단에 새 이름을 지어주고 싶은 유혹을 이겨내지 못했다. 카를로스라고도 알려진 바이올레테라는 허리까지 내려오는 머리에 빨간색 골반바지를 입고 눈 주위는 콜먹으로 짙게 화장을 한 젊은 콜롬비아 여성이었다. 바이올레테라처럼 아름답거나, 반대로 몹시 따분한 사람 혹은 발음하기 힘든 이름을 가지고 있는 사람에게 달리는 무조건 새 이름을 지어주었다. 그 결과 아시아인은 누구나 "홍위병Red Guard"이 되었고, 수다스럽고 지겨운 귀족은 전부 "가자미 필레Fillet of Sole"로 불렸다.

달리의 다양한 선입견은 정말 재미있었다. 그는 이름에 알파벳 "z"가 들어 있는 사람이나 영국 출신은 절대로 믿지 않았다. 달리의 요리사 파퀴타는 달리의 음식세계, 즉 그가 사랑한 음식에 숨어 있는 상징주의를 이해했다. 만약 당신이 달리의 새 친구이고 그의 저녁식사에 초대받아서 갔는데 초콜릿 소스를 바른 바닷가재가 나온다면 조심하라. 그건 달리가 당신과 섹스를 하고 싶다는 뜻이니까. 달리는 아만다 리어•의 매력에 끌렸다. 그녀가 모델이기 때문이 아니라 달리의 눈에는 그녀의 두개골이 아름다웠기 때문이다. 달리의 귀여움을 받던 리어는 그와 함께 저녁식사를 했다. 우선 차가운 과일 수프를 먹었고, 이어서 파퀴타가 활과 화살로 잡은 게 분명한 비둘기 요리가 나왔으며, 어이없고 평범하게도 감자튀김이 곁들여졌다. 비둘기에 담긴 기독교적 상징 때문에 식사 시간은 더욱더 흥미진진했다. 특이한 애완동물도 같은 길을 걸었다. 달리의 아내이자 뮤즈인 갈라는 크리스마스에 파리에 돌아가기로 결심했을 때 자신이 사랑하는 애완토끼에게 무슨 일이 일어날지 재빨리 간파했다. 파퀴타 손에 죽어서 스튜 신세가 될 게 뻔했다.

예상대로 달리는 남녀 양성구유를 사랑했다. 그는 모델이자 뮤즈이자 친구인 아만다 리어의 성 정체성에 관해 온갖 소문을 지어냈는데, 그것이 매우 설득력 있게 받아들여져서 1960년대의 대중 상당수는 아만다 리어가 사실은 알랭 탑이라는 이름의 남자아이로 태어났고,

• Amanda Lear: 모델이자 가수. 1970년대 유로댄스의 디바로 불렸고, 글램록의 거장 데이비드 보위의 연인이기도 했다.

리어로 성전환을 했다고 확신했다. 리어 또는 "알랭"은 당시 『플레이보이』지를 위한 사진촬영에서 자신의 큰 가슴을 많은 기자들 앞에서 뽐냈고, 어쩌면 그것으로 자신의 생각을 분명하게 밝힌 셈이다. 바이올레테라 역시 신들에게서 남녀 양성의 선물을 받은 사람처럼 보였다. 달리는 그/그녀의 귀에 이렇게 속삭이길 좋아했다. "천사들은 양성구유자들이야…. 당신 등을 봐야겠어. 천사들이 당신 날개를 자를 때 생긴 상처가 분명히 있을 테니까." 둘 다 믿기 힘들 정도로 자만심이 강한 사람들이었다. 바이올레테라는 두 사람이 점심을 먹기 위해 파리의 화려한 식당 라세르에 갔던 때를 기억에서 끄집어낸다. 달리와 바이올레테라가 들어서자 점심을 먹고 있던 손님들은 아마 찬물을 끼얹은 듯 조용해졌을 것이다. 달리는 지나치게 연극적인 톤으로 이렇게 속삭였다. "헤르메스와 아프로디테라고? 달리는 남색자인가 추잡한 늙은이인가? 바이올레테라, 사람들이 뭐라고 쑥덕거리든 신경 쓸 거 없어." 그런 다음 두 사람은 작은 단 위에 솟아 있는 테이블에 함께 앉았다. (의도하지는 않았지만) 다른 손님들이 반원을 그리며 두 사람을 둘러싸고 있는 자리였다.

가슴이 풍만한 한 파리 여인이 달리의 눈에 들어왔다. 어깨를 드러낸 초록색 드레스를 입은 그 여인은 경외의 눈길로 두 연인을 빤히 쳐다봤다. 달리가 가슴에 대한 자신의 생각을 큰소리로 떠들기 시작했다. "아프로디테는 가슴이 *아주* 작았어. 몸서리치게 추운 바다에서 태어난 그녀는 추워서 이를 딱딱 맞부딪치며 본능적으로 두 팔을 들어 자기 가슴을 가렸어. 여자들은 항상 가슴을 먼저 가리고 곱슬곱슬한 털로 이루어진 검은 삼각형은 전투 깃발처럼 모든 사람이 볼 수 있게 내버려둔단 말이지. 가슴이 작은 여자들은 성관계에 즐거움을 선사하는 여신들이야. 나는 유두를 좋아하는 남자야. 나는 작은 가슴을 숭배하고 존경하고 흠모해." 그때 웨이터가 왔다. 마침내 그 여인은 달리가 메뉴에 관심을 빼앗길 것이라고 생각했을 것이다. 달리는 음식 주문도 하지 않고 웨이터에게 가보라고 손짓했다. "큰 가슴은 소를 구성하는 기본 요소야. 가슴이 큰 여자들은 젖소이고, 젖소들은 먹고 새끼를 낳기 위해 사육되는 거야." 여인의 얼굴은 붉으락푸르락해졌다. 웨이터가 다시 나타나자 바이올레테라는 메뉴를 읽었는데, 달리는 고새를 못 참고 "맞지, 맞지, 맞지?" 하며 중얼거렸다. 바이올레테라는 철갑상어 알을 주문했고, 달리는 예의 그 이상한 발음으로 "달갸프라이"를 주문했다.

주요리를 주문할 차례가 됐지만 바이올레테라가 결정을 못하고 한참을 망설이자 달리는 자신은 바닷가재를 주문하고 바이올레테라를 위해서 뼈는 발라내고 간이 꽉 찬 비둘기 요리를 하얀 버섯과 함께 주문했다. 바이올레테라는 비둘기 요리라면 질색을 했는데도 달리가 그걸 주문한 이유는 창가에 앉은 매력적인 남자가 날마다 주문한 요리였기 때문이다. 뭐, 그럼 됐지, 안 그런가? 물론 바이올레테라는 나중에 비둘기 요리가 "원시적이면서 맛있다"고 느꼈다! 달리는 다른 사람을 위해 음식을 주문하는 걸 좋아했다. 그는 라세르 레스토랑에서 아만다 리어를 위해 오르톨랑•을 주문했다. 그녀가 정말 맛있다며 감탄사를 늘어놓자 달리는 혹시라도 그녀가 자신의 의도를 잘못 이

• ortolan: 브랜디에 담갔다가 오븐에 구워 머리만 빼고 통째로 먹는 멧새 요리.

해할까봐 부드러운 육질을 얻기 위해 멧새를 목 졸라 죽인다는 얘기를 빼놓지 않고 했다.

달리는 달걀프라이가 나오길 기다리는 동안 열변을 토했다. “레다는 백조의 몸으로 제우스와 함께 재봉틀을 돌렸고, 그녀에게서 달리와 갈라라는 신성한 쌍둥이 알이 나왔어.” 그러고는 이야기의 방향을 바꿨다. “태아는 인체의 노폐물과 부패물에서 자라지. 당신은 태아를 갖지 않을 거야.” 그가 하도 열정적으로 떠드는 바람에 바이올레테라는 태아에 대한 상상만으로도 두려운 생각이 들어 몸서리쳤다. 식탁 위에는 달리가 먹던 달걀과 빵이 여기저기 흩어져 있었고, 달리 앞에는 물이 쏟아져 있었다. 달걀노른자를 턱에 붙인 채로 달리는 갑자기 가슴이 큰 그 여인을 돌아보더니 말했다. “자본주의와 공산주의의 차이가 뭘까요?” 그는 큰 소리로 외쳤다. “자본주의에서는 인간이 동지를 착취하죠. 공산주의에서는 동지가 인간을 착취하고요.”

식사를 마친 달리가 바이올레테라에게 말했다. “커피는 안 마실래.” 그러고는 벌떡 일어나 초록색 드레스를 입은 그 여인에게 다가갔다. “저는 초록색을 아주 좋아합니다.” 달리가 말했다. 사실 그는 초록색을 혐오했다.

## 달리의 바닷가재와 초콜릿 소스

재료

- 생물 바닷가재 ½파운드(227g) 정도 크기 1마리
- 버터 2온스(57g)
- 브랜디 1잔
- 말린 고추 부순 것 1티스푼

초콜릿 소스

- 오렌지 2개 분량의 오렌지주스와 껍질 곱게 간 것
- 1단위 표준량●의 코냑
- 진한 다크 초콜릿 간 것 5온스(142g)

조리법

바닷가재를 2시간 동안 냉장고에 두어 잠잠하게 힘을 빼놓는다. 칼로 머리 중앙의 눈 사이 십자 표시부를 관통하도록 빠르고 단호하게 찔러 죽인다. 반으로 길게 갈라 내장을 발라낸다. 큰 프라이팬에 버터를 녹이고 열을 가해 끓어오르면 바닷가재의 살 부분을 아래로 두어 재빨리 굽는다. 바닷가재에 불을 붙일 수 있게 성냥을 미리 준비해두었다가 브랜디를 바닷가재 위에 붓자마자 성냥에 불을 당긴다. 말린 고추 부순 것을 더한다. 뚜껑을 덮고 바닷가재를 10분간 익힌다.

굽는 동안 초콜릿 소스를 준비한다. 팬에 오렌지 제스트와 주스, 코냑을 부어 가열한다. 간 초콜릿을 더하고 초콜릿이 녹아 소스의 형태가 될 때까지 저어준다.

바닷가재를 불에서 내려 한 조각 먹음직스럽게 접시에 담고 초콜릿 소스를 곁들여 낸다.

---

● measure: 건강을 유지하면서 마실 수 있는 술의 양을 의학적으로 표준량이라고 표현한다. 술병에 붙어 있는 알코올 함량을 어림잡아 계산한다.

# 마크 로스코

MARK ROTHKO

1903~1970. 러시아 출신의 미국 추상표현주의 화가. 1913년에 미국으로 이주하였고, 젊은 시절에는 사회문제에 열중했으며, 1925년부터 그림을 그리기 시작했다.

개인적으로 마크 로스코는 한 끼 식사에 5달러 이상을 쓴다는 게 못마땅했지만, 고통을 안겨준 결혼생활과 미미한 명성으로 얻은 영광 덕분에 인생에서 두 가지 확실한 것을 얻었다. 기쁨은 언제나 칼로리와 술에서 발견할 수 있다는 것. 그러나 *비싼* 칼로리는 아니었다. 구두쇠는 아니었지만 마크 로스코는 고급스러운 식사를 매우 의심스러워했다. 러시아 드빈스크에서 콩 수프를 먹으며 가난한 어린 시절을 보냈고, 성년기 초반에는 대공황기—맞다, 그때도 콩 수프가 가스레인지 위에 있었다—를 맞아 가난하게 살았던 마크 로스코는 음식은 정치적인 것이라고 확신하고 있었다. 잘 알려진 바와 같이 로스코의 예술은 1958년 맨해튼을 뒤흔든 고급식당과의 결투와 시그램 벽화 사건을 낳았다.

맨해튼 52번가 이스트 99번지에 위치한 호화로운 시그램 빌딩의 유명한 포시즌스 레스토랑에서 1층과 2층 사이(길이 182미터)에 걸 벽

## 드빈스크 콩 수프

재료

- 흰 콩(하룻밤 불려둔 것) 1파운드(454g)
- 올리브 오일 3테이블스푼
- 작은 크기의 양파 3개 주사위 모양으로 썬 것
- 마늘 3쪽 으깬 것
- 훈제한 뼈 있는 햄 1개
- 물 2리터
- 큼직한 당근 3개 잘게 다진 것
- 셀러리 줄기 2개 얇게 썬 것
- 중간 크기의 감자 3개 껍질 벗기고 4등분 한 것
- 토마토 1개 으깬 것
- 신선한 월계수 잎 3장
- 통후추 6알
- 다진 파슬리 2테이블스푼
- 다진 딜 2테이블스푼
- 더블 크림 4테이블스푼(선택 재료)

조리법

바닥이 두꺼운 육수냄비에 올리브 오일 3테이블스푼을 넣고 가열한다. 다진 양파, 으깬 마늘을 넣고 부드러워질 때까지 은근한 불에 볶는다. 훈제한 뼈햄을 넣고 살짝 튀겨지도록 1~2분간 둔다. 물기 뺀 콩을 냄비에 넣는다. 잠기도록 물을 넣고 통후추와 월계수 잎을 넣는다. 펄펄 끓어오르면 불을 줄여 1시간 동안 뭉근히 끓인다.

감자, 당근, 셀러리, 토마토를 다져놓고 콩을 삶은 지 1시간이 지나면 채소들을 넣는다.

1시간 더 끓인다. 냄비의 뼈햄을 꺼내 고기를 발라내어 벗겨낸 햄 조각들을 냄비에 도로 넣는다. 파슬리와 딜을 넣고, 만약 드빈스크 스프를 한 차원 끌어올리고 싶다면 풍부한 크림을 질펀히 넣는다. 깊은 볼에 검은 빵과 함께 낸다.

화 시리즈를 그려달라는 의뢰를 받았을 때 로스코는 회심의 미소를 지으며 두 손을 비볐다. 포시즌스는 손님들에게 미국 와인을 제공하고 *계절* 메뉴라는 획기적인 개념을 소개한 최초의 레스토랑이었기 때문이다.

로스코가 회심의 미소를 지은 건 단지 35,000달러어치의 제작 의뢰 때문만은 아니었다. 아니, 그의 기쁨은 교묘하게 체제전복적이었다. 시그램 빌딩의 손님들은 1950년대 소비지상주의의 정점을 대표하는 사람들이었다. 시그램 빌딩의 자본주의적 자신감을 간파한 『뉴욕타임스』는 이렇게 썼다. "실내장식과 메뉴 양면에서 장관을 이룬 포시즌스." 로스코가 술집에서 우연히 마주친 『하퍼』지 편집자 존 피셔에게 속마음을 털어놓았듯이, 이것은 그가 고급 식당을 찾는 미국의 부자들에게 "모든 문과 창문이 벽돌로 막힌 방 안에 갇혀 있는 느낌"을 줄 수 있는 기회였다. 그는 불온한 예술로 그들을 가둘 계획이었다.

시그램의 제안은 로스코에겐 포시즌스를 찾는 화려하고 부유한 손님들을 불편하게 만들고 그들의 심기를 건드릴 수 있는 아주 근사한 기회였다. 부자 손님들은 포시즌스에서 시중을 드는 직원들을 아랫사람 부리듯 대했다. 포시즌스는 식사 중인 손님들 시중을 들 수 있도록 직원들을 완벽하게 훈련시켰다고 자랑했다. 로스코는 포시즌스에서 식사를 하는 모든 상류층 깡패들의 식욕을 떨어트릴 그림을 그릴 생각이었다. 그는 시그램 시리즈 작업에 착수했고, 그중엔 닫힌 현관을 그린 〈밤색 위의 검은색Black on Maroon〉처럼 밀실공포증을 느끼게 하는 작품도 있었다. 자본주의에 죽음을. 그의 작품 하나하나는 은밀하게 그렇게 말하고 있었다.

적어도 그는 그렇게 생각했다. 작업은 순조롭게 진행되었다. 1959년 여름 그는 뜬금없이 시그램 빌딩에서 저녁을 먹기로 하고 아내 멜과 식사를 할 자리를 예약했다. 시그램 빌딩의 차분한 내부로 들어선 로스코와 멜은 현관 로비에 걸려 있는 호안 미로의 태피스트리 작품 세 개를 지나쳤다. 1층과 2층 사이에는 로스코의 작품이 준비될 때까지 임시로 잭슨 폴록의 〈푸른 지주Blue Poles〉가 걸려 있었다. 폴록이 '푸른 지주'의 운명에 이의를 제기하기에는 이미 너무 늦은 때였다. 폴록은 1956년에 술에 취한 상태에서 자동차 사고를 내 자살했기 때문이다. 말이 난 김에 말하자면 로스코도 삶에서 벗어나는 길로 자살을 선택했다. 하지만 그 일은 한참 후인 1970년에 일어났다.

로스코와 멜은 포시즌스에 있는 풀 다이닝 룸의 예약석에 우아한 모습으로 나타났다. 로스코는 풀장 모서리에 앉아 메뉴판을 만지작거렸다. 식당 한가운데에 보란 듯이 자리 잡고 있는 사방 6미터짜리 대리석 풀장을 무화과나무 네 그루가 둘러싸고 있었다. 식사가 진행되어갈수록 로스코는 자신의 예술적 테러 행위가 결국은 실패로 끝날 수밖에 없음을 점점 더 분명하게 깨달았을 것이다. 로스코는 스스로 뉴욕에서 가장 돈 많은 쥐새끼들이 음식을 먹고 자랑을 늘어놓기에 더할 나위 없는 장소라고 가차 없이 묘사했던 그곳에 앉아, 400만 달러가 넘는 비용이 들어간, 손으로 짠 카펫과 프랑스산 호두나무로 세운 벽이 있는 그곳에 앉아, 예술은 위축되고 그 공간에 흡수되어버리고 말 것이란 걸 깨달았다.

메뉴판에 말문이 막히고 그 호화로움에 당황한 로스코는 어느 작가가 일찌감치 『에버그린』지에서 "로스코가 실내장식을 능가한다면 놀랄 만한 일이 될 것"이라고 했던 추측이 마침내 실감나게 다가왔다. 1952년 뉴욕 현대미술관에서 '15인의 미국인전'이 열렸을 때 로스코는 그림은 옆에 함께 전시된 예술에 의해 창조되고 이러한 창조적 동지애가 예술에 생명을 불어넣는다고 말한 적이 있었다. 그러나 창조적 동지애는 예술을 죽음으로 내몰 수도 있었다. 이러한 생각 때문에 로스코는 항상 자신의 작품을 전시할 장소를 신중하게 선택했다.

이 한 번의 만찬으로 로스코는 심각하게 흔들렸을 것이다. 그는 메뉴판에 적힌 가격에 숨이 턱 막혔고, 한 끼 식사에 5달러 이상 쓰지 않는다는 그의 원칙은 무너졌다. 그는 병약했던 어린 시절에 칼슘 결핍증 때문에 집 안에 있는 벽에서 회반죽을 떼어내어 먹은 적이 있는데, 그때 이후로 그토록 음식이 목에 걸려 내려가지 않은 건 처음이었다.

파를 곁들인 작은 조개와 부용과 크림에 송로나 사골을 넣은 *전채요리*가 1달러 65센트였다. 10센트를 더 내면 매운 안초비 드레싱을 곁들인 생야채 한 접시를 먹을 수 있었고, 여기에 10센트를 더 내면 바삭하게 구운 새우와 머스터드 프룻을 제공했다. 두 사람이 나눠 먹기로 한 13달러짜리 메인요리는 파슬리를 곁들인 양갈비 구이였다. 로스코는 아마 자신과 멜이 각각 그 메인요리를 주문하는 쪽이 더 나았을 거라고 생각했을 것이고, 분명한 건 그가 낭만적인 기분이 아니었다는 것이다. 사철쑥과 더미되유[●], 아보카도와 흰 무를 얇게 썰어

● Demi-Deuil: 송로버섯에 백색소스를 가미한 것.

곁들인 닭 가슴살이 4달러에서 5달러 사이였다. 커피는 종류가 여섯 가지나 되었지만, 아이스커피는 25센트를 더 내야 했다.

로스코는 힘겹게 음식을 삼키면서 자신의 예술로는 결코 그와 같은 엄청난 부를 폭파할 수 없으리란 걸 알았다. 그는 화가 나서 식식거렸다. "저런 가격에 저런 음식을 먹는 사람들은 내 그림에 눈길조차 주지 않겠군." 그는 35,000달러를 돌려주고 〈밤색 위의 검은색〉을 포시즌스에 넘겨주길 거부했다. 시그램 빌딩을 위해서 그린 시리즈는 또 다른 전시공간을 찾아봐야 했고, 그중 아홉 점은 1970년 로스코가 자살한 다음 날 런던 테이트미술관에 도착했다.

부유한 계층 사람들의 인생을 맛보고 싶다면, 이런 걸 시도해보라.

## 머스터드 프룻을 곁들인 바삭한 새우

모스타르다 디 푸르타(mostarda di frutta)라고도 하는 머스터드 프룻은 소스라기보다는 톡 쏘는 향의 꿀 시럽에 과일을 저장하는 방식이다. 새우가 준비되는 대로 먹으려면 머스터드 프룻을 미리 준비해둔다.

### 모스타르다 디 푸르타

**재료**

- 각종 과일 믹스(자두, 복숭아, 배, 오렌지) 1파운드(454g)
- 진하고 향이 강렬한 꿀 1 ½컵
- 레몬 반 개 분량의 즙과 껍질 간 것
- 월계수 잎 1장
- 흑겨자씨 ¼컵
- 드라이 화이트 와인 ½컵

**조리법**

과일을 잘 씻어서 2.5cm 크기 조각으로 잘게 자른다. 오렌지 껍질은 완전히 벗기는데 몇 몇 조각들에 껍질을 남겨두면 쌉쌀한 풍미를 더하며 꿀의 단맛에 균형을 잡아준다. 소스팬에 과일을 넣고 겨우 잠길 정도의 물을 부은 뒤 ½컵의 꿀과 레몬 반 개분의 즙과 껍질 간 것을 더한다. 중불에서 20분간 끓인다.

끓이는 동안 다른 소스팬에 남은 꿀과 화이트 와인을 혼합해 중불에서 끓인다. 와인 꿀 혼합액을 졸이다가 ⅓로 줄어들면 흑겨자씨를 넣는다. 불에서 내려 시럽을 차갑게 식힌다.

마지막으로 두 개 소스팬의 내용물을 한데 섞어 먹을 때까지 냉장 보관한다.

## 바삭한 새우

**재료**

- 올리브 오일
- 신선한 새우 1 ½파운드(680g) 껍질 벗기고 내장 제거한 것
- ⅓컵 중력분
- 소금
- 막 갈아낸 흑후추
- 카옌 후춧가루 한 꼬집
- 말린 오레가노 한 꼬집
- 말린 고추 플레이크 한 꼬집
- 레몬 1개

**조리법**

얕은 후라이팬에 올리브 오일 3테이블스푼을 두르고 가열한다. 중력분, 카옌 후춧가루, 소금, 간 흑후추를 섞는다. 새우에 가볍게 향신료가 가미된 이 밀가루를 입히고 뜨거운 올리브 오일에 새우가 불투명하게 될 때까지 빠르게 굽는다. 말린 고추 플레이크와 오레가노를 뿌린다.

바삭한 새우에 바로 신선한 레몬즙을 뿌리고 모스타르다 디 프루타 한 덩이를 곁들여 낸다.

# 폴 고갱과 빈센트 반 고흐

PAUL GAUGUIN AND VINCENT VAN GOGH

폴 고갱(1848~1903)과 빈센트 반 고흐(1853~1890)는 둘 다 후기인상파 화가이다. 두 사람은 1888년 두 달간 같이 지내면서 그림을 그렸다.

"아침, 점심, 저녁에 오로지 빵만 먹는 인생은 별로 재미없었어." 1886년 폴 고갱은 참을성 많은 아내 메테에게 편지를 보냈다. 고갱은 아버지와 주식 중개인으로서의 삶을 포기하고 동료 화가 샤를 라발과 함께 마르티니크 섬으로 가는 중이었다. "주식 중개 일을 하다 보니 살이 전혀 찌질 않아. 내 몸무게는 63킬로그램이야. 당신보다도 체중이 덜 나가지. 나는 훈제청어처럼 바싹 말라가고 있어." 서머싯 몸의 소설 『달과 6펜스』는 고갱을 위험하면서도 고귀한 인물로 묘사한다. 그는 아내와 자식들, 혹은 도시의 편안한 직업이 요구하는 것들을 무시하고 예술을 추구함으로써 보수성에 맞서는 허세를 부린다. 그러나 아버지와 가장으로 살아가던 "정상적인" 삶에서 빠져나가려는 고갱의 계획은 좀 더 교활했다. 그는 자신의 책임을 하나둘씩 내려놓았다. 우선 훈제청어 운운함으로써 자신이 얼마나 많은 고통을 겪고 있는지 메테에게 각인시키려 늘 애쓰고 있었다. 그는 파나마 운하 건설 현장에서 일하면서 온종일 곡괭이를 휘두르다 보면 정말 죽을 것 같다는 얘기를 그녀에게 하지 않고는 못 배겼다. 그는 일자리를 유지하려고 노력했지만 매번 헛수고였다(예를 들어 코펜하겐에서는 잠시 방수포를 팔기도 했는데 아는 덴마크 사람이 한 명도 없어서 결국 실패했다). 그러나 그는 늘 조용히, 어쩌면 의도적으로 메테의 손아귀에서 멀어지고 있었다. 지금 생각하면 우리 모두에게는 다행스러운 일이었는지도 모른다. 그녀는 고갱의 예술을 즐거운 취미 정도로 생각했으니까. 오, 세상에!

마르티니크 섬에서는 상황이 더 나빠졌다. 고갱은 주저하지 않고 메테에게 자신의 상황을 알렸다. 우선 그는 심한 이질에 걸려 농장 가장자리에 있는 자신의 오두막에 앓아누웠다. 동료 라발은 머지않아 붓조차 잡을 수 없는 상태가 되었다. 라발은 고통이 심해지고 설사가 끊이지 않자 자살을 시도했다. 그는 우울하고 자살 충동에 시달리는 고갱의 친구들 중에서 첫 번째로 자살을 시도한 인물이었다. 이후 고갱에게 제대로 된 식사를 할 수 있는 기회가 왔으나 그 기회마저 날아가고 말았다. 귀여운 열여섯 살 흑인 소녀가 구아바 과일을 쪼개 즙을 짜서 고갱에게 먹으라고 건넸는데, 그 순간 작은 키에 노란 피부의 어느 유럽인 변호사가 고갱에게서 구아바를 낚아채더니 땅에 냅다 내동댕이쳐버린 것이다. 너무 놀란 고갱은 입을 다물지 못한 채 오랜만에 먹을 수 있었던 제대로 된 음식 한 조각을 내려다보았다. 변호사는 혀를 찼다. "이게 어떤 음식인지도 모르고 먹었다간 큰일 납니다. 이 과일엔 주문이 걸려 있어요. 저 깜둥이 여자 아이가 자기 배에 대고 문질렀거든요. 나중에 당신은 저 아이가 명령하는 대로 움직이게 될 거예요." 오, *정말?* 나는 그가 구아바를 먹었다면 무슨 끔찍한 일이 일어났을지—아마 고갱 자신도 궁금할 것이다—궁금하다.

마침내 결혼의 책무에서 벗어나 예술을 추구하게 된 고갱은 1880년대 후반 아를에서 반 고흐와 함께 하숙을 하며 배고픈 시절을 보냈다. 그들은 반 고흐가 세 들어 사는 노란 집에 화가 공동체를 만들 생각이었다. 비록 그 노란 집은 나중에 끔찍한 학생 기숙사가 되고 말았지만. 그들은 돈을 절약하고 식비를 충당하기 위해 저금통을 네 칸으로 나눴다. 외식은 더 이상 없었다. 대신 그들은 집 안에 있는 가스난로 앞에 모였다. 고갱은 요리를 하고 반 고흐는 장을 봤다. 마치 〈오드 커플The Odd Couple〉•의 몹시 비참하고 신경질적인 버전 같았다. 반 고흐는 수프 만들기에 관한 한 몇 가지 아주 나쁜 생각을 가지고 있었는데, 이따금 수프에 대한 갈망이 너무 심해지면 부엌을 접수했다. 그는 자신이 쇠약해지고 있는 건 "진한 수프"를 먹지 못해서라는 생각이 뿌리 깊이 박혀 있었다. 고갱은 반 고흐가 만든 진한 수프를 먹어보려고 용기를 냈지만 도저히 그럴 수가 없었다. 사실 그 수프를 먹을 수 없기는 반 고흐도 마찬가지였다. 고갱의 입에서는 이런 암울한 평가만 나왔다. "나는 그가 뭘 섞은 건지 정말 모르겠다. 수프 색깔은 그의 캔버스에서 볼 수 있는 색깔과 비슷했다."

한편 반 고흐는 동생에게 보낸 편지에서 자신이나 고갱이 그 지방 사투리를 몰라서 답답해하고 있다며 안타까워했다. 사투리를 알면 부야베스••와 아이올리에 익숙해져서 식비를 아낄 수 있을 거라고 했다. 사투리를 아는 것과 부야베스를 주문하는 것이 정확히 무슨 관계인지는 여러분의 추측에 맡긴다. 모르기는 나 역시 마찬가지니까.

또 반 고흐는 아를 주민들이 괜찮은 감자를 끓일 줄도 모르고 지방으로 망치지 않으면서 쌀과 마카로니를 만드는 것처럼 간단한 음식을 만들 줄도 모른다고 불평했다. 실제로 그는 아를 주민들이 일부러 그에게 맛없는 마카로니를 주고 있다고 의심했다.

마카로니에 대한 이 모든 뻔뻔한 이야기는 믿기 힘들었다. 반 고흐는 죽을 때까지 배고프게 살았지만 그의 음식의 역사를 통틀어 그의 배에서 꼬르륵 소리가 나는 걸 들어본 사람은 거의 없었기 때문이다. 반 고흐는 쾌락과 가장 동떨어진 화가다. 그가 관능주의자가 되는 건 오직 색을 묘사할 때뿐이다. 그는 아예 음식을 잊고 지낼 때도 종종 있었다. 안톤 케르세마케르스는 반 고흐가 얼마나 돈에 인색했는지 기억하고 있었다. "그 당시에 그는 진짜 집시처럼 굶기를 밥 먹듯이 했고, 6주 동안 고기(그림을 그리기 위한 것이 아니라 먹기 위한 고기)를 구경조차 못한 적이 한두 번이 아니었다. 늘 버터를 바르지 않은 빵과 치즈 한 덩어리가 전부였다…. 언젠가 누에넌에서 있었던 일이다. 한 여름 오후, 우리는 막 산책을 나가려던 참이었다. 내가 말했다. '거기 가면 우선 그 술집에서 커피부터 한 주전자 마시자고. 그런 다음 곁들인 음식과 함께 버터 바른 빵을 왕창 먹는 거야. 그래야 저녁 늦게까지 계속 걸을 수가 있지…. 그는 말이 떨어지기가 무섭게 움직였다. 왜냐하면 그는 언제나 상대방이 어떤 제안을 하든 동의했으니까.'"

---

● 서로 어울리지 않는 친구들이 룸메이트가 되면서 벌어지는 이야기를 다룬 미국 드라마.

●● Bouillabaisse: 생선을 비롯한 해산물과 마늘, 양파, 감자 등을 넣고 끓인 지중해식 생선 스튜로 프랑스 마르세유 지방의 전통 요리.

술집에 도착하자 그들 앞에 음식이 나왔다. 그 지역에서 숙성한 다양한 치즈와 두꺼운 햄 조각들이 담긴 접시로 테이블이 꽉 찼다. 그러나 케르세마케르스가 마주 앉은 반 고흐를 쳐다봤을 때 그는 버터를 바르지 않은 빵 한쪽과 아주 작은 치즈 조각을 씹고 있었다. "뭐 하는 거야, 빈센트!" 케르세마케르스가 꾸짖었다. "햄 좀 먹어. 빵에 버터도 발라 먹고, 커피에 설탕도 좀 넣으라고. 자네가 먹든 안 먹든 어차피 돈은 내야 하니까."

"됐어." 반 고흐가 고지식하게 대답했다. "그렇게 먹으면 내 몸이 지나치게 편안해질 거야. 나는 빵과 치즈가 익숙해." 무슨 말을 더 하겠는가. 반 고흐는 평생 빵을 성경에서 말하는 의로운 행위의 상징으로 보았고, 그러한 신념을 누그러뜨릴 생각이 없었다. 벨기에 광부들 틈에서 목사로 일할 때도 빵과 밤 또는 감자로 연명했다.

고갱과 반 고흐 모두 아를의 생선을 좋아했다. 아를은 지중해와 가까웠다. 반 고흐는 지중해의 색깔이 고등어처럼 날마다 달라지는 것을 보았다. 아를 시장에서 파는 생선은 신선하고 염분이 많았으며, 반 고흐를 몸서리치게 했던 센 강의 진흙투성이 생선 튀김이나 파리의 "더러운 기름투성이 스테이크"보다 훨씬 더 맛있었다.

고갱은 반 고흐가 압생트● 한 잔을 자신의 머리에 게워내고 크리스마스이브에 면도칼을 들고 자신에게 달려들었을 때 두 사람 사이가 틀어지기 시작했음을 직감했다. 그 일은 결국 면도칼로 귀를 자른 유명한 사건으로 이어졌다(소문에 의하면 반 고흐가 테레빈유 한 잔을 그렇게 좋아했다는데, 이 역시 그의 광기를 설명해주는 단서가 아닐까 싶다. 한번은 동생 테오가 그에게 편지를 보내 그림을 뜯어먹지 말라고 부탁한 적도 있었다).

반 고흐는 1890년에 세상을 떠났다. 그는 스스로 자살을 예방하는 디킨스의 처방약이라고 즐겨 부르던 방법을 잠시 잊었던 모양이다. 지독하게 우울한 기분에 빠져들 때마다 반 고흐는 디킨스의 충고대로 포도주 한 잔에 빵과 치즈를 먹고 담배 한 대를 피우곤 했다.

반 고흐가 자살한 후 고갱은 1891년에 타히티로 향했다. 1891년 4월 마르세유에서 출항하는 고갱을 배웅하기 위해 친구들이 그 유명한 볼테르 카페에 모였다. 볼테르 카페는 상징주의라는 새로운 물결을 일으킨 화가와 작가들의 본거지였다. 인상주의자들과 상징주의자들은 좋은 분위기에서 함께 식사를 했다. 퐁타방의 글로아느 하숙집에서 지낼 때는 정말 딴판이었다. 당시 고갱과 동료 화가들은 자신들을 "인상파!"라고 조롱하는 "학구적인" 화가들과 따로 떨어져서 밥을 먹을 수밖에 없었다. 여기서는 프랑스 시인(이자 가난한 식도락가)인 스테판 말라르메가 잔을 치켜들며 건배를 제의했다. "거두절미하고 폴 고갱의 무사귀환을 바라며 축배를 듭시다. 자신의 능력의 정점에 있으면서도 머나먼 땅으로 떠나 자신의 영혼 깊은 곳에서 새로움을 발견하고자 하는 그 헌신적인 자세에 존경을 표하며!" 그들은 맛있는 전채와 수프, 신선한 가자미, 진한 꿩고기 라구●●를 먹었고, 맛있는 브리 치즈와 작고 부서지기 쉬운 프티 프루●●●로 식사를 마무리했다.

● Absinthe: 19세기 후반 프랑스에서 많이 마셨던 술로 향쑥·살구씨·회향·아니스 등을 주된 향료로 써서 만든다.

●● ragout: 고기, 가금류, 생선 등에 여러 채소를 넣어 만든 스튜.

●●● petit fours: 커피 또는 차와 함께 먹는 프랑스 디저트로 아주 작은 케이크 또는 과자를 말한다.

고갱은 그날 저녁이 고맙게 느껴졌을 것이다. 타히티에서는 굶주리며 지내야 했으니까. 1892년에 그의 주식은 버터를 바르지 않은 빵과 물이었고, 빵을 물어뜯을 때마다 절박한 심정으로 그 빵을 비프스테이크라고 상상했다. 상황이 나아진 건 그가 타히티 고유의 음식을 먹기 시작하면서부터였다. 어느 결혼식장에서 고갱은 뜨거운 돌 위에 통째 구운 젖먹이 돼지 구이를 생선, 빵나무 열매, 야생 바나나, 토란과 함께 먹었다. 다행히 마르티니크 섬의 변호사 같은 사람은 어디에도 보이지 않았다. 하지만 그가 진심으로 폴리네시아 음식을 즐겼는지는 의문이다. 또 다른 프랑스령 폴리네시아 섬인 히바오아에서 보낸 마지막 몇 년 동안 그는 엄격한 유럽 식단으로 돌아갔다. 1901년에 시장에서 장을 본 목록을 보면 알 수 있다. 보르도 와인 98리터(한동안 그가 충분히 마실 수 있는 양이어야 했다), 감자 30킬로그램, 양(소의 위) 통조림 6개, 아스파라거스 통조림 13개, 콩 통조림 2개, 안초비 통조림 2개, 토마토소스 1병, 차 2갑…. 이 무미건조한 구입 목록을 보고 있으면 그가 십 대의 타히티 신부를 데리고 히바오아 섬에서 즐거운 날들을 보내고 있었던 게 맞는지 의심스러워진다. 그의 마지막 심장마비는 좀 더 쉽게 이해가 될 것 같다. 꼭 양과 감자 때문만은 아니었다.

후식은 사랑하는 사람의 배에 문질러 닦은 구아바를 추천한다.

## 상징주의자들의 꿩고기 라구

재료

- 꿩고기 2마리(라구 요리를 만들려면 전날 밤 꿩의 다리와 가슴살을 잘라 꿩 스톡을 우려 놓는다.)
- 중력분 2테이블스푼
- 올리브 오일 3테이블스푼
- 버터 3테이블스푼
- 샬롯 6개 잘 다진 것
- 으깬 마늘 4쪽
- 신선한 타임 작게 한 줌
- 토마토퓌레 1테이블스푼
- 셀러리 3줄기 1.2cm 두께로 자른 것
- 베이컨 4조각 잘게 다진 것
- 레드 와인 1잔
- 꿩 혹은 치킨 스톡 2파인트(1,140ml)
- 레드커런트잼 1테이블스푼
- 버섯 케첩 1테이블스푼
- 브랜디 1테이블스푼
- 소금
- 막 갈아낸 흑후추

조리법

오븐을 180도로 예열한다. 중력분을 소금과 후추로 간하고 꿩의 다리와 가슴살에 밀가루를 입힌다. 밑이 깊은 캐서롤 그릇• 에 올리브 오일 3테이블스푼과 버터 1테이블스푼을 넣고 열을 가해 꿩고기 살이 갈색이 되도록 굽는다. 불에서 내려 한옆에 둔다.

캐서롤 그릇에 버터 2테이블스푼을 더 넣고 샬롯을 넣은 뒤 5분간 부드럽게 익힌다. 베이컨과 셀러리를 넣는다. 유산지를 덮어 5분간 은근히 뜸을 들인다. 이제 마늘, 타임, 토마토퓌레를 넣는다. 갈색이 도는 꿩고기 조각을 위에 얹고 레드 와인을 넣는다. 꿩고기 스톡을 이

• casserole dish: 캐서롤은 오븐에 넣어서 천천히 익혀 만드는, 우리나라의 찌개나 찜 비슷한 요리로, 이 요리에 맞게 오븐에서도 이용 가능하고 음식을 그릇째 직접 서빙할 수 있도록 만든 그릇이다.

위에 붓고 오븐에 1시간 동안 익힌다.

시간이 되면 오븐에서 캐서롤 그릇을 꺼내 꿩고기 부분은 건어내어 보온한다. 캐서롤 그릇째로 중불에 올려 끓인다. 국물이 ⅓로 줄어들면 버섯 케첩, 레드커런트잼을 각각 1테이블스푼을 넣는다. 이것을 힘차게 저으면 육즙이 걸쭉해진다. 마지막으로 취향에 맞게 향신료를 뿌리고 꿩고기를 이 소스에 가져다 얹는다. 브랜디 1테이블스푼을 뿌려 낸다.

## 앤디 워홀

ANDY WARHOL

1928~1987. 미국의 팝아트를 대표하는 작가이자 화가, 영화제작자. 미국 상업문화의 진부한 소재들을 그림으로 표현하여 유명해졌으며 1960년대에는 영화 제작에 힘을 쏟았다.

죽으나 사나 앤디 워홀은 캠벨 수프 통조림만 따고 있었을 거라고 생각하겠지만, 사실 그는 다른 음식에도 일시적인 관심 이상의 흥미를 느꼈다. 실제로 그의 일기를 보면 1970년대의 사회적 혼란에 대해 기록할 때조차도 짬을 내어 재미있고 살짝 전복적이며 조용한 어조로, 다시 말해 누가 봐도 워홀스러운 어조로 음식에 대해 꼬박꼬박 언급하고 있다. 그는 믹 재거의 집에서 거나하게 취해 밤을 보낸 후 믹과 비앙카가 깜빡 잊고 후식을 내오지 않았다고 점잖게 적는다. 그는 또한 뉴욕 사교계에서 얻은 지혜를 바탕으로 우리에게 현명한 충고를 해준다. "아무리 배가 고파도 디스코텍에서는 고기를 먹지 않는 게 좋다."

온통 허세투성이인 뉴욕 예술계에서 워홀은 항상 눈에 띄게 인간적이다. 밥 딜런을 위해 오노 요코가 주최한 "즉흥" 만찬은 결코 가벼운 자리가 아니었다. 도착한 손님들은 신발을 벗어달라는 요구를 받았다. 워홀은 구멍 난 양말을 신고 있어서 난처했다. 데이비드 보위가 참석한 게 눈에 띄었지만 실망스럽게도 보위는 최신 정장을 입고 있었다. 게다가 전부 아서 왕의 원탁처럼 장엄한 원을 그리며 둘러앉아 식사를 해야 했는데, 열정이라곤 눈곱만큼도 찾아볼 수 없었다. 만찬의 핵심은 무겁고 진지한 대화였다. 샴페인 잔이 채워지기는 했지만 사람들은 마시는 척만 했다. 그중에서도 최악은 음식이었다. 인공적이고 그럴듯해 보이지만 맛은 형편없고 고무처럼 질기며 전부 밖에서 사온 것들이었다. 미리 잘라놓은 닭도 예외는 아니었다.

그것보다 훨씬 재미있는 사건은 1985년 8월 가수 셰어가 주최한 바비큐 파티에 초대도 받지 않고 찾아간 일이었다. 셰어에게 전화를 건 워홀은 자동응답기에서 나오는 메시지를 들었다. 그녀의 전용회선으로 전화를 건 사람은 누구나 그날 바비큐 파티에 초대받는다는 내용이었다. *야호!* 워홀은 쾌재를 불렀다. 그래서 친구 한 명과 함께 셰어의 집을 찾아가 초인종을 눌렀다. 하지만 집 안에 들어간 두 사람은 셰어와 그녀의 남자 친구 얼굴 위로 언뜻 스쳐 지나간 놀라움(과 어쩌면 실망한 기색)을 놓치지 않았다. 그러나 적어도 셰어는 오노 요코와 달리 자신이 직접 만든 아주 맛있는 돼지고기와 콩을 대접했다. 그녀의 비밀 무기는? 매운 소스와 믿을 수 없을 정도로 훌륭한 캠벨 수프 통조림이었다.

1976년 성탄절에는 친구의 집을 방문했는데, 워홀에 따르면 키티 밀러라는 이름의 늙은 여자가 와 있었다고 한다. 키티는 돈 많은 극장 기획자의 별난 미망인이었고 자기 머리에 파란색 구두약을 발라 흰 머리를 감추길 좋아했다. 워홀의 설명은 이렇게 이어진다. “사과 파이, 다진 고기 파이, 자두 파이 모두 훌륭했다. 칠면조는 잡지에서 말하는 대로 식탁에 나오기 전에 이미 다 잘라버려서 마치 칠면조 퍼즐을 연상시켰다. 스페인 대사가 몇 마디 말을 하자 술에 취한 키티가 소리를 질렀다. '난 스페인어 할 줄 몰라요.'" 세실 비튼은 일기에서 키티가 식탁에 앉을 때 거대한 거북이 같았다고 기억한다.

칠면조를 퍼즐로 보는 데서 알 수 있듯이 사물을 보는 워홀의 기발한 시각적 재주는 그가 자신이 만들게 될 패스트푸드의 유형에 대해 고민하고 부적절한 와플 모양 물건을 떠올릴 때도 발휘된다. 그의 설명—너무나 생생해서 그림이 저절로 그려진다—에 따르면 그것은 일종의 와플 모양의 TV 식판•으로, 식판 한쪽엔 소다수가 있고 다른 쪽엔 햄이 있다. 하루아침에 먹기와 마시기를 동시에 할 수 있게 되었다. 음식의 상징성을 감지하는 워홀의 능력은 1978년에 친구 마게리트 리트먼의 집으로 록 허드슨을 만나러 간 일—허드슨이 탄 비행기가 지연되는 바람에 허드슨은 나타나지 않는다—에 대한 그의 설명에서도 드러난다. 마게리트는 초콜릿 수프라는 놀라운 후식을 개발한다. 이 수프로 말하자면 뜨겁게 녹인 초콜릿과 신선하게 짠 오렌지주스, 그랑 마니에•• 한 방울을 아주 만족스럽게 섞은 수프이다.

그의 일기에는 트루먼 커포티가 아주 훌륭한 술친구이자 식사친구였다는 이야기가 자주 나온다. 그들의 우정은 따스하고 재미있다. 워홀이 가장 좋아하는 술 가운데 하나는 신선한 포도주스와 보드카를

---

• 16쪽 주 참고.

•• Grand Marnier: 브랜디와 오렌지로 만드는 프랑스 술.

## 워홀 추종자의 초콜릿 수프

**재료**

- 갓 짠 오렌지즙 300밀리리터
- 그랑 마니에 1테이블스푼
- 달콤 쌉싸름한 다크 초콜릿 잘게 조각낸 것 100그램
- 말린 고추 플레이크 ½티스푼

**조리법**

오렌지즙을 밑이 깊은 중간 크기의 팬에 따른다. 오렌지즙을 중약불에 끓을 때까지 둔다. 끓는 동안 초콜릿 조각과 고추 플레이크를 내열 용기에 넣고 끓는 물이 담긴 팬 위에 내열 용기째로 올려 중탕한다. 초콜릿이 녹을 때까지 저어준다. 초콜릿에 뜨거운 오렌지즙을 천천히 부어 오렌지즙과 초콜릿이 완전히 섞이도록 휘젓는다. 그랑 마니에를 끼얹고 볼에 초콜릿 수프를 따라 바로 낸다. 수프와 함께 잘 익은 오렌지빛 망고 조각, 파인애플 조각, 껍질 벗긴 오렌지 몇 쪽을 곁들인다.

섞은 것이었는데, 1978년 워홀과 커포티는 상당히 독한 이 칵테일을 고주망태가 되도록 마셨다. 커포티는 집에 가려고 자리에서 일어나지만 갈지자로 비틀거리며 방 안을 이리저리 오가다가 워홀 위로 엎어지고 만다. 그러나 술을 마시면 거침없는 고백과 자랑이 쏟아지는데, 트루먼의 자랑은 존 휴스턴에게 40차례 구강성교를 해주었고 하마터면 험프리 보가트와 잘 뻔했다는 것이다(물론 그의 말을 입증해줄 사람은 아무도 없다). 트루먼은 앞으로 몇 달 동안 잭 다니엘스와 우유를 마시기로 하지만, 워홀은 트루먼이 술을 입에도 대지 않을 때는 지

루한 사람이라는 것을 알아챈다. 트루먼은 마리화나를 피우면 다시 재미있는 사람이 될 거라고 약속한다(그들은 마리화나를 피우지만 트루먼은 재미있는 사람이 되지 않는다! 그들은 몇 날 밤에 걸쳐서 피자를 함께 먹는다). 워홀은 트루먼이 갈수록 그가 키우는 불도그를 닮아간다는 걸 깨닫는다. 그 불도그는 트루먼의 가구 가장자리를 갉아먹고 가구에 붙어 있는 단추란 단추는 죄다 물어뜯어 놓는다. 워홀은 욕실에서 트루먼이 오줌 누는 소리를 카세트테이프에 녹음하려고 하지만 트루먼은 문을 닫아버린다.

1978년 10월 15일 일요일에는 트루먼이 요리한 혹은 요리하지 않은 점심을 먹는다. 부엌에 있던 트루먼은 자기가 요리를 했다고 호들갑을 떨었다. 부엌은 더웠고—햇살이 들이쳤다—오븐 전원엔 불이 들어와 있었지만 오븐 안은 비어 있었다. 조리대에는 달리 할 일이 없다는 듯 토마토 몇 개가 놓여 있었다. 트루먼은 냉장고에서 맑고 독하고 끈적거리는 스톨리치나야• 보드카를 꺼내 커다란 와인 잔으로 연신 단숨에 들이켜고 있었다. 그는 워홀에게 한 잔 마시라며 보드카가 3분의 2쯤 들어 있는 잔을 들이밀었는데, 그 잔에는 오렌지주스 얼룩이 묻어 있었다. 워홀은 잔을 받기만 하고 마시지는 말자고 마음먹었다. 워홀은 부엌에 있는 트루먼에게서 의심의 눈길을 거두지 않았다. 트루먼은 자신이 얼마나 뛰어난 요리사인지 계속 자화자찬을 늘어놓았고, 답답하다는 듯 자신이 구운 파이를 워홀에게 보여주고 파이를 들고 있는 자신의 모습을 사진으로 찍어달라고 워홀에게 부탁까지

• Stolichnaya: 러시아 보드카. 보드카라는 말 대신 사용될 만큼 인기가 높다.

## "고주망태로 만드는" 보드카와 포도주스

재료

- 스톨리치나야 1단위 표준량• 넉넉하게
- 핑크 그레이프프루트 3알의 즙
- 잘게 부순 얼음
- 민트 잎 3장 채 썬 것
- 등화수 3방울
- 석류즙 1방울
- 칵테일 셰이커 1개
- 와인 잔 큰 것 1개

조리법

이 칵테일을 만들기 2시간 전에 스톨리치나야 한 병을 냉동실에 넣어 차갑게 한다. 시럽과 같은 무거운 농도가 되면서 얼지 않을 정도로 차게 한다. 시간이 넉넉하지 않다면 조리 1시간 전에 큼직한 와인 잔에 따라 차갑게 냉동한다. 시간이 경과하면 트루먼 커포티가 했던 것처럼 부엌에 있는 모든 오븐을 전부 가동해서 술을 마시고 싶은 상태가 되게 한다. 바람직하게도 많은 양의 햇살까지 부엌을 달구어준다면 이미 숙취에 이를 것이다.

얼음을 잘게 부순다. 분쇄얼음을 어떻게 만드는지 잘 모른다면 얼음을 마른 행주로 감싸고 밀대로 내리치면 된다. 분쇄된 얼음을 칵테일 셰이커에 한 주먹 넣고 스톨리치나야를 넉넉히 붓는다. 갓 짠 달콤한 핑크 그레이프프루트즙을 넣고 채 썬 민트, 등화수 3방울을 더한 다음 흔든다. 칵테일 셰이커의 내용물을 와인 잔에 거른다. 석류즙 소량을 뿌리면 바닥에 가라앉아 잔 바닥에 루비를 약간 바른 것 같을 것이다.

---

• 31쪽 주 참고.

했다. 하지만 워홀의 의심은 수그러들지 않았다. 왜냐하면 "집에서 만들었다는 파이"는 둥근 모양의 마분지 위에 올려놓고 구운 게 분명했기 때문이다.

전날 밤 트루먼은 정말 손쉽게 송아지고기 스튜를 만들었다. 트루먼은 보드카가 담긴 워홀의 와인 잔을 훔친 후에 자신의 손님들에게 검은콩 수프를 대접했다. 단, 검은콩 수프는 검은색이 아닌 회색이었다. 그리고 꽤 차가웠다. 손님들은 훌륭한 수프라고 한 마디씩 하면서 열심히 먹었지만, 워홀은 입도 대지 않았다. 자신의 수프 그릇을 만지작거리며 집 안을 여기저기 어슬렁거리던 워홀은 욕실 앞에 다다랐을 때 눈 깜짝할 사이에 욕실 안으로 들어가 수프를 변기에 쏟아버리고 물을 내렸다.

다행히 그즈음 트루먼은 술이 잔뜩 취한 상태였고, 워홀은 오후 내내 녹음까지 할 수 있었다.

## 사기꾼의 검은콩 수프

재료

- 올리브 오일 6테이블스푼
- 검은콩, 하룻밤 물에 불린 것 250그램
- 마늘 3쪽 으깬 것
- 초리소 소시지 주사위 모양으로 썬 것
- 안초 칠리 또는 치폴레 칠리 말려서 잘 다지거나 부순 것
- 양파 2개 잘 다진 것
- 불에 그을린 파프리카 ½테이블스푼
- 커민 씨(살짝 소금 간해 절구에 바로 간 것) 1티스푼
- 타임 작게 한 줌
- 고수 잎 작게 한 줌 잘 다진 것
- 치킨 스톡 1파인트(568ml)
- 사워크림 ¼파인트(142ml)
- 소금
- 막 갈아낸 흑후추

장식용

- 적양파 1개
- 토르티야 칩 1봉지
- 고수 1줌
- 라임 3개
- 몬터레이잭 치즈
- 완숙 토마토 한 무더기
- 아보카도 1개

조리법

크고 바닥이 깊은 육수냄비에 올리브 오일을 데운다. 양파, 마늘을 넣고 가볍게 5분간 볶는다. 초리소를 넣고 갈색이 돌도록 볶으면 풍부하고 양념이 밴 복합적인 향의 돼지기름이 나오기 시작한다. 여기에 커민 씨를 넣고 1분간 볶는다. 그 다음 안초 칠리나 치폴레 칠리, 파프리카, 타임, 고수를 넣는다. 불려두었던 콩을 건져 수프 육수에 넣는다. 치킨 스톡 1파인트와 물 1파인트를 붓는다. 뚜껑을 덮고 90분 동안 뭉근히 끓인다. 다 되면 수프를 소금, 흑후추로 간하고 개인접시마다 사워크림 작게 한 덩이를 위에 얹어 낸다. 테이블에

앉은 사람들은 작은 볼에 있는 재료들로 각자 자기 수프에 고명을 얹을 수 있으니 그 누구도 속이 불편할 일은 없다.

작은 볼에 내는 각각의 접시에는:

볼1 : 잘게 다진 적양파, 라임 2개분의 즙을 위에 뿌린 것

볼2 : 잘게 부순 플레인 토르티야 칩

볼3 : 간 몬터레이잭 치즈

볼4 : 익은 아보카도를 라임 주스에 재워 주사위 모양으로 썬 것과 잘게 다진 고수

볼5 : 잘게 다진 토마토

# 오귀스트 르누아르

AUGUSTE RENOIR

1841~1919. 프랑스의 대표적인 인상주의 화가. 초기에는 전형적인 인상주의 작품을 주로 그렸고, 1880년 중반부터는 좀더 고전적이고 형식적인 기법을 사용했다.

르누아르는 파리 아르장튀유 거리의 지저분한 동네에서 자랐다. 토끼 사육장 같은 아파트 창문들 밖으로 식사를 준비하는 냄새가 새어 나왔고, 그 냄새는 저마다 출신이 달랐다. 예컨대 마늘 냄새는 프로방스 출신 노동자를 떠올리게 했고, 강낭콩과 함께 오븐에서 찌고 있는 맛있는 베이컨 냄새는 그 집에 부르고뉴 출신 사람들이 살고 있다는 걸 말해주었다. 여섯 살의 르누아르는 등굣길이면 베이컨 기름을 빵에 바른 소박한 샌드위치를 들고 거리 이곳저곳을 누볐다. 그는 열세 살이 되었을 무렵 장 구종의 이노상 분수 앞에서 소시지를 먹으며 인근 포도주 가게에 들러 튀김 식품과 소고기를 사는 것도 잊은 채 넋을 잃고 서 있었다. 그는 진심으로 구종의 분수처럼 멋있고 아름다운 뭔가를 만드는 법을 배우고 싶은 마음이 간절했지만, 그의 사장이자 유약 도자기 제조업자인 M. 레비는 그가 뚱뚱하고 지저분한 마리 앙투아네트의 구역질나는 옆얼굴을 그리는 데 전념해서 돈을 한 푼이라도 더 벌어주길 원했다. M. 레비와 르누아르는 그녀의 코의 정확한 길이를 두고 항상 의견이 갈렸다. "또 코를 너무 짧게 그렸잖아. 마리 앙투아네트는 들창코를 가진 여왕이 아니었다니까." M. 레비는 이런 불만을 늘 입에 달고 살았다. M. 레비는 자신의 제자에게 술 마시는 법을 가르칠 때도 단호했다. 그는 르누아르에게 경고했다. "술을 마시도록 해. 단, 포도주에 물을 타서 마셔. 술을 마시지 않으면 가마에서 나오는 열기가 널 바싹 말려버릴 거야. 내가 아는 사람 중에는 하도 말라서 피골이 상접한 사람도 있었어." 한편 아르장퇴유의 아파트에서 살 때 르누아르의 어머니는 그에게 완벽한 커피를 끓이는 법을 가르치려 애썼고, 일요일마다 집에 들러주는 사람이 있으면 누구에게든 대접하기 위해 친절하게도 엄청 많은 양의 포토푀•를 만들었다. 자식들의 도움을 받아 만든 피클도 곁들여 냈다. 일요일 점심을 같이 먹을 사람이 아무도 나타나지 않으면 가족들은 식어버린 소고기 수프를 남은 일주일 내내 먹어야 했는데, 피클이라면 자다가도 벌떡 일어나던 어린 르누아르에게는 더할 나위 없이 반가운 메뉴였다.

젊은 화가 르누아르는 클로드 모네와 함께 사용하는 공동 작업실에서 강낭콩으로 연명할 때도 있었다. 무소유의 자유를 사랑한 르누아르는 "주머니 속에는 두 손" 뿐이라는 말을 즐겨 썼다. 그는 작업실 맞은편의 생 조르주 거리에 있는 크레므리••에 자주 들렀다. 그곳에서는 풍부한 크림과 갓 낳아 따뜻한 깃털이 묻은 달걀을 팔았는데, 지

• pot-au-feu: 고기와 야채를 삶은 프랑스의 찜과 수프 요리.
•• crémerie: 치즈, 버터, 달걀 등 유제품을 주로 파는 간이식당.

나가는 행인들에게 맛있는 오늘의 특별요리를 홍보하기도 했다. 미망인인 식당 주인은 식당 구석에서 발갛게 달아 있는 1인용 스토브를 사용해 소고기 스튜나 양고기 스튜를 만들었다. 그녀는 르누아르가 자기 딸 중 한 명과 결혼한다면 그를 위해 특제 브리 치즈 조각을 남겨두겠다고 마음먹었다. 그녀는 이 총각이 너무 말랐다고 생각했다. 그는 브리 치즈라면 사족을 못 썼지만 확실히 그의 허리둘레는 조금도 늘지 않았다. 그는 브리 치즈가 "치즈의 왕"이라며 경의를 표했고, 귀를 기울이는 모든 사람들에게 "브리 치즈는 파리에서만 먹어야 합니다. 파리를 벗어나면 형편없습니다"라고 충고했다. 미망인의 딸들이 르누아르의 손수건을 꿰매주었지만, 그의 시선이 쏠린 곳은 식당에서 자신이 있는 방 맞은편에 있는 작은 식탁이었다. 그 식탁에는 미래의 아내가 될 사랑스럽고 쾌활한 알린 샤리고가 앉아 있었다. 게다가 그녀의 코는 소년 시절 르누아르가 마리 앙투아네트의 이상적인 모습으로 묘사했던 코, 바로 들창코였다. 식당 주인인 미망인은 1주일에 한 번씩 자기가 잘 아는 사람들을 초대해 덩굴에서 자란 디종산 강낭콩과 베이컨을 넣어 끓인 그녀의 특제 콩 스튜를 대접했는데, 르누아르는 자신이 사랑하는 알린이 스튜에 달려드는 모습을 감탄하며 적어두었다. 그러고는 훗날 아들에게 이렇게 말했다. "네 어머니가 먹는 모습을 보고 있으면 기분이 정말 좋았어. 위의 고통을 감수하면서까지 마르고 창백한 모습을 유지하려고 애쓰는 사교계 여자들과는 달랐거든." 신뢰와 사랑을 받는 사람들은 대식가였다. 체중 조절을 위한 식이요법? 무슨 그런 헛소리가 다 있어!

르누아르의 소박한 음식 사랑은 기차여행에서 드러난다. 그는 1등 칸에 타면 불청객이 된 것 같은 기분이 들었다. 2등 칸의 부르주아들은 꼬치꼬치 캐묻기를 너무 좋아했고, 상대방에게 항상 고개를 까딱거리고 몸을 건들거림으로써 사회적으로 다른 계층에 대해 경계를 늦추지 않았다. 르누아르가 쪼그리고 앉은 3등 칸에서는 사람들이 끊임없이 그에게 먹을 것을 주었다. 그의 가냘프고 가벼운 체구를 딱하게 여긴 여인들 덕분에 그는 기차여행 내내 각 지역의 특산물을 맛볼 기회를 얻었다. 그런 특산물은 무거운 치마를 입은 나이 지긋한 노부인들이 들고 탄 바구니에 담겨 있었다. 그는 코트도르●에서 생산된 연초록색의 덜 숙성된 와인을 단숨에 들이켰고, 탄력 있고 치즈향이 나는 과자인 부르고뉴의 구제르를 맛보았으며, 론에서 홀짝거린 로제 와인은 그 맛이 생각보다 오래 입 안에 남았다. 적포도주에 소고기를 넣고 끓인 프로방스의 도브도 먹었다. 르누아르는 항상 3등 칸에서 억세고 가모장적이고 활력 넘치는 나이 든 여성들과 수다를 떨면서 먹고 마셨다. 그는 아마 코르셋 착용에 관해서 그 어떤 위대한 화가가 들었던 것보다 더 많은 정보를 얻은 화가일 것이다. 거구의 어떤 여자는 다른 여자에게 양해를 구하더니 자신의 코르셋 끈을 풀어달라고 부탁했다. 그러자 그녀의 뱃살이 감옥에서 풀려나 앞으로 기울며 그녀가 들고 탄 토끼 파이 안으로 밀려들어갔다. 그녀의 뱃살은 마침내 자유를 얻었다.

하지만 가모장들이 항상 르누아르에게 친절하기만 한 것은 아니었다. 그것은 그의 장모 샤리고 부인도 마찬가지였다. 장모는 처음부

● Côte d'Or: 부르고뉴 지방의 대표적인 와인 생산지 중 한 곳.

터, 그러니까 생 조르주 거리에 있는 르누아르 부부의 아파트에서 집안일을 해줄 때부터 르누아르와 성향이 맞지 않았다. 처음에는 모든 일이 순조롭게 돌아가는 것처럼 보였다. 그녀는 르누아르를 위해 캐러멜 커스터드와 송아지고기 블랑케트를 만들었고, 수플레를 만드는 것쯤은 일도 아니었다.

사실 르누아르는 3등 칸에서 먹는 더 단순한 음식을 좋아했지만 샤리고 부인의 세련된 음식도 가리지 않고 먹었다. 그녀가 그의 저녁식사에 대해서 다음과 같이 빈정거리기 시작했을 때 그가 얼마나 놀랐을지 상상이 가는가? "그래서 자네는 송아지고기는 더 먹기 싫은가? 푸아그라 파이를 좀 더 먹고 싶은 모양이지?" 그녀는 그렇게 빈정거리고 나서는 모욕적으로 그의 금전 문제를 들먹이면서 "배가 고파 죽을 지경"인데도 그는 여전히 "푸아그라를 원한다"고 투덜거렸다. 알린은 가정의 평화를 위해 어머니에게 그녀가 가장 좋아하는 달콤한 마롱 글라세●를 만들어드렸다. 자신이 딸의 심리에 어떤 영향을 미치는지 너무나 잘 알고 있던 샤리고 부인은 훗날 이렇게 말했다. "내가 정말 양심이 없는 인간이었다면 마롱 글라세를 날마다 먹을 수 있었을 거다."

샤리고 부인이 허둥지둥 언짢게 떠난 후에 르누아르네 부엌은 틀림없이 아주 유쾌한 공간으로 바뀌었을 것이다. 그러나 그들의 요리사 "위대한 루이스"가 걸핏하면 우는 바람에 식구들끼리는 그들이 먹는 수프가 너무 짠 이유가 그의 눈물 때문이라고 우스갯소리를 하곤 했다(그런데 사실 동료 화가들은 르누아르 집에 가면 먹을 수 있는 훌륭한

● marrons glacés: 밤(마롱) 껍질을 벗기고 설탕에 절여 만든 과자.

## 캐러멜 커스터드

재료

**캐러멜**

- 바닐라슈가 4온스(113g)
- 물 3테이블스푼
- 주석산 한 꼬집

**커스터드**

- 우유 ¾파인트(426ml)
- 바닐라빈 1깍지
- 설탕 1½온스(43g)
- 달걀 3개와 2개분의 노른자

조리법

행주를 세로로 길게 접고 그 위에 오븐 사용 가능한 2파인트(1,140ml) 용량의 금속잔을 올려둔다(행주는 뜨거운 캐러멜을 그릇 안쪽에 골고루 입힐 때 손이 데지 않도록 하는 데 쓰인다). 바닥이 두꺼운 자그마한 소스팬에 물과 설탕을 넣는다. 불에 올려 끓어오르면 설탕이 녹을 때까지 저어주다가 주석산을 한 꼬집 넣는다. 녹은 설탕을 중불에 끓이는데 캐러멜화가 시작되려 하면 팬을 기울여 설탕시럽이 골고루 퍼지게 하며 계속 끓인다. 설탕이 캐러멜화되어 아름답고 진한 홍차 빛깔을 내는 갈색으로 되기까지 5분에서 10분쯤 걸린다. 색이 나오는 즉시 팬을 불에서 내리고 캐러멜을 틀에 붓는다. 행주로 틀을 잡고 캐러멜을 틀 안쪽에 빙글빙글 돌려 바닥과 벽면에 고루 덮이도록 한다. 캐러멜이 바로 식기 시작해 움직임을 멈추면 곧바로 차가운 접시에 틀을 뒤집어놓는다. 이렇게 하면 틀에서 흘러내린 캐러멜 실이 아름답게 휘감긴 종유석처럼 모양이 잡힌다.

오븐을 170도에 예열해둔다. 볼에 설탕, 달걀, 달걀노른자, 깍지에서 발라낸 바닐라 씨를 넣어 휘젓는다. 자그마한 소스팬에 우유를 부어 끓기 직전까지 데운다. 김이 나고 뜨거워지면 불에서 내려 달걀 믹스에 따르는데 달걀 스크램블이 되지 않도록 우유를 가늘게 흘리며 계속 저어준다.
틀을 바로 세운다. 체에 받쳐 거르며 커스터드 믹스를 틀에 부어준다. 오븐 중앙에 크고 밑이 깊은 팬을 두고 그 안에 틀을 놓는다. 팬의 깊이는 끓는 물을 부었을 때 커스터드 높이의 반까지 올라올 수 있을 만큼 깊어야 한다. 이제 커스터드를 1시간가량 굽는다. 임의로 만든 중탕냄비 안의 물이 끓기 시작하면 온도를 낮춘다. 칼을 찔러 넣어서 다 되었는지 테스트해본다. 칼에 묻어나는 것이 없으면 커스터드를 오븐에서 꺼내 식히고 3시간 정도 냉장한다. 접시 위에 틀을 거꾸로 뒤집은 상태로 두드려 커스터드를 위아래 모양이 바뀐 채로 꺼낸다. 이렇게 하면 음식을 냈을 때 캐러멜 섬 주위에 녹은 캐러멜이 웅덩이를 이루어 떠먹을 수 있다.

부야베스•에 대해 극찬을 아끼지 않았다).

르누아르는 어디를 가든 끼니를 챙겨 먹어야만 확실히 마음이 편안해졌다. 말년에 휠체어 신세를 지게 된 르누아르는 아무리 식욕이 없어도 저녁식사 시간에는 꼭 모습을 보였다. 그 정도로 그는 끼니라는 의식에 헌신적이었다. 하지만 알린이 가장 자부심을 가졌던 요리는 르누아르 집안의 전통에 따라 일요일마다 먹었던 포토푀가 아니라 그녀의 치킨 소테••였다. 그녀는 치킨 소테를 자신의 가장 훌륭한 음식으로 여겼고, 친절하게도 우리에게 그 조리법을 남겨주었다.

---

• 43쪽 주 참고.

•• chicken sauté: 닭튀김. 소테는 육류를 기름에 튀긴 음식을 말한다.

## "위대한 루이스"의 부야베스(눈물은 빼고)

재료

- 제철 생선 7파운드(3.2kg); 대하, 가자미, 장어, 노랑촉수나 숭어, 성대 등.
- 올리브 오일 6테이블스푼
- 양파 3개 잘게 다진 것
- 리크 3개 잘 다진 것(초록색 부분은 버린다.)
- 큼직하고 포동포동하게 잘 익은 완숙 토마토 5개 다진 것 (껍질과 씨는 제거)
- 감자 3개 4등분 한 것
- 마늘 5쪽 으깬 것
- 회향 ½개 잘게 채 친 것 또는 피렌체 회향 5줄기
- 올리브 잎 3개
- 타임 3줄기
- 파슬리 작게 1줌 잘 다진 것
- 껍질 1조각분의 오렌지 제스트
- 사프란 가닥 ½티스푼
- 피시 스톡 2파인트(1,140ml)
- 소금(혹은 위대한 루이스의 눈물)과 흑후추
- 프렌치 바게트 1개 20조각으로 얇게 썬 것
- 마늘 1쪽

조리법

생선을 얇게 저미고 조개류는 껍질째 둔다. 크고 넓적한 팬에 올리브 오일을 두르고 달군 다음 양파, 리크를 넣어 데우는데 버터 한 조각을 바른 유산지를 덮어서 부드럽게 수분을 낸다. 갈색이 돌도록 익히면 안 된다. 토마토, 감자, 마늘, 회향, 올리브 잎, 타임, 파슬리, 오렌지 제스트, 사프란, 생선(조개류를 제외한)을 넣는다. 생선이 잠길 만큼 충분히 육수를 붓고 끓기 시작하고부터 10분간 끓이는데 팬의 뚜껑을 덮으면 안 된다. 조개류를 넣고 5분 더 익힌다. 맛을 보고 소금과 흑후추로 간을 한다.

바게트 조각을 그릴에 구운 다음 마늘에 문지른다. 큼직한 수프 접시에 토스트한 빵을 깔고 그 위에 뜨거운 수프를 붓는다. 아이올리 소스와 함께 내어도 좋다.

## 르누아르풍 치킨 소테

재료

- 닭 1마리(정육점에서 닭을 부위별로 자르고 간은 따로 달라고 해서 나중에 양송이를 넣을 때 같이 넣는다.)
- 올리브 오일 1테이블스푼
- 버터 ½테이블스푼
- 양파 3개 다진 것
- 중간 크기 토마토 3개 껍질 벗긴 것
- 파슬리 1줌 다진 것
- 타임 4줄기
- 올리브 잎 2장
- 마늘 3쪽 다진 것
- 양송이버섯 6개 4등분 한 것
- 블랙 올리브 한 주먹
- 브랜디 1잔

장식용

- 다진 파슬리 1테이블스푼과 다진 마늘 1티스푼
- 소금
- 막 갈아낸 흑후추

조리법

무거운 캐서롤 냄비에 올리브 오일을 두르고 달군 뒤 치킨 조각이 갈색이 나도록 익힌다. 갈색이 된 것부터 한 조각씩 캐서롤 냄비에서 꺼내 따뜻하게 보온한다. 모든 치킨 조각이 구워지면 ½테이블스푼의 버터를 넣는다. 치킨 조각들을 전부 캐서롤 냄비에 다시 넣고 양파, 토마토, 파슬리, 타임, 올리브 잎, 마늘, 소금, 후추, 뜨거운 물도 같이 넣는다. 뚜껑을 덮고 약불에 눋지 않게 가끔 저어주며 1시간 반 동안 보글보글 끓인다.

양송이버섯을 잘게 다지고 올리브의 씨를 제거한 뒤 간을 잘 다진다. 그런 다음 양송이버섯, 올리브, 다진 간을 넣는다. 30분 더 조리한다. 그릇에 내기 직전에 브랜디를 넣고 캐서롤 뚜껑을 열어두어 브랜디의 자극적인 향은 날아가도록 한다. 3분이 지나면 준비가 된다. 마지막으로 개인 접시마다 파슬리와 마늘을 뿌린다.

## 디에고 리베라와 프리다 칼로

DIEGO RIVERA AND FRIDA KAHLO

디에고 리베라(1886~1957)는 남미 벽화운동의 선구자이자 멕시코의 민중화가이며, 프리다 칼로(1907~1954) 역시 멕시코의 화가로 두 사람은 1929년에 결혼했다.

디에고 리베라는 우리와 마찬가지로 어렸을 때 정상적인 소젖을 마실 수 없었다. 오, 안 돼, 그는 우리와 달라야 했건만. 어렸을 때 디에고의 쌍둥이가 죽고 나서 그의 부모는 창백하고 몸이 허약한 그가 걱정스러웠다. 그래서 디에고를 시골—그래봐야 시에라마드레의 산악지대—로 보내 키가 큰 인디오족 간호사 안토니아에게 맡겼다. 그렇다면 안토니아의 해결책은 무엇이었을까? 음, 그녀는 디에고에게 평범한 음식보다 뭔가 더 강한 음식이 필요하다는 결론을 내렸다. 그녀는 아주 크고 눈이 부실 정도로 깨끗하고 아름다운 암컷 염소를 키운 다음 염소 젖통에서 바로 짠 깨끗하고 크림이 풍부한 염소젖을 디에고에게 먹였다. 인생을 이런 식으로 시작한 것을 감안하면 그가 이후 줄곧 정도를 벗어난 삶을 산 것은 조금도 놀랄 일이 아니다. 안토니아는 염소젖 때문에 이상해진 게 분명한 네 살짜리 디에고를 부모에게 돌려보낸다. 당시 그의 어머니는 임신 중이었고, 동생을 기다리고 있는 디에고에게 상자에 담긴 아기가 곧 기차를 타고 도착할 것이라고 말했다. 디에고는 기다리고 또 기다렸지만 아기도 상자도 도착하지 않자 마침내 잔뜩 화가 나서 밖에 나가 새끼를 밴 쥐를 잡아 가위로 배를 가른 다음 새끼 쥐들을 파냈다. 그리고 … 맞다, 일이 더 커진다…. 새끼 쥐들을 어머니에게 던져버린다. 소스라치게 놀랄 만큼 섬뜩한 행동일까, 아니면 단순히 지어낸 이야기일까?

거짓말 같은 이야기는 1904년에 또 일어난다. 우리의 유별난 멕시코인은 어느 프랑스 모피 중개인이 자신이 기르는 고양이들에게 다른 고양이 고기를 먹였더니 털의 품질과 감촉이 좋아졌다고 말한 것을 어디선가 우연히 읽었다. 오늘날 우리는 대부분 그런 이야기를 들으면 "이런 사이코를 봤나!"라고 말하며 진저리를 치거나 파리에 있는 고양이들의 행복을 걱정하겠지만, 디에고는 자기도 그 실험을 해보고 싶어 안달이 났다. 그는 돈을 모아 작은 사업을 해보자며 해부학을 배우는 친구들을 꼬드겼다. 그 사업이란 시에서 운영하는 시체 보관소에서 돈을 주고 신선한 시체를 사오는 것이었다. 여기서 중요한 것은 병들거나 망령이 난 시체가 아니라, 뭐랄까, 신선한 시체여야 한다는 것이었다(여하튼 인육을 먹는 행위에는 기준이 있어야 한다). 그리고 꿈은 이루어졌다. 그들은 8주 동안 인육을 실컷 먹었고, 안색이 몰라보게 좋아졌다. 얼굴에선 더 이상 반점을 찾아볼 수 없었다. 디에고는 자신이 유독 여자의 가슴과 다리를 좋아한다는 사실을 알게 됐다. 다른 동물들과 마찬가지로 그 부위는 별미였다. 그는 또 여자의 뇌와 빵가루를 입힌 젊은 여자의 갈비뼈를 비네그레트 소스•에 찍어 먹어보라고 권했다. 여자의 살을 토르티야에 싸서 먹으면 새끼 돼지의 가장 부드러운 살처럼 맛이 일품이었다. 그러나 그는 결국 사회적 압력 때문에 사람을 먹는 것을 그만뒀다. 친구를 사귀고 관계를 유지하기가 힘들었을 것이다.

1911년 디에고의 시선은 장기간에 걸친 유럽 여행에 꽂혀 있었다. 그는 미심쩍은 서류를 가진 사람들이 가장 쉽게 들어갈 수 있는 유럽 국가는 스페인이라는 사실을 알아냈다. 여행은 스페인의 구식 증기선 알폰소13세 호를 타고 몇 주간 계속됐다. 아바나에서 스페인까지 가는 동안 바다는 선실을 뒤흔들었고 승객들은 이리저리 나동그라졌다. 멀미가 너무 심해서 식당 칸의 승객 수가 줄어드는 모습을 지켜보며 디에고는 씁쓸한 만족을 느꼈다. 결국 마지막까지 위 속에 음식을 간직할 수 있었던 사람은 두 명의 선장을 포함해 디에고까지 딱 세 명뿐이었다. 모든 전리품은 승리한 그들 차지였다. 식당 칸 승무원은 쟁반을 높이 쳐들고 좌우로 흔들리며 세 사람에게 다가갔다. 모든 문을 통해 바닷물이 들이닥쳤기 때문에 승무원의 바지는 무릎 위까지 접혀 올라가 있었다.

배의 요리사는 많은 음식을 만들어야 한다는 부담에서 벗어나 자신의 솜씨를 발휘했다. 아침식사는 끝없이 길고 지루했다. 점심을 먹기 전까지 시가 한두 대 피울 시간밖에 없었고, 바닷물은 발꿈치에서 찰랑거렸다. 수프는 메뉴에 없었다. 그릇 밖으로 흘러넘쳐서 바닷물에 섞여 흘러가버렸을 것이다. 대신 그들은 근육질의 붉돔이나 육즙

---

• Vinaigrette sauce: 오일, 식초, 소금, 후추를 기본으로 하여 양파, 머스터드, 허브 등을 첨가한 소스.

이 많은 비프스테이크, 살이 달콤한 산호-핑크색 대게처럼 무게가 더 나가는 음식들을 주문했다. 식탁에 올라온 모든 요리는 맨 먼저 선장 앞에 놓였다. 선장은 엄숙하게 성호를 긋고 음식을 삼등분한 다음 나직이 "성부의 이름으로"라고 읊조리며 접시에 나눠 담았다. 그러고는 게살의 가운데 부위를 자기 접시에 옮겨 담았다. 이번에는 "성자의 이름으로"라고 읊조리고 나서 게살의 두 번째 부위를 부선장의 접시에 옮겨 담았다. 그리고 "성령의 이름으로"라고 읊조리고 나서 세 번째 부위를 디에고의 그릇에 옮겨 담았다.

안토니아가 시에라마드레의 산악지대에 올라 그에게 염소를 데려다 주었을 때부터 우리의 사랑스럽고 비열한 인간 디에고는 여자들에게서 가장 격정적인 반응을 끌어내는 인물처럼 보였다. 한 여자는 그가 포옹했을 때 숨겨둔 칼날로 그의 얼굴을 벤 다음 자신의 목을 베더니(성공하지 못했다), 머지않아 목에 붕대를 감고 그와 다시 커피를 마셨다. 그의 두 번째 아내 루페 마린은 가난한 살림에 너무 화가 났다. 그녀는 저녁식사 시간이 됐을 때 점토로 만든 아즈텍 숭배물의 깨진 조각들을 접시에 담아 내놓았다. 점토로 만든 그 아즈텍 숭배물들은 디에고가 먹을 것을 사는 데 써야 할 돈으로 산 것들이었다. 루페는 더 심한 말들이 그녀 안에 준비되어 있다는 것을 알지 못했다. 디에고처럼 지극히 과장된 톤으로 그녀는 마지막 이별의 말을 내뱉었다. "가슴 큰 네 계집들하고 지옥에나 가버려!" 그러나 그 다음에 그녀가 결혼한 사람은 제정신이 아닌 범죄자였다. 이 남자는 그녀가 아들을 낳자마자 아들을 곧바로 거세했고, 뒤이어 자신도 거세했다. 당시 사랑 게임에서 루페는 운이 좋은 편이 아니었다.

디에고와 프리다 칼로는 하늘이 무너져도 결혼할 생각이었다. 사실 프리다의 아버지는 디에고에게 악마와 결혼하는 것이라고 경고했고, 그 예상은 크게 빗나가지 않았다. 그들은 입을 맞추면서 자신들이 거리의 가로등부터 더 어슴푸레한 가정의 전구까지 모든 전구를 켰다 끌 수 있다는 사실을 알았다. 프리다는 디에고에게 온통 마음을 빼앗겼다. 그녀는 그를 볼 때마다 거대한 개구리가 서 있는 것 같다고 생각했다. 디에고는 그녀가 자유분방하고 예측할 수 없는, 타코와 콩과 테킬라 같은 여자라고 생각했다. 그는 어쩌면 뭔가 알고 있었는지도 모른다. 왜냐하면 프리다는 브랜디가 담긴 향수병을 치마 속에 감추고 있었기 때문이다. 그녀는 향수를 바르는 척하면서 재빨리 술을 벌컥벌컥 들이켰다. 결혼식은 흥미진진했다. 테킬라로 흥을 돋웠고, 서까래에는 말리기 위해 널어놓은 여자 속옷이 있었다. 루페는 프리다의 치마를 쥐고 소리쳤다. "그 지팡이 두 개가 보여?• 그것이 앞으로 디에고가 참아야 할 일이야. 그는 내 두 다리를 갖곤 했어." 시간이 지나자 디에고는 권총을 쏘기 시작했고, 심지어 어느 하객의 손가락까지 부러뜨렸다. 칼로는 며칠 동안 디에고의 집에 들어가기를 거부했다. 결국 마음을 푼 루페는 넓은 아량을 베풀어 디에고가 가장 좋아하는 음식을 만드는 법을 프리다에게 가르쳐주었다.

디에고는 큰 벽화를 그리기 위해 종종 비계 위에서 작업을 했는데,

---

• 프리다 칼로는 여섯 살 때 소아마비로 다리를 절기 시작했고, 열여섯 살 때 큰 교통사고로 다리를 비롯해 여러 군데 심각한 골절상을 입었다. 루페는 프리다의 불편한 다리를 지팡이라고 놀렸다.

그럴 때면 프리다가 그를 위해 점심 도시락을 만들었다. 점심 도시락을 만드는 법도 루페가 가르쳐주었다. 프리다는 "사랑해요"라고 쓴 냅킨을 준비하고 꽃으로 장식까지 했다. 도시락을 보고 디에고는 무뚝뚝한 목소리로 "노동자의 점심 도시락"이라고 즐겨 불렀다. 그가 암 진단을 받고 난 뒤에는 도시락의 내용물이 아주 엄격해졌다. 달걀 두 개, 고기 약간, 흑빵 두 쪽, 조리한 후식, 요구르트, 각기 다른 과일 여섯 개, 보온병에 담은 설탕을 뺀 블랙커피. 세월이 흘러 적어도 그들이 재혼을 할 무렵 프리다는 점점 더 디에고를 향한 모성애를 느끼게 되었다. 디에고가 혼자 로스앤젤레스를 방문하고 있었을 때 프리다는 그를 초대한 사람에게 편지를 썼다. "LA에서 디에고를 꼭 안과에 데려가주세요. 그리고 살이 찌니까 스파게티는 너무 많이 주지 마세요."

멕시코 음식은 프리다와 디에고의 결혼생활에서 중요하고 한결같은 영향을 미친 것들 중 하나였다. 디에고는 아침에 동네 시장에 들르게 되면 그들의 요리사가 음식 준비를 할 수 있도록 인디오족의 위틀라코체를 구입했다. 위틀라코체huitlacoche라는 단어의 어원을 알면 정이 안 갈 수 있다. 이 단어는 나와틀Nahuatl족의 퀴틀라cuitla와 코치틀리cochtli라는 단어가 결합된 것인데, 퀴틀라는 "대변" 또는 "궁둥이"를 뜻하고 코치틀리는 "잠을 잔다"는 뜻이다. 따라서 둘을 합하면 "잠자는 배설물"이 된다. 이에 뒤질세라 일부 단호한 어원학자들은 이를 "큰까마귀의 배설물"이라고 번역한다. 그 말이 그 말인가? 옥수수 깜부기 또는 옥수수 송로버섯이라고도 알려진 위틀라코체는 옥수수에 타원형의 옅은 회색 균류가 붙어 있는 모양인데, 요리를 하면 타르를 칠한 것처럼 검어지면서 흙냄새와 버섯 맛이 나고 옥수수와 비슷한 모습이 된다. 디에고의 요리사는 위틀라코체를 양파, 칠리, 에파소테와 함께 튀겼다. 에파소테는 명아주와 멕시코 차라는 낭만적인 별명으로도 불린다. 디에고와 프리다는 점심식사로 위틀라코체와 함께 칠흑 같은 오리너구리와 옥수수 가루를 섞은 토르티야에 밝은 노란빛이 도는 녹색 과카몰레[●]를 얹어 먹었다. 프리다는 붉은 점토로 만든 잔 코피타에 테킬라를 따라 죽 들이키면서 자신의 기분을 멋들어지게 표현했다. "나는 술에 빠져 내 슬픔들을 익사시키고 싶었다. 하지만 이 망할 것들이 수영하는 법을 배웠다." 점심은 멕시코산 꽃무늬 유포油布를 덮은 울퉁불퉁한 나무 식탁에서 질그릇에 놓고 먹었다. 프리다가 기르던 앵무새 보니타는 발끝으로 살금살금 방 안을 가로질러 가장 좋아하는 간식인 버터로 다가갔다. 보니타는 프리다의 몇몇 그림에서 영원성을 부여받았지만 이 녀석이 훔쳐 먹은 것으로 짐작되는 버터는 그림에서 전혀 보이지 않는다. 문밖 테라스에는 더 크고 행실이 좋지 못한 수컷 앵무새가 앉아 있었다. 맥주를 마시는 버릇이 있는 수컷 앵무새는 쉰 목소리로 꺽꺽거렸다. "노 메 파사 라 크루다!No me pasa la cruda!(숙취가 깨질 않아!)"

● guacamole: 멕시코 요리 소스. 아보카도에 토마토, 칠리, 각종 허브와 양념을 혼합한 소스이다.

# 몰레 소스●를 끼얹은 오리

**재료** 야생 오리 3마리

## 블랙 몰레

### 매운 퓌레

- 치와클 네그로 칠리 6개 말린 것 (이 칠리는 풍부한 아니스향을 지닌다.)
- 말린 물라토 칠리 11개
- 파시야 칠리 6개
- 검은 치폴레 칠리 4개
- 옥수수 토르티야 1장 작은 조각으로 부순 것

### 토마토퓌레

- 그린 토마토 3개 다진 것(빨간 토마토로 대체해도 좋다.)
- 토마티요 3개 껍질 벗겨 물에 헹구고 잘게 다진 것
- 오레가노 1티스푼과 에파소테 ½티스푼
- 타임 ½티스푼
- 치킨 스톡 혹은 오리 스톡 ½컵

### 견과류 퓌레

- 치킨 혹은 오리 스톡 2컵
- 참깨 3테이블스푼
- 해바라기 씨 각 접시마다 3테이블스푼, 피칸, 생 땅콩, 아몬드

### 기본 베이스

- 흰 양파 1개 링 모양으로 두껍게 자른 것
- 마늘 6쪽 껍질째
- 돼지기름 또는 식물성 기름 2테이블스푼
- 정향 2개 막 갈아낸 것
- 막대 계피 1도막
- 흑후추 3알
- 펜넬 씨 1티스푼
- 익은 플랜틴 바나나 1개 껍질 벗기고 ¼인치 너비로 얇게 썬 것
- 짙은 갈색의 묵은 빵 2쪽, 토스트된 것
- 건포도 1 ½테이블스푼

몰레 소스의 마무리 용

- 멕시코산 다크 초콜렛 3온스(85g)
- 갈색 설탕 2티스푼
- 치킨 스톡 6컵
- 소금

**조리법** 고추를 씻는다. 길게 반으로 갈라 심지와 씨를 뺀다. 고추를 펴 차곡차곡 포개놓고 꽉 펼쳐놓은 채 다음 과정을 준비한다. 이렇게 하면 고추 각각의 특징적인 향이 감지되기 시작할 것이다—독특한 꿀의 향미와 파프리카 기운을 가진 치폴레, 당밀과 감초 사탕을 머금은 파시야 등. 기름을 두르지 않은 냄비에 열을 가하고 부순 토르티야 조각을 넣은 뒤 진한 갈색이 되어 일부 거뭇거뭇해질 정도로 굽는다. 토르티야를 불에서 내려 옆에 둔다. 고추씨를 팬에 붓는다. 팬을 흔들어서 고추씨를 뒤적이는데 검게 될 때까지 20분 정도 걸린다. 톡 쏘는 고추향이 올라오면 다 된 것이다. 불에서 내려 작은 볼에 검게 된 씨를 담는다. 소량의 차가운 물을 고추씨에 붓는다(흥건하지 않게 아주 약간만). 약 10분 뒤에 씨를 건져내고 고춧물은 따로 둔다. 무슨 일이 있어도 (나처럼) 코를 긁거나 눈을 비벼서는 안 된다.

주전자에 물을 끓인다. 프라이팬을 다시 달군다. 충분히 뜨겁게 달궈지면 펴놓은 고추를 한 번에 네 개씩 프라이팬에 깔고 한 면을 약 10초씩 검게 그을리게 눌러주되 아예 태우지는 않는다. 아름다운 흑단 같은 물라토 칠리가 열기에 살짝 변해 물집이 생기기 시작해 검은 고춧물을 뿜어내는 것을 볼 수 있다. 재채기에 대비하라! 한 판이 끝날 때마다 큰 볼에 각각 담고 고추를 모두 굽고 나면 끓는 물을 잠기게 붓

● mole sauce: 멕시코의 정통 소스로 씨앗류, 건포도, 계피, 그리고 여러 종류의 칠리 고추가 들어간다. 다크 초콜릿을 넣어 맛을 깊게 하기도 한다.

고 접시로 내리 눌러놓는다. 30분간 담가둔다. 건져서 물기를 빼고 고춧물을 저장해둔다.

오븐을 켜 170도에 예열해둔다.

아직까지 기름을 두르지 않고 쓴 프라이팬을 그대로 중불에 달궈 두껍게 썬 링 모양의 양파와 껍질을 벗기지 않은 마늘을 넣는다. 빛깔이 어두워지고 부드러워질 때까지 계속 굽는다. 마늘은 양파보다 시간이 더 걸리므로 먼저 익은 양파는 볼에 덜어낸다. 마늘도 구워지면 불에서 내린다. 부드러워져 흐물흐물해지고 달콤해진 마늘은 나무껍질 같은 껍질을 벗겨내고 볼에 담는다.

오븐이 뜨거워졌으니 다양한 견과류를 베이킹 트레이에 놓는다. 참깨는 따로 구획지어놓되 이 역시 얇게 펼쳐놓는다. 그렇지 않으면 어떤 것은 갈색이 돌 때 다른 것은 창백한 채로 남아 있어서 결과적으로 맛이 덜하다. 오븐 속 참깨가 향기로워지고 색이 변할 때까지 톡톡 튀어 오르게 두어라. 견과류는 빨리 타므로 주의해서 지켜보아야 한다. 견과류가 고소한 향을 내고 어두운 금빛을 내자마자 불에서 내린다.

5분간 견과류를 식힌다. 구운 참깨 1/4컵은 마지막 장식용으로 덜어두고 나머지와 다른 견과류를 믹서에 넣는다. 치킨 스톡이나 오리 스톡 2컵을 넣고 부드러운 견과류 퓌레가 되도록 간다(구운 밤 같은 향이 날 것이다). 이렇게 만든 페이스트를 우묵한 그릇에 담는다.

다음으로 그린 토마토, 토마티요, 오레가노 또는 에파소테, 타임을 육수 1/2컵과 함께 견과류를 갈았던 믹서에 간다. 우묵한 그릇에 담는다.

고추의 물기를 뺀다. 입안이 얼얼하게 매운 고추씨 담갔던 물과 고추 담갔던 물을 합친다. 고추를 한 볼씩 믹서에 넣어 퓌레가 되도록 가는데 한 볼당 고춧물 약 1/3컵씩을 더해 간다. 모든 고추를 걸쭉하게 갈고 나면 이것을 다시 한 컵씩 믹서에 넣고 고추씨, 구운 토르티야, 필요하다면 ⅓컵의 고춧물을 추가해 간다. 부드러워질 때까지 돌린다. 이 퓌레를 전부 체에 걸러 껍질과 씨를 제거해 새로운 그릇에 담는다.

정향, 펜넬 씨, 흑후추, 계피를 절구에 넣고 가볍게 빻는다. 냄비를 달구고 이 향신료들을 마른 팬에 1분간 볶는다. 그 다음 기름 혹은 돼지기름을 더한다. 납작하게 썬 플랜틴 바나나를 가끔 뒤집어가며 기름에 5분간 굽는다. 플랜틴 바나나를 팬에서 내리고 건포도를 기름에 1분간 볶는다. 묵은 갈색 빵 조각들을 더하고 기름에 굽는다. 기름에 구운 빵, 플랜틴 바나나, 구운 양파링, 질척하게 구운 마늘과 ¾컵의 치킨 스톡 혹은 오리 스톡을, 씻지 않아 견과류와 토마토가 묻어 있는 바로 그 믹서에 그대로 넣는다. 일단 다 갈면 그릇에 담는다.

거의 다 되었다.

바닥이 무겁고 큰, 깊은 솥(나는 압력솥을 쓴다)에 식물성 기름이나 돼지기름 3테이블스푼을 넣고 매우 뜨거워지도록 달군다. 토마토와 토마티요 퓌레를 넣고 혼합물이 어둡고 걸쭉해질 때까지 계속 저어준다(토마토퓌레의 농도가 되는 데 약 15분 정도 걸린다). 견과류 페이스트를 더하고 매우 묵직해지도록 다시 젓는다(7분). 이제 바나나와 향신료 섞은 것을 더하고 뻑뻑해질 때까지 (7분 더) 젓는다. 끝으로 칠리 페이스트를 더하고 약불로 줄인 뒤 자주 저어주며 25분간 둔다. 이때 절대 팬에서 눈을 떼지 말아야 한다. 소스가 금세 타버릴 수 있다. 2분에 한 번씩 끈질기게 저어준다. 이렇게 만든 소스/페이스트는 걸쭉하고 거의 검은색에 가깝다.

마지막으로 남아 있는 치킨 스톡/오리 스톡(약 6컵)과 다크 초콜릿을 더한다. 잘 섞어 아주 약한 불에 1시간 부글부글 끓인다. 설탕과 소금을 더한다. 이제 이 소스를 매우 촘촘한 망에 걸러낸다.

오리를 씻고 말리고 냄비에 기름 3테이블스푼을 넣고 달군다. 오리가 갈색이 나게 굽는다.

소스를 깊고 큰 솥에 따르고 부글부글 끓을 때까지 가열한다. 오리를 소스에 담가 부분적으로 소스를 입히고 40분간 은근히 조리한다.

그릇에 낼 때는 접시에 오리를 놓고 타르 같은 질감의 당밀색 소스를 위에 붓고 남겨둔 구운 참깨를 뿌린다. 집에서 만든 토르티야와 함께 내고 십자 칼집 내주는 것을 잊지 않는다.

## 과카몰레

재료

- 익은 아보카도 1개
- 올리브 오일
- 라임 1개
- 완숙 토마토 1개 잘게 다진 것
- 적양파 ½개 잘게 다진 것
- 붉은 고추 1개 곱게 다진 것
- 신선한 녹색의 고수 1테이블스푼 잘 다진 것

조리법

껍질 벗겨 씨를 뺀 아보카도를 볼에 넣고 포크로 부드러운 페이스트가 되도록 으깬다. 토마토, 양파, 고추, 고수를 섞는다. 라임즙을 짜고 올리브 오일 한 방울을 더한다. 완전히 섞은 뒤 식탁에 올린다.

# 파블로 피카소

PABLO PICASSO

1881~1973. 스페인에서 태어난 20세기를 대표하는 화가이자 조각가이다.

1936년 이후에 피카소와 점심을 먹는 것은 차분하고 맛있는 경험이었다. 그 무렵 피카소는 장차 그의 가정부이자 요리사가 되는 이네스 새시어를 만났다. 이네스는 아침 메뉴로 먹음직스럽게 구운 브리오슈•를 내놓았고, 피카소가 집 안에서 지낼 때 즐겁게 앉아서 할 수 있는 일을 제공했다. 이렇게 집에서 즐겁게 음식을 먹는 일은 피카소가 오만불손한 모델과 발레리나 또는 주느비에브 라포르트처럼 멍청하고 변덕스러운 문화광과 맺고 있었던 육욕적인 관계에서 빠져 있는 부분이었다. 주느비에브는 언제나 자신의 말이 가진 갈기의 아름다움이나 그 비슷한 것들을 노래하는 시의 파도에 황홀을 느꼈다. 다행히 이네스는 피카소의 줄무늬 스웨터와 "안달루시아인의 눈길"이

• brioche: 이스트를 넣은 빵 반죽에 버터와 달걀을 듬뿍 넣어 고소하고 약간의 단맛이 나는 프랑스의 전통 빵.

보내는 유혹에 비교적 무심한 편이었다(피카소는 물끄러미 바라보며 상대방을 무장 해제시키는 자신의 눈길에 자부심을 느꼈다. 담배 색깔 피부와 대조되어 그의 흰자는 더 두드러져 보였고, 자신이 선택만 하면 누구든지 그 눈길에 옷을 벗을 것이라고 확신했다). 이네스는 유혹에 넘어가는 대신 피카소와 수년간 함께 지내면서 맛있는 음식을 꾸준히 차려주었다. 특이한 건 이네스 자신은 이탈리아 출신이면서도 쿠바 요리를 많이 했다. 손님들에게 좋은 기억으로 남아 있던 요리는 달걀프라이와 분홍색 소시지, 노란 바나나 튀김이었다. 밥으로 작은 탑을 쌓아올려 장식한 노란 바나나 튀김은 거의 정물화를 연상시켰다. 이네스는 시시각각 변하는 피카소의 기분, 연애, 관심, 건강 또는 불멸을 위한 노력에 맞게 그때그때 메뉴를 조정할 줄도 알았다. 뿐만 아니라 지지자들이 보내준 서로 어울리지 않는 음식들을 조합할 때도 많았다. 초콜릿색 장어나 방울뱀 통조림을 당시 피카소가 가장 좋아하던 요리와 함께 내놓았을 수도 있다.

이네스를 만나기 이전에 피카소가 어디서 무엇을 먹느냐는 외상으로 음식을 먹을 수 있느냐 없느냐에 달려 있었다. 피카소는 외상으로 돼지고기 간으로 만든 육즙이 많은 바욘 햄•을 먹기도 했고, 카발로티가의 베르냉 식당이나 라비앙가의 에이종 식당에서 점심을 먹기도 했다. 점심을 먹고 나서는 자신이 기르는 고양이에게 줄 먹이를 찾기 위해 쓰레기통을 뒤지는 것으로 오후를 마무리했다. 어떨 때는 정확히 정오가 되면 점심을 배달해달라고 아베스 광장에 있는 어느 식당

• bayonne ham: 프랑스 바욘 지방의 고급 햄.

에 주문을 하기도 했다. 그런 다음 어수룩한 배달 소년이 집 앞에 도착하면 피카소는 집 안에서 숨소리도 내지 않고 가만히 있었다. 배달 소년은 문을 두드리고 또 두드렸지만 … 인기척도 없었다. 소년은 찜찜해 하면서도 가져온 상자를 문 앞에 내려놓고 가버렸다. 그러면 피카소는 벌떡 일어나 문으로 달려가 점심 상자를 가져왔고, 점심값은 하루나 이틀 뒤에 현금이 들어오면 치렀다. 또한 피카소는 자신의 그림과 끼니를 몹시 맞바꾸고 싶어 했다. 통닭 구이 값으로 당신이 어떤 영광을 차지할 수 있었을지 생각해보라. 특히 베르냉 식당의 베르냉은 기억력이 너무 나빠서 당신이 지난번에 들러 저녁식사를 하고 나서 계산을 했는지 안 했는지 전혀 기억하지 못했다. 따라서 외상으로 저녁을 먹을 가능성이 무궁무진했다. 여기서 영감을 얻은 피카소의 친구 맥스 제이콥은 이런 짤막한 노래 가사를 만들어 인기 있는 노래의 곡조에 실어 불렀다.

베르냉에서 먹는 건 질렸어
하지만 누구나 그곳에 가지
와인도 조금 주고
크림치즈도 계속 주기 때문이지

이 시기의 피카소 옆에는 자주 함께 밥을 먹는 친구이자 덩치 큰 집사 같은 인상의 사바르테스가 있었다. 한번은 피카소와 맥스가 저녁을 먹기 위해 마지막 한 푼까지 긁어모아 사바르테스에게 주면서 달걀을 사오라고 시켰다. 그가 달걀을 사오면 타다 남은 양초를 켜놓고 요리를 할 작정이었다. 잠시 후 사바르테스는 달걀과 빵 한 조각, 소시지 두 개를 들고 의기양양하게 집으로 향했다. 그런데 허기가 져서 기운이 없던 사바르테스는 작업실로 올라가는 계단에 발이 걸려 넘어졌고, 그 바람에 달걀이 돌 위로 떨어졌다. 피카소와 맥스는 격분했다. “뭐 하나 제대로 하는 게 없다니까.” 피카소가 신경질적으로 말했다. “그게 우리 전 재산인데, 여기까지 달걀 하나 멀쩡하게 못 들고 와? 자넨 평생 실패자로 살 거야.” 피카소는 들고 있던 포크로 소시지 하나를 푹 찔렀고, 소시지는 두 동강 났다. 피카소가 두 번째 소시지를 찌르자 고약한 냄새를 풍기는 고기가 소시지에서 터져 나왔다. 그 냄새가 어찌나 고약한지 소시지 껍질 사이로 삐져나와 코를 찔렀다. 식사를 하면서 좀처럼 말을 하지 않던 피카소는 갈수록 말수가 줄어들었다. 빵은 그와 맥스 둘이서 나눠 먹었고, 사바르테스는 저녁으로 욕만 얻어먹었다. 빵부스러기는 피카소가 서랍에서 키우던 흰쥐의 차지가 되었다. 흰쥐는 나중에 악취를 풍기는 흰올빼미로 바뀌었는데, 공교롭게도 흰올빼미는 쥐만 먹었다(피카소가 기르던 쥐는 먹지 않았기를 바란다). 피카소의 친구들 사이에서는 냅킨과 관련된 농담이 계속해서 입에 오르내렸다. 피카소의 집에는 항상 냅킨이 부족한데, 이유인즉슨 냅킨이 한 장뿐이라는 농담이었다. 이 농담을 듣고 어떤 사람은 함께 식사를 하던 사람들에게 이렇게 말했다. “나한테 냅킨이 한 장밖에 안 남았네요. 여러분은 네 명이니까 냅킨 귀퉁이를 한 명씩 쓰는 게 좋겠죠?”

인정 많은 모델들은 배고픈 예술가들에게 음식을 먹이려고 애썼다. 피카소의 1905년 작 〈마담 베네데타 카날스의 초상〉에서 우리를 응시하고 있는 아름답기 그지없는 베네데타는 소매를 걷어붙이고 모든 사람들에게 전통적인 마카로니에 기반을 둔 화려하지는 않지만 실속 있는 요리를 만들어주었다. 여하튼 그녀는 로마 출신이었으니까. 당시에는 인상파 화가 앙리 루소처럼 생전 요리는 하지 않으면서 끼니는 반드시 챙겨 먹는 희비극적인 예술가들이 아주 많았다. 한때 피카소의 여자 친구였던 페르낭드는 라타투이●를 잘 만들었다. 하루는 페르낭드가 루소와 점심을 먹고 나서 흉금을 터놓고 대화를 나눴다. 루소는 설탕을 친 팬케이크를 다 먹었을 때 불행한 결말을 맞이한 연애에 대해 비극적인 설명을 들려주었다(그가 자신의 팬케이크를 다 먹었다는 것은 어찌됐든 그 연애 때문에 마음에 상처를 입지는 않았다는 것을 의미했다). 이야기가 전개될수록 더 어둡고 우울한 이야기가 펼쳐졌다. 팬케이크의 설탕이 그의 온몸에 묻어서 마치 설탕을 뒤집어쓴 채 울고 있는 한 마리 큰 쥐 같아 보였다나 뭐라나.

좀 더 부유한 예술가들이 "집에서 여는 파티"는 푸짐하고 실속 있는 식사를 할 수 있는 기회를 제공했다. 피카소와 페르낭드는 기욤 아폴리네르가 수요일마다 "집에서 연 파티"에 참석했다. 아폴리네르는 아주 흥미진진한 캐릭터로 *초현실주의*Surrealism라는 용어를 만들었고 〈모나리자〉 절도를 모의한 혐의로 체포됐으며, 친절하게도 피카소를 이 음모에 끌어들인 시인이었다. 아폴리네르는 수요일마다 똑같은 음식, 즉 전채와 리소토, 고기찜을 준비했다. 한번은 여자 친구의 도움을 받아 파티를 준비했는데, 식탁이 차려지고 손님들이 자리를 잡

● ratatouille: 프로방스 지방의 전통적인 야채 스튜 요리.

은 다음 포크를 들어 전채를 집으려고 할 때 아폴리네르와 그의 여자 친구가 말다툼을 시작했다. 말다툼이 금세 격렬해지자 피카소와 페르낭드는 그 방에서 나갈 수밖에 없었다. 손님 중 한 명인 크렘니츠는 자신의 불운을 믿을 수 없었다. 그는 아폴리네르의 말다툼이 쉽게 끝날 것 같지 않자 소시지를 마음껏 가져다 먹었다. 아폴리네르는 씩씩거리며 방으로 돌아왔다. 얼굴은 여자 친구에게 맞아 멍이 들고 머리는 흐트러져 있었지만 그 와중에도 식탁 위에 눈길을 던지고는 숨을 헐떡이며 말했다. “누가 이렇게 소시지를 많이 먹었지?”

부유한 독일 화가 앙리 고에츠의 집에서는 더 훌륭하고 푸짐한 파티가 열렸다. 파티가 어찌나 소란스러웠던지 짜증이 난 이웃사람들이 나와 고에츠의 집을 내다볼 정도였다. 이 파티가 얼마나 분별없는지는 비겔스와 조르주 브라크가 난간을 타고 미끄러져 내려와 아래층으로 향하는 문에 처음 발을 딛었을 때 더 명확해졌다. 때마침 건물 주인이 수면 모자를 쓴 채 몸을 떨며 나와 무슨 일인지 확인하려고 문을 열었다. 난간의 미끄럼 타기는 고에츠가 여러 개의 커다란 은 대야에 준비한 샴페인 때문이었다고 해도 과언이 아니다. 그 대야는 매그넘● 몇 병으로 가득 채워져 있었고, 마치 보석으로 장식한 듯 잘게 다진 무수한 선황색 파인애플이 섬처럼 덮여 있었다. 주요리는 거위로, 바삭바삭하고 진한 황금색 윤기가 흐르는 데다 무려 톱과 도끼로 깎고 다듬기까지 했다.

피카소의 식습관이 바뀐 건 그 십 년의 마지막 해에 클리시 대로로

● magnum: 포도주를 담는 1.5리터짜리 병.

### 브라크의 미끄럼 타기를 유발한 파인애플 샴페인

**재료**

- 샴페인 1.5리터짜리 2병
- 파인애플 1개, 반은 한 입 크기로 자르고 반은 흐물흐물하게 으깬다.
- 얼음 간 것
- 은 볼 큰 것 1개
- 은 국자 큰 것 1개

**조리법**

두 줌의 부순 얼음을 볼의 바닥에 깔고 달콤한 파인애플 간 것을 얹은 다음 이 위에 노란 카나리아빛 파인애플 조각들을 놓는다. 샴페인을 따고 한 병씩 볼에 (조심스럽게) 따른다. 커다란 국자로 퍼 담는다. 담는 것은 분명히 피카소 몫이었을 것이다.

이사하고 난 뒤, 식단 조절을 통해 좋지 못한 건강을 회복하려고 시도하면서부터였다. 그는 소시지와 작별했고 거위고기와도 작별했다. 대신 생선과 야채, 라이스 푸딩, 포도를 광천수에 씻어서 먹기 시작했다. 이러한 검소한 식습관은 적어도 1940년대까지 지속됐으며, 그때까지 소금과 버터를 뺀 토스트 두 조각과 카페오레 한 잔이 그의 아침식사였다고 한다. 그 이상도 그 이하도 먹지 않았다. 피카소는 식사 동료로 사바르테스 대신에 자신의 애완 원숭이 모니카를 선택했다. 모니카는 식탁에서 피카소를 괴롭히길 좋아해서 담배와 과일을 훔치고 그의 품으로 파고들어 턱 밑에서 자신의 전리품을 갖고 놀았다.

제2차 세계대전이 터졌을 때 피카소는 한 치의 망설임도 없이 나치의 손에 넘어간 파리에 남아 음식을 통해 최소한의 저항을 하기로 했

## 피카소에게 딱 어울리는 라이스 푸딩

재료

- 우유 2컵
- 막대 계피 ½조각
- 오렌지 껍질 또는 레몬 껍질 큼직하게 3조각
- 소금 한 꼬집
- 단립종 흰쌀* ½컵
- 건포도 ¼컵
- 황설탕 ¼컵
- 바닐라빈 1깍지
- 버터 1테이블스푼
- 막 갈아낸 넛맥 1티스푼

조리법

우유, 쌀, 계피 조각, 오렌지 껍질 또는 레몬 껍질, 바닐라빈, 소금 한 꼬집을 중간 크기의 소스팬에 넣고 천천히 끓어오르도록 한다. 쌀이 눌어붙지 않게 자주 저어준다. 끓어오르면 바닥에서부터 뒤적여 향료가 천천히 우유와 쌀에 우러나도록 하며 15분간 끓인다. 바닐라 깍지를 건져낸다(씻어서 말리면 다시 사용할 수 있다). 그 다음 건포도와 설탕을 집어넣고 자주 저어 팬 바닥에 쌀이 눌어붙지 않도록 한다. 불에서 내려 버터를 넣고 젓는다. 이제 넛맥을 갈아 뿌리고 뜨겁게 혹은 차갑게 낸다.

* short-grain white rice: 쌀은 품종에 따라 낟알의 길이가 긴 장립종과 낟알의 길이가 짧은 단립종 쌀이 있다. 한국에서 재배되어 식탁에 오르는 쌀은 단립종이며 동남아시아에서 주로 재배되는 쌀은 장립종이다.

다. 파리 좌안의 그랑 오귀스탱 거리에 있는 새로운 단골집 카탈란 레스토랑이 그의 전쟁터였다. 피카소는 이미 유대인이라는 이유로 고발을 당한 상태였다. 나이가 많기는 했지만 강제수용소로 보내질 수도 있는 상황이었다. 그가 볼셰비키를 지지한다고 의심한 게슈타포는 몇 차례 그의 작업실을 급습했다. 그는 철저한 감시를 받았다. 카탈란 레스토랑보다 그를 감시하기 좋은 곳이 또 있었을까? 그의 죄는 무엇이었을까? 샤토브리앙 스테이크!• 1943년 소고기 소비가 엄격하게 배급제로 이루어지던 파리에서 피카소는 밀수한 고기를 먹다가 발각되었다. 당국은 강력하게 대응했다. 식당 손님들은 벌금을 내고 징계를 받았으며, 카탈란 레스토랑은 한 달간 영업정지를 당했다. 샤토브리앙을 먹은 것이 볼셰비키의 저항 행위로 받아들여진 것은 역사상 이때가 처음이자 마지막이었다.

1943년 수요일 저녁, 스물한 살의 프랑수아즈 질로는 틀림없이 뭔가가 잘못됐다고 생각했을 것이다. 예순한 살의 바람둥이 피카소가 카탈란 레스토랑에서 자신에게 체리를 권한 것이다. 1936년부터 "연인"으로 지낸 도라 마르가 옆에 있는데도 피카소는 프랑수아즈가 앉아 있는 테이블의 관심을 끌려고 애를 썼다. 지금 그에겐 체리로 무장하고 다가가는 방법밖에 없었다. 그는 그 테이블에 앉아 있는 모든 사람에게 체리를 조금씩 건네면서 최고의 안달루시아인이 가진 눈길을 프랑수아즈에게 고정했다. 그녀는 피카소가 강한 스페인 억양으로 cerisses••에서 's'를 길게 끌며 발음하는 것에 귀 기울이다가 가슴이 두근거렸다. 물론 가엾은 도라는 그들을 지켜보고 있었다. 그녀는 틀림없이 그런 식의 모욕에 이골이 나 있었을 것이다. 피카소가 도라를

• chateau briand steak: 최고급 소고기 안심스테이크.

•• 체리를 뜻하는 프랑스어.

## 프랑스 레지스탕스의 샤토브리앙

재료

- 소고기 안심 1파운드(454g)
- 올리브 오일 1테이블스푼
- 실온에 두어 크림처럼 변한 버터 1테이블스푼
- 마데이라 소스•
- 마늘 2쪽 으깬 것
- 샬롯 1개 잘 다진 것
- 브랜디 ½잔
- 마데이라 와인 ½잔
- 잘게 다진 프렌치 타라곤 3티스푼
- 장식용 프렌치 타라곤 잎
- 소금
- 막 갈아낸 흑후추

조리법

오븐을 230도로 예열한다. 난로 위에 단단한 금속 트레이를 놓고 높은 온도에서 버터를 녹이고 올리브 오일을 두른다. 트레이는 난로 위와 오븐 안의 열을 견딜 수 있을 만큼 강질이어야 한다. 버터가 뜨겁게 지글거릴 때 트레이에 소고기 안심을 깐다. 이때 불을 줄이지 않는다. 1분간 고기에 손대지 않고 있다가 뒤집으면 고기 한 면 전체가 갈색이 된다. 이제 트레이를 불에서 잠시 내리고 안심에 소금과 후추를 뿌린다. 오븐에 고기를 넣고 10~15분간 익히고 익히는 정도는 취향에 맞게 한다. 접시를 따뜻하게 데워둔다.

안심을 오븐에서 꺼내고 데워둔 접시에 옮겨 담아 포일을 느슨하게 덮어놓고 15분간 그대로 둔다. 고기를 구웠던 트레이를 따뜻한 기름이 남아 있는 채로 두었다가 샬롯을 3분간 부드럽게 볶는다. 여기에 마늘을 넣는다. 불을 올리고 브랜디를 더해 데글레이즈해•• 스푼으로 소고기 기름과 함께 그을린 샬롯과 마늘을 긁어낸다. 브랜디가 거의 날아갔을 때 마데이라를 더 붓고 반으로 줄 때까지 졸인다. 끝으로 버터 1테이블스푼과 다진 프렌치 타라곤을 넣는다.

소고기를 넓은 간격을 두고 사선으로 칼집을 낸다. 풍부한 마데이라 소스를 뿌린다.

● madeira sauce: 양파, 당근, 마늘 등을 볶은 뒤 마데이라 와인과 송아지뼈 육수를 넣어 끓인 소스. 마데이라 와인은 포르투갈령 마데이라 제도에서 만든 백포도주로 도수가 높고 캐러멜향을 지닌다.

●● deglaze: 고기를 굽거나 볶을 때에 바닥에 눌어붙어 있는 부스러기를 와인, 스톡, 물, 크림 등을 넣고 녹여 소스의 기초 재료로 만드는 것을 말한다.

위해 생각해낸 칭찬이라곤 도라가 잘생긴 남자 못지않게 잘생겼다고 말해주는 게 전부였다.

나중에 프랑수아즈를 유혹하고 있는 피카소를 발견한 도라는 점심 식사를 하는 자리에서 복수심에 불타 이렇게 말했다. "내가 메뉴에서 가장 비싼 걸 먹어도 괜찮겠죠? 아직은 나한테 작은 사치를 부릴 자격이 있다고 생각하니까요." 피카소가 무슨 말을 할 수 있었겠는가? 도라는 철갑상어 알을 주문했다.

그에 대한 보복으로 피카소는 그녀에게 혼자서 집에 찾아갈 수 있는지 물었다. 그녀는 딱 부러지게 대답했다. "저 혼자서 얼마든지 찾아갈 수 있어요…. 그나저나 당신은 젊은 여자한테 부축을 받아야 할 것 같군요. 15분 정도는 그래야 할 거예요."

2장

# 영화스타의 식탁

제트족[•]의 화려함과 퇴폐가 접시 위에 차려졌다. 무대에 오른 사람들은 다음과 같다. 조앤 크로포드, 마이클 케인, 로렐과 하디, 캐리 그랜트, 마를레네 디트리히, 알프레드 히치콕, 엘리자베스 테일러, 존 웨인, 마릴린 먼로, 험프리 보가트, 로렌 바콜, 우디 앨런.

• the jet: 여행을 자주 다니는 부자들을 이르는 말.

## 조앤 크로포드

JOAN CRAWFORD

1904~1977. 미국의 배우. 1920년대 재즈 시대의 쾌활한 왈가닥 소녀로 강한 인상을 주었으며 후기에는 심리 멜로드라마의 스타로 발돋움했다.

조앤 크로포드는 입양한 자녀들을 벽장에 가둬놓거나 묶어놓고 샤워를 시키지 않을 때는 자신을 성숙한 여성의 정수로 드러내 보이길 좋아했다. 그녀는 엄마로서 자신을 지나치게 달콤하게 묘사했다. 그녀는 아이들의 머리와 가슴이 지끈거릴 때까지 함께 시를 읽었다. 아이들은 자기들이 신는 작고 흰 구두를 매일 윤이 나도록 닦았고, (이얘기 좀 들어봐) 구두끈까지 깨끗이 빨았다. 그녀가 아이들에게 시킨 일 중에는 어릴 때 하는 평범한 일도 있었다. 즉 아이들은 낮에 낮잠을 자야 하고, 밤에 100번씩 머리를 빗어야 한다고 주장했다(크로포드는 또한 헤어트리트먼트로 마요네즈를 추천하기도 했다. 그런가 하면 캐서린 헵번은 달걀 여섯 개를 깨서 하나씩 자기 머리에 문지르곤 했다).

아이들은 크로포드가 모성애라는 이름으로 강요하는 무지막지한 시련을 모두 견뎠다. 그녀는 자립이 가능한 수입과 부로 특권을 누리고 있었다. 아홉 살 때 자기들 생일잔치를 직접 계획하게 된 쌍둥이는 보드카와 캐비어(왜 아니겠어!)를 골랐고, 이어서 맑은 수프와 뉴욕식 비프스테이크를 골랐다. 그들은 심지어 여러 가지 치즈를 담는 그릇까지 준비했다.

자신의 팬들을 위해 크로포드는 1인자(당신의 남편!)를 돌보는 법부터 건강한 몸매를 유지하는 법과 유명 인사가 날씬한 몸매를 유지하는 법에 관한 유용한 통찰에 이르기까지, 충격적인 스텝포드 와이프• 스타일의 조언으로 단단히 무장하고 있었다. 〈베이비 제인에게 무슨 일이 일어났는가?What Ever Happened to Baby Jane?〉를 촬영할 때 그녀가 연기한 혹사당하는 불구자 블랜치는 원래 초콜릿 한 상자를 재빨리 해치워야 하는 인물이었다. 그러나 그녀는 이를 받아들이지 않았고, 아주 작은 갈색 미트볼을 급히 만들어 설탕 대신에 단백질 보충용으로 그것들을 먹었다. 따라서 다이어트 중인 분들에게 훌륭한 조언을 드리겠다. 초콜릿 트러플을 미트볼로 대체할 것.

크로포드는 네 번째 남편 알프레드 스틸과 결혼하고 나서 사무실에서 긴 하루를 보내고 돌아오는 알프레드를 위해 가정을 이상적인 안식처로 만들기 시작했다. 알프레드는 매일 오후 4시에 귀가하면 으레 조앤과 바다거북 수프를 먹었다. 그것도 꾸미지 않은 듯 자연스럽게 아름다운 집에서. 알프레드는 먼지떨이 같은 게 있다는 것조차 몰랐다. 아이들은 전화기와 초인종을 보고 있다가 한 번 이상 울리기 전에 즉시 받아야 했다. 직장동료들이 오후 6시에 집 안에 북적거릴 때는 필요하면 조앤이 나와서 차나 칵테일을 대접하고 시간에 쫓기는

• Stepford wife: 사회통념과 남편의 의사에 무조건적으로 따르는 순종적인 아내.

## 시간에 쫓기는 비즈니스맨을 위한 간식

**재료**

- 알갱이가 씹히는 땅콩버터
- 비계와 살코기가 줄무늬를 이룬 베이컨
- 얇게 썬 흰 빵
- 버터

**조리법**

베이컨을 바삭하게 굽는다. 이렇게 하면 기름 덩어리를 거의 담지 않아 산산이 바스라진다. 작은 원형 쿠키 커터를 이용해 흰 빵을 둥글게 눌러 자른다. 여기에 버터를 바르고 그릴에 눌러 토스트한다. 땅콩버터를 빵에 바르고 다시 그릴 사이에 매우 뜨겁게 놓아두었다가 부스러트린 베이컨을 뿌린다. 접시에 낸다.

남자들이 먹기에 좋은 간식거리도 대접했다. 그녀가 집에서 직접 만든 간식거리에는 땅콩버터와 베이컨이 들어간 호밀빵 같은 천재적인 애피타이저도 있었다. 땅콩버터는 부드럽고 끈적거렸으며, 베이컨에는 오도독 씹히는 비계가 들어 있었다.

알프레드의 직장동료들이 고맙게도 저녁을 먹고 가겠다고 하면 음식의 성자 조앤의 냉장고는 뉴버그풍 바닷가재에서 냉동 아스픽•과 비프 부르기뇽••에 이르기까지 집에서 만든 맛있는 음식들로 미어터졌다. 그녀는 게으름을 피우는 날에는(그런 일은 없었기를!) 건강에 좋

• aspic: 고기나 생선의 국물을 젤라틴으로 투명하게 굳힌 것.
•• bourguignon: 레드 와인을 사용해 만든 소고기 스튜.

은 갖가지 스튜 요리를 공급해주는 친절한 캐서롤 키친에 부리나케 전화를 걸었고, 그러면 캐서롤 키친에서 응급 스튜 요리를 공급해주었다. 저녁을 먹을 때는 촛불을 밝혔고, 조앤은 필요하다면 사업 얘기에 끼어들 준비도 되어 있었다. 그러나 아이들에게 불건전한 화제는 절대로, 절대로 꺼내지 않았다. 그것은 앞치마를 두르게 될 경우 여자가 신경 써야 할 일이었다.

조앤은 뷔페에 관한 한 오만가지 강박적 의욕에 사로잡혀 있었다. 우선 양고기 구이와 매끄러운 새끼 비둘기, 기분 좋게 웃고 있는 젖먹이 돼지, 그리고 이 모든 것에 곁들여 옥수수 샐러드가 나오는 뷔페를 위한 이상적인 숫자는 '12'여야 했다. 색깔도 맞아야 했다. 흰색과 흰색(셀러리와 꽃양배추처럼)은 안 되고, 빨간색과 노란색 같은 역겨운 조합도 싫어했다. 질감이 비슷해도 안 된다. 예를 들어 크림소스 치킨과 으깬 감자를 함께 먹는 사람은 누굴 막론하고 정말 바보였다. 맛은 대비가 되어야 한다. 단 음식을 연달아 먹으면 안 된다. 끝으로 균형이 열쇠였다. 기름진 요리를 먹은 다음에는 가벼운 요리를 먹어야 한다.

그녀는 후세(당신과 나 그리고 이 페이지)에 이상적인 뷔페(열두 명을 위한!!!)를 위한 청사진을 제시했다. 대강 이런 식이다.

뷔페에는 건방지고 단번에 눈길을 끄는 전채가 있어야 한다. 예를 들면 레몬 조각과 케이퍼를 곁들이고 훈제 연어를 올린 호밀 흑빵 혹은 머스터드와 치즈펍 혹은 심지어 양념을 많이 한 미트볼과 토마토 소스—혹시라도 미트볼 중 하나를 초콜릿 트러플로 착각하지 않도록—를 준비해 손님 열두 명의 식욕을 돋워야 한다(블러디 마뤼스나 불샷, 스크루드라이버, 강렬한 펀치처럼 상쾌하고 거칠며 혀의 맛봉오리를 자극하는 칵테일도 함께). 음식은 온도에 따라 분류해야 한다. 제발, 이 바보야. 하나는 뜨거운 거, 하나는 실내온도에 맞는 거, 하나는 차가운 거. 조앤의 위대한 "발견"은 건조한 살라미 소시지 덩어리를 촉촉한 살라미 소시지 덩어리와 섞은 다음 거기에 겨자 소스를 바르고 이것을 식초에 절인 양파가 얹힌 꼬치에 꽂으면 당신의 혀끝에서 노래가 흘러나오게 만드는 전채가 된다는 것이었다.

메인요리는 따뜻한 요리 두 가지다. 예를 들면 양고기 카레나 매력적이면서 은은한 소스를 바른 닭 가슴살 같은 것이다. 옆에는 샐러드를 곁들여도 좋다. 조앤은 살짝 익힌 시금치 샐러드나 콩 샐러드를 추천한다. 시금치 샐러드는 그 위에 뜨거운 베이컨 기름을 붓기 때문에 살짝 익혀지는 것이다. 콩 샐러드는 전날 밤에 만들어두어야 한다. 콩 샐러드를 만들려면 먹다 남은 프라이드치킨 조각이나 구운 햄 조각을 잘게 다진 붉은 양파, 셀러리, 피망, 강낭콩과 섞고, 맵고 붉은 칠리 고추를 다져서 타바스코 소스, 식초, 코셔 소금, 후추와 함께 드레싱으로 사용한다. 또한 조앤은 자신만의 독특한 양배추 샐러드를 자랑하기도 했다. 그녀의 양배추 샐러드는 알프레드의 직장동료들로 이루어진 작은 모임 안에서는 유명했다.

후식은 뭔가 부드럽고 쫄깃하고 달콤한 것이어야 한다. 남자들이 그렇지 뭐. "그들이 달라는 대로 줘. 그래야 늘어가는 허리둘레를 걱정하지."

그녀는 겸손한 주부인 당신에게, 한자리에 모인 직장동료들에게 처음부터 자신을 소개하는 걸 잊지 말라고 조언한다. 그녀는 습관적으로 이렇게 겸손하게 자신을 소개했다고 말했다. "안녕하세요, 제가 조앤 크로포드예요."

그러면 그들은 깔깔거리며 이렇게 대답하곤 했다. "농담이죠? 전혀 몰랐어요."

그러나 겸손한 독자인 당신은 그냥 일어나서 이렇게 말해도 된다. "저는 애니타 존슨이에요. 우리는 얼마 전에 시카고에서 이사 왔어요." 그러고 나서 나가버려도 된다.

전화나 초인종 소리를 듣고난 뒤 눈에 안 띄는 곳에 숨어 있는, 그들의 존재를 알릴 수 없는 아이들을 위해서 조앤은 그녀만 만들 수 있는 미트로프처럼 "간단한 뭔가"를 뚝딱 만들어주었다.

### 엄마가 없으면 먹을 수 없는 미트로프

재료

- 등심 간 것 2파운드(907g)
- 송아지고기 간 것 1파운드(454g)
- 계란 3개 푼 것
- A1 소스 병에 든 것
- 우스터소스 2테이블스푼
- 막 갈아낸 소금과 후추
- 적양파 3개 간 것
- 그린 후추 2알 간 것
- 완숙 달걀 4개(또는 메추리알 8개)

조리법

오븐을 180도로 예열한다. 큰 믹싱볼에 모든 재료를 넣고 섞는다. 직사각 틀에 미트로프 혼합물을 넣는다. 미트로프 혼합물 안에 달걀 4개 또는 메추리알 8개를 슬며시 끼워 넣는다. 이것은 아이들을 재미있게 놀래줄 것이다. 미트로프를 오븐에 넣기 전에 A1 소스, 우스터소스를 조금씩 흘려 붓고 소금(조앤의 조언에 따르기 싫으면 그만두고)을 친다. 윗부분이 단단하게 형태를 잡을 것이다. 50분간 조리 한다.
완성되는 즉시 썰어서 낸다.

# 마이클 케인

MICHAEL CAINE

1933~현재. 영국의 배우이자 작가. 수많은 영화 작품에 출연하였고, 셀 수 없이 많은 영화상을 거머쥐었다.

마이클 케인의 본명은 디킨스 소설에 나올 법한 이름인 모리스 미클스웨이트였다. 그는 적당히 춥고 음울한 1930년대의 런던에서 성장했다. 그의 아버지는 빌링스게이트 시장의 짐꾼이었다. 모리스는 아버지가 집으로 가져오는 생선을 입에도 대지 않았지만, 훈제 해덕•에서 발산되는 염색약의 선명한 색깔은 기억했다. 미클스웨이트 씨는 냉장고 안에 빈자리가 없자 모리스가 사용하는 침대 발치의 바닥에다 생선 접시를 보관해두기로 했다. 어린 모리스는 밤중에 잠에서 깰 때마다 인광燐光을 발하는 유령이 바닥에서 일어나 자신에게 다가오고 있다는 착각에 빠졌다. "멍청한 놈." 아버지가 말했다. "저건 그냥 해덕일 뿐이야." 미클스웨이트 씨에 따르면 닭고기는 "계집애 같은 남자애들"이나 먹는 음식이었다. 따라서 닭고기는 한 번도 그들의 식탁

• haddock: 대구와 비슷하지만 그보다 작은 생선.

에 오르지 못했다. 그래서 모리스는 베이컨 기름에 지글지글 튀긴 어머니의 빵에 마음을 빼앗겼다.

런던 공습 기간 동안 미클스웨이트 씨는 왕립포병대에 징집되었고, 그의 가족은 바람이 많이 부는 머나먼 노퍽의 평야와 노스 렁크턴 그린의 한 마을로 피난을 떠났다. 그곳에서 모리스의 어머니 엘렌은 더 그레인지에 조리사로 취직했다. 그레인지는 재목상 어윈 잉글리시와 콘스탄스 잉글리시의 집이었는데, 어린 모리스에게는 음식 천국이었다. 미식가 마이클 케인은 잉글리시 가족이 먹다 남긴 생선알과 꿩고기를 먹고 살았던 그곳에서 태어났다. 처음에는 검은 고래의 알을 좋아하지 않았고 거위 간으로 만든 "반죽"도 싫어했지만 나중에는 아주 좋아하는 음식이 되었다. 그러나 당장은 와인과 포트와인[•]에 맛을 들이기 시작했다.

케인은 1950년대에 한국에서 군복무를 했으나 말라리아에 감염된 후 제대했다. 그는 말라리아 때문에 진땀을 흘리고 의식이 혼미해지면서 심하게 앓는 경우가 종종 있었다. 낮에는 스미스필드 식육시장에서 일하고 밤에는 〈폭풍의 언덕〉에서 힌들리 언쇼 역을 연기하며 (마이클 스콧이라는 또 다른 가명으로) 살던 케인은 급기야 말라리아 발작으로 쓰러지고 말았다. 그는 어머니의 보살핌을 받으며 서서히 건강을 되찾기 시작했고, 그녀의 빵 푸딩을 먹고 활기를 되찾았다. 어머니의 빵 푸딩은 아주 유명했다. 1960년대에 그녀는 플레이보이 클럽이 개최한 제1회 국제 빵 푸딩 대회에서 아슬아슬하게 1등을 놓쳤다. 3등

• Port wine: 단맛이 나는 포르투갈산 적포도주.

## 빵 푸딩 레시피

**재료**

- 흰 빵 또는 갈색의 묵은 빵으로 만든 빵가루 ½파운드(227g)
- 우유 ½파인트(284ml)
- 버터 녹인 것 1온스(28g)
- 갈색 데메라라 설탕 3온스(85g)
- 계피 가루 1티스푼
- 스파이스 믹스 ½티스푼
- 달걀 1개 푼 것
- 각종 건과일 6온스(170g)
- 레몬 ½개의 껍질 간 것과 즙
- 오렌지 ½개의 껍질 간 것과 즙
- 넛맥 막 갈아낸 것

**조리법**

빵가루를 볼에 넣고 위에 우유를 부은 뒤 1시간 동안 우유가 흡수되도록 둔다. 오븐을 170도로 예열한다. 우유에 흠뻑 적신 빵을 만들려면 여기에 녹인 버터와 푼 달걀, 계피 가루, 믹스 스파이스와 데메라라 설탕을 더한다. 잘 섞고 각종 과일, 오렌지 및 레몬 껍질과 그 즙을 더한다. 사각 또는 직사각 베이킹 트레이에 유산지를 깔고 버터를 바른다. 혼합물을 트레이에 붓고 바삭한 식감을 위해 데메라라 설탕을 뿌린다. 윗면에 두루 넛맥을 깐다. 1시간 반 동안 굽는다. 너무 빨리 갈색이 되는 것 같으면 쿠킹포일로 위를 덮어준다. 빵 푸딩이 준비되면 식힘망 위에 식힌다.

에 머문 이유는 계피 가루를 너무 많이 썼기 때문이었다.

연기의 세계는 놀라운 먹을거리를 풍성하게 제공했다. 심지어 케인은 첫 번째 아내 패트리샤와의 사이에서 낳은 딸에게 생활비를 보내지 못해 투옥되었을 때조차도 혜택을 누렸다. 케인이 갇혀 있는 감방문에 달린 구멍이 열리더니 누군가 조용한 목소리로 물었다. "당신 배우예요? 어젯밤 〈딕슨 오브 독 그린Dixon of Dock Green〉에 나온 게 당신입니까?" 목소리의 주인공은 교도소장이었다. 케인은 교도소 관계자들 사이에서 유명 인사였다. 그도 그럴 것이 드라마 〈딕슨 오브 독 그린〉이 경찰을 아주 긍정적으로 묘사했기 때문이다. 케인은 남은 형기 동안 차와 함께 추가로 나오는 케이크 조각을 먹었다.

케인은 테렌스 스탬프와 할리 스트리트의 아파트에서 함께 살 때 음식을 살 돈이 너무 부족했고, 케인이 신문에서 에그 커스터드 조리법을 발견하기 전까지 두 사람은 배를 주릴 때가 많았다. *저걸 먹어야겠어.* 케인은 생각했다. 그러고 나서 매일 저녁 두 사람을 위해 에그 커스터드를 만들었다. 다행히 스탬프가 아주 화려하고 돈 많은 이웃과 엮이게 되면서 두 사람은 에그 커스터드에서 잠시 해방될 수 있었다. 두 배우가 돈에 쪼들린다는 사실을 안 이웃의 부잣집 여인은 정기적으로 그들의 우편함에 스테이크 재료를 넣어주었고, 그들의 식량 문제는 해결되었다. 하지만 케인은 에그 커스터드 조리법을 계기로 자신이 요리를 좋아한다는 뜻밖의 사실을 알게 되었다.

1970년대 초반에 그로스브너 광장으로 이주한 그는 저녁마다 특별한 런던 토박이식 프라이업• 요리에 착수했다(그는 아주 뿌듯하게 자신을 지켜보고 계실 아버지를 상상했다).

1971년 운명의 그날 저녁, 케인은 친구 폴과 런던 토박이식 프라이업 요리로 배를 가득 채우고 TV 앞에 편안하게 앉아 있었다. 그들은 다른 사람이 쌍안경으로 몰래 그들을 훔쳐볼 수 없도록 커튼을 쳤다(나도 이런 문제가 있다). TV에서 볼 수 있는 채널은 두 개였는데, 리모

## 런던 토박이식 프라이업

**재료**

- 계란 프라이
- 포크 소시지 프라이
- 베이컨 프라이
- 토마토 프라이
- 기름(위의 것들을 모두 프라이 하는 데 쓰일)

**더불어…**

- 흰 빵 얇게 썬 것과 버터
- 지방을 제거하지 않은 우유
- 를 넣은 차와 정제된 흰 설탕

컨이 없었다. 그래서 케인은 몸을 1센티미터도 움직이지 않고 채널을 바꿀 수 있는 기발한 방법을 즉석에서 생각해냈다. 길쭉한 빗자루 손잡이를 옆에 두고 그걸로 TV를 찌를 준비를 한 것이다. TV에서 브라질에서 촬영한 맥스웰 하우스 커피 광고가 나왔는데, 케인은 광고에서 한 소녀가 마라카스[●●]를 들고 춤을 추는 걸 보았다. 그녀는 그가 지금까지 봤던 여자 중에서 가장 아름다웠다. 그는 가슴이 두근거렸고 땀이 났다. 그녀를 더 자세히 보려고 TV 앞에 무릎을 꿇고 앉았지만 맥스웰 하우스 커피를 클로즈업으로 보여주는 바람에 그녀의 모습은 흐릿하게 보였다.

"저 여자를 만나고 싶어."

"그녀는 브라질에 있어." 폴이 대답했다.

---

● fry-up: (베이컨·달걀구이 등) 기름에 지진 음식으로 된 식사.

● maracas: 양손에 하나씩 들고 흔들어서 소리를 내는 라틴아메리카 악기.

"나랑 같이 브라질에 가지 않을래?" 케인이 물었다. 그는 다음 날 문을 열자마자 맥스웰 하우스 커피로 달려가기로 마음먹었다. 그러나 바로 그날 밤 케인은 트램프라는 괜찮은 디스코클럽에 갔다가 어디선가 본 적이 있는 나이절 폴리처라는 남자를 우연히 만났다. 나이절은 그 커피 광고를 만든 회사에 다니고 있었는데, 그는 그 모델이 브라질 사람이 아니라고 했다. 그녀는 샤키라 백시였고, 풀럼 로드에서 살고 있었다.

그 후의 이야기는 여러분이 아는 대로다.

# 로렐과 하디

LAUREL AND HARDY

스탠 로렐(1890~1950)과 올리버 하디(1892~1957)는 미국의 코미디언으로, 콤비를 이루어 희극영화에 출연했다. 깡마르고 수줍어하는 로렐과 비대하고 까다로운 하디의 대조를 강조한 우스꽝스러운 행동으로 큰 인기를 끌었다.

"나는 많이 먹지 않습니다. 그냥 뼈대가 굵은 겁니다." 올리버 하디는 인터뷰를 할 때마다 그렇게 얘기했다. 그러나 그의 몸무게를 둘러싼 근거 없는 믿음을 부추기는 우울한 이야기도 나돌았다. 그 이야기에 따르면 하디는 오코니 강에서 열두 살짜리 남동생이 빠져 죽는 모습을 눈앞에서 지켜봐야 했다. 그는 동생을 끌어내려고 숨을 헐떡이며 사력을 다했지만 소용이 없었다. 하디는 상실감과 참담함에서 벗어나기 위해 먹고 또 먹었다. 열다섯 살이 됐을 때 그의 몸무게는 110킬로그램이었다. 남편을 여읜 그의 어머니 에미 여사는 노빌 하디•를 밀리지빌에 있는 조지아 육군사관학교에 보냈다. 사관학교의 뚱보 소년은 어디서나 눈에 띄었다.

하디는 군사훈련을 혐오했고 규율 따위엔 관심이 없었다. 한번은

• Norville Hardy: 올리버 하디의 본명. 그는 훗날 아버지를 추모하며 올리버라는 이름을 썼다.

탈진을 해서 땅에 쓰러진 하디가 단 한 발자국도 움직이지 않으려 하자, 나머지 생도들에게 그를 수레에 실어 연병장 밖으로 데려가라는 명령이 떨어졌다. 하지만 생도들이 안간힘을 써봤지만 너무 무거운 그는 꿈쩍도 하지 않았다. 하디는 기운을 차려서 자기 방으로 돌아갈 수 있을 때까지 먼지투성이 연병장 한복판에 그냥 그렇게 앉아 있었다. 그걸로 끝이었다. 그는 결심했고, 길 건너에 있는 어머니에게 도망쳤다. 조지아 사관학교 병원에서 나오는 음식은 맛이 없어서 절대로 돌아가지 않겠다고 고집을 부렸다. 절대로! 그런데 … 절대로는 아니었다. 그는 한 가지 조건을 내걸었다. 그가 가장 좋아하는 에미 여사의 특제 베이킹파우더 비스킷을 한 판—어쩌면 두세 판까지도—만들어준다면, 학교로 돌아가는 것을 생각해보겠다고 말했다. 어머니는 비스킷을 만들어주었다. 그는 적어도 열두 개의 비스킷을 먹고 신병훈련소로 돌아갔다.

하디는 1918년 단편영화 〈럭키 독Lucky Dog〉 촬영장에서 스탠 로렐을 만나고 2년 뒤에 첫 아내 매들린(로렐과 하디 둘 다 결혼생활이 평탄치 않아서 로렐은 네 번, 하디는 세 번 결혼했다)의 손아귀에서 벗어나자마자 미식가를 위한 요리를 하기 시작했다. 그는 이런 요리로 친구들의 사랑을 한 몸에 받게 된다. 단, 친구들이 그의 요리를 처음 먹고 나서도 살아남았을 경우에 그렇다는 얘기다. 그는 할리우드 파크의 카웬가 패스에 있는 원룸 아파트로 사람들을 초대하면서 자신의 특제 소스를 발라 석쇠에 구운 생선을 대접하겠다고 약속했다. 하디의 친구 열 명은 식탁에 앉아 소매를 걷어붙이고 먹기 시작했지만, 얼마 지나지 않아 생선에서 고약한 냄새가 난다는 사실을 깨달았다. 하디의 소

## 특제 베이킹파우더 비스킷

**재료**

- 중력분 2컵
- 베이킹파우더 1테이블스푼
- 버터 녹인 것 1테이블스푼
- 설탕 ½테이블스푼
- 소금 1티스푼
- 버터 4온스(113g) 주사위 모양으로 자른 것
- 우유 ¾컵

**조리법** 오븐을 190도로 예열해둔다. 큰 볼에 밀가루, 설탕, 베이킹파우더, 소금을 체에 쳐 섞는다. 주사위 모양으로 자른 버터 4온스를 넣고 가루와 버터를 손끝으로 비벼 빵가루와 같은 모양이 되도록 한다. 이제 우유를 한 번에 조금씩 더해 전체를 한 덩어리로 뭉친다(너무 질어져서는 안 된다). 밀가루를 뿌린 작업대에 만든 도우를 얹는다. 반죽이 부풀어 오르는 데 영향을 미칠 수 있으니 지나치게 주무르지 않도록 한다. 반죽을 2cm 두께로 밀고 비스킷 커터로 자른다. 베이킹시트에 녹인 버터 1테이블스푼을 바른다. 8~10개의 비스킷을 베이킹시트에 놓고 약 15분간 굽는다.

스에선 맛있는 냄새가 났지만, 그 소스를 뚫고 나온 악취가 코를 찔렀다. 순식간에 식중독이 식탁을 덮쳤다. 그들은 하나뿐인 작은 화장실을 향해 서로 밀치며 앞다퉈 몰려갔다. 그러나 대다수는 화장실에 도착하지 못하고 바닥에 음식을 게워냈고, 토사물로 흥건한 바닥에서 데굴데굴 굴렀다.

하디의 요리 경력 내내 이와 비슷한 웃지 못할 순간들이 여러 차례 있었다. 1926년 무렵에는 두 번째 아내 미르틀의 덫에 걸렸다. 그녀가 방울뱀에 쫓겨 달아나다가 다리를 다치자 하디는 그녀가 회복될 때까지 간병을 하면서 요리를 맡기로 했다. 그날 메뉴는 양 다리 고기였다. 그런데 오븐에서 양 다리를 꺼내려고 하는데 오븐용 장갑이 그의 손에는 너무 작았다. 결국 장갑은 벗겨졌고, 열기 때문에 구이용 팬이 맨 손바닥에 밀착됐다. 너무 고통스러운 나머지 하디는 그 자리에 얼어붙으면서 들고 있던 팬을 손에서 놓쳤는데, 이미 팬에 있던 뜨거운 육즙이 흘러넘쳐 팔이 데고 물집이 생긴 뒤였다. 너무 아파서 눈에 보이는 게 없을 지경이었지만 소리 내어 울지 않으려고 꾹 참았다. 괜히 미르틀을 방해하고 싶지 않았기 때문이다. 하디는 비틀거리며 부엌 입구로 갔다. 일단 소리가 들리지 않을 만큼 멀어졌다 싶은 곳에서 마음껏 소리 내어 울 생각이었다. 하지만 거의 입구에 다다랐을 때 미끄러져 넘어지면서 다리가 꼬여 타박상을 입었고, 결국 병원 신세를 질 수밖에 없었다.

루실과 함께 보낸 마지막 결혼생활은 유쾌했다. 그 말은 곧 하디가 가정에 제대로 자리를 잡았고, 친구들이 카드를 치러 집에 오면 요리하는 모습을 보여주게 되었다는 것을 의미했다. 하디가 좋아하는 버번이 담긴 술잔과 집에서 만든 맛있는 음식이 몇 가지 나왔다. 하디의 집에는 그와 로렐이 '로렐과 하디의 재미있는 공장'이라고 부르는 작은 극장이 있었다. 로렐의 집에서는 로렐과 하디의 합동 생일파티를 열었다. 로렐은 자신을 따라다니며 괴롭히는 전 부인들을 방어하기 위해 자기 집을 '로렐 요새'라고 불렀다. 로렐은 특히 바비큐를 좋아했는데, 자신이 바비큐의 달인인 이유는 너무 많은 여자들이 자신을 들들 볶았기 때문이라고 말했다.

스탠 로렐은 네 번째 아내 이다 키타에바(특이하게도 그녀는 세계에서 가장 뛰어난 콘서티나 연주자의 미망인이었다)와 함께 살면서 마침내 행복을 찾았다. 1946년 두 사람이 결혼했을 때 신문들은 멋진 헤드라인을 뽑았다. "스탠 로렐은 어디 있을까?" 사실 그는 이다(그녀는 그를 스탠 치카라고 불렀다)와 함께 차를 타고 애리조나를 돌아다니고 있었다. 로렐은 너무 가난해서(이전 세 번의 결혼 때문에) 이다에게 결혼반지를 사 줄 돈조차 없었다. 하지만 그는 언론에 밝힌 이런 낭만적인 말로 결혼반지를 못 사준 것을 만회하고도 남았다. "사람들은 제가 더 이상 백만장자가 아니라고 말합니다. 그건 말도 안 돼요. 저한텐 이다가 있는걸요."

로렐과 하디의 친구들은 덩치가 작은 로렐이 하디보다 많이 먹는 것을 목격했다. 하지만 1940년대에 하디와 함께 그라나다 클럽에 자주 들렀던 한 친구의 기억에 따르면 하디가 즐겨 주문한 메뉴는 900그램짜리 거대한 스테이크였고, 여기에 베이컨 기름에 튀긴 새 감자가 자그마치 스물네 개나 따라 나왔다(아! 샐러드도 곁들여서).

루실이 매일 일상적인 요리를 한 반면, 하디는 자신의 천재적인 요리 재능을 과시하길 좋아했다. 하디 부부에겐 달콤한 과일로 가득한 정원이 있었다. 하디는 제2차 세계대전 기간에 아주 큰 "텃밭"을 가꿔서 자두(그들은 네 종류를 키웠다)와 복숭아, 무화과, 살구, 감귤류를 병조림했다. 텃밭 가꾸기와 병조림은 하디가 생각하는 안분지족의 삶이었다. 언젠가 하디는 토마토 몇 개를 병에 담으면서 루실의 눈을 한참동안 깊이 들여다보고는 달콤하게 속삭였다. "아, 내가 지금 이걸 하면서 얼마나 행복한지 당신은 모르는구나. 이건 미르틀과 살던

내 인생과 정반대의 인생이야. 그녀와 살 때 내 인생은 스트레스와 부담의 연속이었어. 지금 나는 토마토를 넣은 병의 뚜껑을 덮고 있어. 마치 학교가 끝나고 집으로 돌아가는 어린 아이가 된 기분이야!"

한 친구는 하디가 만든 와플이 신들에게 대접할 수 있을 만큼 맛있다고 주장했다. 칼럼니스트 헨리 매클레모어에 따르면 하디는 "위대한 순무 잎 요리사였다." 당신이 운이 좋다면 그의 비법이 들어간 햄버거를 맛보았어야 했고, 그의 신성한 시저 샐러드와 스파게티와 미트볼을 먹어봤어야 했다. 하디가 미트볼을 위한 소스를 준비하는 데는 하루가 걸렸다.

## 토마토 소스 스파게티

올리버 하디의 조리법. 오래전 출간된 멋진 책 『유명스타가 좋아하는 음식들』에서 발견했다.

**재료**

- 소고기 간 것 1파운드(454g)
- 식물성 기름 2테이블스푼
- 중간 크기의 양파 2개 잘 다진 것
- 카옌 후춧가루 ½티스푼
- 마늘 1쪽 으깬 것
- 토마토주스 1캔
- 소금과 막 갈아낸 흑후추

**조리법**

간 소고기를 작은 공 모양으로 빚는다. 식물성 기름에 양파와 마늘이 부드러워질 때까지 볶는다. 여기에 카옌 후춧가루와 토마토주스를 더한다. 소금과 후추로 간한다. 끓을 때까지 둔다. 소스에 미트볼을 던져 넣고 매우 약한 불에 2시간에서 2시간 반 정도 익힌다. 면을 삶고 소스에 넣는다. 바로 먹는다.

하디는 텃밭을 성공적으로 가꾸는 데 필요한 복잡한 기술을 배우는 일에 상당한 열정을 쏟았다. 그는 쟁기 다루는 법을 스스로 터득했다. 또 그는 목공의 달인이기도 했다. 하디는 전시에도 이처럼 텃밭에 공을 들였고, 그 결과 돼지와 사랑에 빠졌다. 원래는 살을 찌워 도축할 목적으로 돼지 몇 마리를 얻었지만, 마음 약한 하디는 돼지들과 정이 들었고, 돼지들도 그의 목소리를 들으면 좋아하고 그가 가까이에 있으면 씰룩씰룩 움직이며 꿀꿀거렸다. 덩치 큰 암퇘지 제랄딘은 정원에서 하디를 졸졸 따라다녔고, 루실이 근처에 있을 때는 애정의 표시로 코를 비벼대며 그녀를 침대에 쓰러뜨렸다. 돼지들은 날이 갈수록 몸집이 커졌지만 하디는 그것들을 도축한다는 생각을 도저히 받아들일 수 없어서 결국 사람들에게 선물로 주었다. 하디 부부가 기르던 닭과 칠면조들에게도 똑같은 일이 일어났다. 당신이 그들의 친구였다면 깃털로 덮인 생명체 중 하나를 선물로 받았을 것이다. 실제로 닭들은 너무 살이 쪄서 하디가 만들어준 닭장 밖으로 나갈 수 없을 정도였다.

로렐과 하디는 제2차 세계대전이 끝난 후 영국 요리에 대해 좋은 경험을 했다. 1946년 영국 여행 도중에—그들도 모르는 사이에—말 스테이크를 먹었던 것이다. 루실은 그 스테이크가 소고기가 아니라고 주장했고, 결국 하디는 그 사실을 알게 되었을 때 먹은 것을 토해냈다. 연골이 많은 고기 때문에 놀란 적은 또 있었다. 예를 들면 메트로폴라인 브뤼셀 호텔의 메뉴에서 친숙하게 들리는 미국식 햄버거를 주문했을 때였다. 손으로 그린 그림이 있는 아름다운 세브르 산 도자기 접시들이 식탁에 놓였고, 저마다 접시 위에는 반원형의 은색 둥근 뚜껑이 뽐내듯 덮여 있었다. 하디 일행은 그 둥근 뚜껑 안에 고향에서 먹었던 것과 비슷한 햄버거가 있을 거라고 기대했다. "이게 뭐지?" 하디는 둥근 뚜껑을 들어 올리며 소리쳤다. 접시에는 섬뜩한 원뿔 모양의, 갈아놓은 소고기가 익히지 않은 채 놓여 있었고, 잔 모양의 움푹 들어간 곳에는 날달걀이 놓여 있었다. 일명 스테이크 타르타르라는 요리였다. 하디 일행은 스테이크를 익혀 달라며 주방으로 되돌려 보냈다. 그러나 하디와 로렐은 전후 유럽에서 뭐라도 먹을 것을 구할 수 있었으니 운이 좋은 편이었다. 체중이 많이 준 하디는 유럽에서 뭐라도 먹고 싶었지만 "먹을 것이 보이지 않았다"고 기자들에게 말했다.

스코틀랜드에서는 어느 공무원이 그들에게 거대한 해기스•를 대접한 일이 있었다. 외국에서 온 손님에게 대접하려고 너무 오랫동안 보관해놓은 해기스는 안에 갇혀 있던 가스가 터지면서 오트밀과 내장이 튀어나와 로렐과 하디에게 쏟아졌다. "내 몸에 해기스가 묻었는데, 그 냄새 없애는 데 일주일이나 걸렸다고." 하디는 그렇게 투덜거리곤 했다. 해리 로더••는 글래스고에 있는 자신의 저택 로더 하로 일요일 점심에 로렐과 하디를 초대해 〈이별의 술잔〉이라는 노래를 불러 두 사람을 위로했다. 하디는 욕조에서 이 노래를 자주 불렀다. 그러나 스코틀랜드를 방문했을 때 스탠 로렐이 겪은 가장 짜릿한

• haggis: 스코틀랜드 전통 음식으로 크고 둥근 소시지이다. 양의 간·심장·폐를 잘게 썰어 소고기나 양고기 지방과 오트밀을 섞어서 양파와 고추로 양념한 뒤 이 혼합물을 양의 위 속에 채워 넣고 끓인다.

•• Harry Lauder: 1870~1950. 스코틀랜드의 발라드 가수이자 코미디언.

일 중 하나는 처음으로 피시 앤 칩스를 맛본 것이었다. 여기가 천국일까? 로렐은 궁금했다. 튀김옷과 대구, 그리고 소기름을 입혀 바싹 튀긴 감자칩으로 어떻게 이런 마법을 부릴 수가 있을까?

그럼에도 그들이 탄 배가 뉴욕에 도착했을 때 로렐과 하디는 배에서 내려 귀환을 기념했다. 하디 부부는 조촐한 룸서비스로 귀환을 기념하기로 했다. 그것은 햄버거와 사과 파이, 그리고 우유로 이루어진 진정한 미국식 한 끼였다.

로렐과 하디의 관계가 막바지를 향해가던 시기에도 음식은 여전히 중요한 역할을 했다. 로렐이 병이 들자 하디는 병문안을 갔고, 두 사람은 함께 점심을 먹었다. 그러나 역사는 이날 저녁식사가 어땠는지 우리에게 말해주지 않는다. 하디가 "이런, 자네는 또 이렇게 엉망이 되었군"이라고 로렐을 놀렸고 두 사람은 함께 웃었다. 두 사람은 평범한 친구 그 이상이었다. 말없이 몸짓만으로도 "대화"를 나눌 수 있을 정도였다. 하디가 뇌졸중에 따른 심각한 후유증으로 실어증에 걸려 조리 있게 말을 하거나 글을 읽고 쓰는 게 불가능해졌을 때 두 친구가 만났다. 하디는 더 이상 말을 할 수 없었고, 말을 하려고 움직일 때마다 눈물만 흐를 뿐이었다. 그러나 로렐은 알아들었다. 하디의 그 몸짓은 로렐에게 이렇게 말하고 있었다. "내 꼴이 형편없지?" 그것이 두 사람의 마지막 만남이었다.

# 캐리 그랜트

CARY GRANT

1904~1986. 영국 태생의 할리우드 배우. 여러 유명한 감독들과 작업했으며, 1970년에는 아카데미 공로상을 수상했다.

캐리 그랜트의 세계를 자세히 들여다보면, 그의 연인이었던 모린 도날드슨이 회고록에서 밝힌 것처럼 우리가 그에 대해 품었을 법한 낭만적인 환상은 완전히 깨져버릴 것이다. 모린은 잡지사 기자로 일하는 동안 그랜트와의 인터뷰를 성사시켰다. 당시 그랜트의 나이는 예순아홉이었다. 40년의 나이 차이에도 불구하고 그녀는 그랜트에게 상당히 달콤한 감정을 느꼈다. 인터뷰를 위해 만난 어느 프랑스 식당에서 백포도주를 곁들여 저녁을 먹던 그가 낮은 목소리로 "당신한테 물어볼 게 있습니다. 아주 중요한 겁니다"라고 말했을 때 그녀의 눈은 빛났다.

모린은 살짝 식은땀이 흘렀다. 그녀가 부드럽고 편안하게 말했다. "예, 뭐죠?"

"이 재미없는 도시에서 어디에 가면 괜찮은 소시지와 으깬 감자를 먹을 수 있는지 아십니까?" 그랜트가 물었다.

음… 1970년대 초반에 소시지는 대단히 구하기 힘든 음식이었다. 그러나 언제나 두려움을 모르는 기자 모린은 마침 산타모니카에서 소시지를 파는 영국 식당을 알고 있었다. "저를 좀 데려다주시겠습니까?" 그가 속삭였다. 누가 거부할 수 있겠는가? 동료 영국 배우 리처드 버튼처럼 그랜트는 늘 맛있고 바삭바삭한 갈색 영국 소시지(물론 연어 케이크와 정어리 토스트도 10위 안에 있었지만)를 찾아 떠돌아다니는 삶을 갈망했다. 그러나 바비큐 그릴에서 구운 소시지는 결코 갈망의 대상이 아니었다. 왜냐하면 그랜트가 생각하기에(꽤 타당한 생각이다) 숯을 이용한 요리는 암을 유발할 수 있기 때문이었다.

모린과 캐리의 대화는 캘리포니아의 피시 앤 칩스로 넘어갔다(몇 년 뒤에 캐리가 런던에 도착해서 제일 먼저 한 일은 피시 앤 칩 가게에서 홍어와 감자튀김을 산 것이다). 다음 날 모린은 캐리의 침대에서 칠면조 샌드위치를 덥석 물었다. 이 이야기가 선정적으로 들리겠지만, 그보다 먼저 그들이 침대에 앉아 TV를 보면서 고리버들가지로 만든 하얀 쟁반에 담긴 음식을 먹어치웠다는 사실을 떠올리기 바란다. 그렇다, 다이애나 황태자비와의 관계처럼, 당신이 캐리 그랜트와 함께 집에서 음식을 먹게 된다면, 설령 나중에는 선정적인 상황이 전개될 수도 있지만(행운을 빈다) 그 이전에 당신은 TV 앞에서 쟁반에 담긴 저녁을 먹고 있을 것이다. 그리고 만일 당신이 일 처리를 잘한다면 캐리의 침실에서 저녁을 먹게 될지도 모른다. 그런데 캐리의 침실에는 식물이 하나도 없었다. 캐리는 식물이 공기 중의 산소를 훔쳐간다고 생각했다. TV를 보면서 무릎에 놓고 먹을 수 있는 쟁반에는 주로 캐리가 가장 좋아하는 음식이 담기곤 했다. 그것은 대체로 소시지는 아니었고, 그의 요리사 윌리가 특별히 준비한 음식이었다. 〈댓 터치 오브 밍크That Touch of Mink〉를 촬영할 때 도리스 데이가 조리법을 메모지에 휘갈겨 쓴 그 음식은 바로(기대하시라) … 칠면조 샌드위치였다.

실제로 몇 주 후에 그랜트가 모린의 가치에 확신을 갖게 된 건 저녁 쟁반을 깔끔히 해치우는 그녀의 행동 때문이었다. 모린이 침대에서 깡충 뛰어내려 빈 쟁반을 부엌에 가져다두는 모습을 그랜트는 입을 떡 벌리고 바라보았다. "당신은 정말 사랑스러워." 그가 말했다. "그동안 내가 *자기*들 식사 시중을 들어주길 기대하는 여자들을 얼마나 많이 만났는지 알아? 그들은 캐리 그랜트가 식사 시중을 들어주면 자기가 정말 특별한 사람이 되는 거라고 생각한 모양이야." 그러나 그랜트의 집에 차가운 음식만 있는 것은 아니었다. 양갈비도 있었고,

## TV 디너 칠면조 샌드위치

**재료**

- 발효종으로 만든 빵을 얇게 썬 것
- 구운 칠면조
- 버터 조금
- 마요네즈 조금
- 막 갈아낸 흑후추
- 물냉이

**조리법** 도리스 데이에게 묻거나 당신의 감을 따르라.

샌드위치 빵을 작은 다이아몬드 모양으로 자른다(네, 그렇게 하는 겁니다!). TV를 켜고 고리버들가지로 만든 하얀 쟁반에 담고 느긋이 즐긴다.

구운 몬터레이잭 치즈와 번들거리는 우스터소스를 얹어 노릇하게 구운 머핀 같은 뜨거운 음식도 있었다. 후식은 종종 아기용 그릇에 아이스크림과 웨이퍼가 담겨 나왔다. 산딸기는 질색했다. 그는 코코넛을 아주 좋아하기는 했지만, 단것을 좋아하는 그랜트를 가장 기쁘게 만든 건 초콜릿을 입힌 마지팬•이었다. 음. 그랜트는 잠들기 전에 항상 아주 특별한 만족을 느끼며 마지팬을 한두 개 먹었다.

그가 모린과의 로맨스에서 취한 다음 단계는 만일 그녀가 잠에서 깼을 때 그녀 옆 침대에서 그가 죽어 있는 걸 발견하면 구급차 대신 변호사한테 전화를 해달라고 부탁한 것이었다. 〈북북서로 진로를 돌려라〉와 〈샤레이드〉, 〈나는 결백하다〉의 주연 배우가 이런 부탁을 했다는 것은 무엇을 의미하는가?

그렇다, 그는 구두쇠였다. 웨스턴 항공에서 나눠 주는 플라스틱 컵을 모아두었다가 쓸 정도로 구두쇠였다.

그랜트는 할인 쿠폰도 모았고, 조간신문을 묶는 데 쓰려고 고무줄도 모았다. 그의 요리사나 가정부 혹은 비서가 하루 일과 중에 음료수를 마시고 싶다고 하면 그는 그들에게 아침에 출근하면서 직접 가져오라고 했다.

---

• marzipan: 아몬드, 설탕, 달걀 등으로 만든 과자.

## 초콜릿을 입힌 마지팬

재료

- 아몬드 10온스(283g)
- 정제 설탕 5온스(142g)
- 슈가파우더 곱게 체에 친 것 5온스
- 레몬주스 1테이블스푼
- 오렌지주스 ½테이블스푼
- 달걀노른자 2개
- 브랜디 1 ½테이블스푼
- 바닐라 에센스 ½티스푼
- 아몬드 에센스 4방울
- 달콤 쌉싸름한 초콜릿 200그램

조리법

마지팬을 만들려면 슈가파우더와 정제 설탕을 믹싱볼에 체로 내린다. 간 아몬드를 더한다. 레몬주스, 오렌지주스, 달걀노른자를 함께 휘젓는다. 브랜디, 바닐라 에센스, 아몬드 에센스, 등화수를 더한다. 마지팬 반죽을 부드러워질 때까지 치댄다. 손바닥을 이용해 마지팬을 작은 브라질호두 크기만 한 직사각형으로 빚는다. 베이킹 트레이 위에 놓는다. 내열유리 볼을 부글부글 끓는 물이 담긴 팬 위에 놓는다. 물이 볼의 바닥에 닿지 않도록 하며 초콜릿이 열기에 잘 녹도록 저어준다. 온도를 28도로 낮추어 초콜릿을 개고 다시 서서히 31도까지 가열한다. 이제 네모난 마지팬을 초콜릿 녹인 것에 담가 겉면에 완전히 입히고 먹기 좋게 베이킹 트레이에 놓는다.

# 마를레네 디트리히

MARLENE DIETRICH

1901~1992. 독일 태생의 미국 영화배우이자 가수. 독일에서 유성영화 작품으로 각광을 받고 영화감독 스테른베르크를 따라 미국으로 가서 배우로 이름을 떨쳤다.

1930년, 그녀는 어느 약국에 앉아 있었다. 미국에 온 지 얼마 되지 않은 그녀는 푸석푸석한 소고기 햄버거를 손에 쥐고 있었다. 형편없이 축 늘어진 빵으로 만든 소고기 햄버거가 파라핀 포장지에 싸여 있었다. 마를레네 디트리히는 다음에 그녀의 입에 들어갈 햄버거는 자기가 직접 만들겠다고 다짐했다. 그리고 그녀는 생리대와 탈취제가 눈앞에 보이지 않을 때 그것을 먹었다. 많은 어머니가 겪는 일이겠지만 마를레네의 딸 마리아도 예외 없이 달걀 샐러드 샌드위치 같은 거대한 수수께끼를 감싸고 있는 파라핀 포장지에 넋을 빼앗겼고, 코카콜라 같은 갈색 탄산음료를 과일즙이라고 생각했다.

디트리히는 미국인들이 "요리를 하기 위해 태어난 사람들이 아니다"라고 결론 내렸다. 미국인들은 다양한 국적을 한 가지 생각으로 압축해서 보여주고자 하는 우리 모두의 억누를 길 없는 욕구를 보여주었다. 디트리히는 미국에서의 첫 몇 주를 부엌의 가스레인지 앞에서 보냈다. 그녀는 자신의 딸과 여자 가정교사, 그리고 조수에게 음식을 만들어주었다. 그녀는 거품기와 체, 냄비를 가지고 맛이라곤 찾아보기 힘든 미국 요리의 어둠 속에서 그들을 구원했다. 그 첫 번째 조치로 시어머니에게 편지를 써서 최대한 빨리 오스트리아 요리책을 보내달라고 부탁했다.

디트리히는 할리우드에서 영화를 촬영하는 사이사이의 길고 지루한 시간을 시어머니가 보내준 요리책을 차근차근 읽으며 버텼다. 심지어 그녀는 오스트리아의 제빵 기술까지 터득했다. 하지만 그녀는 치밀하게 계산해서 오븐에 굽는 근사한 요리는 교묘하게 피해갔다. 딸 마리아가 지켜보는 가운데 부엌을 정신없이 돌아다니며 익히지 않은 프랑크푸르트 소시지와 오이 피클, 살라미 소시지, 식초에 절인 청어를 게걸스럽게 먹어치웠다. 마리아는 엄마가 저러다가 당장이라도 식중독에 걸려 죽는 게 아닐까 생각했다. 펑! 독일식 김치 사우어크라우트에서 뭔가 터지는 소리가 들렸다(우스운 건, 마를레네의 어머니가 사우어크라우트를 가족들의 터키산 카펫에 좀이 슬지 않도록 좀약으로 썼다는 것이다). 그녀가 선호하는 노출된 가스 불꽃에 조리하는 요리법을 이용하면 비너 슈니첼• 을 뛰어넘는 세계가 열렸다. 그녀는 외쳤다. "난 널 사랑하고, 훌륭한 요리를 사랑해!" 그녀의 주장에 따르면, 그녀가 할리우드에서 훌륭한 요리사로서 얻은 명성은 그녀가 영화에서 보여준 전설적인 이미지에 견줄 만했다. "요리는 예술이에요. 재능이 있어야 해요." 그녀는 호기롭게 말했다. "다른 일도 그렇지만 요리도 자꾸 연습하면 잘하게 되죠. 하지만 재능이 먼저예요!" 따분한 사람들이나 티스푼으로 조리법의 정확한 계량을 철저하게 따랐다. 디트리히가 생각하기에 최고의 계량컵은 인간의 눈이었다. 눈, 입술, 손, 상상력은 이상적인 조합이었다. 그녀가 재빨리 덧붙였다. "요리에서 즐거움을 찾지 못한다면 요리를 멀리하는 게 나아요."

비록 오스트리아와 스웨덴 음식에 끌리긴 했지만 디트리히는 러시아 음식도 좋아했다. 그녀는 1920년대에 러시아인들이 베를린을 침공했을 때 러시아 음식 만드는 법을 배웠다. 그녀는 완벽한 피로시키●●는 끝내 만들지 못했지만 딜dill(허브의 일종)을 깊이 이해하게 되었고 그것을 항상 생선과 함께 사용했다. 디트리히는 과대평가를 받는 프랑스 음식보다 오스트리아와 러시아 음식이 뛰어나고, 오스트리아 음식은 독일 음식보다 훨씬 낫다고 단언했다. 그녀가 보기에 최악은 독일 음식이었다. 결국 디트리히는 자신을 도시 요리사보다는 시골 요리사에 더 가깝다고 여겼고, 그녀의 주요리는 깊고 진한 찜 요리인 포토푀였다. 그녀의 "스튜 요리에 대한 애정"에서 탄생한 포토푀는 의심할 여지 없이 프랑스인들에게 그것을 어떻게 만드는 건지 보여주기 위한 것이기도 했다.

이렇게 으스대면서 친절을 베푼다는 것은 장 가뱅●●●이 할리우드에 등장했을 때 그를 뒷바라지하는 일이 디트리히의 몫이 되어야 함을 의미했다. 그와 프랑스어로 의사소통을 할 수 있고, 그에게 프랑

---

● Wiener Schnitzel: 오스트리아에서 유래되어 유럽 전역에 대중적으로 퍼진 요리. 송아지고기를 연하게 한 뒤 밀가루, 빵가루, 달걀 등을 묻혀 철판 등에 부침개처럼 부쳐 완성한다. 돈가스와 비슷하나 소스가 없고 레몬 조각을 짜서 곁들인다.

●● piroshki: 러시아식 파이.

●●● Jean Gabin: 프랑스의 배우로 뮤직홀과 오페레타에서 활동했으며 두 개의 무성영화에 출연했다.

## 포토푀

포토푀는 마를레네 디트리히의 귀를 솔깃하게 할 정도로 굉장히 간단한 요리다. 포토푀는 먹기 전날 만들어야 한다. 왜냐하면 스튜에서 나오는 상당한 양의 소고기 기름을 제거해야 하기 때문이다. 포토푀는 두 부분으로 대접한다. 하나는 마늘 맛 나는 크루통을 얹은 소고기 수프 부분이고 다른 하나는 그릴에 구운 그뤼에르 치즈를 얹은 소고기 수프 부분이다. 여기에 이어 칼집을 넣은 소고기가 아주 맛있는 양념, 예를 들면 피클이나 디종 머스터드, 훌륭한 마요네즈 아이올리 소스와 함께 나온다.

**재료**

- 소뼈 (소갈비 같은) ½파운드 (227g)
- 소 골수 4점
- 소고기 어깨살 검은 부위 ½파운드
- 소고기 가슴살 1½파운드
- 소고기 허벅지살 ½파운드
- 양파 4개 통째로 껍질 벗긴 것
- 정향 4알
- 흑후추 10알
- 마늘 5쪽 다진 것
- 리크 5줄기 대충 다진 것
- 당근 5개 반으로 자른 것
- 셀러리 구근 반 개 두 토막 낸 것
- 파스닙 3개 반으로 자른 것
- 순무 ½개 이등분 한 것
- 감자 3개
- 월계수 잎 3장
- 신선한 타임 줄기 4개
- 신선한 파슬리 작은 다발
- 소금
- 막 갈아낸 흑후추

**그릇에 낼 때에는**

- 집에서 만든 갈색 빵으로 만든 마늘 크루통
- 바로 간 그뤼에르 치즈 4테이블스푼

**고기에 곁들여 낼 것**

- 아이올리 소스
- 디종 머스터드
- 오이 피클

**조리법** 매우 크고 깊은 소스팬의 바닥에 소뼈를 놓는다. 그 위에 고기를 깐다. 양파 껍질을 벗기고 양파 하나에 말린 정향 한 알씩 해서 꼬치에 꿴다. 소스팬에 흑후추 알과 함께 집어넣고 잠기게 물을 붓는다. 센 불로 포토푀가 끓을 때까지 둔다. 갈색을 띠는 거품이 표면에 파도처럼 일 것이다. 표면의 거품이 하얘질 때까지 계속 거품을 걷어낸다. 이제 잔잔히 끓을 정도로만 불을 줄인다. 이것을 2시간 반 동안 뭉근히 익힌다.

밤새 식히고 포토푀 표면에서 두꺼운 소기름을 걷어낸다. 뼈를 건져내고 골수를 넣는다. 포토푀를 다시 불에 올려 끓어오르면 채소를 넣고 뚜껑을 덮어 1시간 더 조리한다. 포토푀가 만들어지는 동안 크루통, 그뤼에르 치즈, 아이올리 소스를 준비한다. 그릴을 뜨거운 불에 달군다. 포토푀 수프가 뜨거울 때 수프볼에 퍼 담는다. 마늘 크루통을 뿌리고 그뤼에르 치즈를 수북이 뿌린다. 뜨거운 그릴을 그 위에 올려 그뤼에르 치즈가 녹아 수프에 뚝뚝 흘러내리도록 하고 식탁에 올린다.

고기를 건져 납작하게 썰고 밑이 깊은 접시에 깐다. 다른 접시에 골수를 깔면 손님들이 맛있는 버터 같은 골수를 퍼 올릴 수 있게 준비가 다 된 것이다. 고기 주위를 야채로 둘러싸고 남아 있는 육수를 위에 뿌린다. 아이올리 소스, 피클, 디종 머스터드와 함께 낸다.

스 음식을 소개해줄 수 있는 사람이 그녀였기 때문이다. 물론 그녀는 그에게 프랑스 음식을 직접 만들어주고 싶어 안달이 나 있었다. 처음에 장 가뱅은 그녀한테서 달아나려고 정원 덤불에 숨었지만 결국엔 "엄마에게 매달리는 고아처럼 나에게 매달렸다"고 그녀는 농담처럼 말하기도 했다. 혹은 열렬한 연인처럼 그녀에게 매달렸다고 할 수

## 크루통

재료

- 묵은 갈색 빵 얇게 썬 것 3조각
- 마늘 3쪽
- 올리브 오일 3테이블스푼
- 소금

조리법

오븐을 200도에 예열한다. 갈색 묵은 빵 3덩이를 한 입 크기로 조각낸다. 마늘을 소금과 함께 절구에 으깬다. 올리브 오일과 함께 섞는다. 쿠킹포일을 베이킹 트레이에 깔고 크루통을 놓은 뒤 끈적이고 마늘 맛 나는 올리브 오일을 붓질한다. 오븐에 5에서 10분간 타지 않도록 봐가며 굽는다. 헤이즐넛 같은 색깔로 변하며 마늘이 캐러멜화될 것이다. 오븐에서 꺼내 키친타월 위에 올려 기름을 뺀다. 이제 포토푀 수프의 맨 위에 올릴 크루통이 준비되었다.

## 아이올리

아이올리는 참으로 아름다운 장밋빛에 향이 좋은 마요네즈다.

재료

- 마늘 5쪽
- 달걀노른자 2개
- 디종 머스터드 1티스푼
- 해바라기씨 기름 5액량온스(142ml)
- 엑스트라 버진 올리브 오일 5액량온스
- 소금 ½티스푼
- 레몬 1개 즙 짠 것
- 사프란 가닥 ½티스푼을 물 1티스푼에 적신 것
- 카옌 후춧가루 1티스푼
- 막 갈아낸 흑후추

**조리법** 절구에 마늘을 소금과 함께 찧어 걸쭉하게 만든다. 디종 머스터드를 넣고 젓다가 달걀노른자를 더한다. 이제 인간 거품기가 될 채비를 한다. 한 방울씩 올리브 오일과 해바라기씨 기름 섞은 것을 흘리며 계란 마늘 죽을 휘젓는다. 휘저을수록 마요네즈 같은 질감이 형성된다. 마지막 한 방울 기름까지 휘젓기를 계속한다. 이 시점에 이르면 맛깔나게 끈적하고 초록 빛깔이 감도는 노란 마늘 마요네즈가 될 것이다. 레몬즙, 사프란, 카옌 후춧가루, 흑후추를 넣고 젓는다. 이제 아이올리를 포토푀 고기와 함께 곁들일 준비가 끝났다. 더 묵직한 아이올리를 원한다면 1시간 동안 냉장고에 넣어둔다.

도 있겠다. 영화감독 장 르누아르는 두 사람과 함께 식사하는 걸 즐겼다. 두 프랑스인은 마를레네의 양배추찜을 아주 좋아했고, 특히 르누아르는 수시로 손님으로 찾아와 엄청난 양의 양배추를 먹어치우고는 부리나케 자리를 떴다. 존 도스 패서스가 〈악마는 여자다The Devil Is a Woman〉(도스 패서스가 각본을 썼다) 촬영장에서 디트리히와 함께 작업을 하다가 병이 났을 때 디트리히는 소매를 걷어붙이고 그를 위해 닭고기 수프를 만들었다. 그녀의 딸 마리아는 이 수프를 '죽음의 문턱에 선 시인의 닭고기 수프'라고 부르기로 했다.

디트리히에겐 음식과 구애가 서로 연결되어 있었다. 그녀는 젊었을 때 토마토주스와 소다 비스킷을 주식으로 삼아 날씬한 몸매를 유지했지만, 자기가 사랑하는 영화감독 요제프 폰 스테른베르크에게는 헝가리 스튜 요리인 굴라시와 달걀국수로 마음을 얻으려고 했다. 마리아는 무슨 이유에선지 꼭두새벽부터 정장에 외투까지 갖춰 입고 집 앞에 찾아오는 남자들을 위해 스크램블드에그를 만들던 엄마를 두고두고 잊을 수 없었다.

르누아르의 유혹

## 잔뜩 속을 채운 양배추 롤(크라우트비켈*)

재료

- 말린 롤빵 2개
- 우유 ½컵
- 캐러웨이 1티스푼
- 흰 양배추 또는 사보이 양배추 1통
- 양파 2개 잘 다진 것
- 마늘 2쪽
- 버터 3테이블스푼
- 소고기과 돼지고기 섞어 간 것 400그램
- 파프리카 가루, 타임, 마조람 각각 ½티스푼씩
- 파슬리 잘 다진 것 4테이블스푼
- 달걀 1개
- 얇게 저민 베이컨 4장 잘 다진 것
- 당근 2개 껍질 까고 얇게 썬 것
- 양파 2개 굵직하게 다진 것
- 비프 스톡 ¼파인트(142ml)
- 사워크림 2테이블스푼
- 밀가루 1테이블스푼
- 흰색 면실
- 소금과 흑후추

조리법

롤빵을 부스러트려 우유에 담근다. 끓는 물이 담긴 큰 냄비를 가져와 캐러웨이 씨와 소금을 물에 넣는다. 양배추 중앙의 심지를 제거하고 손상된 잎은 떼어둔다. 남은 양배추 잎을 캐러웨이 씨가 담긴 끓는 물에 넣고 잎들이 흩어지도록 잘 젓는다. 10분 동안 또는 부드러워질 때까지 삶는다. 양배추를 물에서 건질 때 양배추 물 120밀리리터를 따로 덜어둔다.

1테이블스푼의 버터를 프라이팬에 녹이고 잘 다진 양파 2개분과 마늘을 양파가 금빛이 될 때까지 볶는다. 적셔놓은 빵에 흥건하게 묻어 있는 우유 초과분은 짠다. 큰 볼에 빵과 간 소고기와 돼지고기 혼합, 마늘, 파슬리, 말린 허브를 한데 반죽한다. 달걀을 더해 반죽하고 소금과 후추로 간한다.

오븐을 200도로 예열한다. 내열 용기에 버터를 바른다.

건져낸 양배추 잎을 종이타월에 깐다. 한두 개의 자그마한 잎을 큰 잎 위에 얹는다. 각 양배추 잎의 중앙에 1~2테이블스푼의 고기 반죽을 놓는다. 고기를 감싸며 양배추의 가장자리 끝은 안으로 접고 양배추를 단정한 꾸러미 모양으로 돌돌 만다. 각각의 롤을 실 한 가닥으로 묶는다. 양배추 롤을 내열 용기에 나란히 안친다.

프라이팬에 버터 1테이블스푼을 넣고 달군 다음 베이컨 조각과 남겨둔 양배추 잎을 놓는다. 베이컨이 황금빛 나는 갈색이 될 때까지 프라이한다. 프라이한 베이컨과 양배추를 양배추 롤에 흩뿌리고 당근, 양파, 양배추 끓인 물과 비프 스톡을 더한다. 뚜껑을 덮고 오븐에 45분간 푹 익힌다. 다 되면 양배추 롤을 삶은 물에서 건져내고 물기를 뺀다. 버터 1테이블스푼을 소스팬에 녹인다. 밀가루 1테이블스푼을 더해 루••의 형태가 될 때까지 저어준다. 불에서 내려 천천히 양배추 및 고기 삶은 물을 더한다. 다시 팬으로 가서 불을 켜고 끓을 때까지 계속 젓는다. 되직해지면 불에서 내리고 사워크림 2테이블스푼을 더한다. 이것을 양배추 롤에 붓고 버터처럼 부드럽게 으깬 감자와 함께 낸다.

---

• Krautwickel: 유럽과 서아시아 농부들이 일상적으로 먹는 양배추말이.

•• roux: 버터와 밀가루를 볶은 것으로 소스를 걸쭉하게 만드는 데 쓰인다.

# 알프레드 히치콕

ALFRED HITCHCOCK

1899~1980. 영국에서 태어나 영국과 미국을 오가며 활동한 영화감독. 서스펜스의 대가라는 칭송을 받았으며, 공포영화 장르를 다수 작업했다.

한때 땀에 흥건하게 젖은 남녀가 뒤엉켰던 자리에는 음식이 있을 것이다. 히치콕의 세계에서는 이것이 성공적인 결혼에 이르는 열쇠였다. 그의 아내 알마가 오리를 얇게 썰어내고, 어느 모로 보나 앞치마를 두른 식료품 잡화점 주인처럼 보이는 히치콕이 품질 좋은 와인의 코르크 마개를 뽑는 모습은 친구들에게 이 부부가 오래오래 행복한 결혼생활을 하고 있음을 말해주었다. 히치콕은 어느 기자에게 자신의 음식관과 결혼관을 이렇게 설명했다. "잘 지내는 부부도 5, 6년이 지나면 대부분 '옛날 그 감정'이 사라지기 시작합니다. 음식은 부부관계에서 종종 섹스를 대신합니다." 전문가의 말씀은 그랬다. 그리고 히치콕의 허리둘레만 봐도 그가 음식을 정말 얼마나 섹시하게 생각했는지 충분히 알고도 남는다. 심지어 그 섹시함은 자신이 가장 갈망하는 것에 대해 느끼는 저속하고 은밀한 혐오감의 작은 떨림에 이를 정도였다. 그는 음식을 삼킨다는 것은 사람을 불안하게 만드는 행위라고 디저트를 천천히 삼키면서 털어놓았고, 음식을 먹는 행위를 섹스나 구역질과 관련짓기를 좋아했다. "이런 말은 하기가 좀 그렇지만" 그가 말을 이어갔다. "나는 사람들이 훌륭한 레드 와인을 보면서 월경혈을 떠올릴 거라고 생각합니다." 그 말을 들은 사람들은 보나마나 자기 앞에 놓인 와인을 보며 잠시 생각에 잠겼을 것이다. 히치콕이 내놓은 파란 식사는 손님들의 감각과 위장에 도전하기 위한 의도로 만들어진 것이었다. 그들은 실험 대상이었고, 그는 파란 수프와 파란 후식에 그들이 어떤 반응을 보일지 알고 싶었다. 파란 복숭아는 얼마나 섬뜩했을까? 그는 영화감독인 프랑수아 트뤼포에게 자신의 포부를 이렇게 밝혔다. "음식에 대한 영화를 만드는 거야. 도시에 음식이 도착하고 … 유통되고 … 요리되고 … 다양한 방법으로 소비되는 모습을 보여주는 작품 말이야. … 그리고 서서히 영화의 마지막 장면에 이르면 하수관과, 바다에 버려지는 쓰레기를 보여주는 거야. … 주제적인 측면에서 그러한 순환은 좋은 것들을 위해 사람들이 어떤 짓을 저지르고 있는지 보여주게 될 거야. 자네의 주제는 거의 인류의 부패가 될지도 몰라." 이 얼마나 재미있는 저녁식사인가.

물론 그 명성에 걸맞게 히치콕은 음식과 자신의 관계에 대해 어두운 심리학적 해석을 요구하면서 농담조의 우울한 사색으로 우리를 이끈다. 예를 들어 두려움과 편안함에 대한 그의 최초의 기억은 모두 음식과 관계가 있었다. 그가 다섯 살인가 여섯 살 때 부모님은 그를 침대에 누이고 그가 깊이 잠들었는지 확인한 후 하이드파크로 산책을 하러 나갔다(하이드파크는 집에서 전차로 약 1시간 거리였다). 잠에서 깬 어린 히치콕은 집 안에 자기 혼자밖에 없다는 걸 알고는 부모님을 애타게 부르며 빈 방에서 빈 방으로 헤매고 다녔다. 끝내 흐느껴 울기 시작한 히치콕은 부엌에서 식은 고기가 담긴 접시를 발견하고는 한 조각씩 먹기 시작했고, 입 안에 고기가 가득해지자 눈물이 멎었다. 그가 집에 있는 모든 방 중에서 가장 좋아한 곳은 부엌이었다.

히치콕은 인격이 형성되던 시기를 음식과 아주 밀접한 관계 속에서 보냈다. 우선, 아버지의 청과물 가게가 레이톤스톤에 있었다. 가게 안은 바나나의 감질나는 향과 토마토의 금속성 냄새, 감귤류의 더 무거운 활력, 푸른 완두콩의 풀냄새로 가득했다(히치콕은 1920년 어느 코믹 신문에 "완두콩 먹기의 역사"에 관한 기사를 썼다). 그는 골프공만 한 호두알들의 껍질을 벗기고 껍질 때문에 검어진 과즙이 흘러나오는 것을 지켜봤다. 아버지의 청과물 가게 덕분에 히치콕 가족은 솜털로 뒤덮인, 버터 맛이 나는 품질 좋은 감자를 꼬박꼬박 먹었고, 알프레드는 덩이줄기 작물 애호가가 되었다. 만일 당신이 할리우드에서 히치콕의 식탁에 앉게 되었다면 저녁식사로 다양한 종류의 감자를 기대해도 좋았을 것이다. 고기를 구울 때 나오는 육즙에 흠뻑 적셔서 구운 감자나 얇게 썰어 튀긴 감자가 나왔을 수도 있고 히치콕의 이가 무너졌을 때는 으깬 감자가 나왔을 것이다.

히치콕의 아버지는 어류 사업에 진출해보기로 하고 런던 라임하우스 지구의 새먼 레인 130번지에 생선 가게를 열었다. 그는 생선 가게를 피시 앤 칩 가게로 확장함으로써 남은 재고를 소진했다. 이제 거품이 부글부글 이는 라드•가 담긴 큰 통과 바삭한 감자칩, 신선하고 바

• lard: 돼지비계를 정제하여 하얗게 굳힌 것.

삭한 홍어의 박살난 부채꼴 꽁지, 소금과 식초가 주는 엄청난 기쁨이 알프레드의 인생을 가득 채웠다. 그러나 덜 긍정적인 면도 있었다. 토실토실 살이 쪘다는 이유로, 그리고 몸에서 해덕 냄새가 난다는 이유로 알프레드는 학교에서 놀림을 받았다.

이러한 음식문화 속에서 자란 히치콕은 자신이 자란 음식문화를 아주 좋아했지만, 엄청나게 충성을 바치는 음식과 열렬하게 혐오하는 음식에 대한 호불호가 극명하게 갈렸다. 치즈와 달걀은 총알이 빗발치는 사선射線에 놓여 있었다. 하지만 최악은 접시 위에서 흔들리는 하얀 젤리 모양의 데친 달걀이었다. 반면 도버 서대기•는 자주 먹음으로써 충성을 바쳤다. 그는 스테이크도 사랑했다. 훗날 그는 이렇게 말했다. “좀처럼 보기 드문 스테이크에는 분명히 많은 드라마가 들어 있을 것이다.” 히치콕이 어렸을 때 그의 어머니는 그의 손에 과자 상자를 들려 수녀원이 운영하는 학교에 보냈는데, 믿거나 말거나 과자 상자 안에는 도버 서대기 살코기 요리와 베이컨 몇 조각이 들어 있었다.

1926년 히치콕은 자신의 조감독인 알마 르빌과 결혼했고, 가장 행복한 순간에는 꼭 음식이 빠지지 않았다. 함께 있어서 행복한 이 신혼부부는 장크트모리츠의 팔라스 호텔에 머물며 버터 맛이 나는 그 지역의 페이스트리를 코코아와 함께 먹었고, 먹는 데 시간이 한참 걸리는 점심식사를 주문했다. 히치콕은 아주 화려한 스키 바지를 입겠다고 고집했고, 몸집이 더 뚱뚱해진 말년에는 항상 더 꽉 조이는 바지를

• Dover Sole: 영국 도버 해협에서 잡히는 참서대의 일종. 쫄깃쫄깃한 살과 향기가 일품이다.

## 그릴에 구운 도버 서대기(2인분)

재료

- 큼직한 도버 서대기 한 마리 (또는 작은 것 두 마리)
- 버터 4온스(113g)
- 레몬 1개 4등분 한 것

조리법

생선 가게에서 손님을 위해 내장을 제거해주겠지만 머리는 붙은 채로 두고 뼈대를 손상시키지 않도록 손질해야 한다. 도버 서대기는 오메가3 지방으로 덮인 두껍고 거친 회색 껍질을 가지고 있어서 자연이 제공하는 이 맛있는 껍질을 제거하는 것은 범죄에 해당한다. 도버 서대기의 윗면은 갈색 빛이 도는 먹물색으로 그릴에 굽기 전에 비늘을 완전히 제거하는 게 좋다(윗면에는 당신을 애절하게 바라보는 두 개의 둥근 눈이 붙어 있다). 생선 가게에서 생선 비늘을 제거해달라고 부탁하거나 직접 비늘결과 반대방향으로 칼로 긁어낸다.

그릴팬을 달군다. 버터 3온스를 소스팬에 녹이고, 구운 생선에 매끄러운 버터로 윤을 내줄 브러시도 준비한다. 작은 버터 한 덩이를 그릴팬에 얹고 녹인다. 생선에 버터를 바르고 생선의 배 부분을 위로 해 그릴팬에 놓는다. 4분 동안 그릴에 두었다가 뒤집는다. 곧바로 (눈이 있는) 등 부분에 더 많은 버터를 바르고 6분간 더 그릴에 구우면 껍질에 기포가 부풀어 오르고 황금빛을 내며 버터가 시내를 이루어 흐르면서 장식해줄 것이다.

햇감자, 그린빈과 함께 바로 낸다. 그릴에 남아 있는 육즙을 생선 위에 뿌리고 약간의 톡 쏘는 레몬즙으로 마무리한다.

입었다. 그것은 스키를 타기 위해서가 아니라 현관에 앉아 시가를 태우면서도 스키를 탔거나 곧 스키를 *타러 갈* 사람이라는 인상을 주기 위해서였다. 히치콕은 신혼여행에서 스위스 치즈를 맛보았고, 뷘드너플라이쉬•와 함께 마신 사과주(훗날 그는 이 사과주를 미국으로 배달시켰다)를 향한 사랑을 영원히 키워나갔다. 그렇다고 히치콕의 입맛이 유럽 취향이었다고 오해하지 않기 바란다. 우리가 여기서 이야기하고 있는 것은 사과주와 소금에 절인 소고기다. 즉 히치콕이 좋아한 것은 견고한 앵글로색슨의 보수주의였다. 그는 양갈비 구이와 구운 파스닙이 들어가는 메뉴라면 무엇이든 찾아다녔다. 비록 치명적인 화이트 레이디 칵테일 한 잔에 비틀거리기는 했지만.

히치콕에게는 영국 스타일의 안전한 식탁이 필요했다. 그는 로스앤젤레스 스모킹 앤드 큐어링••에 자신을 위한 저장 공간까지 확보했다. 그곳에 도버 서대기와 영국식 베이컨을 대재난시에 필요한 양만큼 비축해두었고, 매달 몇 차례씩 먹을 것을 꾸준히 채워 넣었다. 알마와 히치는 매주 영국에서 보내주는 생선과 고기를 받았고, 이러한 산해진미는 알마가 구성하고 싶어 했던 식단을 풍성하게 해주었다.

알마와 히치는 서로 더할 나위 없이 잘 어울리는 한 쌍이었다. 알마는 활발하고 영리한 요리사였고, 히치콕은 식사 후에 손으로 하는 설거지 솜씨에 상당한 자부심을 가지고 있었다. 먼 훗날 그는 딸 팻이 도와주겠다고 하는데도 거부하다가 그녀가 그의 기준을 충족시킬 수

---

• bündnerfleisch: 소고기를 얇게 말린 것.
•• Smoking and Curing Company: 생선과 해산물 냉동포장 회사.

### 화이트 레이디

**재료**

- 탱커레이 진
- 쿠앵트로[●]
- 레몬 2개
- 달걀흰자
- 얼음

**조리법**

깨진 얼음을 칵테일 셰이커에 넣고 탱커레이 진 2단위 표준량, 쿠앵트로 ½단위, 갓 짠 레몬즙 ½단위, 달걀흰자 푼 것을 넣는다.

얼음 조각들과 한데 섞어 흔든다. 유리잔 테두리에 설탕을 묻히고 레몬 조각을 비틀어 꽂아 내놓는다.

● Cointreau: 오렌지 껍질로 만든 무색의 프랑스산 리큐어. 도수는 40% 정도이며 단맛이 강하다.

있다는 것을 직접 보여주고(그가 지켜보는 데서 설거지를 했다) 나서야 도움을 허락했다. 히치콕은 매일 똑같은 일과를 지키기를 좋아했다. 알마의 표현에 따르면 "기차 시간표처럼 행동"했다. 아침에 커피를 마시고 나서는 점심 준비를 시작했다. 매일 오후 세 시에는 알마에게 전화를 걸어 저녁에 뭘 먹을지 상의했다. 덕분에 난처한 돌발 상황은 일어나지 않았다. 알마는 손수 요리하기를 즐겼고 혼자서 많은 요리를 했다. 실제로 그녀는 집에서 만든 파이로 히치콕의 마음을 얻었다.

히치는 통닭 구이와 삶은 햄을 가장 좋아하는 저녁 메뉴로 꼽았지만, 어떤 특별한 경험이 있어서 그런 것은 아니었다. 오히려 그가 알마와 함께 했던 완벽한 저녁식사는 따로 있었다. 그와 알마는 그들의 지하저장고에서 고급 와인을 고른 다음 알마가 만든 오리 구이와 완두콩을 먹었다. 식사가 끝나면 설거지는 히치 차지였다. 두 사람은 대체로 이런 저녁이 "최고의 저녁식사"라고 단언했다.

히치콕은 1939년이 되어서야 좀 더 영구적으로 미국에 이주했지만, 그전에도 신중하게 고른 많은 식당에 자주 들렀다. 그는 과거에 주류밀매점이었던 21클럽을 사랑했다. 클럽 입구에는 표면이 철로 된

생애 최고의 저녁

## 오리 구이 만찬

재료

- 오리 4파운드(1.8kg)
- 신선한 타임
- 소금
- 흑후추

조리법

오븐을 230도로 예열해둔다. 오리를 씻어 물기를 닦고 날카로운 포크를 이용해 오리 껍질 전체에 걸쳐 찔러준다. 또는 가볍게 금을 긋는데 속살이 드러날 만큼 너무 깊이 그어서 오리 껍질을 뚫지 않도록 한다. 이렇게 하면 맛있는 오리 기름이 빠져나오므로 이것을 따라두었다가 오리와 곁들일 감자에 부어 찍어 먹을 수 있다. 오리의 속에 신선한 타임을 적게 한 줌 넣는다. 겉에 소금을 넉넉히 뿌리는데 주의해서 뿌리면 바삭바삭한 질감은 보장된다. 오리를 구이용 트레이에 안착되어 있는 석쇠에 올리고 오븐에 넣는다. 그리고 1시간 50분 동안 조리되도록 둔다. 끝나고 20분간 오리를 그대로 둔다.

## 감자 구이

**재료**

- 파슬파슬한 감자 큰 것 4개
- 중력분 3테이블스푼
- 소금
- 흑후추
- 올리브 오일 6테이블스푼
- 오리 기름, 구운 오리에서 따라낸 것

**조리법** 감자의 껍질을 까고 4등분 한 뒤 10분간 살짝 데친다. 물에서 건져 차갑게 식힌다. 냉동용 비닐 팩에 3테이블스푼의 중력분을 넣고 소금, 후추로 간한다. 감자가 식으면 팩에 던져 넣고 흔든다. 이 파슬파슬한 감자 껍질이 모든 훌륭한 감자 구이가 가지고 있는 사랑스럽고 밝은 황색의 바삭한 껍질을 만들 것이다. 오리를 굽기 시작하고 약 1시간 15분 뒤에 감자 구이에 쓸 올리브 오일을 굽기용 트레이에 넣고 오리 바로 옆에서 달군다. 기름이 충분히 뜨거워져 감자 조각을 넣어 시험해보았을 때 기름이 자그르르 거품을 낼 정도가 되어야 밀가루를 입힌 감자 조각을 튀길 준비가 된 것이다. 감자에 묻은 과다한 밀가루는 털어내고 기름에 올린 뒤 트레이를 오븐에 도로 넣는다. 지방질이 오리에서 흘러나올 때 일부를 감자 트레이에 뿌린다. 감자 구이는 230도 오븐에서 1시간 정도 걸릴 것이다. 30분 뒤에 뒤집어주는 것을 잊지 말고 식혀놓은 오리를 그릇에 담아낼 때까지는 감자 굽는 작업을 최우선시한다.

비현실적인 느낌의 소형 마네킹 기수騎手들이 일렬로 서 있었다. 히치콕이 1937년 8월에 H. 앨런 스미스라는 기자와 점심을 먹은 곳도 이곳이었다. 히치콕은 의자를 뒤로 젖히며 맛있는 미국 음식 두 가지로

## 오리 그레이비[●]

재료

- 오리 스톡(또는 치킨 스톡) ½ 파인트(284ml)
- 포트와인 1잔
- 세비야 오렌지 마멀레이드 1테이블스푼

조리법

오리를 식히는 동안 구이용 트레이에 남아 있는 지방 대부분을 따라낸다. 이때 먹음직스럽게 캐러멜화된 오리 육즙과 구이용 받침에 붙은 약 1테이블스푼의 지방을 잃지 않도록 각별히 주의한다. 구이용 받침을 따뜻하게 데워 이 즙을 바닥에서 긁어낸다. 육즙과 포트와인을 따르고 힘차게 저은 뒤 이것을 작은 팬에 옮겨 담는다. 온도를 높여 이 그레이비 소스가 ⅓로 줄 때까지 둔다. 마지막으로 포트와인과 오렌지 마멀레이드를 더한다. 취향에 따라 간을 하고 그린빈과 함께 낸다.

● gravy: 육류를 철판에 구울 때 나오는 육즙에 우유나 포도주 또는 밀가루를 넣어 만든 소스.

아이스크림과 스테이크를 꼽았다. 아침식사로 브랜디 한 잔과 바닐라 아이스크림보다 더 좋은 게 또 있겠는가? 그는 바로 그날 아침에도 아이스크림을 먹었다. 히치콕은 스테이크를 재빨리 해치우고 칼과 포크를 내려놓고서 아이스크림을 달라고 했다. 그런 다음 못 믿겠다는 얼굴의 그 기자 앞에서 스테이크를 하나 더 주문했다. 그러고는 아이스크림을 또 주문했다. 그가 웨이터를 불렀다. 계산서를 달라고

침대에서 먹을 때 가장 맛있는

## 바닐라 아이스크림

**재료**

- 유기농 우유(저지방 아닌 것) 250밀리리터
- 맬든 소금 ½티스푼
- 달걀노른자 6개분. 흰자는 보관했다가 머랭을 만든다.
- 바닐라 정제 설탕(찬장 속 정제 설탕 단지에 검은 바닐라 깍지 긴 것을 적어도 2개 함께 박아둔다.) 150그램
- 유기농 더블 크림 500밀리리터
- 바닐라빈 길게 가른 것

**조리법** 중간 크기의 소스팬에 우유, 크림 250밀리리터, 소금 플레이크, 바닐라 설탕을 넣고 은근히 데운다. 바닐라빈을 퐁당 빠트린다(바닐라빈을 넣기 전에 이쑤시개로 달라붙어 있는 검은 씨를 긁어 크림 가득한 우유에 띄운다). 우유 믹스가 따뜻해지고 바닐라 설탕이 녹으면 팬을 불에서 내리고 뚜껑을 덮어 약 30분간 그대로 둔다.

30분이 지나면 달걀노른자를 큼직한 볼에 넣고 휘젓는다. 서서히 조심스럽게 따뜻한 우유 크림을 달걀노른자에 붓고 계속 저으면서 다 섞은 뒤에 팬에 다시 따른다. 이렇게 혼합한 것을 중약불에서 데우기 시작한다. 나무 스푼이나 스패츌라를 사용한다. 이 우유 믹스는 사실상 커스터드라서 스패츌라나 스푼을 감싸 덮기 시작하면 다 된 것이다. 절대로 잠깐이라도 젓기를 멈추어서는 안 된다. 그렇지 않으면 혼합물이 걸쭉한 커스터드가 되는 대신 스프램블드에그로 변신할 것이다. 커스터드 상태가 되면 나머지 크림 250밀리리터를 쓸 때다. 차가운 크림을 큼직한 볼에 붓고 커스터드를 크림 위에 따르면서 저어준다. 이제 이 맛있는 것을 30분간 식혀야 한다. 냉동실을 사용하되 그대로 둔 채 깜빡 잊지 않도록 한다. 타이머를 맞춰둔다. 차가워지

면 다음 단계에 들어갈 준비가 된 것이다. 냉동실이 없다면 냉장고에 1시간 정도 두면 된다.
차가워지면 바닐라빈을 제거하고 아이스크림 제조기의 설명서에 따라 아이스크림을 휘젓기 시작한다.

하려는 것이었을까? 천만에. 당신 예상이 맞았다. 스테이크와 아이스크림을 하나씩 더 주문했다. 아, 이번엔 차 한 잔까지. 자기 입술을 가볍게 두드리며 그가 스미스에게 말했다. "식사에는 두 가지 종류가 있습니다. 생존을 위한 식사와 즐거움을 위한 식사." 히치콕은 은밀한 식사도 싫어하지 않았다. 은밀한 식사는 자신의 방에서 하는 혼외정사처럼 이루어졌다. 종종 밤늦게 잠자리에 들기 전에 아이스크림을 먹었는데, 아마 둘이 한 침대에서 바닐라를 먹었을 것이다.

1939년 무렵부터 히치콕은 대부분의 시간을 미국에서 보내게 되었고, 재빨리 미국에 식사의 "뿌리"를 내렸다. 그들의 요리사는 떠나고 없었지만, 알마는 히치콕이 좋아하는 조리법을 기억하고 있었다. 히치콕의 표현에 따르면 알마에게 필요한 건 딱 하나, 대역 배우였다. 그들은 뛰어난 독일 요리사 크리스탈을 찾아냈다. 크리스탈은 알마의 메뉴를 확실하게 자기 것으로 만들어 알마의 "보조 요리사" 역할을 맡았다. 1942년에 그들은 벨라지오 로드 10957번지로 이사하면서 산타크루즈에도 또 다른 집을 구입했다. 그들은 그들의 요리사를 벨라지오 로드에서 산타크루즈로 실어 날랐다. 알마가 운전을 하는 동안 크리스탈은 차 뒷좌석에서 메뉴를 끄적거렸다.

히치콕의 주방 내실에 있는 식탁에서 저녁을 먹는 것은 히치콕과 함께 작업을 하는 사람이 누릴 수 있는 영광이었다. 저녁식사를 위해 히치콕의 집에 도착한 레니에 왕자와 그레이스 켈리도 바로 그 주방의 식탁에 앉았다. 히치는 식전에 마시는 진 앤 오렌지를 마신 다음 자신의 훌륭한 조리법으로 샴페인 펀치를 만들거나 식사 후에 손님들과 브랜디를 나눠 마셨을지도 모른다(그가 만든 많은 영화에서 브랜디를 마시는 장면이 나오는 것을 보라). 그의 집엔 와인 저장고도 있었고, 그는 자신을 어느 정도는 와인 감정가로 여겼다.

히치콕은 저녁식사에 초대할 손님도 아주 까다롭게 골랐던 것 같다. 그는 폴 뉴먼의 거친 행동을 좋아하지 않았다. 뉴먼은 재킷을 의자에 아무렇게나 던져놓고 저장고의 고급 와인을 거부하더니 사람이 서서 드나들 수 있을 만큼 거대한 히치콕의 냉장고로 어슬렁어슬렁 걸어가 맥주를 꺼내서 캔째 들고 마셨다! 그러나 히치는 잉마르 베리만과 캐리 그랜트는 좋아했고, 클라크 게이블과 캐롤 롬바드를 사랑했다(게이블은 당시 〈바람과 함께 사라지다〉에서 주연을 맡고 있었고, 롬바드는 안타깝게도 죽음을 앞두고 있었다). 한동안 로스앤젤레스에 있는 롬바드의 집(세인트 클라우드 로드 609번지의 "더 팜")을 빌린 히치콕 부부는 롬바드가 게이블의 소지품에서 쪼그라든 해골을 발견했던 이야기를 충분히 공감했다. 기겁을 한 그녀는 해골을 산골짜기에 아무 데나 던져버렸다. 그 후 심한 죄책감을 느껴 해골을 되찾아와 히치콕이 빌린 집 뒷마당에 묻었다. 그러나 그녀는 해골이 묻힌 위치를 정확히 기억하지 못했고, 히치콕은 디너파티라도 열어서 참석한 손님들에게 삽을 주고 해골을 발굴하게 하고 싶었다.

만일 히치콕이 벨라지오 로드의 집에서 부엌일을 조금이라도 했다면, 그는 커다란 흰색 앞치마를 둘렀을 것이다. 그리고 그 모습 자체가 마치 특별한 코스 요리의 일부처럼 보였을 것이다. 히치콕은 식전에 몰래 술을 마셨다. 알마가 보이지 않는 곳에서 텀블러에 든 쿠앵트로를 벌컥벌컥 들이켰다. 이렇게 몰래 술을 마시면서 순진하게도 히치콕은 음식보다 술 때문에 체중이 늘었다는 것을 언제나 흔쾌히 인정했다. 그는 "술에 빠졌기" 때문에 체중이 급격히 불었다고 주장하는 짓궂은 연극을 즐겼다.

그는 믿기 어렵고 엉뚱할 정도로 음식을 후하게 베풀었다. 한 친구에게는 훈제 청어를 400개나 보낸 적도 있었다. 그레고리 펙이 히치콕 부부와 저녁을 먹기 위해 체이슨 식당에 들렀을 때 히치콕은 음식과 와인의 찰떡궁합을 찾는 일에 관심이 많았다. 머지않아 그는 다양한 종류의 빈티지 와인 열두 병을 펙에게 보내면서 어떤 와인에는 어떤 음식이 어울리는지 직접 손으로 쓴 라벨을 병마다 붙였다. 이 와인에는 소고기 구이가 가장 잘 어울리고, 저 와인에는 가자미 살이 가장 잘 어울린다는 식이었다. 그리고 그의 유명한 파란색 저녁식사가 있었다. 히치콕은 "색깔이 말도 못하게 예뻤다. 우리가 먹는 것 중에 파란색은 왜 거의 없는 것인지 이해할 수 없었다"고 혼잣말을 했다. 그는 벨라지오 로드에서 파란 마티니와 파란 수프, 파란 스테이크, 파란 닭고기, 파란 송어, 파란 감자, 파란 아이스크림으로 저녁식사를 제공했다. 지미 스튜어트는 이 파란 식사를 먹기 위해 왔고, 그날 이후로는 저녁식사에 참석하길 꺼렸다. 1953년 3월, 〈누명 쓴 사나이The Wrong Man〉 촬영에 들어가기 직전에 히치콕은 뉴욕 이스트 80번가에 있는 한 주택을 빌려 "유령의 집 파티"를 열었다. 그가 보낸 묘비 형태의 초대장에는 유쾌한 남학생의 말장난 같은 "죽음의 메뉴"가 다음과 같이 적혀 있었다. "소름끼치는 영안실의 홍합, 자살 수제트•, 코브라 콩소메••, 잔인한 감자수프, 홈메이드 살인튀김, 파충류 라구•••, 숯불에 구운 마녀 다리, 시체 크로켓, 바비큐 그릴에서 구운 여자유령, 아편 오믈렛, 속을 채운 시체와 하드 소스, 교수대에서 처형당한 내장, 조직폭력배 테르미도르••••, 고문당한 토르티야, 엽기적인 굴라시, 눈먼 박쥐들 찜 냄비 요리, 비단뱀 푸딩, 갓 자른 숙녀 손가락, 피투성이 메리 칵테일, 죽은 할아버지 위스키, 포르말린 프라페."

벨라지오 로드에 있는 주방을 능가하는 히치콕의 위대한 발견 중 하나는 비벌리힐스에 있는 체이슨 식당이었다. 그는 식사에 돈을 아끼지 않을 때는 알마와 함께 목요일마다 체이슨 식당에 들렀다. 그들은 항상 운전기사를 동무 삼아 차 안에서 진득하게 그들을 기다리는 애견을 위해 스테이크 필레를 주문했다. 체이슨 식당은 음식만 놓고 볼 때 히치콕에게 신세계까지는 아니었다. 그곳에서 그는 바닷가재 수플레와 신선한 도버 서대기, 두어 가지 스테이크처럼 오래전부터 좋아하던 것들에 대해 상세한 설명을 늘어놓곤 했기 때문이다. 예상대로 술의 유혹을 버티지 못한 히치콕은 체이슨에서 만찬 파티가 열

• suzettes: 크레페를 오렌지 소스에 넣고 끓인 프랑스식 요리.

•• consommé: 고기와 채소를 푹 고아 진하게 우려낸 국물이 맑은 수프.

••• 45쪽 주 참고.

•••• thermidor: 랍스터의 살·송이 등을 크림소스로 버무려 그 껍질에 담고, 치즈를 뿌려서 익힌 요리.

리는 동안 깜빡깜빡 졸았다(그는 매일 점심식사 후에 잠깐씩 눈을 붙이는 것으로도 유명했다. 심지어 영화를 찍는 기간에도 그랬다). 히치콕이 〈새The Birds〉에서 티피 헤드런에게 맡길 역을 고를 때였다. 그녀는 히치콕 부부와 함께 저녁을 먹기 위해 체이슨 식당에 모습을 드러냈다. 그녀는 자기 자리에서 상자 하나를 발견했는데, 그 안에는 금으로 갈매기 세 마리가 수놓인 배지 하나가 들어 있었다. 멜라니 역이 누구에게 돌아갔겠는가.

# 엘리자베스 테일러

LIZ TAYLOR

1932~2011. 영국에서 태어나 영국과 미국을 오가며 활동한 배우. 리즈 테일러라는 애칭으로도 불린다. 아역 배우로 시작하여 성인기까지 연기력과 글래머, 아름다움으로 대중을 사로잡았다.

엘리자베스 테일러의 음식 일대기를 읽는 것만으로도 당신은 질투가 나서 속이 쓰릴 것이다. 그녀의 많은 남편들이나 그녀가 마신 많은 술과의 관계 혹은 심지어 리처드 버튼과의 관계 이상으로 음식은 그녀의 인생에서 알려지지 않고 인정받지 못했지만 커다란 부분을 차지하는 사랑이었다. 실제로 음식을 너무나 사랑하는 엘리자베스에게 몽고메리 클리프트는 이렇게 외쳤다. "자기야, 자기는 내가 본 가장 뚱뚱한 여자야."

음식은 항상 옆에서 대기하고 있었다. 그러나 처음에 테일러는 음식을 받기보다는 주는 쪽이었다. 아역 스타이던 리즈는 〈용감한 래시 Courage of Lassie〉를 촬영할 때 우연찮게도 한 부대의 얼룩다람쥐들을 애완동물로 거느리게 되었다. 그녀는 얼룩다람쥐들에게 초콜릿 아이스크림 선데를 먹이로 주었다. 나라면 그 얼룩다람쥐들의 기대수명에 돈을 걸고 싶지 않을 것이다. 또 다른 아역스타 로디 맥도웰은 테일러와 사이가 좋았고, 자신의 남편이 될 케네디 피터 로포드와도 사이가 좋았다. 로디 맥도월의 어머니는 세계 최고의 크림 시금치를 만들었고, 열여섯 살의 엘리자베스는 맥도월의 집에서 브런치를 즐겨 먹었다. 로포드는 짓궂게 그녀의 큰 가슴을 그녀의 "배"라고 놀렸다. 다리가 통통한 십 대 소녀 테일러는 살을 빼기 위해서라면 무슨 일이든 했다. 로포드에게 홀딱 빠져 있었기 때문이다. 좋아하는 박하 맛 밀크셰이크를 끊었고, 윌 라이츠의 아이스크림 가게 판매대와 거기서 파는 황홀한 핫 퍼지 선데 아이스크림도 끊었다(크림이 많이 든 몇 센티미터의 바닐라 아이스크림은 너무 차가워서 두통을 일으킬 수 있었는데, 뜨거운 퍼지* 아래에서 녹았다). 리즈는 소다수와 박하차를 계속 마시려고 노력했다. 지옥이 따로 없었다. 그녀의 통통한 다리는 변함없이 그대로였다. 그 무렵 괴짜 백만장자 하워드 휴즈는 테일러와 결혼하겠다고 결심했다. 그는 마흔넷, 그녀는 열여섯이었다. 그는 수영장에서 일광욕을 하고 있는 리즈를 우연히 발견하고는 서류가방에 보석과 다이아몬드를 가득 넣었다. 그러고는 서류가방을 들고 테일러 뒤에 가서 걸쇠를 벗기고 가방 안의 내용물을 전부 그녀의 배 위에 쏟아놓았다. "옷 입어요!" 그가 크게 소리쳤다. "우리는 결혼할 거예요." 그러나 결혼은 성사되지 않았다. 대견하기도 해라, 리즈.

2년 후, 열여덟 살이 된 테일러는 불행하게도 호텔왕 콘래드 힐튼의 아들 니키 힐튼과 사랑에 빠졌다. 트럭 한 대 분량의 장미꽃잎과 5단짜리 웨딩케이크, 3천 명의 하객, MGM 영화사가 제공한 웨딩드레

---

* fudge: 보통 우유, 버터, 설탕으로 만든 크리미하고 쫀득한 과자를 말한다.

스로 결혼식은 빛났지만, 이 결혼은 폭력과 유산을 동반하며 너무나 도 빨리 종지부가 찍히고 말았다. 그녀는 콘래드 힐튼의 비서 올리브 웨이크맨에게 자신의 약혼자인 니키가 헤로인 중독자에다 폭력적이고 버릇없는 사람 같다는 의문을 제기했다. 올리브의 대답은 테일러에게 배달된 요리책들을 펼쳐놓고 품위 있는 선택을 하라는 것이었다. 요리책에는 쪽지가 들어 있었고, 이런 조언이 적혀 있었다. "남자의 마음을 얻는 길은 그의 뱃속에 있어요." 실제로 니키는 훗날 자신이 이성을 잃고 폭력을 휘둘러 결혼을 파탄으로 몰고 간 이유는 테일러가 요리를 할 줄 몰라서였다고 주장했다. 힐튼 가문 사람들과 함께하는 저녁식사는 테일러에게는 경계경보나 다름없었을 것이다. 그들은 일절 말을 하지 않은 채 금 식기에 담긴 음식을 먹었고, 콘래드 힐튼은 주기적으로 한 번씩 트림을 하면서 사과도 하지 않았다. 니키는 늘 껌을 줄기차게 씹어댔는데, 식탁에서는 껌을 뱉어 냅킨에 싸두었다가 저녁식사가 끝나면 도로 입에 집어넣었다.

결혼식이 끝나자 신랑은 먹고 마시며 흥청거렸다. 그 말은 엘리자베스에겐 신혼 첫날밤이란 게 없었다는 얘기다. 그들이 퀸메리 호를 타고 신혼여행을 떠났을 때도 마찬가지였다. 전날 밤 그들은 그 배를 본떠 만든 케이크를 먹었다. 그 케이크에는 진짜 배처럼 소형 창문까지 달려 있었고 창문마다 작은 전깃불도 반짝거렸다. 얼마 후에 니키는 술을 퍼마시며 망가지기 시작했고, 도박장에서 10만 달러를 잃었다. 그러는 동안 엘리자베스는 윈저공 내외와 식사를 했다. 돈을 잃어 잔뜩 화가 난 데다 술에 취해 제정신마저 아닌 니키는 우연히 샤워 중인 엘리자베스를 발견하고는 그녀의 배에 주먹을 날렸다.

엘리자베스 앞에는 더 행복한 날들이 기다리고 있었다. 니키와 결별한 그녀는 매주 일요일 아침에 모이는 폭스 앤드 록스 브런치 클럽에 가입해 위안을 찾았다(토니 커티스도 이 브런치 클럽의 멤버였다). 테일러가 집에서 브런치를 만들 차례가 되었는데, 프렌치토스트를 구울 때 소스라치게 놀랄 정도로 많은 연기와 불길이 치솟는 바람에 로스앤젤레스 소방서까지 출동하는 사태가 벌어지기도 했다.

마이클 와일딩과의 결혼은 훨씬 더 공평했다. 마치 끔찍하고 이기적인 니키의 미성숙함에 가장 알맞은 균형추를 찾기라도 하려는 듯 테일러는 20년 연상인 마이클과 결혼했다. 그녀답게 테일러는 멋진 대사를 남겼다. "이 결혼은 제게는 해피엔딩의 시작입니다." 그러나 이 결혼도 5년 뒤에 끝나고 만다. 두 사람의 결혼은 이전과 많이 달랐다. 결혼식은 런던에서 신속하고 간소하게 치렀다. 저녁은 버클리 호텔의 신혼부부용 스위트룸에서 오리와 바닷가재를 먹었다. 그러나 이 무렵은 음식에 대한 리즈의 열정이 급속히 싹트기 시작한 때였다. 결혼식을 마치고 이 행복한 부부는 한밤중에 완두 수프와 달걀, 베이컨, 초콜릿 무스를 많은 양의 샴페인과 함께 먹었다. 할리우드의 이 같은 엉뚱함은 리즈에게는 잘 먹혔지만, 와일딩에게는 전혀 그렇지 못했다. 칼럼니스트 도널드 젝은 저녁을 먹기 위해 비벌리힐스에 있는 와일딩의 대저택에 갔을 때를 떠올렸다. 그들은 샴페인을 재빨리 마시고 나서 저녁을 먹기로 했다. 그러나 그러기 위해서 엘리자베스는 식당으로 이어지는 유리문을 여는 비밀 스위치를 카펫 아래에서 찾아야 했다. 무표정한 유리문 너머의 테이블 위에는 음식이 화려하게 잔물결을 일으키며 맛있게 놓여 있었다. 세 사람은 카펫 위를 깡충

깡충 뛰고 쿵쾅거리며 재빠르게 걸어가 스위치를 찾아 켜려고 했다. 말은 안 했지만 그들은 반쯤 취했고 굶주려 있었다.

"내 미뢰가 발칵 뒤집어지고 있고, 나는 먹는 것을 통해 활력과 관능적인 것을 얻는다"라는 말에서도 알 수 있듯이 임신은 엘리자베스에게 음식을 먹을 수 있는 엄청난 기회였다. 또 그녀의 삶에 아이들이 들어오면서 많은 애완동물을 받아들이게 되었다(얼룩다람쥐들이 기억나는가?). 안타깝게도 와일딩은 멀리 떨어져 있는 한 마리의 개나 고양이라면 사랑스럽게 바라보며 즐길 수 있었지만, 오리들과 대소변 가리는 훈련을 받지 않은 한 무리의 개들, 그리고 여러 마리의 고양이들로 이루어진 리즈 테일러의 야생동물원에는 속수무책이었다. 애완동물은 그녀에게 대중의 사랑을 안겨주었지만 그녀의 결혼생활에는 또 다른 부담으로 작용했다. 그녀는 언젠가 비벌리힐스에 있는 자택 진입로로 버스 한 대가 들어오는 소리를 들었던 기억을 떠올렸다. 버스 기사는 버스에 타고 있던 관광객들에게 이렇게 소리쳤다. "저 위가 리즈의 침실이고요, 저쪽 벽 뒤에는 그녀가 기르던 개의 묘비가 있어요!" 머지않아 와일딩 부부의 집 주방에 바퀴벌레들이 나타났고, 주방에서는 동물보호소에서 나는 악취가 났다. 엘리자베스가 록 허드슨, 제임스 딘, 빅터 머추어와 바람을 피웠다는 소문도 나돌았다. 와일딩은 빅터 머추어의 모든 것을 알고 있었고, 그가 자신에게 사과를 할 것이라고 기대했다. 실제로 빅터 머추어는 와일딩에게 사과를 했는데, 놀랍게도 정말 무릎을 꿇기라도 할 것처럼 무릎을 구부렸다.

리즈는 텍사스에 차려진 〈자이언트Giant〉 촬영장에서 록 허드슨 같은 사람들과 무척 즐거운 시간을 보냈다. 제임스 딘은 록 허드슨이 엘리자베스에게 관심을 가진 건 자신이 허드슨을 거절해서라고 주장했다. 8월에서 9월까지 이어지는 텍사스의 더위와 먼지는 숨이 막힐 듯했고, 테일러와 딘, 허드슨은 술을 엄청나게 마셨다. 그들은 영화 촬영 기간 내내 밤새도록 술을 마셨고, 엘리자베스는 촬영하는 사이사이에 먹은 걸 토했다. "우리가 어떻게 살아남았는지 정말 모르겠어요." 테일러가 유쾌하게 말했다. 그들을 숙취에 시달리게 만든 것은 허드슨과 테일러가 만든 마법의 칵테일, 즉 초콜릿 마티니였을 것이다. 테일러는 초콜릿 마티니가 자신이 마셔본 술 중에서 최고의 술이라고 주장했는데, 이는 곧이곧대로 믿기 어려웠다. 이런 말을 한 시기는 그녀가 베티포드 클리닉•에 머물 때였고, 보나마나 심각한 중독자

〈자이언트〉 촬영장에서 마신

## 초콜릿 마티니

재료

• 보드카
• 칼루아•
• 허쉬 초콜렛 시럽

조리법

1단위의 보드카, 허쉬(또는 다른 브랜드의) 초콜릿 시럽 약간, 칼루아 1단위를 계량한다. 얼음과 함께 넣고 흔들어서 먹는다.

• kahlua: 멕시코산 최고급 아라비카 커피 원두와 사탕수수로 만든 럼을 블렌딩한 커피 리큐어.

• Betty Ford Clinic: 마약이나 알코올 중독자 치료시설.

들이 하는 얘기에 영향을 받았을 테니까.

세 번째 남편 마이크 토드는 재담꾼이었다. 몽고메리 클리프트나 리처드 버튼이 그랬듯이 마이크는 엘리자베스를 놀리는 데 재미를 붙였다. 연애를 시작한 지 얼마 되지 않았을 때 마이크는 친구들에게 여자를 한 명 데려오겠다고 말했다. 저녁을 먹기 위해 테일러를 데리고 자신의 친구 집에 도착한 마이크는 그 자리에 모인 사람들에게 테일러의 이름이 톤델라요 슈와츠코프라고 하면서 재미있어 했다. 여주인은 홀린 듯 테일러를 빤히 쳐다보다가 마침내 입을 열었다. "할 얘기가 있는데요, 엘리자베스 테일러하고 정말 많이 닮으셨어요. 덩치가 더 큰 것만 빼면요." 마이크 토드는 깔깔거리면서 테일러의 엉덩이를 손바닥으로 철썩 때렸다. "내가 뭐랬어, 당신 요즘 살쪘다고 했잖아." 그가 소리쳤다. 그들은 식사에 초대하기에는 부담스러운 커플이었을 것이다. 그들은 저녁식사 자리에서 서로 상대를 향해 맹공을 퍼붓거나 거칠게 스킨십을 나눴다. 언젠가 맨해튼에서 점심을 먹을 때였다. 오찬에 함께 참석한 사람들이 롤빵에 버터를 바르고 있을 때 토드는 테이블 건너편으로 손을 뻗어 엘리자베스의 가슴을 더듬었다. 그녀는 눈 하나 깜짝하지 않았다. 실제로 토드는 사람들에게 자신과 엘리자베스가 사랑을 나누는 순간을 녹음한 카세트테이프를 선물로 주곤 했다. 비버브룩 경의 표현에 따르면 토드는 비버브룩 경에게 "준비운동" 용으로 카세트테이프 하나를 주었다고 한다. 토드는 심지어 개인 전용기에도 더블침대를 가져다두었다.

1958년 테일러가 〈뜨거운 양철 지붕 위의 고양이Cat on a Hot Tin Roof〉를 찍고 있을 때 토드는 '럭키 리즈'라고 이름을 잘못 붙인 전용기를 타고 가다가 비행기 사고로 숨졌다. 그녀의 동료 배우들은 리즈가 몹시 비통해하며 그의 죽음을 애도했고, 식사도 일절 하지 않는 것을 지켜봤다. 테일러의 체중은 급격히 줄기 시작했다. 그녀는 사라지고 있었다. 〈뜨거운 양철 지붕 위의 고양이〉의 감독 리처드 브룩스는 그녀가 다시 식사를 할 수 있도록 묘안을 짜냈다. 빅대디[●]가 퇴원해서 집에 돌아왔을 때 그의 퇴원을 기념하기 위해 버터를 바른 옥수수를 얹은 둥근 빵과 버지니아 햄 구이가 차려진 진수성찬이 그를 맞이하던 장면을 떠올려보라. 매기 역을 맡은 테일러가 이 장면에서 할 일은 거의 없었다. 대사는 없었지만 그 장면에 모습을 드러내고 있어야 했다. 촬영이 시작되자 브룩스가 외쳤다. “먹어요, 엘리자베스. 식탁 위에 있는 음식을 먹어요!” 테일러는 조심조심 치킨을 집어들고 먹으려고 했지만 목구멍이 막혔다. 그러나 브룩스는 새로운 각도와 자세를 찾을 때까지 그 장면을 반복해서 찍길 원했고, 그때마다—온종일 내내—고함을 질렀다. “먹어요, 엘리자베스. 식탁 위에 있는 음식을 먹어요!” 날이 저물 무렵 엘리자베스의 식욕은 돌아와 있었고, 카메라가 꺼지자 모든 스태프가 박수를 치며 환호성을 질렀다.

엘리자베스의 식욕은 복수와 함께 돌아왔다. 네 번째 남편 에디 피셔와 결혼할 무렵 그녀는 마치 무슨 알맹이가 빠진 자신의 무기력한 결혼에 대한 보상이라도 되는 듯 음식에 대한 완전히 새로운 경지의 타락에 이르고 있었다. 그녀의 전기 작가 도널드 스포토에 따르면, 테일러는 정신없이 이어지는 배달 음식의 한가운데에 앉아 있었다. 그

● Big Daddy: 영화에서 테일러가 연기한 매기의 아버지.

## 버지니아 햄

재료

- 버지니아 햄 한 덩어리 5파운드(2.3kg)
- 양파 4개 4등분 한 것
- 당근 3개 반으로 가른 것
- 셀러리 2대 4등분 한 것
- 월계수 잎 4장
- 파슬리 크게 한 줌
- 타임 잔가지로 3개
- 블레이드 메이스 3개
- 통후추 8알

글레이즈…

- 메이플 시럽 5테이블스푼
- 다크 무스코바도 설탕 4테이블스푼
- 머스터드 2테이블스푼
- 오렌지 3개 얇게 썬 것
- 이쑤시개
- 정향 한 주먹

조리법

버지니아 햄을 차가운 물에 4시간 담가두었다가 건진다. 햄을 크고 깊은 냄비에 넣는다. 물을 넣고 끓이는데 이때 표면에 거품이 생기면 걷어낸다. 양파, 당근, 셀러리, 월계수 잎, 파슬리, 타임, 메이스, 통후추를 넣는다. 뚜껑을 덮고 은근하게 2시간 보글보글 끓인다.

오븐을 180도로 예열한다. 햄을 스톡(육수)에서 꺼낸다. 평평한 곳에 놓고 매우 날카로운 칼을 이용해 다이아몬드 모양으로 햄의 통통한 부분에 칼집을 낸다. 햄을 큰 구이용 용기에 놓는다. 붓으로 메이플 시럽을 바른다. 작은 볼에 무스코바도 설탕과 머스터드를 섞어 햄에 붓질한다. 햄에 정향을 박는다. 오렌지 조각을 햄 표면에 가지런히 얹고 반 자른 이쑤시개로 오렌지 조각을 고정한다. 30분간 오븐에 굽는다. 접시에 낸다. 그 전에 이쑤시개를 뽑았는지 확인한다.

중엔 체이슨 식당에 주문한 칠리도 있었다(클라크 게이블이 죽음을 앞두고 있을 때 먹고 싶다고 했을 정도라니까 틀림없이 맛있었을 것이다). 가장 많은 육즙을 함유한 최고의 스테이크가 시카고에서 오자면 서둘러야 했다. 다양한 종류의 파스타는 이탈리아에서 도착했다. 게는 플로리다 해안에서 잡혀서 그녀의 식탁으로 배달됐다. 심지어 뉴올리언스에서는 새우 크리올 요리를 권하기도 했다. 그녀의 식욕은 바닥이 보이지 않았다. 피셔와 테일러의 결혼생활은 금세 아이들과 애완동물, 오리, 여행가방, 조수들, 조수의 조수들로 가득 찼다. 에디는 가수에서 테일러의 개인 조수로 변신했다. 그가 맡았던 여러 가지 역할 중 하나는 테일러가 여행을 다닐 때 가지고 다니는 60개 이상의 짐을 관리하는 것이었다. 테일러의 친구였던 트루먼 커포티는 짓궂게도 피셔를 "접시닦이"라고 부르기 시작했고, 언론은 그를 엘리자베스 테일러의 부인이라고 불렀다. 피셔의 친절함은 테일러로 하여금 그에게 반항심을 품게 했다.

테일러는 〈클레오파트라〉 제작에 관여하기 직전인 1961년에 폐렴에 걸렸고, 이를 계기로 피셔와의 결혼생활을 끝냈다. 테일러는 기관절개술을 받고 1달러 은화처럼 생긴 납작한 원반을 목구멍에 삽입했다. 런던 병원에 입원한 그녀는 트루먼 커포티와 함께 병원에서 몰래 샴페인을 마셨다. 그들은 이런 장난을 몇 차례 반복했고, 빈 샴페인 병은 병원 침대 밑에 숨겼다. 그러나 커포티는 이렇게 말했다. "그녀는 나를 속이고 자기 목구멍을 막고 있는 그 마개를 잡아 뺐다. 그 바람에 그녀는 온 병실에 샴페인을 뿜어댔다. 나는 거의 기절할 뻔했다. 아마도 난 파랗게 질려서 내 코트 속에 얼굴을 파묻었던 것 같다."

와플과 훈제 청어로 이루어진 폐렴 회복 식단을 먹고 난 테일러는 어이가 없을 정도로 눈 깜작할 새에 완쾌됐고, 리처드 버튼과 함께 〈클레오파트라〉를 촬영할 준비를 마쳤다.

테일러와 버튼은 1950년대에 처음 만났는데, 서로 상대의 결점만 눈에 보였던 무미건조하고 조금은 부정적인 만남이었다. 장소는 어느 아늑한 일요일의 브런치 칵테일 파티였다. 임신한 엘리자베스 테일러(당시는 마이클 와일딩과 결혼해서 살 때였다)는 말없이 브런치 모임을 관찰하다가 한없이 자랑을 늘어놓는 짜증스러운 한 인간이 그 모임의 핵심인물이라는 것을 알아챘다. 그녀는 그가 고함을 치든 새된 소리로 말하든 속삭여 말하든 자기 목소리를 사랑하는 사람이라는 결론을 내렸다. 그가 리처드 버튼이었다. 그도 그녀를 눈여겨보았다. 훗날 그의 혼을 빼놓게 되는 그녀의 매력들—예컨대 깊이 있고 귀여운 사치스러움—이 당시에는 오해를 받았다. 참 까무잡잡한 여자네. 그가 친구와 함께 웃음을 터트렸다. 아마 면도를 할 거야!

이런 걸 우울하면서 아름다운 아이러니라 하던가. 두 사람이 서로 상대의 관심을 독차지한 건 1963년에 파멸을 예고하는 비극적이고 장엄한 〈클레오파트라〉에서 함께 작업을 할 때였다. 그러나 로마에서 촬영을 하는 내내 모든 사람의 관심이 가장 처음 쏠린 건 엘리자베스의 가슴이었다. 렉스 해리슨(그는 카이사르 역을 맡고 있었다)은 씩씩거렸다. "단지 엘리자베스의 가슴이 나보다 크다는 이유 때문에 그녀에게 리무진을 탈 자격이 있다는 건 말이 안 돼. 나는 싸구려 피아트 세단의 뒷자리에 처박아놓으면서 말이야." 제작진 중 한 명은 클레오파트라의 코르셋을 입은 테일러의 가슴을 지퍼로 잠그려고 안간힘을 쓰고 있는 의상 디자이너를 경외감 어린 눈길로 바라보았다. "부풀어 오른 그녀의 가슴은 마치 두 개의 빙산을 연상시켰고, *타이타닉*을 거뜬히 침몰시킬 만큼 컸다." 그녀는 마치 리처드 버튼의 성적인 맹공격에 대비해 자신을 숙성시키고 있었던 것처럼 보이기까지 한다. 버튼은 일기에 이렇게 털어놓았다. "그녀는 사람을 걷잡을 수 없이 흥분시키는 애인이자 정부다. 그녀는 포르노물과는 비교가 안 될 정도로 아름답다. … 엘리자베스는 영원한 하룻밤의 섹스 상대다." 버튼은 테일러의 과도함을 열렬히 사랑했고, 테일러의 과도함 중 하나가 가슴이었다. "나는 그녀와 말다툼을 하는 게 얼마나 좋은지. 특히 그녀가 알몸일 때가. 그녀는 너무 격렬하게 몸을 흔들어대다가 꼭 멍이 든다. 그 눈부신 가슴을 보라!"

물론 이 두 사람의 로맨틱한 관계는 칵테일 셰이커라는 렌즈를 통해 보아야 할 것이다. 영화감독 프랑코 제피렐리는 이렇게 회상했다. "그녀가 촬영장에 도착했을 때 그녀의 드레싱 룸에 있는 냉장고가 그녀가 좋아하는 맛있는 것들로 가득 차 있지 않으면 촬영장은 순식간에 아수라장이 됐다." 테일러에게 사랑에 이르는 길은 보드카 콜린스가 깔리고 이어서 보드카 마티니가 깔린 길이었다. 반면 버튼에게 사랑에 이르는 길은 스카치 스트레이트가 깔린 길이었다. 두 사람은 그 지점에서 출발하여 연인들 또는 알코올중독자들처럼 그들만의 은밀한 음주 의식을 발전시켰다. 예컨대 진과 그레이프푸르트주스를 섞은 솔티 도그•를 그들의 요트 칼리즈마에서 마셨는가 하면, 슬프고

• Salty dogs: 진 또는 보드카와 그레이프프루트를 섞은 칵테일.

### 솔티 도그

**재료**

- 그레이프프루트 4개의 즙(노란색 또는 핑크색)
- 진 2온스(57g)
- 보드카 2온스
- 소금
- 얼음

**조리법** 하이볼 잔 2개의 가장자리를 적시고 소금을 찍는다. 작은 셰이커에 그레이프프루트즙과 진, 보드카를 섞는다. 얼음을 잔에 넣고 짜릿한 솔티 도그 칵테일을 각각의 잔에 따른다.

어렵게 화해를 할 때마다 잭 다니엘스와 보드카를 마셨다.

버튼은 엘리자베스가 뭔가 먹는 모습을 지켜보는 걸 아주 좋아했다. 그는 누군가의 옆구리를 쿡 찌르며 말하곤 했다. "이 아름다운 유대인 암퇘지가 먹는 걸 보라고!" 그래서 보면, 엘리자베스가 뭔가를 씹고 있었다. "칼로리는 지나치게 많겠지만, 그래도 정말 대단한 물건 아닌가!" 여하튼 이 여자가 로마 교황청이 "에로틱한 부랑자"라고 비난한 그 여자였고, 그녀의 관능성도 접시 하나 가득 푸짐한 음식을 통해 얻었다. 테일러와 버튼이 로마에서 프랑코 제피렐리와 함께 〈말괄량이 길들이기〉를 찍고 있을 때였다. 그들은 프랙티가 드 마레 마을에 있는 라 스트레가 식당에 자주 들러 식사를 했는데, 한번은 테일러가 식당 안의 모든 손님을 위해 엄청난 양의 위스키 소스 스파게티와 커들드 에그•를 곁들인 감자, 레몬 크림을 넣은 크레페를 주문한 적도 있었다.

## 위스키 소스 스파게티

재료

- 버터 2테이블스푼
- 샬롯 8개 간 것
- 중력분 1테이블스푼
- 디종 머스터드 2테이블스푼
- 위스키 ½컵
- 더블 크림 ½파인트(284ml)
- 육수(송아지고기로 한 것이면 더 좋다.) ¼파인트(142ml)
- 스파게티 1파운드(454g)
- 소금
- 막 갈아낸 흑후추

조리법

깊은 팬에 물을 반 정도 채우고 소금을 넣은 뒤 끓을 때까지 둔다. 스파게티를 넣고 10~12분 알덴테•로 삶는다.

삶는 동안 프라이팬에 버터 1테이블스푼을 녹인다. 샬롯과 소금 한 꼬집, 흑후추를 넣고 샬롯이 부드러워져 희미한 금빛이 될 때까지 볶는다. 중력분을 더하고 완전히 섞는다. 불을 올리고 위스키를 더한다. 빠르게 젓다가 5분간 반으로 졸아들도록 놔둔다. 디종 머스터드, 더블 크림, 육수를 넣는다. 빠르게 5분간 더 저어 소스를 졸인다.

다음으로 스파게티를 건져 낸다. 크고 넓은 파스타 접시를 뜨거운 물에 데우고 건져 물기를 닦는다. 접시에 작은 버터 조각을 점점이 떨어뜨리고 건져낸 파스타를 위에 던져 넣는다. 스파게티를 버터에 굴려 윤을 낸다. 위스키 소스를 스파게티 위에 부어 낸다.

• al dente: 면을 삶았을 때 안쪽에서 단단함이 살짝 느껴질 정도.

• coddled egg: 중탕냄비에서 살짝 익힌 달걀.

## 커들드 에그를 곁들인 감자

재료

- 우유 ½컵
- 월계수 잎 1장
- 메이스 1장
- 통흑후추 4알
- 포슬포슬하게 삶은 감자 14온스(397g)
- 버터 2테이블스푼
- 샬롯 3개 간 것
- 차이브 간 것 1테이블스푼
- 파슬리 간 것 1테이블스푼
- 신선한 타임 잎 1티스푼
- 소금
- 막 갈아낸 흑후추
- 달걀 6개
- 더블 크림 6테이블스푼
- 파마산 치즈 곱게 간 것 4온스(113g)

조리법

우유, 월계수 잎, 흑후추 알, 메이스 잎을 작은 소스팬에 데운다. 월계수 잎과 메이스가 우유에 우러나게 둔다. 끓기 전에 불을 끄고 30분간 그대로 두어 식힌다. 오븐을 180도로 예열한다. 큰 볼에 보슬보슬하고 물기를 없앤 감자를 우유, 버터, 소금, 흑후추, 샬롯, 차이브, 타임, 파슬리와 함께 부드러워질 때까지 으깬다. 큼직한 라미킨• 6개에 버터를 바른다. 버터를 입힌 라미킨에 으깬 감자를 나눠 담는다.

다음으로 각각의 라미킨에 달걀을 하나씩 노른자가 터지지 않도록 매우 주의하면서 깨 넣는다. 더블 크림 1테이블스푼을 각각의 달걀 위에 붓고 파마산 가루를 수북이(그릇마다 약 1테이블스푼 정도) 올리고

• ramekin: 한 사람이 먹을 분량의 음식을 담아 오븐에 구워 상에 내는 데 쓰이는 작은 그릇.

흑후추를 흩뿌린다. 라미킨을 깊은 베이킹 트레이에 놓고 뜨거운 물을 트레이에 부어 라미킨의 반 정도 높이에 이르게 한다. 180도로 예열된 오븐에 트레이를 넣고 약 17분간 조리해서 달걀노른자가 부드럽게 형태를 잡게 만든다. 하지만 단단해지지 않도록 한다. 오븐에서 꺼내 낸다.

## 레몬 크림을 넣은 크레페

재료

크레페

- 우유 10액량온스(284ml)
- 중력분 4온스(113g)
- 소금 한 꼬집
- 달걀 2개
- 버터 3테이블스푼

레몬 크림

- 레몬 3개 분량의 즙과 2개분의 껍질 간 것
- 달걀노른자 3개
- 달걀 2개
- 바닐라 정제 설탕 2 ½온스(71g)
- 버터 2테이블스푼

장식용

- 신선한 초록색 민트 잎
- 슈가파우더

조리법

밀가루와 소금을 체에 쳐 큰 볼에 내린다. 가운데를 우묵하게 판다. 달걀을 풀어서 밀가루의 중앙 우묵한 데에 넣고 휘젓는다. 이제 우유를 넣고 부드러워질 때까지 휘젓는다. 프라이팬에 버터 1테이블스푼을 넣고 달궈 갈색이 되게 하고 혼합물을 넣는다. 15분간 그대로 둔다.

그동안 볼에 달걀노른자 3개, 달걀 2개, 설탕, 간 레몬 껍질, 레몬즙을 함께 넣고 거품기로 휘젓는다. 이것을 소스팬에 옮긴다. 약불에 올리고 쉬지 않고 저으며 버터를 작은 덩어리로 잘라 혼합물에 넣는다. 이제 거품기로 바꾸어 중불에서 부드럽게 휘저어주며 달걀 믹스가 농도 짙은 레몬 크림처럼 될 때까지 한다. 소스팬을 내리고 식힌다.
넓은 프라이팬에 남은 버터 2테이블스푼을 넣고 달군다. 버터를 팬에서 따라내어 작은 컵에 따로 두고 새로운 크레페를 구울 때마다 프라이팬에 두른다. 크레페는 한 장씩 굽는데 크레페 한 장당 레몬 크림 1티스푼을 할당한다.
그릇에 내려면 얇고 따뜻한, 꿀색 크레페를 하나씩 접시에 구겨놓고 레몬 크림을 범벅으로 발라 크레페 사이를 가득 채운다. 민트 잎을 찢어 장식하고—민트 잎은 정말이지 레몬과 훌륭한 맛의 조화를 이룬다—약간의 슈가파우더를 체로 내려 장식한다.

한 신문이 보도한 대로 그들이 1964년 몬트리올의 어느 "호텔방"에서 결혼했을 때(당신은 이 대목에서 뭔가 저급한 것이 있다고 생각하고 싶겠지만, 그 호텔은 리츠 칼튼이었다), 테일러의 나이는 서른둘이었고 이미 4년 사이에 다섯 번째로 치르는 결혼(여론에 민감한 그녀는 노란색 웨딩드레스를 입었다)이었다. 반면 서른여덟의 버튼은 시빌 윌리엄스와 이혼한 것에 대한 죄책감 때문에 아직도 식은땀을 흘리고 있었다. 다소 불길한 시작 때문에 조마조마하던 하객들은 45분 동안 테일러를 기다리다 지친 버튼이 고함을 지르자 안절부절못했다. "이 뚱뚱하고 키 작은 창녀가 아직도 안 왔단 말이야? 나타나기만 해봐. 가만두지 않겠어!"

버튼은 항상 테일러보다 입맛이 단순했다. 그는 웨일스 광산촌에서 먹고 자란 음식인 고기 경단—내장을 갈아 너겟 형태로 만든 다음 돼지의 대망막 지방으로 감싼 고기 경단은 맛있으면서 남자다움을 과시했으며, 육즙과 해조류가 풍부한 김빵(그는 이 빵을 "광부의 철갑상어 알"이라고 불렀다)과 함께 먹었다—을 어른이 되어서도 여전히 좋아했다.

소시지와 으깬 감자는 버튼이 늘 좋아하는 음식이었다. 수잔나 요크는 버튼이 방문했을 때 그 사실을 알게 됐다. 그들은 근사하고 엄청나게 큰 롤스로이스를 타고 빗속에서 모습을 드러냈다. 테일러는 잭 다니엘스 위스키 네 병을 들고 있었고, 심각할 정도로 폭음을 할 예정이었다. 요크가 버튼에게 가장 먹고 싶은 저녁메뉴를 물었을 때 그는 망설임 없이 대답했다. "소시지와 으깬 감자."

테일러와 버튼의 결혼생활은 걸신들린 듯 먹는 연회와 특별한 칵테일로 가득했다. 그런 점에서 보면 미국 작가 F. 스콧 피츠제럴드와 젤다 피츠제럴드의 전설적이면서도 불운했던 결혼생활과 닮은 점이 있었다. 당신은 점심식사를 통해서 하나의 결혼이 어떻게 파국에 이르는지 볼 수 있다. 소설가 에드나 오브라이언은 런던 화이트 엘리펀트 클럽에 있는 그녀의 테이블에서 버튼 부부가 점심을 먹는 모습을 경이로움이 가득한 눈길로 지켜보았다. 테일러의 접시에는 스파게티가 넘치면서 버터소스 웅덩이 같은 게 생겼고, 그녀가 남은 버터소스를 마저 먹으려고 빵이 든 바구니로 손을 뻗어 롤빵을 집어 들려고 하자 버튼이 그녀의 손을 때리며 꾸짖었다. "그 정도면 충분히 뚱뚱하지 않아?" 오브라이언은 테일러의 얼굴을 봤다. 아무 말도 못하고

수치심으로 새빨개진 얼굴. 버튼이 음식여신과 그 여신의 식욕을 흠모하면서 시작된 두 사람의 관계는 술독에 빠져 사는 그녀의 무절제함을 혐오하는 관계로 악화됐다.

그러나 테일러에게도 설욕의 순간이 있었다. 그녀가 폭식가였다면, 버튼은 기회만 있으면 똑똑한 척하느라 입을 다물 줄 모르는 사람이었다. 식사를 하는 자리에서 그는 기회만 있으면 자신의 낭독 목록에서 셰익스피어와 번스, T. S. 엘리엇, 딜런 토마스 같은 문학의 고전들을 꺼내 떠나갈 듯한 목소리로 읊어댔고 다른 사람들은 그저 듣고 있을 수밖에 없었다. 엘리자베스의 반격? 그녀의 반격은 짧고 간단명료했으며, 버튼의 자존심을 상하게 할 작정이었다. 그녀가 잘난 척하는 자신에게 화가 났다는 걸 눈치 챈 버튼은 그녀에게 시 암송을 요구했고, 그녀는 "내 아버지가 쓴 시"를 암송했다.

"주문하시겠습니까?" 웨이터가 서서 코를 후비며 말했다.

"삶은 달걀 주세요." 그녀가 말했다. "그 손가락으로 달걀까지 후비진 말고요."

그러나 스파게티를 먹으며 술에 취해 말다툼을 수도 없이 벌이고, 버튼이 바람—뷰트 카운티의 미스 펩시와 바람을 피운 것은 특히 인상적이었다—을 피우고, 각자 다른 사람과 결혼을 한 후에도 두 사람은 끝내 헤어질 수 없었다. 죽음이 갈라놓고 나서야 둘은 헤어졌다. 리처드의 동생에 따르면 "리처드의 일부는 항상 엘리자베스와 함께 있었다. … 형은 샐리(버튼의 마지막 아내)와 빅터 루나(테일러의 약혼자)가 있는 자리에서도 테이블 밑에서 그녀의 손을 잡곤 했다." 테일러는 이를 좀 더 재미없게 표현했다. 두 사람이 닭 깃털과 타르처럼 붙어 있었다고.

버튼과 살면서 정서적으로나 육체적으로 혼란스러운 시기를 보낸 뒤라 테일러는 조용한 성격을 지닌 공화당 소속의 버지니아 주 상원의원 존 워너와의 결혼이 틀림없이 상당한 매력으로 다가왔을 것이다. 시작은 분명 좋았다. 음식에 신경을 쓴 리즈는 존 워너와 결혼생활을 시작할 때만 해도 날씬했다. 심지어 그녀는 앞으로 5킬로그램을 더 빼겠다는 결심까지 했다. 존 워너가 그의 지혜를 그녀와 공유하기 전까지는. 그들은—당연히—먹을 것을 사는 중이었고, 고기를 파는 통로를 지나갔다. "그 칠면조 고기 좀 들어봐, 엘리자베스." 그가 말했다.

"어휴, 이거 무거워요." 그녀가 칠면조를 들어 올리며 대답했다. 그는 그녀에게 칠면조 무게를 봐달라고 했다.

그녀가 상표를 훑어보고는 대답했다. "거의 5킬로그램쯤 돼요."

"됐어, 도로 내려놔." 그가 말했다.

"안 살 거예요?" 그녀가 순진하게 물었다(아마도 배가 고파서 그랬을 것이다).

"오, 이런. 내 말은, 당신이 무겁다고 느끼는 그 칠면조 무게만큼 이미 살을 뺐다는 거야."

그녀는 그의 생각을 알아들었다. 당신이라면 다이어트를 그만하라고 말하는 남자를 사랑하지 않을 수 있겠는가?

그들의 사랑은 어느 해질녘의 소풍에서 마침내 확인되었다. 번개가 치면서 비가 쏟아졌고, 그들은 기쁨에 차서 풀밭에 누웠다. 그러고는 소풍으로 이어졌다. 테일러는 나중에 자신과 워너가 묻힐 묏자리는 버지니아에서 찾아야 한다고 주장했으며 "나는 프라이드치킨처럼 버지니아에 어울려요"라는 말을 자주 했다. 그녀는 그에게 "격식남"이라는 애칭을 붙여주었고, 그는 그녀에게 "닭기름" 혹은 "나의 작은 암송아지"라는 애칭을 붙여주었다.

버지니아에서 그녀는 프라이드치킨, 크림 포테이토, 콘, 그린빈, 코코넛케이크 같은 고칼로리 음식에 중독되었다. 실제로 테일러는 〈맬리스 인 원더랜드Malice in Wonderland〉를 촬영할 때 이런 음식들로 배를 채웠다.

테일러는 1982년에 워너와 이혼한 뒤 곧바로 베티포드 클리닉에서 중독 치료를 받기 시작했다. 그리고 마치 돌고 돌아 제자리로 돌아오는 것이 인생이기라도 하듯 피터 로포드를 만났다. 테일러가 클리닉에 들어가고 일주일이 지났을 때, 로포드는 비행기에서 내리다가 넘어지는 바람에(비행기 안에서 소형 보드카 20병을 마셨다) 베티포드 클리닉으로 실려 왔다. 보드카에 취해 정신을 차리지 못하던 그는 차 안에서 겨우 자신이 어디로 가고 있는지 알아차렸다. "아!" 그가 말했다. "우리, 지금 그녀를 만나러 가는 건가요? 나는 항상 베티를 좋아했죠."

베티포드에서 받은 치료는 테일러의 눈을 뜨게 해준 놀라운 사건이었다. 그녀는 식사 준비를 도와야 했고, 산더미처럼 쌓여 있는 더러운 그릇들을 닦아야 했다. 그녀가 거기 있는 건 (그녀도 알고 있었지만) 자신의 수줍음을 극복하려고 35년 동안 마약과 알코올에 취해 있었기 때문이었다. 그녀는 가까스로 마약과 술을 끊었다. 다만 바닐라 아이스크림과 멜론만은 가정부에게 몰래 가지고 들어오라고 시키곤 했다. 당시 92세로 아이젠하워 병원에서 진료를 받고 있던 테일러의 어머니는 딸을 보러 갔지만 베티포드 센터는 그녀의 방문을 거절했다. 테일러는 방에 초콜릿을 잔뜩 숨겨놓아 건강을 생각한 베티포드 센터의 식이요법을 위반한 데다 꼭 식사 시간에 맞춰 아이젠하워 병원의 어머니를 방문했기 때문이다. 환자들에게 제공되는 감자튀김과 초콜릿 무스를 먹기 위해서였다.

또 그녀가 베티포드에서 누구를 만났을까? 여덟 번째 남편 래리 포텐스키였다. 두 사람 사이에는 술에 대한 사랑보다 더 큰 공통점이 있었다. 둘 다 인스턴트식품과 패스트푸드를 굉장히 좋아했고, 베티포드에서 나온 다음에는 인근에 있는 햄버거 가게들을 돌며 햄버거를 주문하고, 곁들여 나오는 온갖 음식과 크림이 듬뿍 든 엄청난 양의 밀크셰이크까지 먹어치웠다. 궁금한 게 있다. 엘리자베스는 여전히 박하 맛 밀크셰이크를 달라고 했을까?

## 존 웨인

JOHN WAYNE

1907~1979. 미국의 영화배우. 1920년대에 무성영화를 작업했으며, 서부극과 전쟁영화에 주로 출연했다.

마치 은막에서 바로 튀어나온 것처럼, 혹은 그가 출연한 영화의 한 컷처럼, '듀크'라는 별명을 가진 존 "매리언" 웨인은 가장 로맨틱한 상황에서 세 번째 아내 필라를 만났다. 〈조용한 사나이The Quiet Man〉 촬영이 끝난 직후인 1952년 웨인은 재능 있는 연기자와 촬영 장소를 찾기 위해 페루를 돌아다녔다. 그때까지 두 번의 결혼에 모두 실패했는데, 아니나 다를까 그 원인은 음식과 관련이 있었다. 아보카도를 끔찍이 싫어하는 그의 취향이 이혼 법정에서 도마에 올랐다. 그가 자기가 먹을 샌드위치에 아보카도가 들어 있는 걸 발견하고는 두 번째 아내 차타를 손바닥으로 때린 것이다. 다행인지 불행인지 필라와 눈이 마주쳤을 때는 이 사악한 식도락가의 잔인무도함을 어디에서도 찾아볼 수 없었다. 그녀는 밀림지대와 맞닿아 있는 팅고 마리아라는 작은 마을에서 〈녹색 지옥Green Hell〉이라는 제목의 영화(아보카도에 관한 영화는 아니었다)를 찍고 있었다. 아침이 밝자 영화 출연자들 사이에서 위대한 존 웨인이 그들의 연기를 보러 온다는 소식이 퍼졌다. 마침 필라가 나오는 장면 중에는 맨발과 어깨를 드러낸 채 모닥불 옆에서 깡충깡충 뛰면서 고통으로 몸부림치는 장면이 있었다. 그녀의 헝클어진 검은 머리가 벨벳처럼 부드러운 구릿빛 어깨 위에서 찰랑거렸고, 가슴이 깊게 패인 의상은 그녀의 이런 모습을 더욱 돋보이게 만들었다. 살짝 숨을 헐떡이며 그녀의 춤이 끝났을 때 웨인의 뜨겁고 음란한 시선은 그녀에게서 떨어질 줄 몰랐다. "대단한 춤이었어요." 그는 느릿느릿 말하며 눈으로는 그녀를 위아래로 훑어보았다. 영락없이 〈리오 브라보Rio Bravo〉의 한 장면이었다. 그녀는 귀여웠고, 희한하게도 그가 이전에 함께 영화에 출연했던 많은 여배우들이 그랬듯이 필라의 키 역시 그의 어깨에 간신히 닿았다.

1952년 리마에서 보낸 그 밤들은 따뜻하고 길었다. 그날 저녁 사람들은 '듀크'에게 경의를 표하는 만찬을 열었다. 그런 자리에 필라가 없을 수 있겠는가? 의심할 여지 없이 남의 시선은 개의치 않고 거리낌 없이 섹시한 집시 차림으로 참석한 그녀는 조용하고 부드러운 목소리로 〈크리올리타〉와 〈그라나다〉 같은 짤막한 라틴 아메리카 노래를 웨인에게 불러주었다. 웨인은 피스코 사워●를 마시며 그 모습을 바라보다가 넋을 잃었다. 그는 서부영화를 본 적이 있냐고 수줍게 물었다. 그녀가 대답했다. "아뇨." 보나마나 그 시도는 그녀에게 먹히지 않았을 것이다. 그들은 피스코 사워를 더 마시면서 늦은 밤 페루의 만찬을 기다리고 기다리고 또 기다렸다.

---

● Pisco sours: 포도즙을 숙성시켜 증류한 페루의 전통주 피스코를 베이스로 만든 칵테일.

## 피스코 사워

웨인이 가장 좋아하는 술은 테킬라였지만, 이 귀염둥이는 1위에 버금가는 2위였음이 틀림없다.

**재료**

- 달걀 1개 냉장고에 차갑게 해 둔 것
- 피스코 1단위
- 설탕 시럽 1테이블스푼
- 라임 4개를 갓 짠 즙
- 앙고스투라 비터즈
- 잘게 부순 얼음

**조리법**

달걀흰자와 노른자를 분리한다. 노른자는 나중에 쓸 수 있게 보관한다. 우리가 쓸 것은 흰자다. 달걀흰자의 거품을 단단하게 낸다. 잘게 부순 얼음, 피스코, 라임즙, 설탕 시럽, 달걀흰자를 칵테일 셰이커에 넣는다. 잘 흔들어준다. 은은한 녹색 피스코 혼합물을 마티니 잔에 따르고 앙고스투라 비터즈 몇 방울을 달걀 거품에 떨어뜨린다.

마침내 만찬이 시작되었다. 신선한 생선에 칠리와 라임즙을 곁들인 세비체[●], 엮은 야자수잎 샐러드, 소의 염통을 케밥처럼 꼬챙이에 끼워 구운 안티쿠초스[●●]가 나왔다. 원래 안티쿠초스는 라마 고기로 만드는 꼬치 요리였을 것이다. 마지막으로 나온 피카로네스[●●●]는 고구

● Ceviche: 해산물을 회처럼 얇게 잘라 레몬즙이나 라임즙에 재운 후 차갑게 먹는 중남미 지역의 대표적인 음식.

●● Anticuchos: 페루의 매운 고추 아히 판카(Ají Panca) 소스로 양념한 소의 염통 꼬치구이.

●●● Picarones: 호박, 고구마, 밀가루로 반죽해 도넛 모양으로 튀긴 후 찬카카 시럽을 뿌려 먹는 페루의 길거리 간식.

마로 만든 아주 맛있는 도넛으로 그 위에 아니스 씨를 섞은 꿀 시럽을 뿌려서 먹었다. “보통 때는 스테이크와 감자를 즐겨먹습니다.” 웨인이 수다를 떨었다. 그가 아보카도 얘기는 입도 벙긋하지 않았다는 사실에 주목하라. 그는 의미심장한 표정으로 필라를 쳐다보며 말했다. “여기서 보낸 시간을 잊지 못할 거 같습니다.”

“저도 그래요.” 필라가 그렇게 대답하더니 자신이 착하고 지조 있는 1950년대의 배우잣감임을 증명이라도 하듯 자리에서 일어나 그와 악수—잠깐이지만 손바닥과 손바닥이 맞닿은 느낌은 쉽게 사라지지 않았으리라—를 하며 말했다. “아쉽지만 5시까지는 일어나야 해서요.”

“그럼 이게 작별인사가 되겠군요.” 웨인이 중얼거렸다.

그러나 그런 작별인사는 두 번 다시 하지 않았다. 다음번에 그들이 만난 곳은 할리우드였다. 그녀는 문을 밀어서 열어젖혔고, 그는 반대편에서 문을 밀어 열어젖혔다. 그날 밤 그들은 저녁을 먹었다.

## 세비체

**재료**

**레체 드 티그레(호랑이의 우유)**

- 갓 짠 라임즙 ⅔컵
- 고수 잎 잘 다진 것 1테이블스푼
- 마늘 3쪽 으깬 것
- 하바네로 칠리 1개 씨를 제거하고 길게 반 가른 것
- 큼직한 각얼음 3개
- 적양파 1개 잘 다진 것
- 소금

**세비체**

- 핼리벗*과 같은 고급 흰 살 생선 신선한 것 1 ½파운드(680g)
- 갓 짠 라임즙 1컵(키라임이 좋다.)
- 하바네로 칠리 1~2개 씨를 제거하고 길게 반 가른 것
- 적양파 1개 얇게 썬 것
- 고수 잘 다진 것 1테이블스푼

**접시에 내려면**

- 양상추 잎 단단하고 아삭아삭한 것
- 적양파 적당히 얇게 썬 것
- 고수 잘 다진 것 1테이블스푼
- 올리브 오일 약간
- 옥수수 1대분의 알갱이 약간의 올리브 오일로 조리한 것
- 고구마 1개 얇게 썰어 튀긴 것
- 플랜틴 바나나 1개 얇게 썰어서 버터에 지진 것

**조리법**

생선을 사방 2.5cm 주사위 모양으로 썬다. 이것을 큰 유리볼에 넣는다. 양파, 하바네로 칠리, 고수를 더한다. 라임즙을 혼합물에 잘 붓는다. 소금 한 꼬집을 넣는다. 뚜껑을 닫고 세비체를 15분간 냉장한다.

---

* halibut: 큰 넙치.

이제 레체 드 티그레를 만든다. 라임즙, 고수, 소금, 으깬 마늘, 하바네로 칠리, 각얼음을 믹서에 넣는다. 완전히 간다. 적양파를 집어넣고 믹서를 간헐적으로 두 번 정도 돌려 양파를 같이 간다. 레체 드 티그레를 꺼내면 아름다운 녹색 우윳빛 액체가 되어 있을 것이다. 한옆에 냉장해둔다.
생선을 양념한 물에서 건진다. 세비체를 각각의 양상추 잎에 잘 정돈해 포개놓고 고수를 뿌린 뒤 한두 개의 얇게 썬 양파 조각을 올린다. 추가로 옥수수 알갱이, 구운 바나나, 고구마튀김을 곁들여 낸다. 레체 드 티그레를 반주로 내면 손님이 세비체 위에 뿌려 먹을 수 있다.

## 안티쿠초스

**재료**

- 수소의 심장, 지방과 점막을 닦아낸 것 ½파운드(227g)
- 마늘 2쪽
- 커민 간 것 2테이블스푼
- 백식초 ¾컵
- 자그마한 붉은 고추 2개분 말려 부스러트린 것
- 소금
- 막 갈아낸 흑후추

**육수 소스**

- 고추 2개 순한 맛
- 라임 1개의 즙
- 갈색 설탕 1테이블스푼
- 올리브 오일 2테이블스푼

**조리법**

수소의 심장을 2.5cm 크기 조각으로 잘게 잘라둔다. 절구에 마늘, 후추, 소금, 커민, 고추를 넣고 찧는다. 이것들을 볼에 식초와 함께 섞는다. 심장육을 넣고 밀간해서 하룻밤 냉장고에 넣어둔다.
다음 날 나무 꼬치를 물에 담근다. 순하고 신선한 고추를 정량의 라임즙, 올리브 오일 약간, 갈색 설탕과 함께 섞어 가볍고 매콤한 육수 소스를 만든다. 고기를 꼬치에 꿰고 높은 온도로 달구어진 그릴에 한 면씩 수 분간 굽는데 매콤한 육즙 소스를 끼얹어주며 굽는다.

## 피카로네스

재료

- 고구마 ½파운드(227g)
- 호박 ½파운드
- 정향 2알
- 막대 계피 ½개
- 스타아니스 1개
- 펜넬 씨 부순 것 1티스푼
- 설탕 ½테이블스푼
- 생이스트 1테이블스푼
- 중력분 ¾파운드(340g)
- 해바라기유 튀김용

시럽

- 당밀 200밀리리터
- 다크 무스코바도 설탕 200그램
- 막대 계피 1개
- 말린 정향 3알
- 스타아니스 2개
- 파인애플 ¼개분, 1.3cm 크기 조각으로 자른 것
- 바나나 1개, 1.3cm 크기 조각으로 자른 것
- 무화과 잎 또는 무화과 1개
- 오렌지 1개
- 라임 1개

조리법

고구마는 껍질을 벗겨 다지고 호박은 1.3cm 크기로 조각낸다. 팬에 스타아니스, 정향 2개, 막대 계피 ½개를 넣는다. 물을 넣고 뚜껑을 덮은 다음 끓을 때까지 둔다. 재료가 부드러워지면 건져낸다. 뜨거운 물은 두었다가 스타아니스를 제거하고 식힌다. 믹서에 고구마와 호박을 간다.

향신료가 우러난 따뜻한 물 ½컵에 설탕을 넣고 이스트를 더한다. 따

뜻한 곳에 혼합액에 거품이 일 때까지 둔다. 약 10분 정도 걸린다.
큰 볼에 채소 퓌레와 이스트 물, 중력분, 부순 펜넬 씨를 혼합한다. 향신료 물 ¼컵을 더 붓고 주물러 부드럽고 탄성이 있지만 약간 끈끈한 반죽이 되게 한다. 반죽의 농도에 따라 약간의 밀가루나 물을 더해가며 반죽한다.
이 반죽을 가볍게 기름칠을 한 볼에 넣고 수건을 덮어 따뜻한 곳에 2시간가량 부풀어 오르게 둔다.
시럽을 만들 차례다. 오렌지와 라임의 껍질을 4조각씩 벗긴다. 중간 크기의 바닥이 두꺼운 팬에 오렌지와 라임 껍질 벗긴 것과 각각의 즙, 무스코바도 설탕, 계피, 정향, 스타아니스, 파인애플과 바나나 조각, 무화과 또는 무화과 잎을 넣는다. 물을 넣어서 끓을 때까지 둔다. 자주 저어가면서 시럽이 될 때까지 졸인 다음 식힌다.
2시간 뒤에 반죽이 부풀어 오르면 바닥이 두껍고 큼직한 소스팬에 해바라기유를 두르고 가열한다. 기름은 팬의 ⅓ 정도 높이까지 채워야 한다. 기름이 조용해지고 더 이상 탁탁 튀는 소리를 내지 않으면 준비가 된 것이다. 반죽을 조금 사용해 기름 온도를 시험해본다. 곧바로 부풀기 시작해서 완전히 부풀어야 한다. 이제 손에 물을 묻히고 작은 공 모양으로 반죽을 떼어내어 손가락에 부드럽게 힘을 가해 중앙을 관통하고 도넛 링 모양으로 형태를 잡는다. 이것을 매우 신속하게 해서 각각의 피카로네를 뜨거운 기름에 떨어뜨린다. 구멍이 있는 큰 스푼으로 튀기면서 뒤집어준다. 각각의 피카로네가 금빛 갈색을 내며 부풀어 올랐을 때 기름에서 건져 재빨리 키친타월에 올리고 매우 뜨거운 상태에서 향신료 시럽을 듬뿍 끼얹어 낸다.

# 마릴린 먼로

MARILYN MONROE

1926~1962. 미국의 배우, 모델, 가수. 1950~60년대 초 상업적으로 성공을 거둔 많은 영화에 출연했고 섹스 심벌이 되었다.

1962년 마릴린 먼로는 전국에 중계되는 TV에 나와 8년 동안 연인과 남남 사이를 오갔던 존 F. 케네디에게 "생일 축하해요, 대통령님."이라고 속삭였다. 지금 생각하면 묘한 기분이 든다. 각각 섹스 심벌과 대통령으로서의 눈부신 경력에 마침표를 찍게 할 죽음이 두 사람 모두에게 다가오고 있었기 때문이다. 마릴린은 그로부터 2개월 후, JFK는 약 18개월 후에 세상을 떠났다.

매디슨 스퀘어 가든에 침묵이 흘렀다. 마릴린이 입을 열었다. "만약 내가 속옷을 입는다면 볼거리가 될 거라고 생각했을 거예요." 이어서 그녀에게 든 생각은 "오 이런, 목소리가 안 나오면 어떡하지?"였다. 마릴린 먼로는 "얇은 천과 구슬"로 장식한 드레스를 입고서 숨소리를 섞어 노래를 부르다가 청중이 침묵하자 깜짝 놀란 척했지만, 이것은 진심이 아닌 것처럼 보인다. 내심 그녀는 케네디의 "해피 버스데이" 파티에 참석하기 위한 경쟁에서 엘리자베스 테일러를 눌렀다는 사실에 기쁨을 느끼며 그 전율을 감추고 있었을 테니까.

그러나 1962년 그날 밤, 찬장이 빈 것 같은 삭막한 외로움을 느꼈을 마릴린의 인생을 생각하면 나는 슬프면서도 묘한 느낌이 든다. 예를 들면, 마릴린이 전남편 아서 밀러의 늙은 아버지이자 화려하게 반짝이는 안경을 쓴 이사도어를 그녀의 "데이트 상대"로 데리고 갔다는 사실을 생각해보라. 친절한 행동 아니냐고? 맞다. 하지정맥류가 없고 전립선만 부실하지 않다면 누구와도 그날 밤을 보낼 계획을 가진 사람의 행동이 아니냐고? 그건 아니다.

30년이 넘도록 외로움은 줄곧 마릴린을 황폐하게 만들었다. 할리우드는 생각처럼 모든 것을 주는 곳이 아니었다. 웃음은 어디에 있었는가? 사랑은?

우리의 믿을 만한 친구, 음식의 등장. 그렇다, 마릴린이 궁극적으로 위로를 얻는 대상은 음식이었다. 마릴린의 전속 요리사 해티는 그녀가 침대에 있을 때 고기 요리를 많이 가져다주었다. "로마인들도 나처럼 침대에서 먹었어!" 마릴린은 그렇게 소리를 지르다가 물어뜯고 있던 양갈비를 그녀의 트레이드마크인 하얀 침대 시트 위에 떨어뜨렸다. 그런 다음 기다란 국수 두 가락을 가슴에 두르더니 킥킥거렸다. "날 좀 봐! 브래지어를 이렇게 해볼까?"

음식과 함께라면 늘 즐거웠던 마릴린은 첫 번째 요리를 먹는 동안 이사도어 밀러의 마음을 사로잡았다. 미래의 시댁 식구들과 처음 만나는 자리에서 단연 사람들을 놀라게 한 것은 수프 삼탕이었다. 대체 이 아가씨는 어떤 사람이었을까? 마릴린은 마초• 볼 수프 두 그릇을 먹고는 세 번째 그릇은 사양해버렸다! 이사도어가 놀라 물었다. "마초 볼 수프를 좋아하지 않나 봐요?"

"아뇨, 아주 좋아하죠." 마릴린이 말했다. "그런데 혹시 마초를 다른 방식으로는 드시지 않나요?"

그러나 마릴린은 언제나 극작가보다는 대통령의 여자가 될 운명이었다. 아버지 없이 자란 마릴린은 자신의 가정부 레나 페피톤에게 "내 아버지는 에이브러햄 링컨이야"라고 말했다. 레나가 무슨 말인지 이해할 수 없다는 표정을 짓자 마릴린이 덧붙였다. "내 말은 링컨을 내 아버지로 *생각*한다고." 이런 건 그녀의 허풍으로 치부하고 넘어가면 그만일 수 있다. 레나도 그렇게 넘어갔을 것이다. 그런데 며칠 후 레나는 마릴린의 침실을 청소하다가 침대 옆에서 (요양원에 갇혀 있는 마릴린의 어머니 사진과 함께) 링컨 사진을 발견했다. 맞다, 대통령은 늘 가까이에 있었다. JFK의 방황하는 손은 주로 디너파티 때 그녀의 치마 밑에서 기어오르고 있었을 것이다. 하지만 그녀가 속옷을 입지 않은 것을 안 그의 얼굴은 홍당무가 되었고, 그녀는 아주 재미있어했다. 이와 관련해서 그녀는 이렇게 빈정거렸다. "그는 재클린의 드레스 속에는 손을 넣지 않을 거예요. 누구라도 그러겠죠. 그녀는 항상 뻣뻣하잖아요!"

신랄하고 건방지지만, 마릴린은 바보가 아니었다. 그녀는 매춘부와 모델의 차이점을 알았다. 모델은 섹스의 대가로 돈이 아니라 영화를 받는다는 것이었다. 그녀가 수많은 캐스팅 소파 위에서 뒹굴어야 했다는 사실은 자신이 선호하는 자기표현을 강력하게 밀어붙였음을 의미했다. 사진작가들이 편안하고 매력적인 옆집 아가씨 같은 포즈를 취해달라고 요구하면 마릴린은 이렇게 응수했다. "장담하는데, 나는 케이크를 굽는 여자가 *아니에요*."

마릴린은 자신이 권력을 가진 남자들을 위한 눈요깃거리라는 사실을 알았다. 얼굴에 사마귀가 난 소련 대통령 흐루쇼프는 어느 만찬에서 그녀의 손을 쥐고 계속 흔들어댔다. 현명한 마릴린은 "그에게 키스를 해야 하는 것보다는" 낫다고 여겼다. 그러고는 다음과 같은 바보 같은 주장을 멋지게 했다. 그런데 그녀의 바보 같은 주장은 모든 정치적 가식을 무너뜨리는 것처럼 들린다. "그런 사람이 대통령이라면 누가 공산주의자가 되고 싶어 하겠어요?"

그녀는 그런 남자들을 연구하길 좋아했다. 로버트 케네디가 "영리한 사람"이라는 사실을 눈치 챈 그녀는 공책을 들고 그의 뒤를 바싹 따라다니며 그의 생각을 받아 적었다. 밀러와 결혼하기 전에는 밀러 가족과 함께 지내면서 "제대로 된" 유대인 아내가 되기 위해 마치 배역을 맡은 배우처럼 예행연습을 했다. 그녀는 유대교 율법을 대충 휙휙 넘겨 봤고, 보르시●●와 거필터 피시●●●, 감자 피로겐●●●●, 티시미스●●●●● 같은 유대인 요리를 연습해봤다.

그러나 격식을 중요시하는 밀러와의 결혼생활은 그녀에게는 대부분 심적 고통을 안겨주었다. 뉴욕 서튼 플레이스 444번지 13층의 서재에서 밀러가 글을 휘갈기는 동안 마릴린은 "밤마다 하는 일"을 한

---

● matzoh: 이스트를 넣지 않은 빵으로 유대인들이 유월절에 먹는다.

●● borscht: 비트 뿌리로 만든 붉은색 수프. 소고기로 육수를 내고 양배추, 감자, 당근 등이 같이 들어간다.

●●● gefilte fish: 마초 가루와 생선살 으깬 것을 섞어 만든 생선 볼.

●●●● potato pirogen: 마초 반죽으로 만든 껍질에 감자나 고기 등의 재료를 넣어서 만든다.

●●●●● tsimis: 당근을 볶고 꿀과 건포도 등을 올려 만든 야채 반찬.

번도 할 수 없었다. 마릴린은 알몸으로 집 안을 데굴데굴 굴러다녔고, 그럴 때마다 칫솔 두 개로 직접 과산화수소를 발라 밝은 금발로 염색한 음모가 언뜻언뜻 보였다. 마릴린은 아침마다 포치드 에그•와 블러디 메리 칵테일을 먹었고, 파이퍼 하이직 샴페인 한 병을 품에 안고 공허한 밤들을 버텼다.

늘 낭만적이었던 마릴린은 분위기 있는 저녁 메뉴로 밀러의 관심을 끌어보려고 했다. 하루는 순전히 그 목적을 위해 치킨 카차토레•• 를 내놓았다. 밀러가 서재에서 나왔고, 마릴린은 옷 대신 하얀 수건을 두르고 앉았다. 그녀가 저녁식사 때 입으려고 생각한 것이었다. 마릴린은 치킨을 먹으면서 밀러에게 감탄의 눈길을 던졌다. 밀러는 말없이 치킨만 씹으면서 그녀의 눈길을 외면했다. 참다못한 마릴린이 물었다. "아서? 오늘밤에 영화 보러 간다고 하지 않았어요? 아무 데나 같이 가고 싶어요."

"나중에." 밀러가 차갑게 대답했다. 마릴린은 자기 방으로 뛰어 들어가더니 머리에 꽂혀 있던 헤어핀을 뽑고 새빨간 립스틱을 바른 다음 하얀 실크 셔츠를 입었다. 근처에 밀러가 있었을까? 천만에. 말할 것도 없이 그는 새 연필을 깎고 있었다.

마릴린은 밀러가 냉담할 뿐만 아니라 지독하게 탐욕적인 인간이라고 결론 내렸다. 단지 돈을 위해서 그녀가 그토록 싫어하는 〈뜨거운 것이 좋아Some Like It Hot〉 같은 영화에 억지로 출연시켰기 때문이다.

---

• poached eggs: 끓는 물에 달걀을 깨뜨려 넣어 반숙 상태로 조리하는 것.

•• chicken cacciatore: 잘게 썬 버섯과 정향을 첨가한 토마토소스로 간을 맞추어 요리한 닭고기.

## 아서 밀러의 관심을 끌기 위한 치킨 카차토레

**재료**

- 닭고기 1마리 껍질 있는 것 네 조각
- 올리브 오일 2테이블스푼
- 흑후추 부순 것
- 소금
- 노란 파프리카 1개 얇게 썬 것
- 양파 작은 것 1개 잘 다진 것
- 마늘 2쪽 잘 다진 것
- 드라이(단맛이 없는) 화이트 와인 1잔
- 화이트 와인 비네거 2테이블스푼
- 치킨 스톡 1컵
- 오레가노 부스러트린 것 ½티스푼
- 월계수 잎 2장
- 양송이버섯 잘 다진 것 1컵
- 이탈리안 필드 토마토 통조림 1캔, 즙은 보관해둔다.
- 신선한 바질 잎 찢은 것 2테이블스푼
- 블랙 올리브 1테이블스푼 얇게 썬 것
- 뼈를 발라낸 멸치 3마리
- 파마산 치즈 신선하게 간 것

**조리법**

닭고기를 흑후추와 약간의 소금으로 간한다. 밑이 깊은 프라이팬에 올리브 오일을 두르고 아지랑이가 피어오를 때까지 열을 가한다. 4등분 한 닭고기 조각을 올리브 오일에 구워 표면이 금빛 나는 갈색이 될 때 접시로 옮긴다. 다음으로 노란 파프리카를 기름에 굽는다. 양파와 마늘을 팬에 더하고 중불에 자주 뒤적여주며 8~10분간 양파가 가볍게 캐러멜화 되어 달콤해질 때까지 볶는다. 식초를 넣고 팬을 디글레이즈해 끈끈한 갈색 조각을 긁어내어 소스에 섞고 화이트 와인을 더해 팔팔 끓여 ¼잔으로 줄 때까지 졸인다. 흑후추를 넣는다. 치킨 스톡을 붓는다. 불을 줄인다. 토마토와 통조림 물의 반, 오레가노, 월계수 잎, 잘게 찢은 바질의 반, 양송이를 넣는다. 치킨을 팬에 다시 넣는다. 뚜껑을 덮고 불을 줄여 30분간 보글보글 끓인다. 치킨을 접시에 옮긴다. 팬에 남은 소스는 블랙 올리브와 남은 바질, 멸치를 넣은 뒤 저어가며 2분간 조리한다. 치킨 위에 붓고 파마산 치즈를 뿌린다. 버터를 바른 스파게티와 함께 내고 아서 밀러의 반응을 살핀다.

그녀는 슈가 케인 역에 어울리지 않도록 잔뜩 먹어 살을 찌우기로 결심했다. 하루는 잔뜩 화가 나서 마치 시위라도 하듯 햄버거 세 개와 달걀 세 개, 집에서 만든 감자튀김 세 접시, 송아지 커틀릿 하나, 초콜릿 밀크셰이크 두 잔, 파마산 치즈 가지 두 그릇, 초콜릿 푸딩 네 그릇을 먹었다. "날 새끼 코끼리라고 불러줘요." 그녀가 말했다. "뒤룩뒤룩 살이 찌면 이 끔찍한 영화에서 날 빼주겠지." 그녀의 계획은 수포로 돌아갔다. 우리에게는 다행스러운 일이다.

그리고 밀러와 먼로의 결혼생활 배경에는 야한 농담과 꼬집기, 끌어안기로 "한껏 애태우는 남자" JFK가 항상 모호하고 불길하게 존재하고 있었다. JFK는 매번 식사 시간에 늦었고 마릴린처럼 음식을 지저분하게 먹었다. 그가 왔다 간 자리를 치우는 사람들은 뜻밖의 장소에서 반쯤 먹다 만 음식을 발견할 때가 종종 있었다(마릴린이었다면 *절대로* 음식을 남기는 법은 없었을 것이다). 그렇다, 음식에 관한 한 상황은 그리 간단치가 않았다. 케네디는 미확진 애디슨병 때문에 경련성 결장염을 방지하기 위한 특별 식단(다량의 밀과 완두콩, 말린 자두)을 종종 먹어야만 했다. 내 생각에 음식은 그의 인생에서 여자들과 함께 권력

## 파마산 치즈 가지

재료

토마토소스

- 마늘 6쪽 성냥개비 모양으로 자른 것
- 유기농 플럼 토마토 통조림 1캔
- 클로버 꿀 또는 헤더 꿀 1티스푼
- 신선한 녹색 바질 한 줌 잘게 찢은 것
- 올리브 오일 2테이블스푼
- 흑후추 분쇄한 것 1티스푼

가지 요리

- 가지 2개 세로 방향으로 길게 1.3cm 두께로 썬 것
- 중력분 ¼컵, 굵은 소금 1티스푼과 분쇄한 후추로 간 한 것
- 올리브 오일 3테이블스푼
- 유기농 달걀 2개 푼 것
- 막 갈아낸 파마산 치즈 3테이블스푼
- 모짜렐라 치즈 2팩, 물기 빼고 껍질 벗기듯이 편으로 썬 것

조리법

먼저 맛있는 토마토소스를 만든다. 바닥이 두꺼운 프라이팬에 올리브 오일 2테이블스푼을 두르고 달군다. 뜨거워지면 마늘을 넣는다. 30초간 볶다가 토마토를 붓는다. 신선한 바질의 반을 흩뿌린다. 이제 최고의 비법 재료인(시칠리아 사람이 내게 말해준) 향이 풍부한 클로버 꿀 또는 헤더 꿀을 수북이 한 티스푼 넣고 젓는다. 이것은 토마토소스의 쓴맛을 잡아주고 소스에 따뜻한 금빛의 좋은 향미를 깔아준다. 꿀이 잘 풀리도록 저어주고 흑후추를 넣는다. 소스를 중불에서 8분간 보글보글 끓인다. 불에서 내려 남아 있는 바질 찢은 것을 넣고 젓는다.

이제 가지 요리를 만들 차례다. 오븐을 200도로 예열한다. 프라이팬

에 올리브 오일을 넣고 달군다. 가지 조각을 계란 푼 데에 담갔다가 간이 된 밀가루에 굴린다. 각각의 조각들을 뜨거운 올리브 오일에 지진다(가지를 올리기 전에 기름을 테스트 해본다. 튀김옷을 조금 기름에 넣고 흔든다. 충분히 뜨겁다면 반죽이 공 모양으로 즉시 오그라들 것이다. 힘없이 튀김옷이 주저앉는다면 준비가 되지 않은 것이다). 모든 가지 조각을 한 면당 각각 60초씩 지진다. 금빛으로 변하면 가지를 꺼내서 키친타월 위에 하나씩 놓는다. 가지 조각들이 올리브 오일을 너무 많이 흡수했다면 키친타월을 더 깐다.

오븐용 그릇을 마련한다. 그릇은 깊이 7.5cm, 길이는 20~22cm 정도 되어야 한다. 가지를 한 겹 깔고 토마토소스의 반을 골고루 붓고 모짜렐라 치즈 1팩, 파마산 치즈의 반을 얹는다. 한 겹 더 반복하고 파마산 치즈로 마무리한다.

뚜껑을 덮지 않은 채로 오븐에서 15분간 굽는다.

다음가는 존재였던 것 같다. 연애라는 측면에서는 마릴린을 크게 실망시키고 지배—그녀가 자기 아이를 임신했을지 모른다는 의심이 들자 로버트 케네디를 이용해 그녀를 차버렸다—했을지는 모르지만, 적어도 한 가지, 음식에 대한 사랑만큼은 JFK도 마릴린의 수준을 도저히 따라갈 수 없었다.

밀러는 말없이 갈비를 뜯고 JFK는 말린 자두를 먹었다. 당연히 마릴린은 자기밖에 모르던 전남편 조 디마지오와 함께 먹던 잃어버린 이탈리아 음식들의 세계를 마치 향수병에 걸린 사람처럼 애타게 그리워했다. 이탈리아 음식은 왠지 신뢰가 갔다. 실제로 레나 페피톤이 마릴린의 가정부로 채용된 것도 그녀의 라자냐 조리법 덕분이었다. 섬뜩한 것은 그녀가 숨진 1962년 8월 4일에도 마릴린은 레나에게 라자냐 파티를 준비해달라고 했다는 것이다. 마릴린이 JFK에 의해 유산과 암살을 당했고, 숨진 그날 밤 그녀가 가장 즐겨 찾던 라 스칼라 식당에 그녀가 늘 앉던 테이블(14번)이 예약되어 있었으며, 그녀가 스스로 목숨을 끊을 이유가 없었다고 주장하며 음모론을 제기하는 사람들은 음식과 관련된 더 많은 증거를 가지고 있다. 마치 "난 이제 저녁 식사로 한쪽만 익힌 달걀프라이 두 개와 덜 익힌 스테이크를 먹을 거예요. 아, 그리고 코티지 치즈 한 조각도요"라고 말하면서 자살하는 사람은 있을 수 *없다*는 듯이 말이다.

## 험프리 보가트와 로렌 바콜

HUMPHREY BOGART AND LAUREN BACALL

험프리 보가트(1899~1957)와 로렌 바콜(1924~2014)은 미국의 배우로, 영화 〈가진 자와 못 가진 자〉에서 처음 만나 25살의 나이 차를 딛고 부부의 인연을 맺었다.

1944년 마침내 두 사람이 만났다. 그러나 험프리 보가트와 로렌 바콜은 어울리는 커플처럼 보이지 않았다. 〈가진 자와 못 가진 자To Have and Have Not〉를 촬영할 때 바콜은 사람들로 북적대는 영화사 식당에서 도저히 혼자 식사를 할 용기가 없었다. 그녀는 촬영장에 직접 도시락을 싸가지고 가서 남들 몰래 먹을 정도로 수줍음을 심하게 타는 사람이었다. 윌리엄 포크너는 헤밍웨이의 이야기●를 각색 중이었다. 하지만 알코올중독과 싸우느라 매일 세 쪽씩밖에 쓰지 못했다. 영화사는 영화 촬영을 서둘렀고, 그가 원고를 잃어버리거나 폐기할 경우에 대비해 안전하게 복사본을 하나 더 가지고 있었다. 그러나 걱정거리는 포크너의 술만이 아니었다. 보가트의 세 번째 아내로 별명이 "굼벵이"인 매요 메소트가 틈만 나면 함께 술을 마시자고 보가트를 부추

● 영화 〈가진 자와 못 가진 자〉의 원작은 헤밍웨이의 동명 장편소설이다.

기는 바람에, 이미 그녀를 집어삼킨 알코올중독의 소용돌이 속으로 보가트까지 눈 깜짝할 새에 빨려든 것이다. 그녀가 생각하기에 보가트와의 결혼생활을 단단히 묶어줄 수 있는 것은 술이었다(대체로 메소트는 바람직한 사람이 아니었다. 그녀는 칼을 지나치게 잘 다뤘고 피해망상증이 있었으며 그들이 사는 집을 불태워버리려고 했다). 보가트의 건강은 덜거덕거렸다. 사실 그는 엉망진창이었다. 아침마다 커피와 오렌지주스를 마시고 나서 전부 토했다. 그런 다음 오렌지주스를 한 잔 더 마셨다. 마실 것은 그를 꽉 움켜쥐고 있었고, 그는 그 손아귀에서 벗어난 적이 한 번도 없었다. 그러나 메소트는 전혀 다른 차원의 문제였다. 보가트는 바콜과 결혼하면서 더 부드럽고 싹싹해졌으며 좀 더 신중해졌다. 보가트와 바콜의 집에서는 크리스마스에 둘이서 함께 뜨겁고 사랑스러운 밀크 펀치를 만드는 것이 전통이었다. 바콜은 술을 못 마시기 때문에 펀치를 좋아했고, 보가트는 숙취 해소에 도움이 됐기 때문에 펀치를 좋아했다.

보가트와 바콜은 3개월 동안 〈가진 자와 못 가진 자〉를 찍었다. 서로 상대역을 맡은 두 사람 사이에서는 욕망과 호기심, 갈망 같은 강렬한 감정이 감지됐다. 첫 한 달 동안 그들은 촬영장의 낡은 캠프용 의자에 앉아 상대방의 연기를 지켜봤다. 두 번째 달에는 그들이 머무는 트레일러 안과 밖에서 만나 긴 "수다"를 떨고 있었다. 더 이상 영화사 식당에서 혼자 식사 하는 일을 걱정하지 않게 된 바콜은 푸짐하게 싼 도시락을 집에 두고 오기 시작했다. 머지않아 그들은 촬영이 끝나면 함께 자전거를 타고 사랑에 취한 공기를 가르며 촬영 스튜디오 주변의 거리를 달렸다. 또 그들은 바콜의 지저분한 플리머스 쿠페에 시동을 걸고 차 지붕을 열고서 레이크사이드 골프 클럽으로 향했다. 보가트는 베이컨과 달걀을 가져갔고, 두 사람은 담배 한 대를 나눠 피우고 차가운 마티니를 마셨다. 한번은 특유의 장난기가 발동한 보가트가 소품용 수갑으로 바콜을 분장실에 가둬놓고 혼자서 점심을 먹으러 레이크사이드로 달아난 적도 있었다.

그들은 처음에는 남들 몰래 은밀하게 만났다. 그들은 "굼벵이"—보가트의 아내가 아니라 바콜의 별명을 딴 보트—에 몰래 올라타서 캠핑용 휴대 난로에 저녁을 해 먹었고, 별들 아래에서 찰랑찰랑 흔들리는 배 위에 앉아 두 사람이 결혼하는 날을 머릿속에 그려보았다. 보가트가 로렌의 아파트(그녀가 아직 어머니와 함께 살 때였다)에 예고 없이 찾아가면 유대계 루마니아인이며 훌륭한 요리사였던 할머니한테 물려받은 조리법으로 로렌이 유럽 음식을 요리해주었다. 할머니는 속을 채운 양배추와 크레플락kreplach(양념을 친 닭고기와 고기 또는 치즈로 속을 채워 작은 주먹 크기의 만두처럼 빚은 것) 만드는 법을 로렌에게 가르쳐주었다. 물 위에서 흔들리는 보트 "굼벵이"의 작은 난로 위에서 바콜은 보가트를 위해 크림 콜리플라워와 수플레를 뚝딱 만들었다. 내심 보가트는 소고기 구이와 스테이크를 원했지만. 서로 상대에게 흠뻑 빠진 두 사람은 언젠가 하길 바라는 결혼생활을 연기하고 있었다.

바콜과 보가트는 으레 많은 농담을 주고받으며 즐거운 시간을 보냈다. 그중 몇 가지 농담은 당신도 식사를 하는 동안 손님들에게 꼭 써먹어보기 바란다. 바콜: "병원에 누가 입원했는지 알아요?" 보가트: "누가 입원했죠?" 바콜: "아픈 사람들." 아니면 이런 것도 있다. 보가트: "천장이 벽한테 한 얘기 들었어요?" 바콜이 대답했다. "아

## 크레플락

재료

밀가루 피

- 중력분 6온스(170g)
- 따뜻한 물 1테이블스푼
- 베이킹파우더 1티스푼
- 사프란 가닥 ½티스푼
- 달걀 중간 크기 2개
- 올리브 오일 1테이블스푼
- 소금 꼬집으로

속

- 다진 소고기 ¼파운드(113g)
- 올리브 오일 1테이블스푼
- 양파 1개
- 마늘 1쪽
- 계피가루 3티스푼
- 호두 잘게 조각낸 것 3테이블스푼
- 막 갈아낸 흑후추
- 소금

조리법

사프란 가닥을 따뜻한 물에 담가 우린다. 푸드 프로세스에 밀가루와 베이킹파우더를 넣고 섞는다. 여기에 달걀, 기름, 소금, 사프란 물을 더한다. 탄력 있고 부드러운 반죽이 될 때까지 돌린다. 크레플락 반죽을 유산지에 싸 준비가 될 때까지 냉장고에 차갑게 둔다. 이제 속을 준비한다. 프라이팬에 올리브 오일을 두르고 달군다. 양파와 마늘이 황금빛을 낼 때까지 볶다가 다진 소고기를 넣고 고기가 갈색 빛이 날 때까지 볶는다. 그런 다음 계피, 소금, 후추, 호두를 더한다. 5분간 더 볶고 식힌다.

크레플락을 빚기 위해 작업대와 밀대에 밀가루를 바른다. 반죽을 작업대에 놓고 반죽이 얇아지도록 부드럽게 민다. 반죽을 사각형 모양으로 잘라 사각의 피 가운데에 호두가 든 고기 속을 작게 한 스푼 놓는다. 피의 가장자리를 손가락 끝에 물을 묻혀 적신다. 크레플락을 접고 끝을 꼬집어 봉인한다.
맛있는 치킨 수프가 든 냄비에 빠뜨려 5분간 익힌다. 조각낸 호두를 위에 흩뿌려 낸다.

## 콜리플라워 치즈

재료

- 콜리플라워 1개 꽃 부분만
- 우유 ½파인트(284ml)
- 중력분 1 ½테이블스푼
- 버터 1테이블스푼
- 디종 머스터드 1티스푼
- 막 갈아낸 파마산 치즈 4테이블스푼
- 소금과 흑후추

조리법

콜리플라워를 살짝 찐다(여전히 심지가 살아 있어야 한다). 물기를 잘 뺀다. 오븐을 200도로 예열한다. 바닥이 무거운 중간 크기의 소스팬에 버터를 녹인다. 불에서 내리고 중력분을 더한다. 빠르게 저어 루의 형태가 되도록 한다. 이제 천천히 우유를 붓고 우유가 루와 함께 섞이도록 저어준다. 팬을 불에 다시 올리고 중불에 계속 저어준다. 끓으면 불을 줄이고 이 흰색 소스를 5분간 더 은근한 불에 조리한다. 이제 파마산 치즈와 머스터드 1티스푼을 더한다. 소금과 후추로 간한다. 콜리플라워 다발을 오븐용기에 잘 배열해 넣는다. 치즈 소스를 그 위에 붓고 오븐에서 20분간 굽는다.

뇨." 보가트: "날 좀 받쳐줘. 내가 취해서 말이야."

보가트는 매요와 이혼하고 약 11일 후에 마침내 바콜과 결혼했다. 보가트는 혼인서약을 하면서 기쁨의 눈물을 쏟았다. 더 웃긴 건 바콜이었다. 그녀는 결혼식이 시작되기 전에 화장실에 급히 들어갔다가 결혼행진곡이 시작되는 소리를 듣고 깜짝 놀랐다. 보나마나 보가트는 정신없이 두리번대면서 이렇게 말했을 것이다. "어디 있는 거지?"

신랑은 오르간 연주자에게 손짓을 하며 불만 섞인 목소리로 외쳤다. "기다려요! 신부가 똥간에 있다고요!"

# 우디 앨런

WOODY ALLEN

1935~현재. 미국의 영화감독이자 배우, 극작가. 데뷔작부터 각본과 연출, 출연까지 직접 하고 있으며 1970년대 후반부터 전성기를 누렸다.

영화 편집자 랄프 로젠블럼은 우디 앨런과 식사를 하는 동안에는 그와 대화를 나누기가 힘들다는 사실을 깨달았다. 우디는 음식을 입에 넣을 때마다 수줍음 많은 새색시처럼 손으로 입을 가리고 말을 하는 통에 무슨 말인지 잘 들리지가 않았다. 당연한 얘기지만 우디 앨런에겐 음식을 먹는 일이 아주 복잡한 일이었다. 다량의 꿀과 쉴 새 없이 마셔대는 맥아 초콜릿 우유는 그의 목에 좋다. 삶은 채소는 언제나 안전하다. 한 번 간 식당은 몇 번이고 다시 찾는다. 그가 미아 패로와 교제를 시작했을 때 두 사람은 종종 똑같은 모자를 쓰고 그가 좋아하는 중국 식당 펄스에 들렀고, 뉴욕 7번가에 있는 카네기 델리카트슨(이 식당은 그에게 경의를 표하는 의미에서 소금에 절인 소고기와 파스트라미•

• Pastrami: 소고기에서 지방을 떼어내고 소금, 마늘, 계피, 후추 등으로 진하게 양념한 것으로 말리거나 훈제하거나 구워서 먹는다.

로 우디 앨런 샌드위치라는 걸 만들었다)에서 식사를 할 때도 많았다.

앨런은 패로를 따라 아이들과 애완동물로 붐비는 곳에 가면 다양한 감염이 걱정되어 두려움에 떨었고, 미아의 집에 머물 때는 일회용 종이접시와 컵을 사용했다. 1964년 로마에서 〈왓츠 뉴 푸시캣?What's New Pussycat?〉을 찍을 때는 머릿속에 유럽 음식만 떠올려도 심한 공포가 밀려왔다. 이건 무슨 음식일까? 위험하지 않을까? 그는 두 가지만 먹기로 결심했다. 뉴욕에서 수입한 생선이나 스테이크만. 결국 영화는 파리로 옮겨서 제작됐고, 우디는 특이하고 이국적인 식당들을 두어 차례 드나든 끝에 딱 한 식당을 정한 다음 그곳에서 매일 밤 유해물질이 없는 가자미 구이와 알 수 없는 이유로 크림 캐러멜을 먹었다. 몇 달 동안 계속.

## 맥아 초콜릿 우유

재료

- 바닐라 아이스크림 3스쿱
- 초콜릿 시럽 ¼컵
- 우유 ¾컵
- 맥아 분유 2테이블스푼

조리법

아이스크림, 초콜릿 시럽, 맥아 분유를 믹서에 넣는다. 천천히 우유를 더해 맥아유가 적정한 농도가 되게 한다. 만약 누군가 다른 사람의 집에서 조리하는 거라면 일회용 종이컵에 낸다.

# 3장

## 팝스타의 식탁

팝스타들을 당신의 응접실로 부르고 유명 여가수들을 당신의 식당으로 초대해 이 맛있는 식사를 대접하라. 오늘 저녁을 위해 특별히 시간을 내준 그들은 비틀즈, 루이 암스트롱, 프랭크 시나트라, 우디 거스리, 밥 딜런, 밥 말리, 마이클 잭슨, 그리고 롤링 스톤즈이다.

## 비틀즈

THE BEATLES

1960년 영국 리버풀에서 결성된 록 밴드. 존 레논, 폴 매카트니, 조지 해리슨, 링고 스타로 구성되었다. 1950년대 로큰롤에 바탕을 두고 여러 음악 스타일을 실험했으며 수많은 음악가들에게 영향을 미쳤다.

마하리시[•]의 아시람[••]에서 양귀비 씨를 먹고 의식이 몽롱해지기 전, 파격적이고 멋진 채식주의에 빠져들기 전, 존과 요코가 건강식 명상을 하면서 녹두를 먹기 전, 그러니까 그 모든 것이 시작되기 전인 오래 전, 비틀즈는 규모와 구성이 보이스카우트와 똑같은 한 무리의 아주 허기진 소년들이었다.

열네 살짜리 폴과 그의 아주 작은 친구 조지 해리슨에게는 대학생인 존 레논과 그의 여자 친구 신시아 파웰이 틀림없이 근사하고 어른스러워보였을 것이다. 폴과 조지는 점심시간에 학교에서 빠져나와 블레이저를 걸치고 학생 모자를 숨기고 리버풀 아트 칼리지 구내식당 뒤편의 작은 무대에서 존과 함께 즉흥연주를 했다. 존과 신시아는

• Maharishi: 힌두교의 정신적 지도자.

• ashram: 힌두교도들이 수행을 하는 동안 거주하는 곳.

근처의 가게에서 피시 앤 칩스를 집어 들었고, 네 사람은 쭈글쭈글한 신문지 위에 소금 맛이 나면서 바삭바삭하고 식초처럼 톡 쏘고 김이 모락모락 나는 감자튀김과 감자 가리비를 펼쳐놓고 둘러앉았다.

훗날 갓 소년티를 벗은 비틀즈가 리버풀의 자카란다 커피숍에서 공연을 할 때 먹은 음식은 소박했다. 그것은 사내아이들이 좋아하는 거품이 나는 탄산음료와 콩을 얹은 토스트였다. 엄마와 아빠들이 잠깐씩 들르는 캐번 클럽에서 공연을 할 때는 점심으로 치즈롤이 나왔다. 거의 무일푼이었던(용돈은 오래가지 않는다) 그들은 1960년대 함부르크의 인드라 나이트클럽에서 공연을 할 때는 인정 많은 청소부가 빌려준 돈으로 길 건너 해럴드 카페에서 감자튀김과 치킨수프, 콘플레이크를 사먹었다(결국 그 청소부는 매일 퇴근할 때마다 그들에게 초콜릿 바를 주는 게 습관이 되었다). 예상대로 하숙집에는 요리할 음식이 하나도 없었기 때문에 그들은 영국 선원 협회에 들러 콘플레이크와 우유를 얻어먹었고, 좀 더 실속 있는 식사를 원할 경우에는 함부르크에서 바텐더로 일하는 폴의 여자 친구 리앤이 독일식 비프스테이크(햄버거)와 커피를 만들어주었다. 함부르크에서도 그러한 도움의 손길이 그치지 않았다. 존이 신시아(첫 번째 아내)와 결혼했을 때 매니저였던 브라이언 엡스타인은 거금을 들여서 그들을 리스 카페로 데려가 점심 세트 메뉴를 사주었다. 한 사람당 15실링으로 로스트 치킨(과 곁들이는 음식!)을 먹었고, 이어서 철저하게 옛날식으로 만든 과일 샐러드가 나왔다. 비틀즈가 평범하고 양이 많은 식사를 좋아한 것은 주머니 사정이 좋지 않았기 때문이기도 했지만, 리버풀에서 온 청년들에게는 당시의 유행 같은 것이기도 했다. 1960년대에 옥스퍼드 브래스

## 가리비와 막대 감자튀김

오, 여기서 말하는 가리비는 조개 종류를 말하는 것은 분명 아니다. 다름 아닌 영국 북부 마을의 값싼 저녁식사에 나오는 튀김옷을 입힌 깜찍한 감자칩이다.

**재료**

- 큼직한 감자 2개, 껍질 벗기고 막대 모양으로 자른 것
- 큼직한 감자 2개, 약 ½cm 두께로 얇게 썬 것

**튀김옷**

- 중력분 4테이블스푼
- 차가운 물 4 ⅓테이블스푼
- 식물성 기름 2 ½테이블스푼

**튀김용**

- 식물성 기름 2리터짜리 1병

**장식용**

- 레몬 조각
- 소금
- 식초
- 케첩

**조리법**

오븐을 50도로 예열한다.

밀가루를 볼에 넣는다. 식물성 기름을 한 번에 조금씩 천천히 신중하게 더하며 포크로 밀가루와 식물성 기름을 잘 휘저어 완전히 섞이도록 한다. 같은 식으로 물을 더해 매끄럽고 묽은 반죽이 되게 하면 표면에 공기방울이 올라오기 시작한다.

좋은 막대 감자와 가리비 감자를 만드는 비법은 넉넉한 크기의 프라이팬에서 조리하고 기름을 충분히 뜨겁게 하는 것이다. 그러려면 막대 감자튀김은 깊은 팬 하나를 따로 쓰고 가리비 감자는 또 다른 팬에 튀겨야 한다. 막대 감자에 쓸 크고 깊은 팬에 기름 1리터를 가열한다. 마찬가지로 또 다른 팬에 기름 1리터를 가열한다.

막대 감자 팬을 가열한 지 5분이 지나면 처음에는 기름이 자글거리다가 소리가 없어질 것이다. 아무 소리가 안 난다면 준비가 된 것이다. 튀기기 시작하면서 막대 감자튀김 한 개로 기름을 시험해본다. 처음에는 가라앉았다가 기름 속에서 매우 빠르게 올라오며 부글거리는 기름과 공기거품에 감싸일 것이다. 이렇게 되면 막대 감자튀김을 위한 기름이 준비된 것이다. 조심스럽게 한 번에 한 주먹씩만 뜨거운 기름에 집어넣고 한 번 저어준 뒤 황금빛 갈색을 띨 때까지(약 10~15분) 둔다.

막대 감자튀김이 첫 번째 팬에서 조리되는 동안 두 번째 팬의 기름이 같은 튀김 테스트를 할 준비가 되어 있어야 하는데 이번에는 1티스푼의 반죽을 사용한다. 반죽이 기름 속에서 거품에 감싸이자마자 떠오르면 기름이 준비가 된 것이다. 이제 싱싱한 가리비 감자를 반죽에 넣어 젓고 바로 뜨거운 기름에 빠뜨린다. 가리비 감자를 한 개씩 넣고 이것들 역시 10~15분간 둔다.

다음으로 막대 감자튀김과 구름옷을 입은 가리비를 건져서 종이타월(또는 리버풀 지역 신문인 『리버풀 에코』 한 부 위에)에 놓고 식초와 소금을 뿌린다.

노스 칼리지 학장한테 저녁식사 초대를 받았을 때, 비틀즈는 브래스노스 칼리지의 훌륭하고 신비로운 주방이 선사해줄 음식의 즐거움을 기대하며 윤이 나도록 포크를 닦는 대신 버터와 잼을 바른 샌드위치를 요청했다. 함부르크의 청소부가 초콜릿을 주었던 것에서 보듯이 거의 부모의 심정으로 비틀즈를 챙겨주는 사람들이 종종 있었다. 1964년 첫 번째 미국 순회공연 당시 마이애미에서 공연을 할 때 그들의 보디가드는 그들에게 미국식 가정 요리가 필요하다는 것을 한눈에 알아차렸다. 그는 그들을 자기 집으로 데려가 점심을 먹였다. 점심으로 나온 것은 구운 감자와 소고기, 어마어마한 양의 미국식 딸기 아이스케이크였다. 그들은 마침내 배불리 먹었고, 이튿날까지 아무 것도 먹을 수 없었다.

비틀즈와 음식에 대한 이야기에는 사랑스러운 천진난만함이 있다. 레논은 달걀과 감자튀김을 먹으며 자랐고, 그와 신시아는 기네스와 사과주를 반씩 섞은 블랙 벨벳을 마시며 연애를 했다. 폴이 순결한 제인 애셔를 착하고 자신과 맞는 여자라고 결론 내린 것은 그레이비*에 가장 잘 어울리는 음식과 둘이 좋아하는 음식에 대한 이야기를 주고받으며 하루 저녁을 보낸 다음이었다. 적어도 비틀즈 멤버 중 한 명은 음식에 대해 노동계급의 입장에서 현실을 직시하고 채식주의를 향한 머나먼 여정에 올랐다. 바로 조지 해리슨이다. 그는 도살된 닭이 피가 마를 때까지 가정집 빨랫줄에 걸려 있던 모습을 잊을 수가 없었다(흥미로운 사실은 미국 화가 잭슨 폴록도 조지 해리슨과 똑같은 기억을 가지고 있었다는 것이다). 게다가 조지는 어린 시절에 유독 고기에서 벗어날 수 없는 듯 보였다. 심지어 그는 정육점에서 일하며 고기가 든 꾸러미가 식지 않도록 자신의 자전거 안장주머니에 집어넣고 배달까지 다녔다. 조지는 돼지고기 파이와 햄, 식초에 절인 근대와 샐러드 크림, 흰 식빵과 반으로 조심스럽게 자른 딱딱한 토마토를 먹고 자랐다. 1960년대 초반 조지가 생각한 훌륭한 식사는 애너벨 식당에서 파는 버터 소스를 친 스테이크였지만, 그와 그의 첫 번째 아내 패티 보이드는 송아지 사육에 관한 책을 읽고 나서 고기와 영원히 작별했다.

1960년대 초반이 지나면서 비틀즈는 자신들이 요리에 서툴다는 사실을 더 잘 알게 되었다. 제인 애셔는 매카트니에게 음식에 관한 요령을 알려주었다. 매카트니는 제인과 함께 목가적인 생활을 시도해 보기도 했다. 이러한 목가적인 생활은 훗날 그와 린다 매카트니의 트레이드마크가 되었다. 매카트니는 농장을 샀고, 타고난 요리사 제인은 원시적인 농가의 부엌에서 아주 오래된 전기 레인지로 맛있는 음식들을 뚝딱 만들어주었다.

1965년 레논이 런던으로 이주했을 때 비틀즈의 음식 선생님 역할을 맡았던 브라이언 엡스타인은 존과 신시아에게 유행의 첨단을 걷는 사람들이 런던에서 사는 모습을 보여주는 선생님 역할까지 맡았다. 존과 신시아는 브라이언에 이끌려 저녁마다 런던 "맛보기"에 정신없이 빠져들었다. 브라이언은 두 사람을 에버리 스트리트에 있는 프랑스 식당 '풀오포'에 데려갔다. 퇴폐적이고 양단으로 장식한 게이 천국 풀오포에는 표백한 밀랍이 똑똑 떨어지는 양초와 붉은색, 황금색, 초록색 휘장이 쳐진 바로크식 와인이 진열되어 있었다. 하지만 존과 신시아는 메뉴에 있는 말을 한 마디도 이해하지 못했고, 메뉴는 브라이언이 결정했다. 그는 꿀에 적신 덩굴을 넣은 양파 수프와 버터 맛이 나면서 윤기가 흐르는 코코뱅••을 주문했고, 디저트로 배와 흘러내리는 초콜릿으로 만들어 꼭 창백한 지구처럼 보이는 프와 벨 엘렌•••을

---

• 137쪽 주 참고.

•• coq au vin: 닭고기와 채소에 와인을 부어 조린 프랑스 전통 요리.

••• Poire belle Hélène: 배에 초콜릿과 아이스크림을 곁들인 디저트 요리로 자크 오펜바흐의 오페라 극의 이름을 따서 오귀스트 에스코피에가 1864년 개발했다.

## 프랑스식 양파 수프

재료

- 버터 2온스(57g)
- 엑스트라 버진 올리브 오일 2테이블스푼
- 양파 6개 종잇장같이 얇게 썬 것
- 신선한 타임 잎 1테이블스푼
- 마늘 3쪽 으깬 것
- 집에서 만든 소고기 육수 1 ½파인트(853ml)
- 드라이 화이트 와인 1 ½컵
- 브랜디 2테이블스푼
- 갈색 설탕 꼬집으로
- 막 갈아낸 흑후추
- 소금
- 이탈리안 파슬리 간 것 1테이블스푼

크루통

- 좁다란 바게트 1개 대각선으로 비스듬하게 썬 것
- 마늘 2쪽 반으로 가른 것
- 올리브 오일
- 그뤼에르 치즈 200그램 곱게 간 것

조리법

정량의 버터와 올리브 오일을 크고 깊은 팬에 넣고 달군다. 양파를 넣고 5분간 신나게 볶는다. 불을 줄이고 마늘과 갈색 설탕, 타임을 더한다. 매우 은근한 불에서 반드시 규칙적으로 저어주며 30분간 볶아 양파가 캐러멜화된 달콤한 맛을 풀어내고 견과류처럼 갈색을 내며 끈끈하게 속이 비치도록 한다. 화이트 와인과 진하고 기름진 소고기 육수를 붓는다. 팬의 바닥에서 캐러멜화된 양파를 긁어내며 잘 저어준다. 끓을 때까지 두었다가 불을 줄이고 뚜껑을 연 채로 50분간 더 조리한다. 수프가 완성되기 10분 전에 올리브 오일을 빵에 뿌리고 그릴팬에 토스트 한 뒤 각각의 조각들을 마늘에 힘차게 문지른다. 그릴은 가장 높은 온도로 남겨둔다.

수프를 맛보고 간을 한 뒤 브랜디를 자신의 양껏 더한 뒤 미리 데워둔 깊은 볼에 국자로 수프를 퍼 담는다. 마늘 맛이 나는 토스트 된 빵 조각을 각각의 볼에 놓고 그뤼에르 치즈를 뿌려 작은 초가지붕을 만든 뒤 파슬리를 뿌린다. 이제 매우 뜨거운 그릴 아래에 4~5분간 두어 그뤼에르 치즈가 부풀어 오르고 약간 갈색을 띠도록 한다.

## 코코뱅

**재료**

- 닭 1마리—가능하면 늙은 닭을 정육점에 주문한다(닭이 늙을수록 소스 맛이 좋다). 여덟 조각을 내되 육질과 내장을 버리지 않는다.
- 당근 1개
- 엑스트라 버진 올리브 오일 2테이블스푼
- 양파 1개 껍질째
- 통 흑후추 8알
- 월계수 잎 2장
- 버터 1테이블스푼
- 올리브 오일 1테이블스푼
- 소금
- 막 갈아낸 흑후추
- 판체타 또는 그린 베이컨 5온스(142g), 6mm 두께로 자른 것
- 셀러리 3대 굵게 다진 것
- 마늘 5쪽 으깬 것
- 코냑 3테이블스푼
- 신선한 타임 잔가지 4줄기
- 토마토퓌레 1테이블스푼
- 보졸레, 피노 누아, 또는 버건디[•] 1병
- 파슬리 간 것 3테이블스푼

**시럽을 입힌 샬롯과 양송이버섯**

- 버터 1테이블스푼
- 올리브 오일 2테이블스푼
- 샬롯 통째로 10개
- 갈색 양송이버섯 12온스(340g) 수건으로 깨끗이 닦은 것
- 부드럽게 한 버터 2테이블스푼
- 중력분 2테이블스푼

---

● 세 와인 모두 프랑스 부르고뉴 주에서 생산되는 적포도주이다.

조리법 우선 코코뱅을 본격적으로 준비하기 2시간 전에 닭 육수를 준비한다. 바닥이 깊은 팬에 올리브 오일 2테이블스푼을 넣고 자글거리는 소리가 날 때까지 가열한다. 닭의 고기와 내장을 팬에 올리고 양파를 통째로 함께 올린다(이렇게 하면 육수에 아름다운 구릿빛이 더해진다). 뚜껑을 덮고 치킨이 갈색이 날 때까지 흔들어준다. 흔든 지 3분이 지나면 후추알, 월계수 잎 한 장과 당근을 통째로 넣는다. 이제 재료가 잠길 만큼 끓는 물을 붓는데 증기 거품이 치솟으니 조심해야 한다. 불을 줄이고 육수가 2시간 동안 부글거리게 놓아둔다. 이 육수가 약 1파인트(568ml) 정도가 될 때까지 기름지고 진하게 졸인다.

바닥이 깊고 두꺼운 캐서롤 그릇에 기름과 버터를 넣고 달군다. 판체타 또는 베이컨 조각과 셀러리를 넣고 금빛이 될 때까지 은근히 굽는다. 금빛이 되면 버터같이 된 기름에서 판체타/베이컨을 꺼내고 대신 닭고기 조각들에 소금과 후추를 치고 그릇 속 맛있는 버터 느낌이 나는 기름에 갈색이 되도록 굽는다. 닭고기가 금빛이 되면 판체타/베이컨 조각을 그릇으로 다시 옮겨놓는다. 그러고 나서 그릇 안에 있는 재료들이 데워지면 성냥이나 라이터를 준비해 고기 조각들 위에 코냑을 따르고 불을 붙인다. 팬에 푸른 불꽃이 일렁이며 닭고기에 불맛이 들 것이다. 1분 뒤 캐서롤의 뚜껑을 덮어 불길을 끈다. 이제 레드와인, 토마토퓌레, 마늘, 남아 있는 월계수 잎, 타임을 넣는다. 끓을 때까지 두었다가 불을 줄여 잔잔히 부글거리게 두며 캐서롤 뚜껑을 완전히 덮지는 말고 걸쳐둔다.

30분 뒤 프라이팬에 올리브 오일과 함께 버터를 넣고 녹인다. 양파를 넣고 간을 한 뒤 10분간 또는 금빛이 도는 갈색이 될 때까지 볶는다. 그 다음 양송이버섯을 팬에 더하고 갈색이 되게 볶는다. 이제 양파와 양송이버섯을 치킨 캐서롤에 모두 넣는다.

치킨이 다 되면(총 1시간 정도 뒤에) 닭고기와 채소를 소스에서 건진다. 따뜻하게 데워둔 평평한 접시에 올린다. 소스가 든 캐서롤로 돌아가 센불에 올려 액체가 약 2컵이 될 때까지 졸인다. 졸이는 동안 부드럽게 만든 버터와 중력분을 작은 볼에 넣고 섞는다. 이것을 소스에 넣고 휘젓는다. 소스가 적당히 졸아들면 닭고기 위에 뿌리고 파슬리를 흩뿌려 낸다.

## 프와 벨 엘렌

**재료**

- 배 4개, 잘 익었지만 단단한 것
- 정제 설탕 8온스(227g)
- 바닐라 1깍지 가른 것
- 레몬 2개 껍질과 즙
- 물 1 ½파인트(853ml)

**샹티이 크림**[*]

- 더블 크림 1컵
- 슈가파우더 1테이블스푼
- 바닐라 익스트랙트 1티스푼

**초콜릿 소스**

- 다크 초콜릿 잘게 자른 것 10온스(283g)
- 헤비 크림 7액량온스 (199ml)
- 브랜디 3테이블스푼

**그릇에 내려면**

- 아몬드 슬라이스
- 매우 질 좋은 바닐라 아이스크림

---

[*] chantilly cream: 생크림과 설탕을 넣고 잘 저어 거품 낸 크림.

**조리법** 배의 겉껍질을 조심해서 벗긴다. 꼭지를 손상시키지 않고 배의 형태가 분명하게 남도록 한다. 각각의 배의 바닥을 작은 디스크 모양으로 잘라낸다. 이렇게 하면 배를 똑바로 세울 수 있다. 깊은 팬에 물과 설탕, 레몬즙, 레몬 껍질을 넣고 계속 저어주며 설탕이 녹고 끓을 때까지 가열한다. 이제 배와 바닐라 깍지를 레몬향 설탕물에 넣는다. 배가 확실히 잠기도록 하기 위해 유산지를 원형으로 잘라 팬의 표면 위에 덮는다(이만하면 배가 솟아오르지 못하게 할 만한 충분한 무게가 될 것이다). 20~25분간 보글보글 끓여서 이쑤시개로 각각의 배를 찔렀을 때 쉽게 들어가면 된다. 불을 끄고 배와 시럽을 식힌다.

이제 샹티이 크림을 만들 차례다. 크림을 차갑게 해둔 유리볼에 넣는다. 전동 거품기를 쓰면서 슈가파우더와 바닐라 에센스를 넣는다. 약 1분간 크림이 부드럽게 성기지만 형태는 유지할 정도까지 휘저어 거품을 낸다.

작은 소스팬에 물을 끓이고 그 위에 내열유리 볼을 올린다. 볼의 바닥이 끓는 물에 닿으면 안 된다. 이제 조각낸 초콜릿, 브랜디, 크림을 넣는다. 계속 저어주며 윤기 나는 끈적한 다크 초콜릿이 될 때까지 녹인다.

프와 벨 엘렌을 조합할 차례다. 하나를 만들려면 유리볼의 바닥에 한 덩이의 바닐라 아이스크림을 놓는다. 그 위에 건져낸 배를 올리고 한 스푼 가득 검은 초콜릿 소스를 배 위에 떨어뜨린 뒤 구운 아몬드를 흩뿌린 다음 한 옆에 버터 느낌의 샹티이 크림 한 덩이를 놓는다. 크림 위로 아몬드를 한두 개 올린다. 프와 벨 엘렌을 즐긴다.

주문했다. 시큼하고 풀잎 같은 향기가 나는 와인 푸이 퓌세도 마셨는데, 신시아는 그날 저녁을 먹는 내내 푸이 퓌세를 발음해보려고 애썼다(사실 레논 커플이 식사를 하면서 먹고 싶었던 것은 와인보다는 우유였다). 훌륭한 음식을 아무리 많이 먹어도 리버풀에서 온 청년들은 여전히 이른 아침에 집으로 가다가 베이컨 샌드위치나 스카치 파이를 먹기 위해 운전기사에게 길가의 카페 앞에 차를 세워달라고 했다.

안경을 쓴 비틀즈의 운전기사 알프 비크넬은 비틀즈가 애비로드에 있는 스튜디오에서 밤늦게까지 녹음을 할 때 종종 음식을 공급하는 일을 맡았다. 알프는 스튜디오와 아주 가까운 거리에 있는 그 지역의 인기 있는 자그마한 이탈리아 식당에 쏜살같이 달려가서 폴 매카트니를 위해 아보카도 비네그레트 소스를 집어 들었다. 링고가 알프를 불렀다. “난 아무거나 상관없어. 양파만 들어 있지 않으면.” 그것은 이탈리아 식당에 바라기엔 다소 무리한 요구였다. 식당 주인은 바구니에 음식과 함께 와인, 밝은 크리스털 잔, 냅킨, 반짝반짝 빛나는 나이프와 포크를 조심스럽게 담았다. 알프는 비틀즈의 차(당시 비틀즈의 차는 오스틴 프린세스였다. 알프는 언젠가 조지와 패티의 은밀한 신혼여행을 위해 작고 소박한 혼다 살롱으로 차를 교체해야 했다)를 타고 유유히 돌아와 바구니를 들고 팔뚝에는 수건 한 장을 건 채 계단을 천천히 걸어 올라가 알렸다. “여러분, 저녁이 도착했어요!” 그러면 비틀즈 멤버들이 치고 있던 키보드 소리가 뚝 그쳤다.

조지와 존이 LSD[●]를 처음 경험한 건 1965년 런던에서 일하는 비

● 환각제의 일종으로 강력한 마약으로 분류된다.

틀즈의 괴짜 치과의사 존 라일리와 함께 베이스워터 로드에 있는 그의 집에서 저녁을 먹고 난 후였다. 신시아 레논은 치과의사가 자신의 손님들을 위해 벽난로 위 선반에 각설탕 4개를 늘어놓자 좀 이상하다고 생각했다. 그는 각설탕을—신중하게, 그리고 공을 들여—식후에 마시는 커피 잔에 하나씩 떨어뜨렸다(사실 비틀즈 멤버들에게 "맛있는" 커피를 마셔보라고 끈질기게 부추긴 사람은 의사의 여자 친구였다). 조지의 여자 친구 패티(곧 그의 아내가 되는 그녀는 스미스 크리스프라는 회사에서 만든 감자튀김을 좋아했다)는 불안이 섞인 목소리로 낮게 투덜거렸다. "혹시 최음제면 어떡하려고?" 그들은 과감하게 커피를 마셨다. 그걸 본 치과의사가 자신이 방금 무엇을 했는지 그들에게 말했다. 커피에 LSD를 탔다고 실토한 것이다. 알프가 그들을 구하러 달려왔고, 그들 모두 차를 타고 줄행랑을 쳤다. 비틀즈가 탄 차는 눈 깜짝할 새에 꽁무니를 뺐고, 치과의사는 자기 차를 타고 열심히 그들 뒤를 쫓아갔다.

그 외에도 비틀즈는 조앤 바에즈를 비롯해서 몽키스의 마이크 네스미스(그의 헌신적인 아내는 신시아가 요리를 할 때 그녀 곁을 서성거리면서 "저는 항상 마이크를 위해 이런 식으로 해요"라거나 "마이크는 그렇게 요리해주면 좋아하지 않아요"라고 말했다), 심지어 밥 딜런에 이르기까지 많은 사람들과 함께 식사를 했다. 밥 딜런은 1964년 스트로베리 아이스크림 케이크 투어를 위해 비틀즈가 처음 미국을 방문했을 때 그들에게 대마초를 소개한 장본인이다. 매카트니는 대마초를 한 대 피운 후 인생의 의미를 발견하고는 연필과 종이를 손에 쥐었다. 이튿날 그는 자신이 종이에 적은 글들을 훑어보다가 "일곱 개의 단계가 있다"라고 쓴 한 줄을 발견했다. 그러나 그게 전부였다. 해리슨 부부의 집에는 마거릿이라는 이름의 청소부가 있었다. 그녀의 마카로니와 치즈 덕분에 해리슨 부부는 늘 집으로 돌아가는 일이 즐거웠고, 존 레논은 마거릿에게 기분이 좋아지는 약—그녀는 천진난만하게도 그 각성제들을 "사랑스러운 알약들"이라고 불렀다—을 주었다. 아마도 마거릿은 그 각성제 덕분에 몇 시간씩 해리슨 부부의 집을 청소하고도 지치지 않았을 것이다. 존은 〈낫 온리… 벗 올소Not Only…But Also〉●에 출연하고 있었던 1965년 1월 햄스테드에 있는 피터 쿡의 집에서 점심을 먹기도 했다. 그때 레논 부부는 정말이지 난생처음 기가 막힌 마늘을 맛보았다. 그 자리에 모인 사람들은 따뜻하고 진한 적포도주를 몇 리터 마셨고, 오후에는 더들리 무어와 흥겹게 떠들며 시간을 보냈다. 1주일이 지나서 이번에는 레논 부부가 쿡 부부에게 저녁을 대접할 차례가 되었다. 신시아는 어쩔 줄 몰라 허둥대면서도 세 코스짜리 식사를 만들어보려고 안간힘을 썼다. 하지만 결국 자신이 제대로 할 줄 아는 요리가 하나도 없다는 걸 깨달았다. 새우 칵테일과 냉동 새우, 병에 든 소스, 구운 고기, 애플 크럼블과 통에 든 머스터드가 식탁에 올랐다. 그러나 존은 적어도 2시간 동안 식탁에 모습을 드러내지 않았고, 그 사이에 오븐 안에 들어 있는 음식은 딱딱해지고 거무스름해졌다. 그러나 존이 담배를 말자마자 그들은 모두 대마초에 취했고, 자신들이 먹는 음식이 탔다는 사실도, 가공식품이라는 사실도 잊은 채 레논 부부가 차린 저녁을 걸신들린 듯 먹어치웠다.

비틀즈의 그 유명한 인도 여행은 조지 해리슨에 의해 시작되었다.

---

● 피터 쿡과 더들리 무어가 진행한 1960년대 영국의 인기 코미디 쇼.

그는 간절하게 깨달음을 찾고 있었다. 심지어 콘월 지방의 어느 산 정상에 혼자 서서 세상 너머에 있는 것들과의 우주적 교신을 꿈꾸며 몇 시간씩 보내기까지 했다. 마침내 조지의 우주적 갈망은 인도와 라비 샹카•, 그리고 1966년 9월 봄베이(지금의 뭄바이)에 있는 샹카의 학교에서 시타르를 연주하는 것으로 이어졌다. *콘월 따위는 잊어버려. 내가 찾던 건 바로 이거야!* 조지는 분명히 그렇게 느꼈을 것이다. 분홍색 흙먼지와 바라나시의 돌계단, 힌두교의 많은 신과 여신들. 인도는 숨이 멎을 듯 아름다웠다. 그는 인도 음식의 진정한 맛도 처음으로 경험했다. 대부분 채식주의 식단인 인도 음식을 먹으면서 해리슨은 인도 사람들처럼 한 손으로 먹는 법을 배웠다. 그가 경험한 맛은 틀림없이 그의 미뢰에 환한 불을 밝혀주고 그가 전혀 예상하지 못했던 방식(예컨대 거세를 해서 주방에서 여자들과 함께 요리를 할 수 있었던 요리사가 만든 음식)을 통해 그의 인식을 바꿔놓았을 것이다. 훨씬 더 나중에 영국으로 돌아가 수도사의 은둔처에서 살 때 조지는 라비 샹카의 조카인 쿠마를 초대해 자신과 패티와 함께 지내게 했다. 알고 보니 쿠마는 요리의 달인이었다. 특히 조지는 그가 만든 음식 중에서 채소로 만든 인도 음식을 사랑하게 되었고, 패티가 만든 그 어떤 요리보다도 쿠마의 달••을 더 좋아하는 바람에 패티와 영원히 사이가 소원해졌다. 비틀즈의 다른 멤버들에게 그 유명한 마하리시 마헤시 요기•••를 만나보라고 설득한 것도 조지였다.

초월 명상의 창시자인 마하리시는 영국에서 강연여행을 하는 동안 군중을 끌어모았다. 런던의 힐튼 호텔에서 그의 강연을 듣고 매혹된 비틀즈는 이튿날 활기찬 일당들인 믹 재거와 실라 블랙을 데리고 다소 어울리지 않는 장소인 웨일스의 뱅고어까지 기차를 타고 가서 초월 명상에 대해 더 배우고 늦은 밤에는 중국 음식을 먹었다. 문제가 하나 있었다. 음식 값을 계산할 만큼 돈을 넉넉히 가지고 있는 사람이 아무도 없었다. 그들 모두 현금을 가지고 다닌 경험이 거의 없었던 것이다.

비틀즈 멤버들은 마하리시와 함께 지내기 위해 금잔화로 만든 꽃다발을 두르고 인도 리시케시에 있는 6만 제곱미터 면적의 아시람을 찾아갔다. 비치 보이스의 마이크 러브, 미아 패로, 그녀의 여동생 프루던스, 포크 가수 도노반(훗날 데이비드 린치는 마하리시 추종자가 된다)이 아시람 동문同門이었다. 비틀즈가 아시람에 도착했을 때 나무에는 사진사들이 매달려 있었다. 신입생들에게 아몬드 차가 나왔다. 초록빛을 띤 아주 오래된 갠지스 강이 30미터 이상 아래로 펼쳐져 있었고, 밀림으로 뒤덮인 히말라야의 산봉우리들이 고층빌딩처럼 아시람을 둘러싸고 있었다. 아시람 자체는 채식을 위한 긴 식당과 트윈베드가 놓인 작은 시골집들로 이루어져 있었다. 비틀즈는 그중 여섯 개의 집에 살면서 〈While My Guitar Gently Weeps(내 기타가 조용히 흐느낄 때)〉와 〈Revolution(혁명)〉 같은 히트곡을 비롯해 사실상 《화이트 앨범White Album》에 실린 대부분의 곡을 만들었다. 해리슨은 미아 패

---

● Ravi Shankar: 1920년 출생. 인도의 음악가이자 시타르 연주자로 인도 음악을 서양에 알리는 데 큰 영향을 끼쳤다.

●● dahl: 마른 콩류에 향료를 넣고 끓인 스튜.

●●● Maharishi Mahesh Yogi: 1911년생. 인도의 종교지도자로 서양에 초월 명상법을 소개했다. 초월 명상법은 하루에 2번 마음속으로 특별한 주문을 외우는 방법으로, 긴장을 푸는 데 효과가 있는 것으로 알려져 있다.

로의 방갈로 지붕에 앉아 시타르를 연주했고, 비틀즈는 사람들과 함께 식사를 하는 시간에 기타를 들고 가서 접시들에 둘러싸여 노래를 불렀다. 평온한 시절이었을까? 꼭 그렇지는 않았다.

짐작하겠지만, 아침에 일찍 일어나는 것은 록 스타와 히피에게 기대할 수 있는 일이 아니었다. 야외에서 먹는 아침식사는 '명상중. 방해하지 마세요'라는 팻말이 걸린 침실 뒤에서 나타날지 모르는 누군가를 위해서 아침 7시부터 11시까지 길게 이어졌다. 아쉽게도 아침은 인도식이라고 보기 힘든 콘플레이크와 튀긴 밀, 시리얼과 우유, 토스트(인도 빵으로 만들어서 질척거리는), 캔 주스, 잼이 나왔다. 마하리시는 채식 식단을 가지고 결코 지나치게 요란을 떨지 않았다(그는 고기를 좋아하는 서양 손님들에게 본의 아니게 겁을 주고 싶지 않았다). 대신 그는 고기가 신진대사를 자극한다는 생각을 기꺼이 받아들였다(나중에 알게 되겠지만, 그는 닭다리 하나로 어느 간호사에게 포옹 이상의 것을 원했다). 그러나 마하리시의 실수는 인도의 그 많은 훌륭한 채식 요리사 가운데 한 명을 고용하는 대신 체중이 많이 나가 보이는 영국의 백인 젊은이 두 명(호르몬 장애가 있는 한 쌍의 급식 담당자들처럼 생긴)을 고용한 것이었다. 그들은 회색기가 감도는 초록색 얼룩(아시람 단골손님들은 이를 "곤죽 같이 질척한 음식"을 뜻하는 "글롭glop"이라고 불렀다)을 국자로 하나 가득 퍼서 접시에 담아 내놓았다. 글롭은 커다란 회색 솥에서 끓였고, 마하리시는 양념 사용을 금했다. 신시아 레논조차도 글롭이 "놀라울 정도로 평범하다"는 걸 알게 됐다. 훗날 마하리시는 비치 보이스와 함께 미국을 여행하면서 과일을 먹을 때 지켜야 하는 까다로운 조건으로 모든 사람을 미치게 만들었다. 아시람의 저녁식사는 점심과 정확하게 똑같이 나와야 했다. 그것은 주눅이 들 정도로 지독한 채식 식단이었다. 당근, 순무, 감자에 토마토와 상추 샐러드. 그러나 아시람의 학생들이 직접 씻은 경우가 아닌 한 생식은 허락되지 않았다. 깨끗한 물인지 장담할 수 없기 때문이었다. 사실 아시람의 학생들이 직접 씻는다고 큰 차이가 있는 것도 아니었다. 부엌에서는 설거지를 주먹구구식으로 했고, 때로는 개들이 접시를 깨끗이 핥기도 했으니까.

링고는 스테이크와 감자튀김, 마테우스 로즈[•]와 함께 하는 인생에서 자신이 어디쯤 서 있는지 아는 남자였다. 그는 구운 콩이 든 가방을 들고 아내 모린과 함께 도착했다. 향수병에 걸린 링고는 아시람에 있는 동안 우울한 기분에 젖지 않기 위하여 삶은 달걀, 스크램블드에

## 구운 콩을 얹은 토스트

**재료**

- 하인즈 구운 콩 통조림 1캔
- 버터 1온스(28g)
- 흰 빵, 준비되는 만큼
- 여분의 버터

**조리법**

작은 소스팬에 콩을 버터 1온스와 함께 데우면서 섞이도록 저어준다. 다음으로 빵을 토스트한다. 토스트한 조각을 대각선 방향으로 자른다. 취향대로 버터를 바른다. 뜨거운 콩을 빵 위에 붓고 매우 뜨거운 차 한 잔과 함께 즐긴다.

• Matteus Rose: 포르투갈에서 생산되는 와인 브랜드.

그, 달걀프라이, 수란의 네 가지 방식으로 달걀을 먹었다. 요리는 주로 비틀즈의 로드 매니저인 멜 에반스가 도맡았다. 한편 모린은 파리나 잡으면서 리버풀을 그리워했다. 링고는 열흘 후에 비틀즈 멤버 중 처음으로 아시람을 떠났다. 떠나면서 링고는 이렇게 말했다. "마하리시는 멋진 남자이지만, 나하곤 안 맞아."

양파와 마늘은 어린 시절 내내 링고를 괴롭혔다. 신시아 레논은 바나나 조각을 고명으로 얹은 베스타 소고기 카레를 시험 삼아 만들어 자신과 존을 방문한 링고에게 저녁식사로 냈지만 그가 안 먹겠다고 하자 마음이 상했다. 링고는 신시아가 너무 멋을 부리려 한다고 생각했을까? 그러고는 링고의 접시 위에서 그를 놀라게 하기 위해 기다리고 있던 것은 매운 음식 아니면 다리가 많고 비린내가 나는 음식이었다. 1968년에 비틀즈 탈퇴를 고민 중이던 링고는 피터 셀러스●의 요트 아멜피스 호에 몸을 실었다. 마치 인생은 그리 복잡할 게 없다는 듯 선장 셀러스는 링고에게 점심으로 문어를 내놓았다. 링고는 문어를 몹시 겁내며 선장의 기이한 행동에 뒷걸음질 쳤다. 선장은 유쾌하게 웃으며 문어들은 해저에서 반짝이는 무언가를 찾아내 자기들이 사는 동굴 앞을 장식한다고 말해주었다. 짐작이 가시는지? 링고는 자기 선실로 가서 〈옥토퍼스 가든Octopus's Garden〉을 작곡했다.

링고가 아시람을 떠나고 나서 다른 학생들도 6주에 걸쳐 하나둘 자취를 감췄고, 핵심 멤버인 존과 조지, 미아 패로만 남았다. 마하리시가 여제자들과 지나치게 스스럼없이 지낼 *뿐만 아니라*, 채식의 정신

● Peter Sellers: 영국 배우이자 영화감독.

을 지켜야 함에도 여제자(금발의 캘리포니아 간호사)에게 닭고기—분명히 성적인 유혹을 위한 최후의 미끼였을 것이다—를 주었다는 소문이 널리 퍼지면서 그의 아시람은 무너지기 시작했다. 미아 패로가 몹시 불안해하는데도 마하리시는 그녀를 껴안으려 했을 뿐만 아니라 은박지로 만든 작은 왕관을 쓰게 하고 50개의 선물을 받게 하고 봉납용 당근케이크를 먹게 했으며, 그녀의 의사와 상관없이 그녀의 머리를 쓰다듬었다. 마하리시가 망고를 주면서 1대1 명상 훈련을 위해 건너오라는 얘기를 했을 때 미아 패로는 수상한 낌새를 챘다. 마하리시는 이윽고 이런 제안을 했다. "이제 우리는 내 '동굴'에서 명상을 할 거예요." 그러더니 미아를 좁고 따뜻하고 눅눅한 지하실로 데려갔다. 20분간의 명상이 끝나고 두 사람이 서로 마주보게 되었을 때 그가 갑자기 달려들더니 그녀를 껴안았다. 미아는 계단 위로 쏜살같이 달아났고 마하리시는 그의 동굴에 쓸쓸히 남겨졌다.

레논은 이 일을 심사숙고했고, 그들은 떠날 준비를 마쳤다.

"왜 떠나려고 합니까?" 마하리시가 물었다.

"당신이 그토록 우주적인 존재라면, 우리가 왜 떠나려고 하는지 아실 텐데요." 레논이 쏘아붙였다.

존 레논은 아시람의 늦은 아침식사가 마음에 들었을 것이다. 영국으로 돌아온 그는 먹고 마시는 일에 관한 한 늘 그때그때 기분에 따라 행동했다. 단 프로스트 플레이크 시리얼에 대한 헌신만은 흔들림이 없었다. 그는 독실하지 못한 채식주의자였다. 웃기는 호전성으로 무장하고 저마다 다른 상황에서 다른 반응을 보였다. 친구 피트 쇼턴이 햄버거를 먹는 모습을 보고는 이렇게 핀잔을 줬다. "네가 지금 누군가의 어머니를 먹고 있다는 걸 알고는 있는 거야?" 채식주의가 옳다는 걸 알리고 싶어 안달이 난 레논은 그리스도가 채식주의자였다는 증거를 찾기 위해 성경을 꼼꼼히 살피면서도 물고기와 양에 대한 언급은 철저히 외면했다. 레논은 고기를 먹지 않는 채식주의자를 위한 대체식품으로 콩으로 만든 버거와 소시지를 강력하게 추천했다. 그럼에도 오노 요코의 손아귀에서 잠시 벗어난 시기에 만났던 여자 친구 메이 팽은 일요일마다 그에게 이른바 "완전한 영국식 아침식사"를 요리해주었다. 달리 말하면 아침식사에 베이컨 조각은 있었지만 그때까지 그가 아침상 위에 마치 식전주처럼 올려두곤 하던 환각제는 나오지 않았다는 얘기다. 그는 사족을 못 쓸 만큼 허쉬 초코바를 좋아했고 요코와의 결혼생활은 피자와 카푸치노를 빼놓고는 논할 수 없을 정도였지만, 무엇보다도 중요하게 여긴 음식은 밥과 생선회였다. 그는 어느 인터뷰 진행자에게 이렇게 말했다. "내 식단의 기본은 요코가 만드는 빵과 밥입니다. 설탕은 전혀 쓰지 않습니다. 단맛이 필요할 때는 꿀을 넣고요."

패티와 조지는 아시람에 들어가기 전부터 아늑한 결혼 초기에 먹던 점심식사, 즉 차가운 닭고기와 향신료를 넣은 와인 대신 채식주의를 시작했다. 뉴욕의 어느 기업체 임원인 피트 베넷이 이런저런 사업을 제안하기 위해 잠시 그들 집에 들렀을 때 개종한 채식주의자 패티는 모든 사람에게 익히지 않은 브로콜리와 당근, 셀러리를 내놓았다. 베넷은 그것들을 씹으며 생각에 잠겼다. 그런 다음 조지의 집을 나오자마자 스테이크를 먹으러 갔다.

매카트니가 윤리적 채식주의에 헌신한 이야기는 누구나 알고 있다. 그는 일요일 점심 때 구운 양 다리 고기를 먹다가 창밖을 내다봤는데, 마침 집 근처에서 뛰어다니는 양을 보고 탄식을 내뱉었고, 이 때를 계기로 사람이 180도 바뀌었다. 매카트니 부부는 자기들이 먹던 접시를 내려다봤다가 서로 얼굴을 한 번 쳐다본 다음 말했다. "잠깐, 우리는 이 양을 사랑해. 양은 정말 온순한 동물이야. 그런데 왜 우리는 얘들을 먹고 있을까?" 그것이 그들이 마지막으로 먹은 양고기였다. 린다는 채식주의자를 위한 온갖 종류의 대체 요리를 개발했다. 그중에서 폴이 "마카로니 칠면조"라고 부른 요리는 칠면조 고기처럼 먹기 좋게 자를 수 있었다.

그리고, 옛날을 생각하며…

## 베이컨 버티

재료

- 줄무늬 베이컨
- 버터
- 버티(하얀 모닝 롤을 말한다.)

조리법

얇게 저민 줄무늬 베이컨 조각 4개를 매우 뜨거운 그릴에 바삭바삭해지도록 굽는다. 버터를 오븐에 약 50도에서 10분간 데운다. 베이컨이 그릴에 구워지면 롤빵을 반으로 갈라 버터를 바르고 베이컨 조각을 넣는다. 원한다면 케첩 한 방울을 위에 얹는다.

# 루이 암스트롱

LOUIS ARMSTRONG

1901~1971. 미국의 가수, 재즈 음악가. 트럼펫과 클라리넷을 연주했으며, 1927년 이후에는 재즈의 즉흥 가창법인 스캣을 널리 보급했다.

루이 “큰 입” 암스트롱의 인생이 시작된 뉴올리언스의 습지대 백오 타운과 뉴올리언스 제3구區는 거칠고 고집 센 사람들과 싸구려 술집이 우글거리는 곳이었다. 암스트롱에게 가정생활이란 모양도 크기도 다른 조각을 따로따로 이어붙인 것처럼 혼란스럽고 앞뒤가 잘 맞지 않는 것이었다. 일곱 살 때부터 루이는 자신이 속한 흑인 공동체와 자기 가족의 노예 혈통에 대해, 그 난장판 같은 인생에 대해 알고 있었다. 그는 어머니와 삼촌이 노예제도와 인종차별에 대해 이야기하는 것을 들으며 자랐다. 그의 표현에 따르면 노예제도와 인종차별을 등에 업은 백인들은 민트 줄렙이라는 박하술을 마시고 흑인들을 사냥했다. 루이는 형제애와 가족, 공동의 목표 부족이 뉴올리언스의 흑인 공동체를 더 고통스럽게 만들고 있다고 생각했다. 그는 낙인 찍힌 또 다른 공동체인 뉴올리언스의 유대인 공동체에서도 똑같은 문제점을 발견했다.

할머니 덕분에 열한 살이 될 때까지 학교에 다닐 수 있었지만, 루이의 부모는 주기적으로 집을 나가 사라졌고, 루이는 이런저런 잡다한 일들을 해야 했다. 그중에서 중요한 일 한 가지는 유대계 러시아인인 카르노프스키 부부 밑에서 폐품을 수집하는 일이었다. 어린 루이는 카르노프스키 부부가 자신에게 보여준 품위와 친절의 기준을 두고두고 잊지 않았다. 그는 자신에게 음악에 대한 영혼과 사랑을 기적적으로 일깨워준 건 카르노프스키 부부라고 말했다. 부부는 그에게 러시아 자장가를 불러주었고 그의 목소리를 칭찬해주었다. 그는 부부의 고물 왜건에서 나온 낡은 폐품과 병들을 이용해 만든 작은 양철 피리를 불 때마다 짜릿함을 느꼈다. 그에게 처음으로 2달러짜리 새카만 중고 코넷을 사주고 아침에 일찍 일어나는 법을 가르쳐준 것도 그들 부부였다.

루이는 자라면서 자신을 고용한 유대인 고용주들과 정이 흠뻑 들었고, 일곱 살 때 먹었던 최초의 유대인 음식인 코셔kosher를 사랑하게 되었다. 그는 유대교 율법에 따라 만든 코셔가 자신의 가족처럼 가난한 흑인들이 먹는 햄 혹•보다 훨씬 더 깨끗하다고 생각했다. 심지어 카르노프스키 부부의 집에서 저녁을 먹고 나면 잠도 더 잘 잤다. 말년에는 늦은 밤 간식용으로 마초••를 늘 한 상자씩 가지고 다녔다. 루이는 열한 살 때부터 밤마다 모리스 카르노프스키와 함께 석탄 운반수레를 끌고 다니며 추위에 오들오들 떠는 젊은 매춘부들에게 무

• ham hock: 돼지 뒷다리의 뒤로 굽은 무릎 관절 부위.

•• 177쪽 주 참고.

연탄을 팔곤 했다. "백인 고객 전용" 홍등가에서 일하는 젊은 매춘부들은 손님을 끌기 위해 얇은 실크 "테디"• 만 입고 있었기 때문에 모두 자기 방에 작은 석탄불을 계속 피워놓았다.

당시 루이에게 음식은 안정과 즐거움을 의미했다. 그는 코셔 음식을 먹을 때를 제외하고는 냄비에 넣고 끓인 강낭콩과 쌀밥을 먹고 자랐다. 워낙 친숙한 음식이라 그는 그 음식을 자신의 "모반母斑"이라고 부를 정도였고, 실제로 어른이 되어서는 "강낭콩과 쌀밥 올림"이라는 인사말로 편지를 끝맺을 때도 종종 있었다. 그가 자신보다 15년 어린 북부 사람으로 네 번째이자 마지막 아내가 된 루실을 만났을 때 처음 던진 질문은 "저보다 너무 어린 거 아닌가요?"가 *아니라* 훨씬 더 현실적인 질문이었다. "강낭콩과 쌀밥 요리 할 줄 알아요?" 루실은 농담인 줄 알고 깔깔대며 웃다가 남부 남자인 그가 더없이 진지하다는 걸 눈치 채고는 한번 요리를 해보겠다고 대답했다. 루이는 곧바로 다음 날 저녁을 먹으러 들르겠다고 말했다. 루이가 서두르자 루실은 눈동자를 굴리며 강낭콩 요리에 대한 기억을 되살리기 시작했고, 며칠 후에—가장 좋은 양복을 입은—그를 맞이했다. "정말 *개*처럼 먹었어요." 루이는 솔직히 털어놓으며 루실의 맛있는 강낭콩 요리를 의심해서 미안하다고 사과했다. 그러더니 추파를 던지며 *다음에* 들러서 또 먹고 싶으니 자신을 위해 음식을 좀 남겨달라고 부탁했다.

루이의 어머니 매리 앤은 겨우 입에 풀칠을 하면서도 금욕적인 삶을 두려워하지 않았다. 그녀는 어떤 신체적 질환도 집에서 구한 약으

• teddy: 슈미즈와 팬티로 된 여성용 내의.

## 강낭콩과 쌀밥

먹기 3일 전에 약간의 '피클미트'[•]를 만들어두어야 하는데 이것이 바로 맛있고 향이 풍부한 강낭콩과 밥을 잘 만드는 숨은 비법이다. 소금물에 절이면 돼지고기가 분해되어 부드럽고 향이 좋아진다.

### 피클미트

**재료**

- 뼈 없는 돼지고기 1파운드(454g), 사방 2.5cm 주사위 모양으로 자른 것
- 증류한 화이트 와인 ½리터
- 옐로우 머스터드 씨 ¼컵
- 셀러리 씨 ½테이블스푼
- 붉은 타바스코 소스 1테이블스푼
- 신선한 월계수 잎 2장 다진 것
- 카옌 후춧가루 ¼티스푼
- 올스파이스 2알
- 정향 4개
- 마늘 4쪽 껍질 벗기고 눌러 으깬 것
- 코셔 소금 2티스푼
- 후추알 6알

**조리법**

돼지고기를 제외한 모든 재료를 크고 깊은 소스팬에 넣는다. 끓을 때까지 4분간 두었다가 피클물을 불에서 내려 차갑게 식힌다. 차가워지면 향기 나는 피클물을 주사위 모양으로 썬 돼지고기에 따르고 완전히 섞는다(섞으면 갇혀 있던 공기방울들이 제거된다). 뚜껑을 덮고 냉장고에 3일간 둔다.

3일이 지나면 주요리인 강낭콩과 밥의 재료로 쓴다.

---

• Pickle meat: 피클드 포크(pickled pork)라고도 불리는 루이지애나 음식으로 특히 팥과 밥과 함께 자주 대접한다.

## 강낭콩과 쌀밥

**재료**

- 베이컨 기름● 3테이블스푼
- 붉은 강낭콩 1파운드(454g) 물에 하룻밤 담근 것
- 치킨 스톡 3파인트(1,705ml)
- 양파 2개 다진 것
- '피클미트' ¾파운드(340g)
- 훈제 햄 ½파운드(227g) 주사위 모양으로 자른 것
- 피망 1개 다진 것
- 셀러리 5대 다진 것
- 마늘 10쪽 다진 것
- 카옌 후춧가루 꼬집으로
- 앙두유 소시지 ½파운드 1.2cm 조각으로 자른 것
- 훈제 소시지 ½파운드
- 신선한 타임 2티스푼
- 월계수 잎 3장
- 신선한 다진 파슬리 2테이블스푼
- 크레올 양념 1티스푼
- 우스터소스
- 붉은 타바스코 소스
- 흰 쌀밥 4컵
- 파 3뿌리 잘 다진 것, 장식용
- 크레올 핫소시지 곁들여 낼 것

**조리법**

큰 팬에 치킨 스톡 3파인트와 함께 강낭콩을 끓인다. 약 1시간 동안 부글부글 끓여 콩을 익히되 부스러지지 않게 한다.

한편 바닥이 무거운 팬에 베이컨 기름을 녹이고 다진 생 훈제 햄을 넣어 갈색이 나게 굽는다. 그 다음 양파, 피망, 셀러리—이들을 뉴올리언스 요리의 특별 삼총사라 한다—를 넣고 양파가 투명한 금빛을 낼 때까지 볶는다. 카옌 후추를 한 꼬집 보탠다. 이제 두 종류의 소시지를 넣는다. 4분간 익힌다. 마늘, 신선한 타임, 월계수 잎, 파슬리, 크레올 양념, 우스터소스, 붉은 타바스코 소스를 넣는다. '피클미트', 콩,

● bacon grease: 베이컨을 굽고 추출한 기름 혹은 시판되는 것을 쓸 수도 있다.

남아 있는 치킨 스톡을 더한다. 끓을 때까지 두었다가 약불로 줄여 뚜껑을 열고 약 2시간 동안 보글보글 끓인다. 강낭콩과 쌀밥이 익어갈 때 중간중간 맛을 보고 간을 맞춘다. 바닥이 눌어붙지 않도록 반드시 가끔씩 저어주어야 한다. 동시에 너무 졸아들지 않게 필요하면 물을 보충해주어야 한다. 콩이 부스러지면서 점점 소스가 걸쭉하게 되기 시작하며 크림처럼 될 것이다. 불을 끄기 20분 전에 콩의 약 ¼을 팬 옆면에 눌러 으깬다. 이제 핫소시지를 그릴에 올린다.
크림처럼 부드럽고 향이 풍부한 강낭콩과 쌀밥을 먹을 준비가 되면 잘 다진 파로 장식하고 핫소시지 2개와 함께 낸다.

### 집에서 만드는 핫소시지 패티

재료

- 기름진 돼지고기 간 것 1파운드(454g)
- 마늘 2쪽 간 것
- 카옌 후춧가루 1테이블스푼
- 막 갈아낸 흑후추 1티스푼
- 소금 1티스푼
- 월계수 잎 간 것 1티스푼
- 신선한 타임 1티스푼
- 파프리카 가루 1테이블스푼
- 설탕 꼬집으로
- 파 6뿌리 잘 다진 것

조리법

잘 섞어서 패티로 모양을 잡고 그릴에 굽는다.

로 치료했다. 소금에 절인 맛있는 고기 조각들을 요리할 때는 교회 자매들과 함께 철로의 황무지에 핀 민들레를 여러 다발 꺾어 넣었고, 아이들의 무릎이 까졌을 때는 톱니 모양의 다닥냉이 잎을 찧어서 상처 부위에 발라주었다. 나중에 루이는 어머니의 약초 치료제와 그가

20대 후반에 빠져들었던 마리화나의 심리적 효과가 거의 똑같다는 결론을 내렸다. 그의 아버지 윌리엄은 가족을 버렸고, 루이는 항상 바뀌는 남자들을 "새아버지"라고 불러야 하는 게 아주 이상하다고 생각하기 시작했다(매리 앤이 "새아버지들"이 입던 바지를 루이에게 주면 루이는 바짓단을 접어 올려 입으면서 제 딴에는 멋진 반바지를 입었다고 자부했다). 그리고 그는 "새아버지들" 중 한 명이 매리 앤에게 "검은 암캐"라고 소리를 지르는 걸 들었을 때 훨씬 더 이상하다고 생각했다. 그 "새아버지"는 주먹으로 그녀의 얼굴을 때려 수로에 넘어뜨렸다. 그러고는 뒤도 안 돌아보고 떠나버렸다. 루이는 울부짖었고, 그의 어머니는 얼굴에서 피를 흘리며 물속에 쓰러져 있었다.

뉴올리언스에서는 크리스마스와 새해 사이에 낀 영광스러운 날들을 기념하기 위해 엽총이나 권총—최대한도로 소음을 낼 수 있는 것이라면 무엇이든—을 쏘아대는 전통이 있었다. 루이도 이 관례를 거부하지 못하고 "새아버지"의 낡은 39구경 리볼버의 방아쇠를 당겼다가 컬러드 웨이프스 홈 포 보이스•라는 비참한 이름이 붙은 시설에 보내졌다. 처음에 그는 자신의 결백을 보여주기 위해 그토록 좋아하는 강낭콩까지 거부하면서 단식투쟁을 벌였지만 나흘째 되는 날이 한계였다. 그는 단식을 포기하고 음식을 먹었다. 마침내 열네 살 때 석방된 루이는 자신이 강낭콩 요리에 소질이 있다는 것을 깨닫게 된다. 그는 웨이프스 홈에 머물기를 원했지만, 석방되면서 친아버지와 새어머니의 "보살핌"을 받게 되었다. 친아버지와 그의 새 아내는 루

• Colored Waifs' Home for Boys: 유색 인종 소년 범죄자들을 위한 수감, 교화 시설.

이가 이복동생인 윌리와 헨리를 보살펴주고 그들에게 음식을 해주길 바랐다. 루이는 큰 솥에 쌀과 콩, 햄 혹을 넣고 요리를 했는데, 윌리가 진공청소기처럼 너무 많이 먹어치워서 자신이 먹을 게 거의 남지 않는다는 사실을 금세 알아차렸다. 루이는 응급조치를 취했다. 자기가 먼저 몰래 한 접시 먹고 난 후에 윌리와 헨리에게 식사를 하라는 벨을 울린 것이다. 윌리는 루이가 먹지 않자 이유를 물었다. 루이가 대답했다. "나는 요리사니까 음식이 솥에 있을 때 맛을 보고 싶어. 간이 제대로 됐는지 확인해야 하니까. 그래서 음식이 다 될 즈음엔 식욕이 별로 없는 거야." 루이는 윌리가 자신의 말에 속아 넘어가자 속으로 킥킥거렸다.

결국 루이는 따뜻한 어머니의 품으로 돌아가게 되었다. 그는 밤부터 다음 날 새벽까지 앙리 퐁스라는 별난 이름의 프랑스인이 운영하는 동네 싸구려 술집에서 자신의 코넷으로 블루스를 연주했다. 루이는 매리 앤이 만들어준 큼지막한 점심 도시락을 먹고 더 힘을 내 연주했다. 부족한 수입은 또 다른 직업을 통해 보충했다. 탄광회사 앤드루스 콜 야드(나중에 그는 〈콜 야드 블루스〉라는 곡을 만들었다)에 취직해 석탄 수레를 끈 것이다. 그는 점심시간에 저탄장에서 10센트짜리 맥주 한 잔과 군침 도는 대형 샌드위치를 먹으며 늙은 노름꾼들이 하는 이야기를 듣고 그들과 대화를 나누는 걸 정말 좋아했다. 비록 샌드위치에 들어가는 햄과 치즈가 얇은 건 불만이었지만. 그리고 작지만 기발한 사업 하나가 그의 수입에 보탬이 되어주었다. 그는 여동생 마마 루시와 함께 프론트오 타운의 큰 저택에서 나온 음식 쓰레기, 예컨대 반쯤 상한 닭고기나 오래된 빵, 상한 토마토 등을 뒤져 그중에서 먹을 만한 것들을 골라냈다. 그런 다음 어머니와 암스트롱 가문의 사람들과 함께 그것들을 끓여서 맛있는 소스를 얹어 상류층 식당에 내다 팔았다. 때로는 샌드위치나 한 끼 식사와 맞바꾸기도 했다. 경야經夜와 장례식에 참석하면 손으로 쉽게 집어 먹을 수 있는 음식을 언제라도 먹을 수 있었다. 루이는 장례식에 참석해 찬송가를 지휘한 다음 슬그머니 부엌으로 가서 공짜 커피와 크래커, 치즈로 배를 가득 채웠다. 또 때로는 톰슨 식당에서 설거지를 해주고 돈을 받거나 임금의 일부를 도넛이나 아이스크림, 크림 퍼프로 받았다. 당신은 이것이 언뜻 좋은 거래라고 생각할 수도 있지만, 몇 주가 지난 후에 루이는 크림 퍼프를 보기만 해도 속이 메스꺼워졌다.

매리 앤이 집에서 요리한 깊고 진한 크레올 검보•나 양배추, 밥이 도넛이나 장례식에서 먹는 고기보다 훨씬 더 맛있었다. 당신도 매리 앤이 만든 음식을 먹었다면 너무나 독창적이어서 다른 걸 더 먹고 싶다는 생각이 들지 않았을 것이다. 매리 앤이 너무 많이 먹어대는 자기 자녀들에게 "난파선의 승무원들"이라고 부른 것을 보면 그녀의 음식은 정말로 뭔가를 말하고 있었다. 그러나 매리 앤에겐 뚱뚱하고 "가난한 흑인들"이라면 누구나 먹는 소울 푸드에 대한 특별 치료제—밤마다 자기 전에 먹는 설사약, 다시 말해 자기 전의 "불순물 제거제"—가 있었다. 그녀는 설사약을 건네면서 이런 조언을 잊지 않았다. "아들, 항상 장이 막혀 있지 않아야 병에 걸리지 않아." 암스트롱은 평생 이 조언을 철석같이 따랐다. 루실이 루이에게 얼마나 완벽한 아내였는지는 그녀가 스위스 크리스Swiss Kriss라는 훌륭한 설사약을 권한 것만 봐도 알 수 있을 것이다. 루이는 편지를 끝맺을 때 썼던 "강낭콩과 쌀밥 올림"이라는 인사말에 "스위스 크리스"라는 인사말을 덧붙일 수밖에 없었다! 스위스 크리스는 그가 먹던 설사약보다 효과가 훨씬 좋아서 그로 하여금 "모터보트처럼 *분출하게*" 만들었다.

매리 앤은 장시간 힘들게 일했다. 루이의 표현에 따르면, "백인들의 마당에서 빨래하고 다림질하고 백인 아이들을 돌보면서" 너무 힘들게 일을 했다. 하지만 그 덕분에 자신의 자녀들이 먹는 것을 볼 수 있었으니까 고생한 보람이 있었다. 매리 앤은 루이의 손에 15센트를 쥐어주고 조셉 포이드라스스의 오래된 대농장에 들어서 있는, 치커리 냄새가 진동하는 포이드라스 야외 시장에 보내 메기 머리를 사오라고 시켰다. 그녀는 이 메기 머리를 넣고 쿠르부용••을 한 솥 크게 끓였다. 뉴올리언스 크리올 사람들의 방언으로는 이 생선 스튜를 쿠비용 cubie yon이라고 불렀다. 매리 앤은 여기에다 토마토소스를 추가하여 부드럽고 맛있고 솜털같이 가벼운 백미와 함께 내놓았다. 그녀는 가장 단순한 재료를 가지고도 놀라운 음식을 만들 줄 알았다. 그녀는 자테란 식료품점에 들러 쌀과 강낭콩, 큼지막한 붉은 양파, 쐐기 모양의 돼지 옆구리 위쪽 비곗살을 샀다. 그런 다음 스탈 빵집에 들러 5센트를 주고 오래된 빵을 몇 개 샀다. 이 재료들을 전부 넣고 진하고 향이 좋은 그레이비를 만들면 한 블록 밖에서도 그 냄새를 맡을 수 있었다.

---

• Creole gumbo: 고기나 새우 등에 각종와 쌀을 넣어 만든 걸쭉한 수프. 크레올 요리는 미국 남부 지방의 노예와 프랑스 귀족들의 음식이 합쳐진 뉴올리언스 스타일을 지칭하며 프랑스 요리와 흑인 요리가 조화를 이룬 맛이다.

•• court bouillon: 식초에 백포도주, 향신료, 채소, 물 등을 넣고 끓인 국물로 생선 등을 삶는 데 이용된다.

그녀는 루이에게 그들 가족이 좋아하는 음식을 만드는 법을 가르쳐 주었다. 조개 냄새가 진하게 풍기는 전설적인 크레올 검보에서부터 맛좋은 분홍색 볼로냐 소시지 덩어리와 굴, 껍질이 두꺼운 게와 새우가 가득한 잠발라야[●], 거기에 밥을 달고 촉촉하게 만들어주는 토마토 소스까지. 루이는 자신 있게 말했다. "만일 당신이 매리 앤의 잠발라야를 맛보고 나서 당신의 손가락을 빨지 않는다면, 내가 성을 갈겠습니다."

### 잠발라야

재료

- 기름 3테이블스푼
- 새우 1파운드(454g) 껍질 벗기고 내장 뺀 것
- 게살 ½파운드(227g)
- 굴 6개
- 볼로냐 소시지 ¼파운드(113g) 두툼한 덩어리로 자른 것
- 기름진 피시 스톡 1컵
- 양파 큰 것 1개 다진 것
- 훈제 햄 ½파운드 주사위 모양으로 썬 것
- 완숙 토마토 5개 다진 것
- 셀러리 2대 다진 것
- 샬롯 3개 다진 것
- 피망 1개 다진 것
- 다진 파슬리 3테이블스푼
- 월계수 잎 2장
- 말린 오레가노 2티스푼
- 타바스코 핫소스 1티스푼
- 크레올 양념 1티스푼
- 말린 타임 ½티스푼
- 마늘 6쪽 다진 것
- 쌀밥 2컵
- 소금과 막 갈아낸 흑후추

● Jambalaya: 고기, 해산물, 채소 등 다양한 재료를 넣고 볶다가 쌀과 육수를 붓고 끓여 만드는 미국 남부의 쌀 요리이다.

**조리법** 바닥이 두꺼운 팬에 기름을 두르고 중불에 양파를 볶아 금빛 나는 갈색을 띠게 만든다. 햄을 더해 갈색이 되게 볶는다. 이제 밥 두 컵, 게살, 새우, 굴을 제외한 남아 있는 재료들을 전부 넣고 뚜껑을 덮어 약불에 3시간가량 끓인다. 잠발라야가 너무 마르지 않도록 가끔씩 저어주기를 잊지 말아야 한다. 3시간이 지나면 새우, 게살, 굴을 넣는다. 4분 동안 익힌 다음 쌀밥을 넣고 완전히 저어주며 밥을 데운다. 그릇에 낸다.

## 크레올 양념

**재료**

- 달콤한 붉은색 양파 2 ½테이블스푼
- 마늘 가루 1테이블스푼
- 양파 가루 1테이블스푼
- 말린 이탈리안 바질 1테이블스푼
- 말린 오레가노 1테이블스푼
- 말린 타임 ½테이블스푼
- 간 흑후추 ½테이블스푼
- 백후추 ½테이블스푼
- 카옌 후추 ½테이블스푼
- 셀러리 씨 ½테이블스푼

**조리법** 볼에 모든 향신료를 함께 넣고 다른 말린 향신료들처럼 저장하면 된다.

## 해산물 검보

**재료**

- 해바라기유 1테이블스푼
- 중력분 1테이블스푼
- 녹색 피망 1개 잘 다진 것
- 녹색 셀러리 3대 잘 다진 것
- 큼직한 양파 1개 잘 다진 것
- 마늘 4쪽 간 것
- 토마토퓌레 ½테이블스푼
- 큼직한 토마토 2개 씨를 제거하고 주사위 모양으로 썬 것
- 오크라 ½파운드(227g) 다진 것. 오크라는 정말이지 채소를 가장한 접착제 관이니 흘러내리는 끈끈한 액체에 놀라지 않기 바란다. 이것이 당신의 검보를 걸쭉하게 한다.
- 양질의 피시 스톡 1파인트(568ml)
- 월계수 잎 3장
- 크레올 양념 믹스 ½테이블스푼
- 카옌 후춧가루 1티스푼
- 막 갈아낸 흑후추
- 신선하고 작은 크기의 새우, 껍질 벗기고 내장 제거한 것 ½파운드
- 신선한 게살 ¼파운드(113g) 갈색 살과 흰 살 모두
- 굴 6개 바로 껍질 벗겨 육즙과 함께 둘 것
- 루이지애나 핫소스*

**조리법** 크고 무거운 냄비에 기름을 두르고 거의 연기가 날 때까지 달군 다음 밀가루를 넣는다. 초콜릿과 같은 갈색 루의 형태가 될 때까지 계속 저어준다. 5분 정도 걸린다. 양파, 피망, 셀러리, 마늘을 넣는다. 끈끈하고 맛있는 루를 팬의 바닥에서 긁어내며 재료들이 루와 같이 섞이게 한다. 이제 토마토퓌레와 토마토를 넣는다. 이것을 루와 함께 10분간 익힌다. 검보의 멋진 점은 요리의 각 단계마다 향이

* Louisiana hot sauce: 타바스코 핫소스와 같이 시판되고 있다.

나고 새로운 단계마다 한 겹 한 겹 풍미를 음미할 수 있다는 것이다. 가슴 가득 "큰 입"의 어린 시절을 들이마신다. 아… 그런 다음 월계수 잎, 크레올 양념, 카옌 후춧가루를 넣고 소금, 후추로 간을 한다. 향신료들을 루 안에서 10분간 더 놓아둔다. 오크라를 더하고 10분간 조리한다. 이제 피시 스톡을 천천히 따르며 계속 저어준다. 당신의 검보 베이스가 끓을 때까지 두었다가 불을 줄여 25분간 은근히 보글보글 끓인다. 새우, 굴, 굴즙을 넣는다. 3분 뒤에 게살을 추가한다. 이제 검보를 먹을 준비가 되었다. "큰 입"이 말하길 뉴올리언스 검보는 천마일 멀리 떨어진 곳에서조차 "생각만 해도 내 커다란 입에 침이 고이게 한다"고 했다. 루이지애나 핫소스를 한 번 끼얹어주고 보슬보슬한 흰 쌀밥 위에 얹어 낸다.

## 프랭크 시나트라

FRANK SINATRA

1915~1998. 미국의 가수, 영화배우. 1940년대부터 스탠더드 팝 음악을 했고 20세기 미국 대중음악을 대표하는 아티스트 중 한 명으로 손꼽힌다.

프랭크에게 음식은 향수鄕愁이자 우정, 로맨스이며 그를 지배하는 것이었다. 그는 어느 매춘부의 벌거벗은 가슴 위에 햄과 달걀을 올려두고—나이프와 포크를 이용해—먹은 것으로 알려져 있다(훨씬 더 그럴듯한 이야기는 평생 거의 매일 브런치로 베이컨과 달걀, 토스트를 즐겼다는 것이다). 그러나 훌륭한 신인 발굴 스카우트인 스위프티 라자의 모자를 훔친 다음 수란과 함께 모자를 대접함으로써 스위프티와 그의 모자를 다시 만나게 해준 이야기로 험프리 보가트의 실소를 자아내기도 했다.

프랭크 시나트라는 훌륭한 이탈리아 요리를 위해서라면 영혼까지 팔 사람이었다. 그는 어머니 돌리 시나트라가 해준 링귀니를 먹으며 자랐다. 그녀는 저지 시티의 지역 정치에 참견하길 좋아했고, 밤에는 호보켄에서 불법 낙태시술자의 검은색 가방—그녀의 별명은 '모자 고정용 핀 돌리'였다—을 들고 생각나는 대로 떠들었다. 돌리는 꽤나 괴짜였다. 입이 거칠고 고집이 센 데다 깊이 생각하기보다는 일단 저지르고 보는 타입이었다. 결혼식에서 타란텔라• 춤을 추길 좋아했고, 뉴저지에서 열린 장례식에 참석할 때는 유가족을 위로하기 위해 소시지 요리를 들고 갔다.

돌리는 집에서 스파게티로 프랭크를 홀렸고, 주말이면 맛있는 '크리스페디'를 만들었다. 크리스페디는 밀가루 반죽 부풀린 것을 기름에 튀겨 설탕을 뿌린 이탈리아 요리로 휴일이나 축제 때 이웃 주민들에게 나눠주었다. 그러나 단연 으뜸은 캐러멜 같은 머랭 거품이 십자무늬를 이루며 얹혀 있는 돌리의 레몬 머랭 파이였다.

글을 모르는 소방관 아버지 마티와 돌리는 둘 다 훌륭한 요리사였다. 두 사람은 프랭크에게 요리하는 법을 가르쳐주었다. 프랭크가 애정을 듬뿍 담아 떠올린 아버지는 요리용 화덕 앞에 앉아 있는 모습이었다. 아버지는 땀에 젖은 얼굴로 어깨 너머로 수건을 던졌다. 시칠리아에서 태어난 마티는 뇨키••를 만드는 솜씨가 훌륭했고, 프랭크의 파티를 위해 요리하는 걸 좋아했다. 요리가 끝나면 마티는 소박하고 겸손한 남자로 돌아가 구석에 말없이 앉아 프랭크의 친구들이 자신이 만든 음식을 먹는 걸 뿌듯하게 바라보았다. 돌리는 이탈리아 북부의 제노바 근처에서 파스타를 만들기 위해 진홍색 "그레이비"를 큰 솥에서 깊은 맛이 날 때까지 몇 시간 동안 천천히 끓였다. 마피아 건

---

• tarantella: 이탈리아의 민속춤. 경쾌하고 빠른 스텝과 파트너들 사이에 희롱하는 듯한 동작이 특징이다.

•• gnocchi: 버터와 치즈에 버무린 감자 수제비.

## 크리스페디

이 맛있는 한입거리는 짭짤한 것과 단 것 두 가지 형태가 있고, 안초비나 리코타 치즈로 속을 채운다.

**재료**

**해바라기유 튀김용**

- 중력분 1파운드(454g)
- 따뜻한 물 ½컵
- 생이스트 1온스(28g)
- 올리브 오일 1 ½테이블스푼
- 설탕 ¼티스푼
- 소금 꼬집으로

**짭짤한 크리스페디**

- 절인 안초비 잘 다진 것 6마리
- 모짜렐라 치즈 작은 덩어리 6개
- 펜넬 씨 또는 오레가노 씨 말린 것
- 약간의 다진 딜

**달콤한 크리스페디**

- 리코타 치즈 ½파운드(227g)
- 설탕 4온스(113g)
- 오렌지 반 개 껍질 간 것
- 설탕에 절인 과일 껍질 1테이블스푼
- 바닐라 에센스 ¼티스푼
- 등화수 ¼티스푼
- 슈가파우더 장식용

**조리법**

볼에 따뜻한 물을 넣고 생이스트를 푼다. 거품이 생길 때까지 10분간 따뜻한 곳에 둔다. 밀가루 ½컵을 체에 쳐 볼에 내리고 설탕, 물, 이스트를 넣고 가볍고 묽은 반죽이 되도록 섞는다. 따뜻한 곳에 두어 1시간 동안 부풀어 오르게 한다.

1시간이 지나면 부풀어 오른 촉촉한 반죽을 꺼내 남은 밀가루와 혼합한다. 조심스레 따뜻한 물, 올리브 오일, 소금을 추가한다. 이제 유연하고 탄력이 생길 때까지 반죽을 치댄다. 기름칠을 한 볼에 넣고 밀봉해 따뜻한 곳에서 부풀어 오르도록 3시간 더 둔다.

크리스페디 속을 준비한다. 볼에 다진 안초비와 다진 모짜렐라 치즈를 섞는다. 약간의 오레가노 또는 펜넬 씨 한 꼬집과 다진 딜 약간을 추가해 그대로 둔다.
볼에 리코타 치즈, 설탕, 오렌지 껍질, 바닐라, 등화수, 설탕에 절인 과일 껍질을 넣고 섞는다.
도우가 두 배로 부풀어 오르면 손에 기름을 살짝 바르고 도우를 나눠 작은 달걀 크기의 공 모양으로 빚는다. 전통적으로 직사각형 모양의 크리스페디에는 안초비를 넣고 둥근 모양의 크리스페디에는 달콤한 리코타 치즈를 넣는다.
안초비 크리스페디를 채우려면 직사각형 모양의 반죽을 집어 납작하게 펴고 안초비 속을 채운다. 가장자리를 약간의 물로 적셔서 봉한다. 모양을 잘 잡는다. 같은 식으로 리코타 치즈를 속에 넣은 원형 크리스페디를 빚는다. 크리스페디의 겉면에 가볍게 밀가루를 뿌리고 마른 행주로 덮은 뒤 1시간 동안 따뜻한 곳에 둔다.
시간이 지나면 바닥이 무거운 프라이팬에 2.5~3cm 깊이로 해바라기유를 채워 가열한다. 크리스페디를 한 번에 두 개씩 뜨거운 기름에 던져 넣고 사랑스러운 옅은 꿀 빛깔의 갈색이 나게 고르게 튀겨지도록 뒤집어준다. 구멍이 있는 스푼으로 건져 키친타월에 올려 기름을 뺀다. 리코타 크리스페디는 슈가파우더를 살짝 뿌리고, 안초비 크리스페디는 소금과 후추로 간한다.

달들과 프랭크의 친구들, 예를 들면 식당을 경영하면서 보디가드로도 일하는 에르메니길도 "질리" 리조 같은 친구들은 눈을 동그랗게 뜨고 돌리의 팔꿈치를 밀치며 그녀 옆을 어슬렁거리다가 그녀가 만든 그레이비에 빵을 담갔다. 통 크게도 돌리는 질리(그녀는 그를 "얼간이"이라고 불렀다)가 솥 밖에 있는 그레이비를 먹었다고 혀를 찼다. 돌리는 심지어 무시무시한 마피아 보스 샘 지안카나를 위해서도 요리를 해주었다(내친김에 덧붙이자면, 몇 년 후에 샘 지안카나는 총을 든 갱들에게 살해당했다. 당시 그는 간식으로 먹을 소시지와 시금치를 직접 튀기고 있었다).

프랭크의 참을성 많은 첫 번째 아내 낸시 바르바토는 돌리보다 훨씬 점잖은 사람이었다. 그녀는 스파게티와 레몬 파이로 프랭크에게 앉아서 누릴 수 있는 아늑한 즐거움을 주려고 애썼다. 그녀는 눈에 띌 정도로 검소했고 가족에게 헌신적이었다. 형편이 어려울 때는 너무 비싸서 살 수 없는 고기를 스파게티 소스에서 빼기도 했다. 눈에 띄지 않고 누구의 입에도 오르내리지 않은 채 뒤에서 말없이 프랭크와 그의 친구들에게 스파게티를 만들어 내놓던 낸시는 작은 이탈리아 주부라고 무시당했다. 일단 그가 그녀에게 흥미를 잃자 그녀는 부부관계를 되돌리기 위해 그를 유혹하고 에바 가드너의 품에서 그를 떼어놓기 위해 집에서 만든 스파게티 소스(돌리의 가르침에 따라 성욕을 일으키는 사랑의 묘약처럼 제조되었다)를 항상 냉장고 안에 넣어두었다.

결국 낸시는 프랭크와 이혼하는 데 동의했다. 그러자 돌리와 마티는 기다렸다는 듯 아름답고 직설적인 에바 가드너를 저녁식사에 초대했다. 그들은 프랭크가 자기들을 위해 호보켄에 사준 집으로 그녀를 초대했다. 에바는 처음으로 진짜 시나트라 가족과 식사를 한 그때의 경험을 두고두고 잊지 못했다. 그 집에는 따스함과 인생, 웃음과 즐거움이 넘쳤다. 그들과 함께 살고 있는 늙은 삼촌이 어디선가 불쑥 나타났고, 풀을 잘 먹인 커다란 흰 천이 마치 신부를 기다리듯 널찍한 침대들 중 한 침대에 씌워져 있었다. 천 위에는 돌리와 마티가 손으로 만든 아직 요리하지 않은 수십 개의 작은 라비올리 파스타가 곳곳에 놓여 있었다. 돌리의 믿기 힘든 이탈리아 음식은 에바를 매료시켰다. 그녀의 표현에 따르면 "살면서 한 번도 맛보지 못했던 치킨 … 밀가루 반죽에 들어 있는 작고 훌륭한 고기들, 그리고 상상할 수 있는 이탈리아의 거의 모든 맛있는 음식들"이었다.

심지어 프랭크는 그들의 다툼을 음식으로 풀 줄도 알았다. 프랭크의 뉴욕 공연 도중 한 차례 격렬한 언쟁이 오고간 뒤 에바가 밖으로 뛰쳐나갔다. 그녀는 프랭크가 옛 연인의 이름을 혼자 흥얼거리자 질투심에 휩싸여 그를 비난했다. 끝내 에바는 뉴욕을 가로지르며 춥고 습한 기차를 타고 배회하다가 흠뻑 젖고 넋이 빠진 채로 집에 돌아왔다. 집에서는 프랭크가 애를 태우며 그녀를 기다리고 있었다. "에그 샌드위치?" 그가 물었다. 그녀는 묵묵부답이었다. 프랭크는 더 묻지 않고 말없이 가스레인지 위에 프라이팬을 올린 다음 올리브 오일 한두 숟가락을 데우고 눈처럼 하얀 빵 한 조각을 놓았다. 그런 다음 올리브 오일 속으로 달걀 하나를 떨어뜨리고 소금과 후추를 친 다음 구운 빵 사이에 달걀을 끼웠다. 그는 큰 잔에 가득 따른 우유를 샌드위치와 함께 그녀에게 건네며 그녀가 집에 와서 기쁘다고 말했다. 에바는 에그 샌드위치를 한 입 가득 베어 물며 고개를 끄덕였다.

비록 프랭크와 에바는 항상 싸웠고, 서로 상대에게 저주를 퍼붓고 나면 극적으로 화해했지만, 돌리는 두 사람이 헤어지지 않도록 도와야겠다고 결심했다. 돌리는 에바에게서 자신과 비슷한 모습을 보았다. 실제로 돌리는 프랭크와 에바의 유명한 싸움 중 하나를 자신의 그레이비를 통해 해결했다. 돌리는 두 사람을 초대해 아늑하고 친숙한 이탈리아 음식을 대접했다. 에바와 프랭크는 만나서 두말할 나위 없이 반가웠지만, 둘 다 입을 다물고 있었다. 돌리는 두 사람을 부엌으로 불렀고, 두 사람은 돌리를 가운데 두고 양옆으로 섰다. "이거 맛 좀 봐." 그렇게 말하면서 돌리는 큰 숟가락으로 그레이비를 퍼서 두 사람에게 차례로 건넸다. 그들은 그레이비를 맛보더니 웃기 시작했고 서로 껴안았다. 그런 다음 두 사람은 돌리까지 꽉 끌어안았다.

## 레드 그레이비

당신의 결혼생활이 파탄 직전이라면 레드 그레이비를 시도해보라…

**재료**

**브라치올라• 재료**

- 얇은 찌개용 살코기 2파운드(907g), 1인분 스테이크 크기로 각각 잘라놓은 것
- 이탈리안 파슬리 잘 다진 것 2테이블스푼
- 신선한 바질 찢은 것 2테이블스푼
- 마늘 4쪽 간 것
- 파마산 치즈 곱게 간 것 6테이블스푼
- 다진 건포도와 잣 4테이블스푼
- 소금
- 막 갈아낸 흑후추

**레드 그레이비 재료**

- 올리브 오일
- 돼지 갈비 잘라서 조각낸 것
- 이탈리안 소시지: 펜넬 씨와 레드 와인으로 맛을 낸 종류로 6개
- 양파 2개 잘 다진 것

• Braciole: 고기·야채 따위의 소를 싸는 얇게 썬 고기로 흔히 포도주에 담가 조리한다. 스테이크 롤을 말한다.

- 셀러리 2대 잘 다진 것
- 마늘 6쪽 간 것
- 토마토퓌레 2테이블스푼
- 다진 토마토 통조림 3개
- 말린 오레가노 1티스푼
- 말린 칠리 가루 1티스푼
- 레드 와인 넉넉하게 2잔
- 진한 비프 스톡 또는 치킨 스톡 2컵
- 물 2컵
- 꿀 1테이블스푼
- 월계수 잎 4장

**미트볼 재료**

- 소고기 간 것 2파운드(907g)
- 리코타 치즈 1컵
- 파마산 치즈 간 것 ½컵
- 달걀 1개
- 우유 ¼컵
- 신선한 빵가루 ¾컵
- 신선한 바질 찢은 것 2테이블스푼
- 소금 1티스푼
- 막 갈아낸 흑후추
- 파스타

**조리법** 브라치올라부터 만들기 시작한다. 스테이크를 나무망치로 두드려 고기를 부드럽게 한다. 스테이크에 자유롭게 파슬리, 바질, 마늘, 파마산 치즈, 건포도, 잣을 뿌린다. 소금과 후추로 간한다. 각각의 스테이크를 단단히 말고 롤마다 이쑤시개나 실 한 오라기로 묶어 롤이 풀리지 않게 한다.

크고 깊은 팬에 올리브 오일을 둘러 달군 뒤 브라치올라, 돼지 갈비, 이탈리안 소시지를 가지런히 놓고 갈색이 되게 굽는다. 금빛을 띠면 팬에서 꺼낸다. 이제 불을 줄이고 양파와 셀러리를 넣는다. 기름진 금빛이 돌 때까지 볶는다. 간 마늘, 말린 칠리 가루, 오레가노를 넣는다. 토마토퓌레를 넣어 어두운 색을 낼 때까지 저어준다. 이제 토마토, 비프 스톡, 레드 와인을 넣는다. 꿀을 넣어 섞고 월계수 잎을 추가한다. 물을 가득 붓는다. 돼지 갈비, 소시지를 넣고 그레이비가 보글보글 끓는 상태로 2시간 동안 익힌다.
다음으로 미트볼을 만든다. 볼에 간 소고기, 리코타 치즈, 파마산 치즈, 달걀, 우유, 빵가루, 바질, 소금, 흑후추를 섞는다. 이것을 5cm 공 모양으로 빚는다.
그레이비를 2시간 동안 끓이고 나면 미트볼을 넣는다. 30분 더 뭉근히 끓인다. 20분쯤 지났을 때 적당한 양의 물에 파스타를 알덴테 상태가 되도록 삶는다. 이것을 개인접시에 내는데 버터를 바르고 레드 그레이비를 한 스푼 가득 넣어 섞는다. 마지막으로 소시지, 갈비, 미트볼을 그레이비에서 건진다. 이것들을 접시에 올린다. 그레이비에 한 주먹 가득 찢은 바질을 넣는다. 파스타, 고기, 레드 그레이비를 3개의 접시나 볼에 낸다.

프랭크는 너무 삶아서 축 늘어진 파스타나 토마토케첩 한 방울에도 쉽게 격분했다. 어린 시절 친구 매티 조던이 로스앤젤레스에서 운영하던 이탈리아 식당 마테오스에서 축 늘어진 파스타를 먹은 프랭크는 주방으로 뛰어 들어갔다. 그는 미친 듯이 두리번거렸고, 그 모습에 깜짝 놀란 필리핀 주방장을 향해 고함을 질렀다. "이탈리아 사람들은 다 어디 간 거요?" 분이 풀리지 않은 그는 위층으로 쏜살같이 뛰어 올라가 자신의 파스타 접시를 벽에 집어던졌다. 그는 식당을 나가면서 토마토소스에 손가락을 푹 담그더니 그 손가락으로 '피카소'라고 서명을 했다(마음씨 착한 매티는 나중에 이 서명을 액자에 넣었다). 반면 하위라는 이름의 중국인 주방장이 요리를 담당하는 질리의 식당에서 나오는 음식은 덜 불만스러웠다. 밤늦게 배에서 꾸르륵 소리가 나면 프랭크는 평소 질리가 주방에서 하위와 의사소통을 할 때 사용하는 깔때기를 움켜쥐고 고함을 쳤다. "하위! 음식 좀 올려 보내줘." 그러나 돌아오는 대답은 언제나 "풋유●, 미스터 시나트라!"였다. 프랭크는 그 말이 재미있어서 이렇게 되받아쳤다. "하위, 당신도 풋유!"

프랭크는 이탈리아 음식의 순수하고 믿을 만한 맛을 사랑했지만, 분장실에는 항상 비상용으로 그가 좋아하는 캠벨 치킨수프 통조림과 밥을 비치해두었다. 그는 기회가 있을 때마다 가장 가깝고 사랑하는 사람에게 이탈리아 음식을 대접했다. 주디 갈런드가 라이자 미넬리를 출산하기 위해 한창 애를 쓰고 있던 바로 그 순간에도 프랭크는 모든 사람들에게 피자를 시켜주기로 결심했다. 하지만 그는 마늘이라면 질색했다. 지나 롤로브리지다는 〈네버 소 퓨Never So Few〉 촬영장에서 생마늘을 먹은 이유는 시나트라가 자신한테 함부로 키스를 하지 못하게 하기 위해서였다고 말했다. 프랭크는 자신이 마늘을 두려워하는 이유가 어렸을 때 감기 증세가 있으면 돌리가 마늘 한 접을 자기 목에 감아주었기 때문이라고 했다. 그렇지만 그는 맛을 내는 데는 마늘이 꼭 필요하다는 걸 알고 있기 때문에 음식의 맛을 내기 위해 어쩔 수 없이 마늘을 사용했지만, 그렇게 맛을 낸 다음에는 완성된 음식에서 마늘을 일일이 골라냈다.

매춘부와 카드 게임이 넘쳐나던 번화가의 밤이 평정을 되찾는가 싶더니 로스앤젤레스 체이슨 식당의 술에 취한 만찬으로 이어졌다. 마티니에 싫증이 난 딘 마틴은 바텐더에게 자신의 미뢰를 자극할 수 있

---

● Fut you: 'fuck you'라는 욕설을 중국식 억양으로 내뱉고 있다.

는 뭔가 새로운 것을 즉석에서 만들어달라고 했고, 그렇게 해서 탄생한 것이 얼음과 보드카, 티오페페[•]를 맛있게 섞고 불에 구운 오렌지 껍질로 마티니 잔 둘레를 문지른 "사랑의 불꽃"이라는 마티니였다.

친구들과 밤새 한바탕 난리를 피우고 나면 다들 지친 데다 너나 할 것 없이 입에서 스카치와 담배 냄새가 진동했지만, 프랭크는 그토록 좋아하는 잭 다니엘스의 취기를 떨쳐버리면서 새벽 서너 시에 자신의 특제 파스타 요리를 만들곤 했다. 그는 큰 솥에 물을 붓고 가스레인지 위에 올린 다음 소금을 쳤다. 그런 다음 물이 끓으면 파스타를 넣었다. 물이 불투명해질 때까지 계속 끓이면 파스타가 쫄깃쫄깃해졌다. 그때 파스타에서 물기를 빼고 달걀 두 개를 깨 파스타에 넣고 휘휘 저었다. 따뜻한 파스타 때문에 달걀이 익으면 파마산 치즈를 곱게 갈아서 넣고, 올리브 오일, 후추, 소금도 조금씩 넣었다. 딘 마틴이 배가 고프다고 하면 프랭크는 딘 마틴이 가장 좋아하는 것—그는 그 음식을 파줄fajool이라고 불렀다—을 뚝딱 만들어주었다. 간단히 말해 파줄은 콩과 토마토, 엘보 마카로니로 만든 파스타 파지올리였다. 두 사람은 파줄을 게 눈 감추듯 먹어치웠다.

프랭크 시나트라는 암흑가와의 관계를 비롯해, 여자, 음악, 음식까지 뭐든지 한번 빠지면 도가 지나칠 정도로 빠져들었다. 그런 일에는 자신의 재능—물론 그의 다이아몬드는 미아 패로를 감동시키기보다는 어리둥절하게 만들었지만—을 조금도 아끼지 않았다. 1966년도 예외가 아니었다. 프랭크의 친구 루스 고든은 팜 스프링스에서 점심

• Tio Pepe: 화이트 와인에 브랜디를 섞은 술.

## 파스타 파지올리

**재료**

- 바를로티빈 8온스(227g)
- 엘보 마카로니 4온스(113g)
- 판체타 4온스
- 셀러리 1대 잘 다진 것
- 토마토 4개 껍질 벗기고 씨를 제거해서 다진 것
- 양파 1개 잘 다진 것
- 마늘 2쪽 반 자른 것
- 올리브 오일 3테이블스푼
- 드라이 화이트 와인 1잔
- 치킨 스톡 2컵
- 신선한 바질
- 소금
- 막 갈아낸 흑후추
- 막 간 파마산 치즈

**조리법** 마른 콩을 하룻밤 물에 담가두었다가 끓는 물에 1시간 반 동안 삶는다. 밑이 깊은 소스팬에 올리브 오일을 둘러 데우고 판체타, 양파, 셀러리, 마늘을 볶는다. 프랭크 시나트라의 방식에 충실하게 마늘을 팬에서 건져 낸다. 이제 토마토와 화이트 와인을 추가한다. 물기를 뺀 콩을 넣고 치킨 스톡을 부은 뒤 콩의 일부를 팬의 옆면에 눌러 으깨면서 20분간 조리한다. 이제 파스타를 넣고 알덴테 상태가 되도록 10~15분간 더 익힌다. 그릇에 내기 몇 분 전에 바질 잎을 찢어 넣고 저어준다. 소금과 후추로 간한다. 파마산 치즈를 뿌린다.

을 먹으며 햄버거에 딸려 나오는 양파 한 조각을 주문했다. "여기 양파는 별다른 게 없어." 프랭크가 말했다. "마우이 버거를 먹어봐." 루스는 마우이 버거에 대해서는 들어본 적이 없었다. "세상에!" 프랭크는 탄식을 내뱉더니 자리를 떴다. 그는 루스 때문에 화가 났을까? 그럴 리가. 그는 몰래 나가서 하와이에서 들여온 양파를 주문했다. 곧 양파가 나왔고, 모든 사람이 점심으로 마우이 양파를 먹었다. 심지어 미아 패로조차도 마우이 양파에 깊은 인상을 받았다. 하지만 그녀는 끝도 없이 이어지는 시나트라의 골프 이야기에 싫증이 났다. 그녀가 프랭크 시나트라를 공식적으로 만난 건 열아홉 살 때였다. 당시 그녀는 시나트라 앞에 가방을 떨어트렸는데, 그 바람에 그녀가 기르던 고양이를 위해 들고 다니던 이유식 병과 그녀의 치아 고정 장치, 그리고 말을 찍은 사진들이 바닥에 쏟아졌다. 하지만 사실 그녀가 그를 처음 만난 건 그녀가 열한 살 때였다. 당시 시나트라는 그녀의 아버지 존 패로와 비벌리힐스의 유명한 식당 로마노프스에서 식사를 하고 있었다. "예쁜 아가씨군요." 시나트라가 말했다. 그 말에 존 패로가 대답했다. "그 아이 곁에 얼씬거리지 말아요." 그러나 열아홉 살 때 미아의 치아 고정 장치를 주워주자마자 시나트라는 팜 스프링스에 있는 자신의 독신자용 아파트로 그녀를 데려갔다. 그녀는 고양이를 겨드랑이에 끼고서 아파트를 둘러보다가 풀장 옆에서 율 브리너가 울고 있는 한 여자와 있는 걸 보고 흠칫 놀랐다(시나트라의 요리사도 자신의 못된 남편 때문에 꽤 자주 울곤 했다).

프랭크가 세 번째 아내 미아와 결혼했을 때 음식에 관한 한 상황은 훨씬 더 절망적으로 보였다. 미아는 음식에 그다지 관심이 없었고, 돌리는 이 결혼이 파국에 이를 수밖에 없음을 직감했다. 그녀는 에바에게 말했다. "이 결혼은 말이 안 돼. 걔는 먹지를 않아…. 오래 못 갈 거야. 두 사람이 교회에서 결혼식을 올리지 않아 다행이지." 프랭크의 하객들도 소심하고 조용한 그의 신부 때문에 당황했다. 그녀는 간호사처럼 길고 하얀 스타킹을 신고 결혼식에 나타났다. 그럼에도 돌리는 결혼 피로연에서 쇠고둥(큰 바다 달팽이로, 보통 마리나라 소스를 발라 나온다)과 스칼로피네(송아지 커틀릿으로, 얇게 저민 송아지고기를 양념이 된 밀가루를 살짝 입히고 버터에 튀긴 다음 레몬주스를 조금 뿌린다), 허기를 채워줄 소시지 뇨키, 속을 채운 초록색 라자냐 면 등 자신의 요리를 과감히 선보였다. 결혼 전에 프랭크는 팜 스프링스에서 자신이 스파게티 소스를 만들 때는 간섭하지 말고 한쪽으로 비켜서 있으라고 요리사 엘시에게 요구했고, 미아는 그 옆의 의자에 앉아 감자튀김을 먹고 있었다.

# 우디 거스리

WOODY GUTHRIE

1912~1967. 미국의 포크송 싱어송라이터이다. 대공황에 고통받는 노동자의 감정을 노래했다. 밥 딜런에게 영향을 끼쳤다.

언뜻 보면 우디 거스리의 어린 시절은 평온한 미국 전원생활의 모든 요소를 갖추고 있는 듯했다. 그는 오클라호마의 훌륭한 집에서 사랑이 넘치는 부모님과 발랄하고 쾌활한 형제자매들과 함께 자랐다. 그러나 그의 아버지 찰리는 위험한 사업—토지매매—을 하고 있었고, 끔찍한 그림자가 그의 가족을 막 덮치려고 하는 참이었다. 헌팅턴 무도병은 유전이 되는 퇴행성 정신병이고 치매로 이어지기도 하는데, 그 시한폭탄이 우디의 어머니 노라의 머릿속에서 째깍거리기 시작한 것이다.

처음은 화재였다. 거스리 가족의 훌륭한 새 집이 화재로 무너져 내렸다. 가족 중에 불에 타 죽은 사람은 없었지만, 방에서 방으로 빠르게 옮겨붙은 불로 집은 거의 잿더미만 남았다. 그 화재와 노라의 이상한 행동을 연결 짓는 소문이 나돌았다. 우디는 자신의 아름다운 어머니가 우울증 속으로 가라앉는 모습을 지켜보았다. 그녀의 목소리는 잠잠해졌고, 더 이상 그가 좋아하는 민요를 불러주지 않았다. 거스리 가족은 이상하게 생긴 집으로 이사했다. 그 집의 높은 베란다에 올라가면 선로의 먼지투성이 길과 전에 그곳에 살았던 사람들이 남기고 간 코담배 깡통이 마치 찌그러진 양철로 만든 박쥐처럼 서까래에 일렬로 늘어서 있는 게 보였다. 새 집에서 그들의 첫 번째 식사를 만들기 위해서는 온 가족이 힘을 합해야 할 것만 같았다. 비록 우디의 사랑스럽고 재미있는 누나 클라라는 요리용 화덕이 말을 안 듣고 낡은 데다 다 망가졌다고 불평했지만, 어린 우디는 비프스테이크와 그레이비, 옥수수 가루를 입혀 기름에 튀긴 초록색 오크라 롤빵, 녹인 버터가 중간에 풍부하게 들어 있는 뜨거운 비스킷을 맛보았다. 마무리는 늘 복숭아였다. 그 집에는 남들이 모르는 복숭아가 더 있었다. 우

## 옥수수 가루를 입힌 오크라

재료

- 오크라 깍지 1파운드(454g) 조각낸 것
- 버터밀크 ¼컵
- 옥수수 가루 ¼컵
- 중력분 ¼컵
- 양파 또는 마늘 가루 1티스푼
- 소금과 흑후추
- 베이컨 기름 3테이블스푼

조리법

오크라에 소금과 후추를 뿌리고 버터밀크에 담근다. 오크라를 건져 옥수수 가루와 밀가루를 섞어 간을 한 데에다 굴린다. 프라이팬에 베이컨 기름을 녹이고 오크라가 금빛이 될 때까지 굽는다. 종이타월에 놓고 기름을 뺀 다음 접시에 낸다.

디는 거미줄로 가득한 지하실에서 황갈색 복숭아가 들어 있는 병들을 발견했다. 우디는 병에서 줄줄 흘러나오는 복숭아즙을 실컷 먹었다. 그러나 시간이 흘러도 비극은 피할 수 없었다. 헝클어진 머리를 한 새 친구와 함께 지하실에서 손가락에 묻은 끈적끈적한 복숭아즙을 쪽쪽 핥아 먹고 있을 때 친구가 우디에게 이렇게 물었다. "애들이 그러는데, 너희 엄마가 미쳐서 새 집에 불을 질러 홀랑 태웠다며? 맞아?"

두 번째도 불이었다. 등유 난로에서 다리미질을 하고 있던 클라라가 불길에 휩싸였고, 몇 시간 지나지 않아 숨지고 말았다. 그녀의 새까맣게 탄 피부는 녹아내렸고, 숨을 거두기 직전 그녀의 마지막 질문은 여학생답게 학교 시험에 대한 것이었다. 그녀는 자신의 선생님인 존슨 부인에게 물었다. "제가 … 시험을 … 통과할까요?"

"응, 통과할 거야." 존슨 부인은 그렇게 대답하고 클라라의 눈을 감겨주었다.

우디에게 불은 거스리 가족을 집어삼킨 무시무시한 불의 힘을 상징하기도 했지만, 동시에 그의 음악을 밝혀준 일종의 에너지를 상징하게 되었다. 거스리 가족의 몰락을 불러온 마지막 끔찍한 불은 노라를 오클라호마 정신병원에 가두고 말았다. 그녀가 등유 램프로 우디의 아버지 찰리에게 불을 지른 것이다. 어쩌면 노라는 우디와 마찬가지로, 흑인 로라 넬슨과 그녀의 가난한 아들 L. D. 넬슨을 강간하고 잔혹하게 살해한 사건에 찰리가 KKK단의 일원으로 유쾌하게 가담했던 일이 뇌리에서 지워지지 않았을지도 모른다. 가엾은 우디. 유년기의 후반부에는 힘든 날들이 기다리고 있었다. 아버지가 멀리 떨어진 곳에서 치료를 받는 동안 우디는 쓰레기를 뒤져서 찾아낸 고물을 몇 센트 혹은 1~2달러로 바꾸고, 멕시코 음식점에서 설거지를 하고, 루트비어●를 팔고, 목화를 따 연명했다. 누군가에게 집에서 만든 음식을 얻어먹게 되었을 때 음식은 그에게 다른 아이들의 행복한 가정과 집을 잠시나마 엿볼 수 있는 기회를 주었다. '불더럼' 담배 한 모금과 옥수수 위스키 한 잔은 그의 식욕을 떨어뜨렸지만, 위스키로 허기를 잊기에는 소년의 배고픔은 너무 컸다. 그러나 배고픔은 일찌감치 그에게 음악으로 얻을 수 있는 것이 무엇인지 가르쳐주기 시작했다. 그는 하모니카 연주와 샌드위치를 맞바꿨다. 그는 이렇게 말했다. "나는 콩과 옥수수 빵을 먹고 물을 마시고 그 밖의 다른 것들을 얻기 위해 연주를 했고, 그 노래를 알고 좋아하는 사람들을 위해, 내가 찬미하는 인생을 위해 연주하고 노래 불렀다."

우디가 첫 번째 아내가 될 매리를 만난 건 대공황기의 어려운 시절이었다. 두 사람은 핫도그와 아이스크림을 먹으며 데이트를 했는데, 너무 가난해서 정상적인 데이트를 즐기는 연인들에게서 기대할 수 있는 과시적인 요소는 엄두도 낼 수 없었다. 그 후 한 아이의 아버지가 된 거스리는 모래바람이 자주 발생하는 미국 서부의 대초원지대에서 신앙 요법사로 일하고, 떠돌이 일꾼으로 미국 전역을 돌아다니며—실제로 그의 음악에서는 기차선로 소리를 들을 수 있다—근근이 생계를 이어갔다. 그리고 여전히 거스리는 배를 채우기 위해서 그가 팔 수 있는 모든 것을 팔고 다녔다. 한번은 이틀간 아무것도 먹지

● root beer: 생강과 다른 식물 뿌리로 만든 탄산음료.

못한 적이 있었다. 그러자 우디의 몸은 주체할 수 없이 떨리기 시작했고, 너무나 굶주렸던 그는 "1킬로미터 떨어진 곳에서 튀기고 있는 베이컨이나 옥수수케이크 냄새까지 맡을 수 있었다. 과일이 생각나면 내 뜨거운 입술을 핥게 되었다." 기차선로 옆에 앉아 있기만 하면 "아이스박스와 요리용 레인지, 식탁, 뜨거운 식사, 차가운 점심, 뜨거운 커피, 얼음같이 찬 맥주, 집에서 만든 와인이 있는 집들"이 떠올랐다. 거스리는 대공황기에 케첩 샌드위치를 먹으며 살아남았는데, 그 후로는 음식에 대해서 조금도 까다롭게 굴지 않았다. 하루는 거스리가 서던퍼시픽 화차에서 뛰어내렸다. 빈 앤 칠리 바에 비틀거리며 들어간 거스리는 입고 있던 땀에 젖은 초록색 스웨터를 벗어 그 옷을 입기에는 키가 큰 남자에게 10센트에 팔더니 그 돈을 남자가 주문한 칠리 콘 카르네 한 접시와 맞바꿨다. 그러나 언제나 동료들을 사랑하고 아꼈던 거스리는 조금도 망설이지 않고 자신의 빵을 동료 떠돌이 일꾼들과 나눠 먹었고, 심지어 우연히 만난 한 남자가 아무것도 가진 것이 없다고 하자 자신의 봉급봉투를 그의 손에 쥐어주기까지 했다. 찢어지게 가난한 와중에도 거스리는 한 가지 고집만은 꺾지 않았다. 그는 끝까지 자신의 음악을 음반사가 요구하는 대로 바꾸지 않았다. 그의 말에 따르면, 비록 "그들은 내가 밥을 먹고 살려면 그들이 원하는 그 빌어먹을 구닥다리 가짜 쓰레기를 불러야 한다고 나를 설득하려" 했지만 말이다.

하나였던 아이가 넷이 되었고, 거스리는 아버지로서 져야 할 경제적 책임과 노래를 만들고 싶은 절박한 욕구 사이에서 몹시 괴로워했다. 혼자 낙서하듯 휘갈겨 쓴 짧은 메모에서 그는 자신이 네 자녀의 아버지가 아니었다면 월트 휘트먼과 맞먹는 시인이 되었을 것이라고 말했다. 아버지로서 책임을 다하려다 보니 거스리는 가장 초라하고 천한 노동을 하루도 거를 수 없었다. 하루만 노동을 하지 않았어도 그가 얼마나 많은 곡을 만들었을지 누가 알겠는가! 지금 같았으면 사회복지사가 방문해 초인종을 눌렀을 만한 집이지만, 거스리는 자신이 작업을 하는 동안 아이들이 말썽을 부리지 않고 조용히 지낼 수 있도록 모든 수단을 동원했다. 럼주가 섞인 오렌지주스와 핫도그로 아침을 먹이기도 했고, 사탕으로 온종일 아이들의 입을 막기도 했다. 요컨대 음악을 만들고 연주하는 것을 아이들이 방해하지 못하도록 무슨 짓이든 했다.

그러나 장애물은 아이들이 아니었다. 알코올중독이 그에게 큰 타격을 입힌 것은 맞지만, 그것도 아니었다. 더 심각한 장애물이 숨어 있었다. 바로 그의 어머니를 죽음에 이르게 한 헌팅턴 무도병이었다. 헌팅턴 병에 걸리면 발작적인 행동을 하게 되고 몸에 경련이 일어나는데, 거스리가 병원에 갔을 때 의료진은 그런 증세를 알코올중독 탓으로 돌렸다. 거스리가 어머니 이야기를 했지만 의사들은 귀 기울이지 않았다. 경련을 일으키는 중년의 수척한 떠돌이 일꾼은 자신이 노래를 만들고 연주하며 TV에도 나온 뮤지션이라고 주장했지만, 의사들은 그가 심각한 알코올중독 때문에 과대망상에 빠져 헛소리를 한다고 생각했다. 거스리조차도 이런 오진을 받아들이게 되었다. 그는 노라를 죽인 정신병을 물려받느니 언제라도 알코올중독자가 되는 편이 낫다고 생각했다.

의사들은 자기들이 맡고 있는 환자의 진가를 제대로 알아보지 못했지만, 그의 연주를 듣고 천재성을 인정한 미국 사람들은 그의 진가를 확실하게 알았다. 사람들은 그가 정신병원에 감금되었다는 이야기를 들었다. 밥 글리슨과 시젤 글리슨 부부는 그가 그레이스톤 파크 정신병원에 있다는 사실을 알아냈다. 그곳이라면 뉴저지 주 이스트오렌지에 있는 자신들의 집에서 차를 몰고 40분이면 갈 수 있는 거리였다. 그들은 20년 전에 '우디 앤드 레프티 루Woody and Lefty Lou'라는 라디오 방송에서 거스리의 연주를 듣고 반했다. 이제 그들은 조금이나마 거스리를 보살필 수 있는 기회가 왔음을 깨달았다.

1959년 글리슨 부부는 거스리의 두 번째 아내 마조리를 만났다. 그들은 마조리에게, 일요일마다 병원에 들러 알링턴 가에 있는 자기들 집으로 거스리를 데려가서 그의 영혼을 기쁘게 해줄 식사를 대접해도 괜찮겠냐고 물었다. 그녀는 동의했고, 글리슨 부부는 일요일마다 그레이스톤 정신병원에 다니게 되었다. 거스리는 감사하는 마음으로 최선을 다해 조용히 그들의 차에 올라탔다. 그는 창문을 내리고 깨끗한 자유의 공기를 크게 들이마시고는 (자유를 얻은 사람들이라면 누구나 그러듯이) 그들에게 물었다. "담배 한 대 피워도 될까요?" 글리슨 부부는 알링턴 가 4층에 있는 자신들의 아파트를 향해 차를 몰았다. 글리슨 부부의 아파트에 도착한 거스리는 욕조에서 뜨거운 물에 오랫동안 몸을 푹 담그고 목욕을 한 다음 시젤에게 머리 손질을 받았다. 그러고 나서 루트비어(의사들은 알코올을 금지했다)를 마시면서 자신의 양말과 셔츠 주머니에 쑤셔 넣어둔 팬레터에 답장을 어떻게 쓸지 궁리했다. 그러나 그날의 하이라이트이자 시젤(몬태나 출신으로 시드라고도 불렸다)이 베푼 결정적인 친절은 거스리에게 그가 좋아하는 음식, 즉

매주 일요일 오후에 먹던 카우보이 스튜를 요리해준 것이었다. 어떤 의미에서 거스리의 음악은 아직도 다른 누군가의 고향의 맛으로 그의 배를 채우고 있었다. 이 카우보이 스튜는 소고기에서 값싼 부위(신장, 간, 심장)를 양파, 마늘, 통조림에 든 토마토와 함께 뭉근히 끓인 것으로, 육즙 소스에 푹 담근 뜨거운 비스킷과 함께 먹었다. 죽음이 다가와 두리번거리며 쉰다섯 살의 우디 거스리를 찾고 있었다. 시젤 글리슨은 어떤 기자에게 "전 그만한 용기를 가진 사람을 본 적이 없어요"라고 말했다. 카우보이 스튜 냄새가 허공에 퍼지고 있을 때 방문객들이 찾아왔다. 1월에는 한 젊은 남자가 찾아왔다. 그는 거스리의 가장 위대한 계승자로, 잔뜩 헝클어진 머리를 하고 나타났다. 밥 딜런이었다. 겨드랑이에는 기타가 있었고, 기타에는 거스리가 자신의 기타에 새겨놓은 것과 똑같은 문구가 새겨져 있었다. "이 기계가 파시스트를 죽인다This machine kills fascists." 그들은 카우보이 스튜를 먹었고, 딜런은 거스리가 만든 노래들을 그에게 불러주었다. 심지어 딜런은 담배도 거스리가 좋아하는 카멜 담배를 피웠다. "나는 그에게 그의 노래를 불러주는 하인으로서 그곳에 있었다…. 내가 한 일은 그것뿐이다." 딜런의 말이다. "나는 우디 거스리의 주크박스였다." 거스리는 종이에 "나는 아직 죽지 않았다"라고 썼고, 딜런은 그것을 마치 부적처럼 몸에 지니고 다녔다.

## 집에서 만든 카우보이 스튜

뜨거운 비스킷과 함께 낸다

**재료**

- 깨끗이 씻은 소고기의 심장과 신장, 간 2파운드(907g), 2.5cm 조각으로 자른 것
- 식초 4테이블스푼
- 신선한 타임
- 월계수 잎 2장
- 중력분 2테이블스푼
- 버터 2테이블스푼
- 플럼 토마토 통조림 1캔
- 양파 중간 크기 3개 다진 것
- 마늘 3쪽 으깬 것
- 소금과 막 갈아낸 후춧가루

**조리법**

스튜를 만들기 전날 밤 주사위 모양으로 자른 심장을 식초 4테이블스푼, 신선한 타임 수북이 1티스푼, 신선한 월계수 잎 2장으로 만든 밑간에 재워둔다.

다음 날 조각낸 심장을 건져서 키친타월에 물기를 뺀다. 밀가루를 소금과 후추로 간하고 내장 조각들에 밀가루를 입힌다. 바닥이 두꺼운 냄비에 버터를 녹인다. 양파를 금빛 갈색이 되도록 서서히 볶는다. 내장을 버터에 갈색이 되게 굽는다(이렇게 하려면 여러 판 구워야 할 것이다). 그러고 나서 토마토와 마늘을 추가한다. 20분간 익도록 둔다.

자신에게 루트비어 한 잔을 따라주고 〈이 땅은 너의 땅This Land Is Your Land〉•을 축음기에 걸고 적당량의 카우보이 스튜, 오크라, 뜨거운 비스킷을 접시에 놓는다.

---

• 우디 거스리의 노래.

# 밥 딜런

BOB DYLAN

1941~현재. 미국의 싱어송 라이터, 시인, 화가. 1960년대에는 사회상을 대표하는 저항음악을 썼으며, 60년대 중반 이후로는 로큰롤, 컨트리 음악을 하고 기독교 근본주의자 등으로 다양한 변신을 했다.

밥 딜런의 초기 음악에서 들을 수 있는 가느다란 떨림에서는 블랙커피나 묽은 레드 와인 맛이 난다. 그는 언제 봐도 술은 너무 많이 마시고 밥은 거의 먹지 않는 사람처럼 보였다. 그가 자신의 저녁식사 값을 내려고 시도했던 첫 번째 공연은 대실패였다. 그래서 1959년 미네소타 대학에 다니는 동안 그 지역의 클럽과 바들은 그가 자신의 저녁식사를 위해 무대에 서는 것을 허락하지 않았다. 그의 음악이 다른 손님들의 식욕까지 달아나게 했기 때문이다. 조금이나마 사정이 나아진 건 그 "긁어대는" 목소리를 장착한 딜런이 헐렁하고 주름진 옷을 입고 나타나 뉴욕에서 다른 사람들의 소파에서 자고 다른 사람들의 음식을 먹을 때였다. 그의 사명은 자신의 영웅 우디 거스리를 찾아가 포크송에 대해 최대한 많은 것을 배우는 것이었다. 딜런은 포크송을 "구전" 노래라고 불렀다. 딜런은 밤에 카페 와?Café Wha?에서 조금씩 연주를 했다(안절부절못하는 우디 앨런도 이 카페 무대에 올라 농담을 지껄이고 있었다). 가슴 떨리는 10~15분 동안 무대는 당신 것이었다. 카페 와?는 낮이면 별난 행위들의 경연장이 되었다. 우쿨렐레 연주자 타이니 팀은 여자 같은 가성으로 노래를 했고, 터번을 쓴 최면술사가 무대에 오르는가 하면, 앞 못 보는 시인도 한두 명 있었고, 벨뷰 정신병원에서 나온 지 얼마 되지 않은 빌리 더 부처는 한 곡만 연주했다. 송아지 무릎도가니처럼 생긴 카페 상주 요리사 노버트는 마치 피를 흘린 것처럼 토마토로 뒤범벅된 앞치마를 두르고 있었다. 하지만 노버트는 자기가 버는 돈을 한 푼도 남김없이 전부 저금했다가 베로나에 있는 로미오와 줄리엣의 무덤을 찾아갈 정도로 다정한 사람이었다. 딜런은 노버트의 주방을 동굴과 비교했지만, 노버트는 딜런의 연주에 대한 보답으로 햄버거와 감자튀김을 무한정 제공했다. 햄버거와 감자튀김이 없을 때는 딜런과 타이니 팀이 프라이팬을 가열해 스파게티 통조림이나 돼지고기와 콩을 해 먹을 수 있게 해주었다.

딜런은 이 소파에서 저 소파로 옮겨 다니다가 뜬금없이 현관 계단에서 잠을 자고 있을 때도 있었다. 몇몇 집주인들은 그런 딜런을 화가 치밀어 오를 정도로 게으른 사람으로 기억했다. 그들은 자기들 집 현관의 구두 흙 터는 매트에서 그를 발견할 때마다 가슴이 철렁 내려앉았다. 반면에 딜런과 거스리에게 카우보이 스튜를 만들어준 글리슨 부부 같은 사람들은 그가 항상 설거지를 빼먹지 않는 손님이었다고 칭찬했다.

딜런은 컬럼비아 레코드사와 계약을 맺고 나서 반짝이는 눈을 가진 여자 친구 수지 로톨로와 함께 살 아파트를 찾기 시작했다. 뮤직인Music Inn이 들어서 있는 웨스트 포스 스트리트 161번지야말로 그가 찾던 딱 그곳이었다. 뮤직 인은 덜시머dulcimer에서 디제리두didgeridoo까지 우리가 상상할 수 있는 온갖 이국적인 악기들 소리로 가득했다. 싸구려 철제 계단통이 붉은 벽돌을 가로지르는 월세 60달러짜리 딜런의 아파트로 싸구려 토마토와 오레가노 향, 오래된 피자 소스 냄새가 스며들었다. 길 건너편에 있는 바겔 식당의 주방은 전면이 유리로 되어 있었고, 유리창 안에서는 언제나 요리사 한 명이 불길이 치솟는 그릴 위에 햄버거를 올려놓고 있어서 보는 사람의 군침을 돌게 했다. 수지와 딜런은 한기가 도는 실내에서 두꺼운 스웨터로 몸을 감싼 채 길고 우중충한 조리대 테이블에 나란히 팔꿈치를 괴고 앉아 햄버거를 먹었다. 껍질이 딱딱한, 갓 구운 빵 안에는 겉면은 맛있게 태웠지만 속은 촉촉하고 설익은 고기가 가득 들어 있었다. 그런가 하면 더 빌리지에서 밤을 보낸 뒤 블리커 스트리트에 있는 시칠리아 빵집 지토 앤 선스에 들러 석탄을 때는 빨간 벽돌로 만든 오븐에서 구운 따뜻한 빵을 사들고 비틀거리며 돌아올 때도 있었다(지토의 빵은 프랭크 시나트라와 그 패거리들이 이른 아침에 즐겨 먹던 메뉴이기도 했다).

수지를 향한 딜런의 열정은 초롱초롱한 눈망울과 길고 부드러운 머릿결을 가진 조앤 바에즈 앞에서 한순간에 식어버렸다. 그녀도 밥 딜런에게 매혹당했고, 결국 그와 깊은 사랑에 빠졌다. 그러나 1961년 그리니치빌리지에서 바에즈가 처음 딜런을 만났을 때 그는 인상적인 외모와는 거리가 멀어 보였다. 딜런은 너무 작은 옷을 입고 있었고 볼은 포동포동한 젖살 때문에 출렁였다. 하지만 딜런은 영리했고, 거칠고 독창적인 아이디어로 가득했으며, 그의 강박적인 음악과 시가 이끄는 세계에서 비롯된 딱딱하고 개인적인 유머를 선보였다. 딜런은 바에즈가 만든 스튜를 먹으면서 그 안에 들어 있는 고기는 다 먹었지만, 그녀와 대화를 나누면서 무의식중에 감자와 채소는 그녀를 위해 남겨두었다. 바에즈는 몰랐지만 딜런의 생각과 의식의 언저리에는 이미 미래의 아내 사라가 자리 잡고 있었다. 하지만 그날이 오기 전까지 두 연인은 캘리포니아에서 업라이트 피아노를 함께 샀고, 캐너리 로의 문 닫은 정어리 공장에서 커피를 마셨으며, 산타 루시아 산맥이 급경사를 이루며 태평양으로 떨어지는 빅서의 푸른 고지대 모서리에서 오토바이를 타고 질주했다.

바에즈가 뉴욕 주 우드스톡에 있는 한 친구의 집을 봐주러 갔을 때 딜런은 그녀를 따라가 타자기를 두드리고 레드 와인을 마시고 담배를 피우고 잠이 들었다가 한밤중에 일어나 다시 타자기를 두드리며 시간을 보냈다. 그녀는 딜런의 오토바이 트라이엄프 350을 몰고 개척되지 않은 산간벽지의 깊은 소나무 숲으로 내달렸다. 그녀는 남몰래 사랑에 동요하는 자신에게 놀랐고, 자신의 내면에서 격렬한 소유욕을 발견했다. 소유욕에 휩싸인 그녀는 연애할 대상을 찾아 두리번거리는 딜런의 시선을 제법 오랫동안 견제했다. 그 결과 벌어진 사건이 그 유명한 바에즈-딜런 케이크 사건이다. 그들이 어느 식당에서 저녁을 먹고 있을 때였다. 창백하고 지쳐 보이는 한 여자가 애절한 눈빛으로 딜런을 빤히 쳐다보았고, 딜런도 그녀의 시선을 피하지 않았다. 이를 본 바에즈는 극단의 조치가 필요하다고 판단했다. 딜런이 술에 취하면 항상 음식을 게걸스럽게 먹는다는 걸 아는 그녀는 딜런의 눈이 너무 풀려서 주변을 두리번거리지 못할 때까지 그의 잔을 채우고 또 채웠다. 그러고 나서 그에게 디저트를 내밀었고, 거부할 수 없는 커스터드 파이 한 숟갈을 딜런이 마지막으로 핥아먹자마자 바에즈는 피칸 퍼지 케이크 한 조각을 주문하고 그의 잔을 다시 채우거나 커피 한 잔을 또 주문했다.

하지만 그녀의 계획은 사실상 실패나 다름없었다. 그 여자가 술에 취해 식당을 가로질러 딜런에게 다가와서는 자리에 앉더니 딜런의 눈을 뚫어져라 쳐다본 것이다. 그러자 잔뜩 화가 난 바에즈는 식당 밖으로 뛰쳐나갔다. 그녀는 딜런이 사랑스럽고 반성하는 모습으로 식당 문을 열어젖히고 나와주길 기다렸다. 그러나 딜런은 티셔츠 아래로 바위처럼 단단하게 불룩 튀어나온 배를 움켜쥐고 신음소리를 내며 뛰쳐나왔다. 바에즈는 그를 차에 태워 집으로 데려가면서 도로에서 차가 방향을 틀 때마다 그가 먹은 것을 토할 것이라고 생각했다. 하지만 딜런은 잠이 들더니 새근새근 코를 골았다. 심지어 그녀가 그를 부축해 침대에 눕힐 때까지 딜런은 천진난만한 아이처럼 깊은 잠에서 깨어나지 못했다.

하지만 바에즈가 온갖 교묘한 책략을 짰음에도 딜런이 그의 첫 번째 아내 사라 로운즈를 만나 그녀가 제시하는 가정생활에 빠져드는 것을 막을 수는 없었다. 비록 보수적인 손님들이 봤을 때 사라는 약간 별난 요리사—한 사람은 땅콩을 섞어 만든 사라의 참치 샐러드가 특이했다고 회상했다—였지만, 딜런이 『연대기Chronicles』에서 묘사한 그의 가정과 부엌은 "잉글리시 머핀과 국수를 곁들인 핫도그, 치리오스 시리얼과 큰 접시에 밀가루를 넣고 휘저어 옥수수 푸딩을 만들고 달걀을 푼 생크림 콘플레이크"가 있는 곳이었다.

당신은 딜런이 더 나이가 들어서는 레드맨 담배를 씹었고 순회공연 때는 검보와 게다리를 먹었으며 브랜디와 위스키, 잭 다니엘스를 마셨다는 사실을 알면 기쁠 것이다. 이런 것들이 그에게 달라붙었던 여자들이나 커스터드 파이보다는 훨씬 더 로큰롤스러울 테니까.

## '사라 오 사라'● 옥수수 푸딩

**재료**

- 신선하고 달콤한 옥수수 6자루(옥수숫대에서 떼어낸 알갱이 2컵이면 충분하다.)
- 풋고추 1개 잘 다진 것
- 버터 2테이블스푼
- 소금 꼬집으로
- 막 갈아낸 흑후추
- 달걀 3개
- 우유 2 ½액량온스(71ml)
- 더블 크림 200밀리리터
- 중력분 1테이블스푼
- 파 3대 매우 곱게 다진 것
- 마늘 1쪽 으깬 것
- 파슬리 잘 다진 것 2테이블스푼
- 파마산 치즈 곱게 간 것 2테이블스푼
- 신선한 타임 1티스푼 부스러트린 것
- 넛맥 간 것 꼬집으로
- 카옌 후춧가루 꼬집으로
- 계피 꼬집으로
- 숙성한 체다 치즈 간 것 2테이블스푼

**조리법** 오븐을 180도로 예열한다. 오븐에 중탕냄비를 앉힌다. 내열 그릇에 버터 칠을 한다. 옥수숫대에서 옥수수 알갱이 2컵 분량을 긁어낸다. 이제 프라이팬에 버터를 넣고 뜨겁게 달군다. 옥수수와 풋고추를 버터에 볶으며 소금과 흑후추로 간을 한다. 불에서 내려 식힌다. 옥수수 1컵을 푸드 프로세서에 넣고 죽이 되게 간다. 여기에 달걀,

---

● Sara Oh Sara: 밥 딜런의 노래 제목.

우유, 크림, 밀가루를 넣는다. 이것을 볼에 모두 넣고 남은 옥수수 1컵, 깍뚝썰기한 파, 마늘, 파슬리, 파마산 치즈를 혼합물에 넣는다. 타임, 넛맥, 카옌 후춧가루, 계피를 추가한다. 반죽을 내열 그릇에 넣고 그 위에 체다 치즈를 뿌린 뒤 중탕냄비의 뜨거운 물에 큰 푸딩을 넣고 30~40분간(옥수수 푸딩이 단단해질 때까지) 굽는다.

## 커스터드 파이

지름 24cm 파이팬에 버터 칠을 해둘 것

재료

**파이 껍질 재료**

- 중력분 9온스(255g)
- 버터 5온스(142g) 막대 모양으로 자른 것
- 바닐라슈가 4 ½온스(127g)
- 달걀 1개
- 레몬 껍질 간 것 2티스푼
- 넛맥 간 것 ½티스푼
- 소금 꼬집으로

**커스터드 필링 재료**

- 더블 크림 250밀리리터
- 우유 250밀리리터
- 달걀노른자 8개
- 흰 설탕 3 ½온스(99g)
- 바닐라 깍지 한 개에서 긁어낸 과육과 씨
- 막 갈아낸 넛맥 넉넉히 한 꼬집
- 레몬 껍질 간 것 ¼티스푼

조리법 먼저 페이스트리를 만든다. 버터, 레몬 껍질 간 것, 설탕을 함께 넣고 손에 쥐어 쓰는 전기 믹서로 크림처럼 만든다. 달걀을 추가하고 부드러워지게 휘젓는다. 밀가루를 소금, 넛맥과 함께 체로 친다. 이것을 크림화된 버터, 레몬 껍질 간 것, 설탕, 달걀 섞은 혼합물에 조금씩 넣는다. 가볍게 덧밀가루를 바른 작업대에 페이스트리를 꺼내어 한 덩이가 될 때까지 부드럽게 주무른다.

이제 페이스트리를 랩으로 감싸고 냉장고에 넣어 30분간 차갑게 둔다.

파이 접시에 버터를 칠한다. 오븐을 180도로 예열해둔다.

파이 접시 위에 밀대로 민 페이스트리 반죽을 안치고 가장자리를 장식한다. 페이스트리 표면을 뾰족한 것으로 가볍게 찔러준다. 이제 페이스트리 위에 유산지를 깔고 세라믹빈•을 깐 뒤 15분간 블라인드 베이킹••해준다. 그런 다음 종이를 제거하고 페이스트리를 오븐에 도로 넣어 15분 더 굽고 꺼내 10분간 식힌다.

오븐 온도를 120도로 낮춘다.

바닥이 무거운 자그마한 소스팬에 크림, 우유, 바닐라 씨, 레몬 껍질 간 것, 넛맥을 거의 끓어오를 때까지 가열한다. 달걀노른자를 설탕과 함께 크림처럼 될 때까지 섞은 뒤 희미한 연기가 나는 뜨거운 우유 혼합물을 달걀 혼합물에 계속 저어주며 따른다.

페이스트리에 커스터드 혼합물을 붓는다. 위에 간 넛맥을 더 뿌리고 약 1시간, 이쑤시개로 커스터드를 찔렀을 때 묻어 나오는 것이 없을 때까지 굽는다. 식혀서 낸다.

---

• ceramic beans: 블라인드 베이킹에 쓰는 도자기질의 콩.

•• bake blind: 파이나 타르트를 만들 때 반죽이 부풀어 오르지 않게 포크로 골고루 찌르고 콩이나 팥을 깔아 눌러 굽는다.

## 피칸 퍼지 케이크

재료

- 버터 225그램 부드럽게 한 것
- 달걀 4개 푼 것
- 달콤 쌉싸름한 초콜릿 4온스 (113g)
- 소금 ¼티스푼
- 피칸 100그램 구운 것
- 갈색 설탕 225그램
- 중력분 225그램
- 베이킹파우더 3티스푼
- 바닐라 농축액 1티스푼
- 우유(선택사항)

당의(糖衣) 재료

- 버터 165그램 부드럽게 한 것
- 슈가파우더 425그램
- 바닐라 농축액 2티스푼
- 달콤 쌉싸름한 초콜릿 4온스
- 레몬즙 2티스푼
- 피칸 100그램 구운 것

조리법

오븐을 180도로 예열하고 지름 20cm 케이크팬에 버터 칠을 한다. 마른 프라이팬에 피칸 100그램을 모두 굽는다. 반은 그대로 두고 남은 반은 굵게 다진다. 큰 볼에 버터와 설탕을 함께 크림처럼 만들고 폭신폭신한 상태가 될 때까지 휘젓는다. 초콜릿을 중탕그릇에 녹인다. 푼 달걀과 녹인 초콜릿을 볼에 추가한다. 한데 섞이면 밀가루, 베이킹파우더, 바닐라, 소금을 넣는다. 이제 다진 피칸을 더한다. 케이크 반죽을 스푼으로 떨어뜨려 본다(천천히 떨어져야 한다). 반죽이 너무 뻑뻑하다면 약간의 우유를 더한다.

혼합물을 버터를 칠한 케이크팬에 붓고 35분간 굽는다. 케이크가 식도록 둔다.

이제 맛있는 퍼지를 케이크에 입힐 차례다. 버터와 초콜릿을 중탕용기에 녹인다. 슈가파우더, 바닐라 농축액, 레몬즙을 넣고 저어준다. 케이크를 당의로 장식하고 구운 피칸을 위에 놓는다.

# 밥 말리

BOB MARLEY

1945~1981. 자메이카의 싱어송 라이터이자 기타리스트. 1963년에 버니 웨일러, 피터 토쉬와 함께 그룹 '웨일링 웨일러스'를 결성했으며, 정치적 대항의 메시지를 담은 레게음악을 널리 퍼뜨렸다.

리타 말리는 열아홉 살 때 자메이카 킹스턴의 빈민가 트렌치 타운에서 수줍음 많은 기타리스트 로비 말리●를 만났다. 로비의 밴드 웨일링 웨일러스Wailing Wailers와 함께 노래를 부르고 싶었던 리타는 친구 몇 명과 함께 비포장도로에서 그들을 위한 세레나데를 불렀다. 그녀에게는 갓난아기가 있었는데, 그녀의 이모는 그런 그녀를 줄곧 감시했다. 이모는 그녀를 꾸짖었다. "너무 오래 나다니지 말라니까. 아기가 깨면 젖을 물려야 하잖니!"

리타는 밥이 브렌포드 거리에 있는 스튜디오 원—웨일러스의 멤버 콕슨 경Sir Coxsone(클레멘트 도드Clement Dodd라고도 불린 그는 그 지역의 음악 사업가였다)이 소유한 스튜디오—에서 즉흥연주를 하다가 그녀의 가슴에서 모유가 새는 것을 알아채고 집에 가서 아기에게 모유를 먹이라고 말했을 때 그에게 홀딱 반했다. 그날 늦게 밥은 생후 5개월 된 리타의 아기 샤론에게 줄 카우 앤 게이트 이유식과 그녀의 무서운 이모에게 줄 술을 사들고 그녀를 찾아갔다. 밥은 리타의 이모가 좋아하는 윈카니스 토닉 와인을 자꾸 권했다(그 이후 몇 달 동안 그는 중요한 날마다 칼랄루[••], 오렌지, 오크라 같은 선물을 들고 리타의 이모를 찾아갔다. 먹고살기 힘들고 가난에 찌든 트렌치 타운에서 리타의 이모에게 초콜릿이나 꽃 같은 터무니없는 선물은 전혀 쓸모가 없었다). 한편 밥은 어머니의 전 남자친구 미스터 태디(네스타)와 그의 *새* 여자 친구와 함께 살고 있었다. 이상한 조합이었다. 밥을 부려먹어도 된다고 생각한 네스타는 한밤중에 엉뚱한 시간에 밥을 깨워 저녁을 달라고 소리치기도 했다. "나야, 네스타. 네스타라고. 일어나서 저녁 좀 데워줘."

이모의 부릅뜬 눈길에서 비켜나 있을 때면 밥과 리타는 웨일러스의 연습실인 스튜디오 원에서 연애를 했다. 연습은 아침 9시에 시작했고, 밥과 리타, 웨일러스 멤버들은 따뜻하고 하얀 코코 브레드[•••]와 고기 패티로 점심을 먹었다. 신선하고 따뜻한 코코 브레드를 두 쪽으로 가른 다음 페이스트리 반죽을 입힌, 육즙이 많고 양념이 된 고기 패티를 빵 사이에 집어넣었다. 이것들은 모두 버니 웨일러의 평가를 받았다. 엄청나게 훌륭한 요리사로 정평이 난 버니 웨일러는 때때로 밥과 웨일러스 멤버들을 위해 대담한 수프 조합을 뚝딱 만들어주곤 했다. 음식은 밥과 리타의 인생에서 중요한 역할을 했다. 둘만의 공간이 절실했던 그들은 결국 밥의 친구 빈센트 포드의 주방에서 지내게

• Robbie Marley: 밥 말리의 본명은 로버트 네스타 말리다. 로비는 로버트의 애칭.
•• callaloo: 채소와 게살 등으로 만드는 카리브 해의 수프.
••• Coco Bread: 자메이카를 비롯한 카리브 지역에서 먹는 빵.

## 코코 브레드

**재료**

- 중력분 10온스(283g)
- 소금 ½티스푼
- 생이스트 2티스푼
- 정제 설탕 1테이블스푼
- 코코넛밀크 7액량온스(198ml)
- 버터 1테이블스푼, 그리고 빵을 발효시킬 볼에 기름칠하고 각각의 코코 브레드에 붓질하는 데 쓸 여분의 버터

**조리법**

큰 볼에 밀가루, 이스트, 소금, 설탕을 체로 쳐 내린다. 코코넛밀크를 은근한 불에 데운다(끓지는 않도록 중불에서 조리한다). 여기에 버터 1테이블스푼을 던져 넣는다. 따뜻한 코코넛밀크 안에서 녹을 것이다. 이제 이 액체를 가루에 붓는다. 모두 함께 말랑말랑해지게, 약간 끈끈한 빵 반죽이 되도록 뭉친다. 볼에서 꺼내 덧밀가루를 바르고 매끄럽고 탄력 있는 반죽이 되도록 치댄다. 이제 깨끗한 볼에 버터를 바르고 반죽을 담아 축축하게 적신 깨끗한 행주로 덮어 따뜻한 곳에 90분간 두어 반죽이 두 배로 부풀어 오르도록 한다.

오븐을 190도로 예열한다. 덧밀가루를 칠한 바닥에 반죽을 놓고 주먹으로 쳐서 바람을 뺀 뒤 4덩이로 나눈다. 이것들을 사각형으로 자른다. 각각의 사각형은 약 1cm 두께가 되어야 한다. 녹은 버터를 코코넛 반죽 위에 붓질한다. 반으로 접은 다음 더 작은 볼을 이용해 반원형으로 자른다.

코코 브레드가 준비되자마자 베이킹 트레이에 유산지를 깔고 그 위에 가지런히 놓는다. 따뜻한 곳으로 다시 가져가 코코 반죽이 조금 더 부풀어 오르도록 10분간 둔다. 이제 코코 브레드를 오븐에서 20분간, 사랑스러운 금빛 광택을 낼 때까지 굽는다.

## 자메이카 고기 패티

### 페이스트리

재료

- 중력분 1파운드(454g)
- 소금 1티스푼
- 강황 1티스푼
- 얼음물 ½컵
- 카레 가루 3티스푼
- 양파 씨 3티스푼
- 베이킹파우더 1티스푼
- 버터 4온스(113g)
- 쇼트닝 4온스
- 소금 꼬집으로

조리법

큰 볼에 밀가루, 베이킹파우더, 강황, 양파 씨, 카레 가루, 소금을 혼합한다. 버터와 쇼트닝을 막대 모양으로 잘라 향신료 친 밀가루와 함께 손끝으로 비벼 혼합된 반죽이 빵가루처럼 되게 한다. 얼음물을 적은 양만 넣고 반죽을 시작해서 얼음물을 안쪽에 부으며 서서히 반죽해 페이스트리와 하나가 되게 한다. 단단하고 약간 끈끈한 조직이 되어야 한다.

페이스트리를 랩에 싸서 냉장고에 넣어 차갑게 한다.

### 속 채우기

재료

- 소고기 1파운드(454g) 간 것
- 식물성 기름 1테이블스푼
- 버터 1 ½테이블스푼
- 중간 크기 양파 2개 잘 다진 것
- 마늘 4쪽 간 것
- 신선한 타임 줄기 3개
- 로즈마리 줄기 2개 다진 것
- 스카치 보닛 페퍼 잘 다진 것
- 빨간 파프리카 1개 주사위 모양으로 썬 것
- 타바스코 소스 1테이블스푼
- 파프리카 가루 2티스푼
- 넛맥 가루 1티스푼
- 카레 가루 2티스푼

- 무스코바도 설탕 수북이 1티스푼
- 계피 가루 2티스푼
- 식물성 기름 1테이블스푼
- 파 6뿌리 잘 다진 것
- 소금

**조리법** 오븐을 200도에 예열해둔다. 기름과 버터를 팬에 녹인다. 양파를 더하고 금빛 갈색으로 변할 때까지 은근히 볶는다. 파를 제외한 남아 있는 재료를 모두 넣고 30분 동안 간 재료들에서 물기가 꽤 없어질 때까지 볶는다. 마지막으로 익히지 않은 파를 더한다. 이것을 차게 식힌다. 페이스트리를 냉장고에서 꺼내 밀가루를 바른 작업대에 0.3cm 두께로 민다. 커피 잔 받침 크기의 접시를 이용해 반죽에서 동그라미 모양을 최대한 많이 잘라낸다. 이제 각각의 반죽의 한가운데에 1테이블스푼씩 속을 놓는다. 페이스트리 가장자리를 물로 적시고 각각의 동그라미를 초승달 모양으로 접는다. 마지막으로 초승달마다 가장자리를 포크로 눌러 주름을 만든다. 유산지를 깐 베이킹 트레이에 고기 패티를 정렬해놓고 30분간 굽는다.

되었고, 심지어 처음으로 사랑을 나눈 곳도 그 주방이었다. 밥 말리는 빈센트의 주방이나 스튜디오 원에서 만든 곡에 사실이 아니거나 진실이 아닌 내용은 단 한 마디도 집어넣지 않았다. 웨일러스와 밥은 그 곡들을 기타로 연주했으며, 저녁식사로는 옥수수 가루로 만든 죽—자메이카에서 "콕cog" 또는 "팝pop"이라고 부르는—을 먹었다.

트렌치 타운에서 사랑은 살아 있었고, 밥과 리타는 밥의 스물한 번째 생일이 며칠 지난 1966년 2월 10일 오전 11시에 결혼했다. 밥은 리타의 이모 집에서 콕슨 경이 사준 검은색 양복을 입고 사람들이 감탄하며 바라보는 값비싼 구두를 신었다. 반면 열아홉 살의 리타는 삼촌 클리블랜드의 집으로 가서 무릎까지 오는 주름장식이 달린 드레스를 입고 면사포로 얼굴을 가렸다. 드레스와 면사포는 모두 이모가 만들어준 것이었다. 아기 샤론은 의자에 앉아 졸고 있었고, 밥과 리타는 결혼식을 올렸다. 남편과 아내가 된 두 사람은 리타의 이모가 만든 카레 염소고기와 파란 바나나를 곁들인 밥, 세 자매가 만든 맛있는 "세 자매" 케이크를 향해 걸어갔다.

에티오피아 황제 하일레 셀라시에의 라스타파리아니즘•으로 개종하고 흑인의식 운동을 통해 새로운 깨달음을 얻게 된 밥은 라스타 방식을 따라 마리화나를 피웠고—리타는 이모가 마리화나 냄새를 알아차리지 못하도록 방 주변에 베이비파우더를 뿌렸다—리타에게는 그녀의 아름다운 아프로 헤어스타일을 뜨겁게 덥힌 쇠빗으로 펴지 말라고 설득했다. 그는 그녀에게 "당신은 여왕이야. 검은 여왕"이라고 말했다. 그리고 결혼 초기에 그들은 주로 음식에 대해서, 그리고 라스타파리안으로서 먹어야 하는 것과 먹지 말아야 할 것에 대해서 대화를 나누었다. 트렌치 타운에서는 식사가 시작되면 돼지고기로 끝내는 게 일반적인 상식이었다. 트렌치 타운의 접시에는 늘 돼지족발과 돼지꼬리가 있었다(냄비에 뭉근히 끓인 콩과 밥은 돼지 허벅다리 육수로 풍미를 더했다). 밥이 리타에게 돼지고기를 끊자고 했을 때 리타는 비웃었다. "무슨 소리를 하는 거예요? 가장 달콤한 고기, 내가 그걸 먹고

• Rastafarianism: 에티오피아의 흑인 황제 하일레 셀라시에를 재림한 그리스도로 섬기는 신앙운동.

자랐는데요?" 리타는 가난이 무엇을 의미하는지도 알았다. 가난하다는 것은 내 접시 위에 놓이는 음식을 까다롭게 고를 수 없음을 뜻했다. 만약 리타가 돼지고기 먹는 것을 거부하기 시작했다면 이모의 노여움에 맞서야 했을 것이다. 리타의 이모는 신약성서의 반反돼지 논쟁에 귀를 기울이지 않았다. 그녀의 눈에는 리타가 돼지고기를 거부하는 것은 리타가 트렌치 타운의 근사한 남자들에게 물이 들었다는 증거에 불과했다.

그러던 어느 날 돼지고기를 고집하는 이모의 태도 때문에 순식간에 아수라장이 벌어졌다. 스토브 위에는 칼랄루와 대구가 있었고, 칼랄루는 쐐기꼴의 분홍색 햄과 함께 뭉근히 끓고 있었다. "이모." 리타가 말했다. "돼지고기 때문에 전 오늘 칼랄루를 먹지 않을래요." 이모는 자기 귀를 의심했다. 리타의 머리가 어떻게 되기라도 한 건가? 그녀는 옆집에 사는 마더 로즈에게 담 너머로 소리를 질렀다. "리타가 방금 나한테 뭐라 그랬는지 알아? 돼지고기가 들어 있어서 저녁을 안 먹겠대!"

마더 로즈의 대답은 전혀 도움이 되지 않았다. "내가 뭐랬어. 그 녀석이…." 그녀의 대답과 거의 동시에 이모와 마더 로즈는 모든 잘못을 밥과 셀라시에 황제에게 돌렸다.

선택의 여지가 없었다. 리타와 밥은 도망치듯 몰래 나인 마일스로 떠나 웨일러스의 레코드 판매 수익에서 밥의 몫으로 받은 쥐꼬리만 한 돈으로 작은 경작지를 샀다. 자신들이 선택한 음식, 즉 돼지고기가 없는 음식을 먹기 위해서 밥과 리타는 먹을 것을 샀고, 작은 농장에 심을 감자와 양배추, 참마도 샀다. 그들이 먹고 남는 음식은 직접 키우는 당나귀 님블을 위한 비타민이 되었다.

양념이 된 따뜻한 패티를 집어넣어 만든 따뜻한 코코 브레드를 먹어보라. 1966년 자메이카 킹스턴 거리에 와 있는 기분이 들 테니.

# 마이클 잭슨

MICHAEL JACKSON

1958~2009. 미국의 가수, 작곡가, 음악 프로듀서, 배우. 1964년 형제인 재키, 티토, 저메인, 말론과 함께 잭슨 파이브로 데뷔했으며, 1971년 솔로 활동을 시작하며 대중적인 인기를 끌었다.

마이클 잭슨은 인디애나에서 형들과 빨간색 3단 침대에서 자던 어린 시절부터 이미 인생의 고달픔에 눈떴다. 엄청나게 비좁은 3단 침대는 인생의 고달픔 가운데 일부에 불과했다. 시한폭탄 같은 아버지의 성미는 아내와 자식들 때문에 쉽게 폭발했고 걸핏하면 물리적 폭력으로 이어졌다. 아버지 조지프 잭슨은 일거리와 돈이 떨어질 때마다 감자 수확하는 일을 해서 크기도 형태도 다양한 온갖 감자를 집으로 가져왔고, 잭슨 가족은 그것들을 굽고 삶고 튀겨서 먹었다. 어머니 캐서린은 잭슨 파이브의 의상을 직접 만들거나 아이들이 입을 옷을 찾기 위해 지역의 구세군 매장을 둘러보고 다녔다. 가난은 기적을 낳기도 했다. 텔레비전이 고장 나자 그녀가 아이들에게 노래를 시킨 것이다. 다행히 캐서린의 창의력은 의상뿐만 아니라 요리에서도 발휘됐다. 요리를 할 때 그녀는 흑인의 뿌리로 돌아갔다. 그러나 갈등이 없지는 않았다. 조지프 잭슨에 따르면 소울푸드를 먹자고 한 사람은 그 자신이었다. 그는 식구들에게 흑인의 영혼을 보여주기 위해서 소울푸드를 먹어야 한다고 말했다. 그러면서도 기타를 사고 드럼을 사는 데 써야 할 돈을 캐서린은 음식을 사는 데 쓰고 싶어 한다고 주장했다. 잭슨 가족은 빠듯한 형편 때문에 케일과 돼지곱창에 의지해 살았다. 진한 과일 향이 나는 사과 파이와 복숭아 코블러•가 식탁을 빛냈다. 잭슨 가족은 저녁에는 생선이나 밥처럼 간단한 걸 먹었고, 점심

## 복숭아 코블러

재료

**복숭아 필링 재료**

- 큼직한 복숭아 익은 것 8개, 껍질의 털은 씻어내고 씨를 빼고 굵직한 조각으로 자른 것
- 데메라라 설탕 3테이블스푼
- 계피 간 것 ¼티스푼
- 넛맥 가루 꼬집으로
- 신선한 레몬 한 개를 짠 즙
- 콘스타치 2티스푼

**토핑 재료**

- 중력분 1컵
- 갈색 데메라라 설탕 ½컵
- 베이킹파우더 1티스푼
- 소금 꼬집으로
- 차가운 버터 6테이블스푼 막대 모양으로 자른 것
- 따뜻한 물 ¼컵

**코블러 토핑**

- 갈색 데메라라 설탕 2테이블스푼
- 계피 간 것 1티스푼

• cobbler: 내열 용기에 달콤한 과일이나 짭짤한 육류로 필링을 채우고 위에 타르트나 비스킷 반죽을 한 겹 깔아 구운 디저트.

조리법 오븐을 200도로 예열해둔다. 복숭아 조각, 데메라라 설탕, 계피, 넛맥, 레몬, 콘스타치를 함께 섞는다. 이 복숭아 범벅을 내열 그릇의 바닥에 깐다. 오븐에서 10분간 굽는다. 이제 코블러 토핑 차례다. 밀가루, 데메라라 설탕, 베이킹파우더, 소금을 함께 섞는다. 그러고 나서 버터를 밀가루와 함께 손끝으로 비벼 빵가루와 같은 상태가 되도록 한다. 물을 한 번에 조금씩, 코블러 토핑이 막 덩어리지기 시작할 때까지 추가한다. 오븐에서 복숭아를 꺼내 그 위에 토핑을 떨어뜨려 크고 울퉁불퉁한 '자갈밭' 형태의 잘 부스러지는 토핑이 되게 한다. 마지막으로 계피가 혼합된 데메라라 설탕을 코블러 위에 흩뿌린다. 코블러를 오븐에 다시 집어넣고 30분간, 윗면이 윤기 있는 금빛을 띨 때까지 굽는다.

에는 토마토 수프와 특별한 달걀, 볼로냐 샌드위치를 먹었다. 하지만 마이클은 결코 식욕이 왕성한 아이가 아니었다. 그가 제대로 음식을 먹게 하려면 특별한 격려가 필요했다.

마이클이 이제 막 열한 살이 되었을 때 〈I Want You Back〉이 발표됐다. 형들과 함께 순회공연 중이던 마이클에겐 음식에 관해 조언을 해줄 사람이 필요했다. 그래서 1969년 형들과 순회공연을 하던 열한 살의 마이클을 4주 동안 다이애나 로스의 집으로 보내기로 결정했다. 난장판 같은 모텔에서 아버지와 형들과 함께 지내게 하는 것보다는 그편이 나아 보였다. 다이애나 로스라면 마이클의 멘토 역할을 해줄 수 있었기 때문이다. 그녀는 마이클을 아들처럼 대했다. "넌 아주 위대한 스타가 될 거야." 다이애나는 아침을 먹으면서 나직하게 말했다. “이제 시리얼을 먹으렴.”

몇 년 후 음식을 먹도록 마이클을 꼬드기는 일은 엘리자베스 테일러의 몫이 되었다. 마이클은 방콕과 타이완을 돌면서 공연을 하는 동안 체중이 줄고 있었다. 근처에 숨어 있던 마이클의 가족은 그를 만나고 싶었다. 점심을 먹기 직전에 마이클은 아버지가 너무 싫다고 털어놓았고, 테일러는 그의 어깨를 다독였다. “우리 아버지 말이에요, 저는 그 남자와 같은 방에 있는 것조차 못 참겠어요.” 그가 불만을 터트렸다.

“저런 마이클, 그건 나도 참을 수가 없어.” 계속 다독이며 테일러가 말했다. 점심을 먹을 때가 되었을 때 그녀의 손에는 설탕을 입힌 당근케이크 한 조각이 들려 있었다. 테일러는 잭슨에게 당근케이크를 먹으라고 설득했다. “마이클, 내가 맹세하는데 이 케이크를 먹지 않으면 너희 식구들을 불러서 너한테 잔소리를 퍼붓게 할 거야.” 테일러가 겁을 주었다. “그리고 알지? 나도 잔소리를 늘어놓을 테야.”

잭슨은 백기를 들 수밖에 없었다. “그 망할 케이크 주세요!” 그는 풀 죽은 얼굴로 그녀의 손에서 부드럽고 쫄깃한 설탕 덩어리를 받아들었다.

“옳지, 착하지.” 잭슨이 당근케이크를 덥석 물자 그녀가 속삭였다. “어이구, 착하구나!”

결국은 잭슨 가족의 식탁 위에 올라왔던 그 모든 볼로냐 음식들이 화근이 되었다. 잭슨은 십 대 때 많은 반점 때문에 괴로워했는데, 그게 다 기름진 음식들 때문이라고 생각했다. 자서전 『문워크Moonwalk』에서 잭슨은 고기를 끊자마자 피부가 좋아졌다고 주장했다. 당시는 성형수술로 피부가 좋아진 것이 아니었다. 잭슨은 자신의 얼굴이 많이 바뀐 건 채식 덕분이라고 주장했다. 짐작하겠지만 채식주의는 음식과 관련해서 잭슨의 인생에 더 큰 문제를 불러올 조짐을 드러냈다. 잭슨은 십 대 후반에 음식을 먹는 일에 완전히 등을 돌렸다.

1977년 열아홉 살의 잭슨은 영화 〈마법사The Wiz〉를 찍느라 누나 라토야와 함께 뉴욕에 머물고 있었다. 하지만 어머니 캐서린은 음식에 통 관심이 없는 마이클 때문에 걱정이 이만저만이 아니었다. 그녀는 마이클에게 꼭 음식을 먹이라고 라토야에게 신신당부했다. 마이클은 언젠가 어머니에게 이렇게 말한 적이 있었다. "살기 위해서 어쩔 수 없이 먹어야 하지만 않았다면 나는 아무것도 먹지 않았을 거예요."

마이클이 집에 돌아오면 캐서린은 그가 좋아하는 고구마 파이와 설탕을 친 뜨거운 사과 파이로 그의 식욕을 되살려보려고 애를 썼다. 라토야는 비록 그 자신은 "마음의 상태"가 가장 건강한 음식에 빠져 있지는 않았지만(당시 초콜릿에 중독되었던 그녀는 허쉬의 코코아 가루를 그대로 물에 타서 들이켜곤 했다), 새벽 5시 30분에 촬영을 하는 마이클보다 일찍 일어나서 버터를 바른 토스트와 베이컨, 오트밀 죽, 허브 차를 서둘러 만들어놓아야만 했다. 누나의 헌신이란 게 어떤 것인지 보여주는 강력한 사례처럼 들리는가? 그런데 당시 한 방문객은 여러 사람에게 전화를 돌려본 결과 마이클은 부엌에서 초콜릿칩 쿠키를 굽고 작은 침대와 책상이 있는 초라한 방에서 자는 반면, 라토야는 거울이 있는 아주 널찍한 방을 차지하고 있다는 사실을 알게 됐다.

1978년에 그가 식음을 전폐한 이유는 어쩌면 연상의 또 다른 여성 우상인 재클린 오나시스를 향한 집착 때문이었는지도 모른다. 그가

## 고구마 파이

### 파이 껍질

재료

- 중력분 9온스(255g)
- 버터 5온스(142g) 막대 모양으로 자른 것
- 데메라라 설탕 2온스(57g) (페이스트리에 바삭함을 더해줄 것이다.)
- 라이트 무스코바도 설탕 1 ½온스(43g)
- 큼직한 달걀 1개
- 계피 간 것 1티스푼
- 소금 꼬집으로

조리법

핸디형 전동 믹서로 버터와 데메라라 설탕, 무스코바도 설탕을 크림처럼 만든다. 달걀을 넣고 부드럽게 되도록 휘젓는다. 밀가루에 소금과 계피를 더해 체에 쳐놓는다. 이것을 크림화된 버터, 설탕, 달걀과 서서히 혼합한다. 가볍게 밀가루를 칠한 작업대에 페이스트리 반죽을 놓고 계피와 당밀의 향을 내는 호두색 덩어리가 될 때까지 부드럽게 반죽한다.

이제 페이스트리를 랩에 싸서 냉장고에 넣고 30분간 차갑게 둔다.

오븐을 180도로 예열해둔다. 파이팬에 버터를 칠한다. 밀가루를 뿌린 작업대에 페이스트리를 밀어 파이팬에 들어맞는 크기의 원형이 되도록 한다. 페이스트리를 파이팬에 안치고 뾰족한 것으로 페이스트리 표면을 가볍게 찍는다(완전히 관통하지는 않도록 한다). 페이스트리 위에 유산지를 놓고 세라믹빈을 부은 뒤 15분간 블라인드 베이킹한다. 종이와 세라믹빈을 제거하고 페이스트리에 아무것도 덮지 않은 채 오븐에 다시 집어넣어 5분 더 굽는다. 오븐에서 꺼내 10분간 식힌다.

이제 고구마 필링을 준비해보자.

## 고구마 필링

**재료**

- 중간 크기의 고구마 3개 구운 것
- 달걀 3개 푼 것
- 버터 5온스(142g) 부드럽게 한 것
- 라이트 무스코바도 설탕 1컵
- 연유 ¾컵
- 바닐라 농축액 ½테이블스푼
- 메이플 시럽 1테이블스푼 조금 모자라게
- 계피 간 것 2티스푼
- 넛맥 ½티스푼
- 레몬 껍질 간 것 1티스푼
- 오렌지 껍질 간 것 1티스푼
- 소금 꼬집으로

**조리법**

잭슨의 짜릿한 노래 〈빌리진Billie Jean〉을 걸어놓는다. 고구마를 180도 오븐에 45분간 굽는다. 식힌 다음 껍질을 벗기고 부드러워지도록 으깬다. 오븐은 켠 채로 둔다. 다음으로 버터와 설탕을 크림화해 가볍고 폭신폭신한 상태가 되게 한다. 달걀을 추가하고 섞는다. 이제 고구마, 연유, 바닐라 농축액, 메이플 시럽, 계피 가루, 넛맥, 레몬 껍질 간 것, 오렌지 껍질 간 것, 소금을 꼬집으로 넣는다.

맛있고 향이 나는 질척이는 고구마 필링을 식혀둔 파이지에 붓는다. 50분간 굽는데 파이에서 눈을 떼지 않는다. 너무 빨리 색이 나면 알루미늄 포일을 덮어 타지 않게 한다.

따뜻한 상태에서 조각내어 휘핑크림 한 덩이와 함께 낸다.

재클린의 딸 캐롤라인과 데이트를 하려고 애쓴 것은 아마도 재클린과 친분을 쌓고 싶어서였을 것이다. 캐롤라인에게 전화를 걸 때마다 그는 혹시 재클린이 전화를 받지는 않을까 기대했다. 마침내 캐롤라인이 데이트에 응하자 마이클은 그녀와 함께 저녁식사로 오소 부코

(그는 이전에 그런 음식에 대해서 한 번도 들어본 적이 없었다)를 먹고 스케이트장으로 갔다. 그가 키스를 하려고 다가가자 캐롤라인이 말했다. "흑인 남자랑 키스한 걸 알면 엄마가 날 가만두지 않을 거예요." 마이클은 모멸감을 느끼며 뒤로 물러섰다.

그로부터 6년 뒤 마이클은 완전한 채식주의자가 되었다. 그는 자신의 저녁식사를 위해 어떤 생명체가 죽임을 당해야 한다는 게 끔찍하다고 생각했다. 하지만 먹는 데 관심이 없는 건 여전했다. 1984년 그가 빅토리 투어에 모든 에너지를 쏟아붓는 바람에 체중이 급격히 줄고 건강이 나빠지자 시크교도인 그의 요리사 마니 싱 칼사는 고단백 식품인 피칸과 캐슈넛 같은 견과류와 씨앗이 풍부하게 들어간 음식을 준비하곤 했다.

다른 채식주의자들과 마찬가지로 잭슨도 특정한 상황에서는 채식주의를 배신했다. 가장 유명한 사건은 켄터키 프라이드치킨 앞에서 채식주의를 배신한 것이다. 켄터키 프라이드치킨은 언제나 그를 유혹하는 요부나 다름없었다. 그러나 물론 마이클 잭슨답게 그의 욕구는 복잡했다. 그는 끼니때마다 일급비밀인 KFC의 조리법대로 만들어진 켄터키 프라이드치킨을 원했다. 하다못해 비스킷에 바르는 버터까지도 KFC 조리법을 따라 스프레이로 뿌리는 버터를 사용했다. "냄새가 강한 음식"은 악마의 음식이었다. 한편 마이클의 자녀들은 마이클의 또 다른 식단을 따르고 있었다. 마이클의 자녀들에게는 설탕과 초콜릿이 눈에 띄게 많이 들어간 음식이 금지됐고, KFC에 가면 치킨 껍질은 한 조각도 먹지 말라는 이해할 수 없는 지시가 떨어졌다.

잭슨이 채식주의 식단으로 돌아온 건 모두에게 다행스러운 일이었다. 그러나 O2 런던 공연을 준비하는 동안 사람을 기진맥진케 하는 리허설 일정 때문에 다시 먹는 것을 잊게 된 것은 마이클에게는 불행한 일이었다. 그가 하루에 한 끼 밖에 먹질 않자 공연 기획자 랜디 필립스와 연출자 케니 오르테가는 그에게 음식을 먹이기 위해 그가 좋아하는 음식들, 즉 칠리소스를 곁들여 먹기 좋게 썬 두부와 채소로 만든 라자냐, 그리고 견과류 빵을 준비해야 했다. 마이클은 O2 런던 공연 직후에 50세의 나이로 세상을 떠났다. 그가 정말로 먹고 싶었던 음식이 있었을까? 리즈 테일러가 그녀의 당근케이크를 들고 찾아왔더라면 좋았을 텐데.

# 롤링 스톤즈

THE ROLLING STONES

1962년 영국 런던에서 결성된 록밴드. 믹 재거, 키스 리처즈, 브라이언 존스, 빌 와이먼, 찰리 와츠로 이루어졌으며, 흑인 블루스를 바탕으로 여러 음악 요소를 포함했다.

롤링 스톤즈와 음식에 대한 이야기를 할 때 가장 기억에 남을 만한 사건은 아마도 1967년 2월에 있었던 그 유명한 마스바* 섹스 스캔들일 것이다. 경찰은 스톤즈의 냄새 나는 악의 소굴, 즉 키스 리처즈의 레드랜즈 대저택(그는 영국 서식스 주 레드랜즈에 있는 이 저택을 1966년에 구입했다)을 무장 급습할 계획을 비밀리에 세웠다. 열아홉 명이나 되는 영국의 최정예 경찰 간부들이 집 밖의 관목 숲에서 몸을 숨기고 있었다. 오로지 각성제와 환각제에 취한 저택 안의 사람들만이, 파란 옷을 입은 이 덩치 큰 형체들이 쥐똥나무 생울타리에 숨어 키스 리처즈의 집 안에서 벌어지고 있는 정신 나간 파티를 덮칠 만반의 준비를 하고 있다는 걸 눈치 채지 못했다. 경찰이 노크를 하자 키스가 문을 열기 위해 휘청거리며 걸어갔다. 약물에 취해 세대를 넘나드는 정사

* Mars Bar: 영국의 대표적인 초콜릿 바.

가 벌어지고 있는 믿기 힘든 순간에 그는 (형사가 아닌) 어느 나이 지긋한 연금수령자가 사인을 받고 싶어서 자기 집 문을 두드리고 있으려니 생각했다.

고함을 지르며 키스를 지나쳐 집 안으로 달려 들어가던 경찰들은 믹 재거 앞에서 끼이익 하는 소리를 내며 멈춰 섰다. 그는 마리안느 페이스풀의 두 다리 사이에 머리를 파묻은 채 마스바를 먹고 있었다. 런던 경찰들에게 그런 장면은 생전 처음이었다! 이 사건은 세 시간 만에 언론에 새어나갔다. 나중에 재거는 이 사실에 분노하며 『뉴스 오브 더 월드』를 고소하려고 했다. 그러나 초콜릿 바 이야기는 사실로 확인되었다.(짜잔!) 결국 그해 말 법정이 레드랜즈 급습에 대한 증언을 듣기로 했을 때, 롤링 스톤즈의 변호사 마이클 헤이버스 경은 경찰의 급습 후에 레드랜즈 저택을 둘러보다가 실제로 숨겨둔 마스바를 발견했음을 인정할 수밖에 없었다.

믹 재거는 1967년 마스바 사건으로 법정에 출두했다. 그의 손에는 수갑이 채워졌고, 공범 로버트 프레이저와 함께 루이스 교도소에 수

### 사랑의 마스바

**재료**

- 마스바 1개
- 마리안느 페이스풀 한 명

**조리법**

알아서 조리해 즐겨라!

감되었다. 상황은 암울해 보였다. 그러나 믹은 정오에 법정이 휴정되었을 때 그 지역의 호텔 지배인이 배달해준 점심을 먹었고, 이 일은 가뜩이나 뜨거웠던 사건에 기름을 끼얹었다. 언론은 분개와 감탄이 섞인 논조로 뻔뻔한 재거가 점심으로 새우 칵테일과 박하 소스를 뿌린 양고기 구이를 먹고 후식으로 딸기와 크림, 보졸레 한 병을 마셨다고 보도했다. 어려운 시기에 자기 자신을 진정으로 챙기는 데 아주 능했던 재거는 심지어 런던경제대학에서 공부하며 키스 리처즈, 브라이언 존스와 방을 같이 쓰던 시절에도 부모님의 지원금과 정부의 학비 보조금, 밴드 '블루스 인코퍼레이티드Blues Incorporated'에서 노래하며 번 돈을 합쳐 1주일에 2파운드로 인생을 즐겼다. 한편 리처즈와 존스는 굶어죽기 직전이었다. 믹은 자신의 돈을 그들과 나눠 썼을까? 천만에. 룸메이트들이 식료품점에서 음식을 훔치고 있을 때 그는 몰래 레스토랑에 가서 밥을 사 먹곤 했다. 재거의 이런 치사함이 확실하게 드러난 건 패션 사진작가 데이비드 베일리와 외식을 하러 갔을 때였다. 재거는 베일리의 조언대로 웨이터에게 줄 팁으로 10파운드를 놓고 일어섰다. 그러나 그들이 레스토랑을 나설 때 재거가 몰래 팁을 돌려받아 자기 주머니에 집어넣는 모습이 베일리의 눈에 띄었다. 당시에 마스바 가격이 그토록 싼 게 재거로서는 얼마나 다행이었을까.

교활한 믹은 자신이 원하는 것을 얻기 위해 음식과 술을 이용할 줄 알았다. 1964년 3월 마리안느 페이스풀을 처음 만났을 때도 그랬다. 귀여운 얼굴의 여자 친구 크리시 쉬림튼과 격렬한 언쟁을 벌였음에도—어찌나 화가 났던지 그녀는 폭포수 같은 눈물을 계속 흘렸고, 그

때문에 속눈썹이 빠질 정도였다—재거는 여전히 페이스풀의 관심을 원했다. 크리시가 포기하고 떠나자 재거는 발을 헛디디는 척하면서 마리안느의 얇은 블라우스 위에 동 페리뇽을 쏟았다. 상황은 마리안느에게 훨씬 덜 매혹적으로 흘러갔다. 그녀는 코트필드 로드에 있는, 지저분하고 비위생적이며 더러운 접시가 산더미처럼 쌓여 있는 브라이언 존스와 키스 리처즈의 아파트에서 밴드와 함께 술에 취했다. 마리안느는 그때가 밤 10시쯤이었다고 말했다. "우리는 맛있는 파스타를 먹으러 알바로에 갔다. 하지만 막상 알바로에 도착했을 때 우리는 모두 너무 취해서 한 입 이상 먹기가 힘들었다. 나는 이국적인 자기그릇을 멀뚱히 쳐다보다가 페투치네* 위로 작은 용들이 기어가는 걸 봤다." 마리안느에 비하면 훗날 재거의 아내가 된 아르헨티나인 비앙카 페레즈 모레나 드 마시아스는 분명히 세상 물정에 어두운 사람이었던 것 같다. 재거는 1970년에 비앙카를 만났고, 캐비어와 루이 크리스탈 샴페인으로 그녀의 사랑을 얻고자 했다. 그녀는 부유하고 자식을 맹목적으로 사랑하는 부모와 옛 애인 마이클 케인 덕분에 이미 상류층 생활에 길들어 있었다. 마이클 케인과 도체스터 호텔에서 살았던 그녀는 이렇게 말했다. "나는 설거지를 해본 적도 없고, 달걀을 삶거나 씻어본 적도 없다."

레드랜즈 저택 급습이라는 극적인 사건을 겪고 난 롤링 스톤즈 멤버들에게는 1967년 3월에 마라케시를 방문하면서 한껏 들떠 있었을 게 틀림없다. 런던에서 모로코로 간 스톤즈 멤버들은 마라케시의 어느 퇴폐적인 호텔 앞에 멈춰 섰다. 스위스 코티지에 있는 브라이언 존스의 집에서 그의 근사한 차를 타고 도착한 그들은 마치 잘못 결성된,

나른하고 기분이 언짢은 집시 무리 같아 보였다. 낯빛이 창백한 아니타 팔렌버그는 검은 머리에 크고 더러운 물방울들을 매단 채 브라이언 존스 옆을 서성거렸다. 믹 재거 옆에는 순진한 미국인 수행원들이 있었고, 키스 리처즈는 자기 옷을 만드는 일에 정성을 쏟은 결과 18세기 의상인 연보랏빛이 도는 장미색의 꽉 끼는 바지를 자랑스럽게 입고 있었다. 풀장 옆에서 모습을 드러낸 브라이언 존스는 엉덩이 쪽에 난 구멍을 가리기 위해 흰색 바지에 크고 검은 천 조각을 덧대 작고 단단한 엉덩이를 감싸고 있었다. 마침 운 좋게도 그날 밤 같은 호텔에 머물던 사진작가 세실 비튼은 믹에게 끌렸다. 비튼은 그가 차가운 보드카 콜린스[••]를 우아하게 마신 다음 영국이 경찰국가가 된 이유와 자유분방한 삶에서 자신이 얻는 즐거움에 대해 의견을 피력하는 모습을 지켜보면서 그를 카메라에 담고 싶어 미칠 지경이었다. 결국 그들은 함께 저녁을 먹기로 했고, 비튼은 스톤즈의 벤틀리 뒷좌석에 자리를 잡았다. 차 안에서는 귀를 쩡쩡 울려대는 시끄러운 음악이 흘러나왔고, 포르노 잡지들이 쓰레기처럼 널려 있었으며, 밝은색 모피 양탄자가 깔려 있고 팝아트로 장식한 쿠션들이 있었다. 그들이 차에서 쏟아져 나와 어느 밝은 모로코 식당에 들어섰을 때 재거는 비튼에게 부드러운 닭고기를 모로코에서는 손가락 끝을 이용해 먹는다며 방법을 가르쳐주었다. 그는 음식을 입에 넣고 우물거리며 비튼에게 물었다. "LSD 해본 적 있어요? 오, 꼭 해봐요. 당신에겐 그 의미가 남다를

---

• fettuccine: 길고 납작한 파스타.

•• Vodka Collins: 칵테일의 일종.

## 보드카 콜린스

재료

- 스톨리치나야 보드카 넉넉하게 한 번 기울인 양(넷째손가락 두 개 길이만큼)
- 레몬 1개 갓 짠 즙
- 정제 설탕 1 ½티스푼
- 소다수
- 오렌지와 레몬 얇게 저민 것
- 마라스키노 체리

조리법

칵테일 셰이커에 각얼음을 얼마간 넣는다. 스톨리치나야, 레몬, 설탕을 따른다. 흔들어서 콜린스 잔에 낸다. 소다수를 한두 방울 떨어트린다. 오렌지와 레몬 슬라이스, 도발적인 마라스키노 체리 한 개로 장식한다.

## 모로코 치킨

재료

- 중간 크기의 유기농 닭 1마리 8조각으로 자른 것(정육점에 이렇게 주문한다.)
- 커민 가루 2티스푼
- 계피 가루 1티스푼
- 파프리카 가루 1티스푼
- 사프란 가루 ½티스푼
- 소금
- 막 갈아낸 흑후추
- 버터 6테이블스푼
- 올리브 오일 2테이블스푼
- 양파 6개 껍질 벗겨 잘 다진 것
- 병아리콩 ¼파운드(113g) 하룻밤 물에 담갔다가 건진 것과 그 물
- 막 갈아낸 흑후추
- 마늘 4쪽 얇게 저민 것
- 진한 치킨 스톡 2파인트(1,140ml)
- 이탈리안 파슬리 잘 다진 것 4테이블스푼
- 신선한 고수 잘 다진 것 4테이블스푼
- 레몬즙

조리법 하룻밤 전에 치킨을 커민, 파프리카 가루, 계피 가루, 소금, 흑후추에 문질러 양념하고 하룻밤 재워둔다. 병아리콩 역시 물에 하룻밤 담가둔다.
다음 날, 무쇠냄비에 버터를 녹이고 올리브 오일을 두르고 치킨이 갈색이 될 때까지 굽는다. 갈색이 나면 치킨을 기름에서 건지고 이제 양파를 넣어 따뜻한 금빛이 날 때까지 무르게 익힌다. 치킨을 다시 집어넣는다. 마늘을 넣고 약간 물러지게 익힌다. 사프란과 병아리콩을 넣고 치킨 스톡을 잠기도록 붓는다. 이 맛있는 모로코 스튜를 뚜껑을 연 채 1시간 동안 뭉근히 끓인다. 접시에 내기 전에 막 다진 파슬리와 고수를 소스에 넣고 저어주는데 가스레인지에서 식탁까지 가는 시간 이상으로 방치해서는 안 된다. 맛을 더 끌어올리기 위해서 갓 짠 레몬즙을 뿌린다. 손으로 집어 먹는다!

거예요. 그 색깔을 절대 잊지 못할 거예요. 화가에겐 대단한 경험이죠." 비튼 안에 있는 화가는 다음 날 재거의 얼굴이 실눈을 뜬 창백한 스튜가 되어 있는 것에 주목했다. 비튼은 그 모습을 인상적으로 묘사했다. "선천성 색소 결핍증에 걸린 사람처럼 분홍색 코—그의 얼굴에서 유일하게 분홍색이 도는 부위—를 벌렁거렸고, 밴드의 그 누구도 '발작'을 하는 경우를 제외하면 말을 할 수 없는 상태로 보였다." 자, 그들이 밤새 무엇을 했을 것 같은가?

이것이 우리가 볼 1967년의 마지막 사건이라고 생각할 수 있지만, 1967년 7월에 재거는 미국의 비트족• 시인 앨런 긴즈버그의 귀환을 기념하는 런던의 한 파티에 마리안느 페이스풀과 함께 다시 나타났다. 재거와 페이스풀은 런던 체인워크(이듬해 재거와 리처즈는 이 거리에 있는 집을 구입한다)에 있는 디자이너 크리스토퍼 길의 호화 아파트 안으로 으스대며 걸어 들어갔다. 집 안에서는 〈서전트 페퍼Sgt. Pepper〉•• 에 실린 음악이 부드럽게 울려 퍼지는 가운데 하원의원들이 음악에 맞춰 몸을 흔들고 있었다. 대영박물관에 근무하는 한 큐레이터는 어두운 조명 아래 서 있었고, 마거릿 공주는 자신의 술잔을 만지작거렸다. 폴 게티 2세도 오고 있는 중이었다. 밤 10시가 되자 누군가 멋진 생각을 내놓았다. 집사가 모든 사람을 초대해 은쟁반 위에 맛있는 해시시••• 퍼지를 대접해야 한다는 것이었다. 그런데 한 가지 작은 문제가 생겼다. 당시 이런 모임에서는 『앨리스 B. 토클라스•••• 요리책Alice B. Toklas Cookbook』에 나와 있는 조리법에 따라 해시시 퍼지를 뚝딱 만드는 게 유행이었지만, 제멋대로인 어느 쾌락주의자가 조리법보다 해시시의 양을 두 배로 늘려버리는 바람에 해시시 퍼지가 아니라 해시시 독약이 되어버린 것이다. 영국에서 가장 훌륭한 음악가와 귀족들이 해시시 과용으로 비틀거리고 트림을 하고 쓰러지면서 방 안은 순식간에 아수라장으로 변했다. 그날 밤 사람들은 먹을 것을 끊임없이 게워냈고, 재거와 페이스풀은 해시시 중독의 부작용과 싸우기 위해 어둠 속에서 몇 번씩이나 거리를 뛰어다녔다.

이것은 사실을 있는 그대로 옮긴 것이다.

세실 비튼은 같은 달 믹 재거를 다시 만났지만 실망만 안고 헤어졌다. 그에게서 우아하고 자신감 넘쳤던 마라케시의 달변가는 거의 찾아보기 힘들었기 때문이다. 수이트•••••를 연상시키는 얼굴의 마리안느 페이스풀은 숱이 적고 숨이 막힐 듯 눌린 머리 위에 이상한 모자를 쓰고 눈을 치켜뜨며 올려다보았고, 믹은 비튼에게 예의를 갖출 생각은 전혀 없는 듯 자신이 볼 그림책을 집어 들었다. 벤틀리는 보이지 않았고, 대신 택시를 타고 풀럼 로드까지 가서 불길한 음악이 흐르는 바그다드 하우스에서 저녁을 먹었다. 바그다드 하우스에서 믹은 훨씬 더 심하게 비튼을 무시했다. 그는 어깨너머로 비튼을 보면서 고양이가 우는 듯한 소리로 "음식"이 먹고 싶다고 말했다. 손가락으로 핥아먹는 치킨은 더 이상 없었다. 재거는 비튼이 지켜보는 가운데 "원뿔형의 케이크"를 떠서 자기 입속에 넣었다. 믹이 숭배하는 그 케이크는 찰흙을 연상시켰다.

재거가 오랫동안 마약을 했음에도 마약의 피해를 전혀 받지 않았음을 증명해주는 듯한 불후의 명성은 그에게 어둡고 악마적인 매력을 부여해주었다. 그래서 그가 가지고 다니는 비밀 간식조차도 잘못 "해석"될 정도였다. 한번은 앤디 워홀의 친구가 제리 홀, 믹 재거와 함께 광란의 밤을 보내고 난 뒤 자신의 주머니에서 은박지로 싼 "작은 상자"를 발견하고는 궁금해 했다. 뭘까? 헤로인? 코카인? 천만에. 조심스럽게 은박지 포장을 벗겨보니 안에 들어 있는 것은 쌀로 만든 크리스피 쿠키였다! 더 유명한 사건은 어느 날 저녁 재거가 어떤 식

---

● Beats: 1950년대 전후 미국에서 현대의 산업 사회를 부정하고 기존의 질서와 도덕을 거부하며 문학의 아카데미즘을 반대한, 방랑자적인 문학가 및 예술가 세대를 이르는 말.

●● 비틀즈가 1967년 6월에 발표한 앨범.

●●● Hashish: 대마로 만든 환각 물질의 일종.

●●●● Alice B. Toklas: 작가 거트루트 스타인의 삶의 동반자로 파리에서 운영한 그녀의 살롱에는 헤밍웨이, 피카소, 마티스 등 유명 예술가들이 드나들며 교류했다.

●●●●● suet: 소와 양의 콩팥 근처에 있는 단단한 지방.

당에서 식사를 하고 있을 때 그가 먹고 있던 음식이 아니라 그의 대담한 행동 때문에 벌어졌다. 나이 지긋한 신사가 재거에게 "당신은 남자요, 여자요?"라고 묻자, 재거가 대답 대신 바지의 지퍼를 내린 것이다.

밴드의 남용 목록에서 알코올도 빼놓을 수 없었다. 믹의 딸 제이드 재거는 여섯 살 때 앤디 워홀에게 뉴욕에 있는 믹 재거의 집을 방문했을 때 어떤 술을 먹고 싶었냐고 아무렇지도 않게 물어 그를 놀라게 했다. 워홀이 얼음을 넣은 보드카를 좋아한다고 하자 제이드는 스페인 하녀에게 스페인어로 "얼음 넣은 보드카 두 잔"을 가져다 달라고 했다. 롤링 스톤즈의 자녀는 그랬다.

1980년대에 알코올중독은 집요하게 키스 리처즈를 괴롭혔다. 아침 식사는 햄버거와 블랙잭 버번이었고, 입가심으로 HP 소스를 먹은 뒤 어쩌면 집에서 만든 감자튀김도 곁들여 먹었을 것이다. 그가 HP 소스를 좋아하기 시작한 건 훨씬 오래전인 1964년부터였다. 당시 스톤즈 멤버들은 브뤼셀에서 순회공연 중이었는데, 어느 야심 찬 요리사가 멤버 개개인의 취향을 미처 알아두지 못하는 엄청난 실수를 저질렀다. 결국 그는 재거가 토마토를 끔찍이 싫어한다는 걸 모르고 그들에게 토마토 수프와 새우로 속을 채운 토마토를 내놓았다. 요리는 퇴짜를 맞았지만, 그보다 더 심각한 건 스톤즈 멤버들이 감자튀김과 HP 소스를 요구하며 자존심을 건드리자 요리사가 자살 충동과 살의를 느꼈다는 것이다. 실제로 리처즈가 사랑한 HP 소스는 카나비 거리•만큼이나 1960년대 영국에서 중요한 부분을 차지했다. 한동안 HP 소스는 영국 수상 해럴드 윌슨의 이름을 따서 "윌슨의 그레이비"라 불리기도 했다. 윌슨의 아내 메리는 『선데이 타임스』 기자들에게 이렇게 말했다. "해럴드에게 단점이 있다면, 모든 음식에 HP 소스를 발라서 먹는다는 거예요."

그러나 HP 소스나 블랙잭 혹은 오렌지주스나 스톨리치나야보다도 키스 리처즈의 마음을 강력하게 사로잡은 음식은 따로 있었다. 세계 어디를 가든 그의 방에는 냉장고가 있었고, 그의 최측근들에 따르면 그 냉장고 안에는 반드시 셰퍼드 파이••가 들어 있었다. 리처즈는 자신이 호전적이라는 인간이라는 사실을 자랑스러워했다(브뤼셀 순회공연 때는 롤링 스톤즈가 사실상 슈프림스•••의 아류라고 주장하는 사람에게 주먹을 날렸다). 만일 당신이 그의 셰퍼드 파이 근처에서 얼씬거렸다면 그처럼 호전적인 리처즈가 어떻게 나왔을지 상상해보라. 파이가 손이 닿는 가까운 곳에 없으면 그는 말문을 닫은 채 안절부절못했을 것이다. 한번은 밴드의 일행 가운데 한 명이 어리석게도 욕심을 부려 리처즈의 셰퍼드 파이를 먹어버렸다. 리처즈는 화가 날 대로 나서 폭언을 퍼부으며 한 번만 셰퍼드 파이에 손을 대면 그를 토막 내서 그의 다리를 셰퍼드 파이 속에 넣어버리겠다고 경고했다.

---

• Carnaby Street: 1960년대 영국 런던의 패션 중심지.

•• Shepherd's Pie: 으깬 감자 안에 다진 고기를 넣어 만든 파이.

••• Supremes: 1960년에 결성된 미국의 전설적인 흑인 R&B 여성그룹.

## 셰퍼드 파이

재료

- 올리브 오일 3테이블스푼
- 소고기 간 것 1파운드(454g)
- 양파 3개
- 통마늘 3개 다진 것
- 당근 3개 껍질 벗기고 2cm 두께로 납작하게 썬 것
- 스웨덴 순무 1개 껍질 벗기고 2.5~5cm 조각으로 거칠게 깍둑썰기 한 것
- 풋고추 1개 거칠게 다진 것
- 토마토퓌레 1테이블스푼
- 보브릴[●] 1테이블스푼
- 레드 와인 1잔
- 뜨거운 물
- 소금
- 막 갈아낸 흑후추
- 토핑 재료
- 양파 1개 매우 곱게 다진 것
- 감자 3파운드(1.4kg)
- 버터 3테이블스푼
- 우유 2테이블스푼
- 소금
- 체다 치즈 간 것 3테이블스푼

조리법

밑이 깊고 두꺼운 팬, 혹은 무쇠냄비에 올리브 오일을 두르고 달군다. 양파를 넣고 10분간 은근히 볶아서 양파가 투명한 금빛으로 변하면 마늘을 넣고 1분간 더 볶는다. 간 소고기를 넣고 살짝 갈색이 될 때까지 익힌다. 이제 당근, 스웨덴 순무, 풋고추를 넣는다. 여기에 막 간 후춧가루와 소금을 넉넉히 흩뿌린다. 이제 토마토퓌레 1스푼, 레드 와인, 보브릴을 넣는다. 뜨거운 물을 고기 스튜가 충분히 잠기도록 채운다. 중불에 두고 거품을 걷어내면서 간 고기 주변에 걸쭉한 그레이비가 생길 때까지 1시간 동안 끓인다.

● Bovril: 소고기 농축 음료의 상표명이다. 물에 희석해서 마신다.

간 고기를 끓이고서 15분 정도 지났을 때 토핑 준비를 시작한다. 토마토 껍질을 벗기고 4등분해서 차가운 소금물을 채운 팬에 집어넣는다. 끓기 시작하고부터 약 20분 동안 끓인다. 감자를 포크로 찔러보며 끓인다(포크가 감자를 관통하면 익은 것이다). 감자가 익으면 건져 냄비에 넣고 약불에 두어 물기가 마르도록 부드럽게 흔들어준다. 그러면 나른한 수증기가 감자에서 피어오를 것이다. 감자가 마르자마자 감자 겉이 보슬보슬하게 일어나는 것을 볼 수 있다. 이제 이것들을 으깨기 시작한다. 버터를 넣고 감자를 완전히 으깬 뒤 우유를 넣는다. 감자가 부드럽고 가벼워질 때까지 계속 치댄다. 간 고기 베이스가 아직 준비되지 않았다면 감자에 뚜껑을 덮어놓아 고기가 준비될 때까지 보온한다.

오븐을 200도로 예열해둔다.

간 고기가 알맞게 걸쭉해지면 소금간이 더 필요한지, 와인을 조금 더 넣어야 하는지 맛을 본다. 그러고 나서 파이 접시의 바닥에 따른다. 잘 다진 양파를 간 고기의 표면 위로 뿌린다. 이렇게 하면 파이가 완성되어 한 입 베어 물었을 때 매우 은은한 양파 맛이 입 안에 번지게 된다. 이제 버터 같은 질감의 으깬 감자를 그리 수북하지 않게 몇 스푼 떠 간 고기의 표면 위에 얹는다. 이들 감자 섬을 포크를 이용해 부드럽게 펴 발라 간 고기 위에 매끄러운 감자 껍질의 형태를 잡는다. 체다 치즈를 위에 뿌린다. 뚜껑을 덮지 않은 채 오븐에 넣어 30분간 굽는다.

냉동 완두콩 익힌 것과 HP 소스를 넉넉하게 한 덩이 곁들여 낸다. 우와아!

# 4장

## 작가의 식탁

에블린 워, C. S. 루이스, 어니스트 헤밍웨이, F. 스콧 피츠제럴드, 존 스타인벡, J. D. 샐린저, 이안 플레밍, W. H. 오든, 조지 오웰, 애거서 크리스티, 오스카 와일드, 실비아 플라스가 쓴 메뉴를 읽어보라. 당신은 애거서 크리스티와 치즈 수플레를 먹을 수 있고, F. 스콧 피츠제럴드의 장거리 자동차 여행을 따라가는 내내 송로로 맛을 낸 닭고기를 먹고서 딸꾹질을 할 수도 있으며, C. S. 루이스의 자두 푸딩으로 식사를 마무리할 수도 있다.

# 에블린 워

EVELYN WAUGH

1903~1966. 영국의 작가. 그의 작품은 거의 직접 경험한 것을 바탕으로 씌어졌으며 냉소적 기지와 뛰어난 기교로 폭넓은 호평을 받았다.

세실 비튼의 일기는 1966년 에블린 워의 죽음에 대한 기록 때문에 유명하다. "에블린 워는 관 속에 있다. 그는 속물근성 때문에 죽었다." 비튼에 따르면 워는 이십 대 때 거만하고 잘난 체하는 사람이었다. 그런 거만함은 보청기를 갖게 된 중년 무렵 극에 달했다. 그리고 워의 음식 취향을 통해 확실하게 알 수 있는 사실은 나이가 들수록 그가 더 세련되어졌다는 것이다. 어린 시절 워는 요리를 하기 전의 소시지가 왜 그토록 우스워 보이는지 궁금해 하는, 단순하고 어린 영혼의 소유자였다. 반면 사십 대 때 그의 인생에서 가장 즐거운 시간은 그의 "대리석 건물"인 리츠 칼튼 호텔에서 보르도산 적포도주 클라레를 곁들여 배가 터지도록 점심식사를 할 때였다. 많은 사람들이 워를 단순히 이기적이고 늙고 지루한 사람이라고 생각하지만, 우리는 그의 인생에도 아주 작지만 숨 막히도록 친절한 순간들이 있었음을 기억해야 한다. 1948년 어느 가톨릭 미사에서 땡전 한 푼 없는 그레이엄 그린을 우연히 만났을 때도 그랬다. 그린은 자기 주머니를 탈탈 털어 가진 돈을 전부 아프리카를 돕는 일에 기부했는데, 워는 그를 불쌍히 여겨 새 모자를 사라며 영국 돈 6페니를 빌려주고 리츠 칼튼에 데려가 칵테일을 대접했다.

진저비어•와 떠먹는 요구르트, 삶은 달걀, 얼음, 0.5페니짜리 번빵을 먹던 아이는 랜싱 공립학교의 학교 급식을 먹게 되었다. 워는 빅토리아 시대의 구빈원 거주자들이 랜싱 공립학교의 학교 급식을 먹었더라면 폭동을 일으켰을 것이라고 말했다. 가장 우울한 날은 일요일이었다. 느글거리고 맛없는 아침식사와 끔찍한 남자들로 이루어진 성가대의 공연을 빼면 별다른 일이 없었기 때문이다. 일요일의 형편없는 아침 메뉴 중에서 참아줄 만한 음식은 평범한 식빵이 유일했고, 워는 오로지 식빵만 먹는 칙칙한 미래를 머리에 떠올렸다. 랜싱의 기숙사에서 지내는 모든 학생들에게 집에서 보내는 휴가와 여행은 그동안 먹지 못한 제대로 된 음식을 먹을 수 있는 기회였다. 워는 외박허가를 받고 나갔다온 한 아이가 방탕하게 먹고 놀다 온 탓에 달리기 시합에서 뒤처지지 않으려고 숨을 헐떡거리는 모습을 담담하게 지켜보았다. 너도나도 짓궂은 장난을 치는 시절이었고, 워는 그라임스라는 학생의 책상 속에 크림을 붓고는 며칠 후에 그 아이의 몸에서 악취가 풍기길 기대했다.

열일곱 살이 되었을 때 워는 학교가 끝나면 드레싱을 얹은 게살과

• ginger beer: 알코올 성분은 포함되어 있지 않으며, 진저(생강)를 주재료로 하고 레몬 등의 향료를 섞어 캐러멜로 착색시킨 음료이다.

연어 마요네즈, 포트와인, 아이스커피를 즐겼고, 이십 대 때는 브라운 셰리를 벌컥벌컥 들이켜고 시가를 엄청 피워댔다. 워에게 1924년은 발견의 해였다. 막 스무 살이 된 그는 구두시험을 치르기 위해 옥스퍼드 하트퍼드 칼리지에 나타났다. 그것은 하트퍼드의 훌륭한 교수들과 함께 그의 학교 성적과 학업 능력을 알아보기 위한 대단히 힘든 구두 "토론" 또는 시험이었다. 워는 재빨리 위스키 한 잔—그는 항상 하트퍼드에서 자신이 가장 좋아하는 운동은 술 마시기라고 말했다—으로 구두시험에 대비했다. 창피한 순간을 버티기 위해서는 위스키가 필요했다. 비참하고 정신이 번쩍 드는 자신의 3등급은 이미 확인을 받았기 때문에 구두시험은 어디까지나 형식적인 절차라고 워는 생각했다. 그는 옥스퍼드에서 "불편한" 시험문제에 대비해 공부를 하기보다는 온갖 즐거운 일들을 즐겼다. 예를 들면 처음으로 물떼새의 알을 맛보았고, 뜨거운 바닷가재와 흔치 않은 럼주로 점심을 먹었으며, 철도클럽에도 가입했다. 철도클럽은 특정 열차의 객차를 예약한 다음 열차에서 판매하는 5실링짜리 식사를 주문한다는 기발한 생각에서 시작되었다. 이 식사는 일곱 코스로 이루어졌다. 철도클럽의 첫 모임—겸 축하연—은 진흙을 튀기며 달리는 펜잔스 행 애버딘 열차에서 열렸다. 철도클럽 멤버들은 옥스퍼드를 졸업한 뒤에 세계에서 영향력 있는 사람들이 되었고, 그들의 만찬은 갈수록 더 화려해졌다. 어리둥절해하는 열차 기관사들에게는 은제 담배 상자가 증정되었고, 런던의 유명한 요리사들이 열차에 올라탔다. 훌륭한 음식과 짙은 자주색 와인이 들어 있는 덜거덕거리는 대형 나무상자들도 객차에 실렸다. 철도클럽 말고도 옥스퍼드에는 아주 유쾌하고 별난 클럽들이 많았다. 한 예로 베일리얼 칼리지에는 하루를 거꾸로 사는 클럽이 있었다. 그 클럽의 멤버들은 아침 7시에 야회복 재킷을 입고 시가와 브랜디로 하루를 시작해서 밤 9시쯤 수프로 저녁식사를 끝내고 자정에 아침을 먹었다.

워는 옥스퍼드에서의 구두시험에 대한 불길한 예감 때문에 노심초사하는 부모님에게 전보를 보낸 뒤 정신없는 여름을 보냈다. 그중 한동안은 더블린에 있었는데, 그곳으로 말하자면 밤 9시면 모든 술집이 문을 닫는 곳이었다. 워는 술집이 이렇게 일찍 문을 닫는 이유는 아일랜드에서는 모든 정치 운동이 술집에서 시작되기 때문이라고 주장했다. 마침내 워와 그의 친구 알레스테어는 우연히 글렌맬류어 마을을 발견하게 되었다. '우연히'라는 말은 너무 무성의한지도 모르겠다. 글렌맬류어는 위클로 산맥의 큰 바위들 사이에 있는 계곡 마을이므로. 그들은 어느 불편한 호텔에 여장을 풀었다. 저녁식사 때 차가 나오는 호텔이었다. 혹시 금주 호텔인가? 그들은 의아해했다. 그러나 "형편없는 에일과 거품이 많고 맛이 강한 베이킹파우더 혹은 증류주를 마실 수 있고", "대머리 남편을 데리고 온 끔찍한 여인과 그와킨 부인이라는 이름의 친구"가 투숙하고 있다는 걸 알고 나서 안도의 한숨을 내쉬었다. 그해는 '떠오르는 태양'이라는 이름의 술집에서 진과 베네딕틴•, 송아지고기와 햄 파이로 마무리되었다.

옥스퍼드에서 큰 실패를 맛본 워는 사립학교 교사 자리를 찾아다녔고, 마침내 1925년 웨일스의 란둘라스에 있는 아놀드 하우스라는

• Benedictine: 프랑스 노르망디 수도원 베네딕틴 수사가 만든 증류주.

## '떠오르는 태양'의 송아지고기와 햄 파이

### 파이 만들기

재료

- 익히지 않은 햄 1파운드(454g) 너비 0.6cm 주사위 모양으로 자른 것
- 송아지고기 1파운드 너비 0.6cm 주사위 모양으로 자른 것
- 얇게 저민 줄무늬 베이컨 4장
- 큼직한 양파 1개 버터에 튀긴 것
- 파슬리 다진 것 4테이블스푼
- 세이지 잎 잘게 조각낸 것 1티스푼
- 신선한 타임 1티스푼
- 레몬 껍질 간 것 1티스푼
- 브랜디 3테이블스푼
- 치킨 스톡 또는 햄 스톡 3테이블스푼
- 넛맥 간 것 1티스푼
- 월계수 잎 간 것 ½티스푼
- 완숙 달걀 4개
- 피클 호두* 3개
- 치킨 스톡 또는 햄 스톡 ½파인트(284ml)
- 젤라틴 잎 3장
- 달걀 1개 푼 것
- 더블 크림 3티스푼

조리법 오븐을 200도로 예열한다.

삶은 달걀과 호두를 제외한 파이 재료를 모두 함께 섞는다. 파이에 줄무늬 베이컨 조각들을 가지런히 깐다. 파이 높이의 ⅓을 고기 혼합물로 채운다. 완숙 달걀을 반 자른 피클 호두와 함께 사이사이에 배치해 깐다. 나머지 고기 혼합물로 위까지 채운다. 파이 덮개를 얹고 푼 달걀과 크림을 붓질해 윤기를 낸다. 파이를 오븐의 중간 단에 놓고 2시간 동안 굽는다.

2시간 뒤 파이가 사랑스러운 견과류 같은 갈색으로 변하면 오븐에서 꺼내 식힌다.

젤라틴 잎을 차가운 물에 담가 부드럽게 만들어 건진다. 치킨 스톡/햄 스톡을 작은 소스팬에 붓고 불에 올리고 젤라틴을 넣은 다음 젤라틴이 풀릴 때까지 젓는다. 이것을 식혀두었다가 사용할 준비가 되었을 때 혹시 굳어 있으면 간단히 조금 데우면 된다. 파이가 완전히 식으면 젤리처럼 된 육수 전체 양의 ⅓을 카드로 만든 굴뚝에 흘려 넣고 십 분마다 반복해서 파이를 가득 채운다. 종이 굴뚝을 빼고 파이를 냉장고에 1시간 동안 넣어두어 젤리가 완전히 굳도록 한다.

## 핫 워터 크러스트 페이스트리••

재료

- 물 2테이블스푼
- 우유 5테이블스푼
- 돼지기름 6온스(170g)
- 슈가파우더 평평하게 쓸어서 1테이블스푼
- 중력분 1파운드(454g)
- 소금 1티스푼

조리법

큰 볼에 밀가루, 소금, 슈가파우더를 체에 쳐 내린다. 팬에 우유, 물, 돼지기름을 넣고 끓인다. 밀가루의 중앙을 우묵하게 만들고 끓는 기름/물 혼합물을 가운데에 부어 밀가루와 함께 나무주걱으로 젓는다. 도우는 완성되었을 때 매끄러운 공의 형태가 되어야 한다. 15분간 그대로 두고, 그 사이에 철제 베이킹 틀에 버터를 칠해둔다.

파이의 덮개를 위해 페이스트리의 ¼을 따로 두고 나머지 페이스트

---

• pickled walnuts: 익지 않은 호두를 소금, 설탕, 식초를 혼합한 물에 향신료를 첨가해 절인 것.

•• The hot-water crust pastry: 주로 짭짤한 고기 파이에 쓰이는 페이스트리로 뜨겁고 끈끈한 반죽이 된다.

리를 베이킹 틀의 바닥과 옆면에 손끝으로 눌러 파이의 밑판을 만든다. 페이스트리가 갈라지지 않도록 해야 맛있는 송아지고기와 햄의 육즙이 새어나가지 않는다. 밀가루를 바른 작업대 위에서 파이 윗면에 맞도록 덮개를 민다. 파이 윗면 껍질의 중앙에 2.5cm 크기의 구멍을 남겨둔다(나중에 젤리처럼 된 육수를 따를 때 필요하다). 이 구멍에 카드만 한 종이를 동그랗게 말아 만든 관을 2.5cm 높이로 파이 위에 솟도록 꽂는다.

사립학교에서 교직을 구했다. 워는 교직을 제안 받고 나서 조금 놀랐다. 학교 선생으로 사는 건 힘든 인생이 될 것이라고 생각했기 때문이다. 하지만 그처럼 가난한 사람에게 한 달 봉급 160파운드는 아주 큰 도움이 될 만한 액수였다. 게다가 란둘라스는 오락이나 여흥 또는 기분전환을 위한 것들과는 멀리 떨어져 있는 지역이어서 돈을 쓸 일도 딱히 없었다. 워와 그 밖의 다른 교사들은 유스턴에서 헌병 모자를 쓰고 의기소침해서 눈물을 펑펑 쏟고 있는 젊은이들을 만났다. 그들은 곧 토할 것처럼 열차에서 탄산수와 진저를 닥치는 대로 마시기 시작했다.

아놀드 하우스에 도착했을 때는 더 무시무시한 일이 기다리고 있었다. 교사들이 머물고 있는 집은 요양원이라고 불렸고, 똥 무더기와 구스베리 덤불 사이에 불쑥 솟아 있었다. 학생들 기숙사에서는 오줌 냄새가 진동하는 복도를 하녀들이 종종걸음 쳤다. 시간표나 강의계획서 같은 건 없었다. 교장은 여기저기 돌아다니면서 이렇게 말했다. "복도 맞은편 교실에 아이들이 몇 명 있어요. 역사2나 무용 과목일 거예요. 무슨 과목이 됐든 누가 들어가서 좀 가르치세요." 그러면 가장 덜 게으른 교사가 읽고 있던 신문을 옆에 내려놓고 자리에서 일어나 기지개를 켠 다음 그 교실에 들어갔다. 하워스라는 이름의 학생이 역사 시험에서 제임스2세가 남자아이를 출산했다고 쓴 것은 놀랄 일이 아니었다. 워는 사립학교 아이들에게 몹시 화가 났다. 그는 실내화로 두 아이를 동시에 때려 그들을 복종시키려 했지만 둘 다 아무런 고통을 느끼지 않자 낙담했다.

비록 아놀드 하우스는 인적이 끊긴 외진 곳에 있었지만, 학생들과 란둘라스를 견뎌내려면 술이 필요했다. 워는 웨일스에서는 누구나 땅에 검은 침을 뱉으며 "보라-다"• 라고 말하는 것으로 인사를 대신한다고 했다. 교사들은 저녁시간을 인근 술집에서 보낼 때가 많았다. 술집에서는 "무기력한" 늙은이가 교사들에게 웨일스식 건배사를 가르치려 했지만 항상 말을 하기 힘들 정도로 너무 취해 있었다. 그래서 교사들이 배운 건배사라곤 "Iechyd da I bob un(모두의 건강을 위해!)"와 더 알아듣기 힘든 "llywddiant ir archos(성공…?)"이 전부였다. 차라리 인생에 종지부를 찍는 게 낫다고 생각한 워는 근처에 있는 웨일스 북부의 어느 해변에서 자살을 시도했지만 실패했다. 그의 자살 시도가 좌절된 건 해파리의 침에 찔렸기 때문이었다. 결국 그는 학교 양호교사에게 부도덕한 접근을 했다는 이유로 아놀드 하우스에서 쫓겨났다.

저술 활동에서 성공한 덕분에 우울함에서 빠져나온 것도 있지만, 옥스퍼드와 런던도 침체에 빠진 그를 구하는 데 한몫했다. 옥스퍼드

• Borra-Da: 아침인사에 해당하는 웨일스 인사말.

는 언제나 많은 구경거리와 즐거움이 있는 곳이었다. 한 예로 워는 1925년에 잠시 옥스퍼드를 다시 방문했을 때 굴 오믈렛과 버섯을 맛보았고, 그런 다음 조지 술집에 들렀다. 조지 술집에서 우연히 동성애자 사업가들—그중 한 명은 백금으로 만든 멜빵을 착용하고 무려 107개나 되는 신문을 소유한 사람이었다—을 만났고, 그들은 워에게 샴페인 칵테일을 몇 잔 사주었다.

한편 워가 런던에서 겪은 진기한 경험들은 그의 두 번째 장편소설 『타락한 사람들Vile Bodies』에 훌륭한 소잿거리를 제공했다. 한번은 그웬 오터라는 유명 인사의 집에 점심을 먹으러 간 적이 있는네, 집을 찾기가 너무 힘들었다. 그는 런던의 안개 속에서 길을 잃고 헤매다가 킹스 로드 모퉁이 담벼락을 들이받았는데, 그 담벼락에는 분필로 이런 찬송가 구절이 적혀 있었다. "당신은 어린 양의 피로 몸을 씻었는가?" 다행스럽게도 점심식사는 이 모든 고생을 보상해주었다. 다른 손님들도 전부 길을 잃었기 때문이다. 다른 손님들이 오지 못하자 워는 분명히 쾌재를 불렀을 것이다. 목이 높은 스웨터를 입고 있는 그는 마치 열 살짜리 아이 같아 보였다. 하지만 그는 해서는 안 될 말을 했다. 미스 오터가 아메리카 원주민처럼 생겼다고 한 것이다. 워와 오터는 뇨키가 담긴 큰 접시를 가운데에 놓고 마주보며 먹었다. 이 뇨키는 원래 길을 잃어 오지 못한 손님들에게 주려던 것이었다. 오터는 워에게 그가 평생 먹어본 것 중 최고의 수프를 대접해야 할 책임도 있었다. 바로 밤 수프였다. 오터의 요리사가 출산 때문에 며칠간 휴가를 냈을 때는 점심식사의 질이 떨어졌다. 하지만 요리사가 돌아오자마자 점심식사가 다시 좋아졌다고 워는 일기에 적었다.

## 쇠퇴와 몰락[•] 샴페인 칵테일

재료

- 갈색 각설탕
- 앙고스투라 비터즈
- 샴페인
- 코냑 1단위 표준량
- 마라스키노 체리

조리법

각설탕을 앙고스투라 비터즈에 담근다. 이것을 샴페인 잔 바닥에 깔고 코냑을 부은 다음 샴페인으로 위까지 채운다. 도도한 마라스키노 체리를 위에 얹는다. 마시면서 백금 멜빵의 복잡함에 대해 숙고한다.

## 밤 수프

재료

- 버터 1테이블스푼
- 올리브 오일 1테이블스푼
- 익혀서 껍질 깐 밤 7온스(198g) (2알은 따로 둔다.)
- 양파 1개 잘 다진 것
- 셀러리 1대 잘 다진 것
- 당근 1개 잘 다진 것
- 마늘 1개 으깬 것
- 치킨 스톡 1파인트(568ml)
- 소금과 막 갈아낸 흑후추

장식용

- 크렘 프레슈 디저트 스푼[••]으로 한가득
- 밤 부순 것

---

• Decline and Fall: 에블린 워의 장편 소설 제목.

•• dissert spoon: 티스푼보다 크고 테이블스푼보다 작은 아이스크림 떠먹는 스푼 크기 정도.

**조리법** 밑이 깊은 팬에 버터와 올리브 오일을 두르고 달군다. 양파, 마늘, 당근, 셀러리를 넣고 10분간 물기가 스며 나오게 한다. 밤과 치킨 스톡, 소금, 후추를 넣고 15분간 더 익힌다.
수프를 살짝 식히고 나서 믹서에 간다. 밤 수프를 다시 데운다. 볼에 크렘 프레슈 한 덩이, 부스러트린 밤과 함께 낸다.

# C. S. 루이스

C. S. LEWIS

1898~1963. 영국의 소설가. 북아일랜드 출신으로 기독교 교리를 초월한 기독교 변증과 소설, 특히 나니아 연대기로 유명하다.

기념비적인 순간으로 남게 될 그해에 C. S. 루이스의 첫 번째 접시에는 항상 완두콩이 담겨 있었다. 실제로 나니아•의 창조자는 콩을 굉장히 좋아했고, 좋은 콩을 가려내는 안목도 남달랐다. 영국 완두콩을 사랑한다고 하니 보수적으로 들릴지 모르지만, 루이스는 실험을 두려워하지 않았다. 1922년 6월에 그는 노란 구륜앵초꽃으로 만든 쌉쌀하면서도 달콤한 와인을 태어나서 처음으로 마시고 있었다. 앵초 와인은 셰리주처럼 진하기는 했지만, 목에서 넘길 때 떫고 뻑뻑하다고 느낄 수도 있었다. 그럼에도 루이스는 그렇게 나쁘기만 한 것은 아니라고 생각했다. 당시 그는 전제군주 같은 무어 부인(어떤 면에서는 그의 양어머니)과 그녀의 딸 모린과 함께 살고 있었다.

그의 일기에서 "D"라고 지칭되는 무어 부인은 집에서 딸기잼을 만

• Narnia: C. S. 루이스의 판타지 아동문학 시리즈.

들었다. 루이스가 비를 맞고 집에 돌아왔을 때나 그를 위해 진하고 맛있는 버섯 스튜 한 그릇을 만들어줄 때 딸기잼의 과일향이 그를 맞이했다. 루이스는 답례로 이런저런 집안일을 했다. 매일 아침 양파 껍질을 벗기거나 무를 자르는 등 무어 부인을 위해 채소를 준비했다.

그가 북아일랜드에서 궁색하게 사는 아버지를 방문했을 때 먹었던 음식은 설렘이 훨씬 덜했다. 미지근하고 평범한 고기와 으깬 감자, 양배추나 삶은 양고기를 먹었는데, 삶은 양고기는 그가 싫어하는 음식이었다. 집에서 더 가까운 곳에는 불평을 늘어놓기 좋아하는 릴리 이모가 살고 있었다. 1922년 12월 루이스는 그녀의 집에서 고기와 "훌륭한 자두 푸딩"을 먹었다. 또 어떤 날은 그녀가 아주 맛좋은 딸기와 크림을 내놓았다. 식사를 하면서 이모와 나누는 대화는 정말 웃겼다. 릴리 이모는 시내로 나가다가 수많은 유모차들 때문에 길이 막히자 건설적 산아제한 학회의 홍보용 전단을 한 무더기 가져와 옥스퍼드에 있는 모든 유모차 안에 집어넣었다고 했다. 릴리 이모에 대한 루이스의 평가는 냉정했다. "내가 참을 수 없는 건 이모가 모든 걸 알고 있다는 것이다. 성령은 자신의 모든 계획을 이모와 의논하고, 이모는 창조를 주관하는 위원회에 소속되어 있었다."

루이스의 음식 취향은 아주 단순했다. 토요일 점심은 항상 빵과 치즈였다. 치즈는 스틸톤이나 체다처럼 향이 강한 것이어야 했다. 또 그는 구운 고기라면 종류를 가리지 않고 좋아했다. 그중에서도 특히 소고기나 닭고기를 좋아했으며, 식사 후에 마시는 술로는 셰리주를 좋아했다. 루이스는 형 워니와 다른 친구들과 함께 런던을 돌아다니며 식사를 할 때도 있었다. 루이스의 말에 따르면 런던에서 그들은 "사

## 자두 푸딩

재료

- 버터 1테이블스푼
- 씨를 제거한 말린 자두 12온스(340g) 잘 다진 것
- 설탕에 절인 생강편 3온스(85g) 거칠게 다진 것
- 반 자른 호두 5온스(142g) 거칠게 다진 것
- 알이 굵은 건포도 7온스(198g)
- 오렌지 1개와 레몬 1개 껍질 간 것과 그 즙
- 신선한 갈색 빵가루 4온스(113g)
- 슈레디드 수이트 4온스
- 정향 간 것 1티스푼
- 계피 가루 ½티스푼
- 넛맥 가루 ¼티스푼
- 큼직한 달걀 3개
- 브랜디 3테이블스푼
- 1리터들이 푸딩 그릇●

조리법

푸딩 그릇에 버터를 바른다. 큰 볼에 말린 자두, 생강, 호두, 건포도, 오렌지와 레몬 껍질 간 것, 수이트, 갈색 빵가루, 정향, 계피, 넛맥을 혼합한다. 달걀을 완전히 풀어서 자두 혼합물에 섞는다. 끝으로 오렌지와 레몬즙을 넣는다. 또 다른 볼에 달걀을 넣고 거품이 일면서 살짝 걸쭉해질 때까지 젓고, 마른 재료들과 잘 섞는다. 마지막에 브랜디를 넣고 젓는다.

자두 푸딩 혼합물을 30분간 둔다. 그 다음 크고 깊은 소스팬을 불에 올리고 뜨거운 물로 ⅓ 높이만큼 채운다. 혼합물을 푸딩 그릇에 따른다. 버터 바른 은박지나 유산지로 윗면을 감싸 덮는다. 실로 단단히 맨다(물에서 푸딩 그릇을 들어 올릴 수 있도록 푸딩 그릇의 꼭대기에 고리모양으로 실을 묶어 손잡이를 만들어둔다). 조심스럽게 실 손잡이를 이용해 그릇

● 푸딩을 만들 때 쓰는 바닥이 깊고 둥근 그릇.

을 뜨거운 물에 내려놓는다. 푸딩 그릇의 2/3는 물에 잠겨야 한다(잠기지 않으면 물의 양을 조절한다). 팬의 뚜껑을 덮고 끓을 때까지 둔다. 푸딩을 약 5~6시간 동안 찌고 필요할 때 물을 채워 넣는다.

집에서 만든 커스터드와 함께 낸다.

악한 남자처럼 지방에 둘러싸인 콩팥"을 먹었다. 루이스는 친구들이 프랑스 음식을 만들어주었을 때 프랑스 요리의 미묘한 차이를 깨닫지 못했고, 한 친구의 이탈리아 하인이 만든 요리를 의심 가득한 눈초리로 바라보았다. 그는 소풍을 갈 때는 달걀 샌드위치를 좋아했지만, 평소에는 샌드위치를 그다지 좋아하는 편이 아니었다. 또 돼지고기 파이를 굉장히 좋아했으며, 집에서 가공한 베이컨에 달걀, 토스트, 마멀레이드를 곁들여 아침식사를 할 때 가장 큰 행복을 느꼈다. 물론 빵을 굽지 않는 편을 더 선호하긴 했지만. 그는 삶은 달걀에 대해서도 별난 생각을 가지고 있었다. 로저 랜슬린 그린이 옥스퍼드발 케임브리지행 기차에서 루이스에게 삶은 달걀을 건네자 그는 손사래를 치며 말했다. "안 돼요, 전 먹으면 안 돼요. 삶은 달걀은 최음제 효과가 있어요. 물론 당신은 결혼을 했으니까 문제될 게 없지만, 저는 조심해야 해요."

루이스가 진저비어를 빨대로 마시거나 밤에 뜨거운 우유를 한 컵 마시는 것을 즐기지 않게 되었을 때 옥스퍼드 올소울스 칼리지의 학부생이었던 건 그에겐 행운이었다. 올소울스 칼리지에서는 알코올 도수가 높은 레드비어를 제공했다. 19세기에 양조해 병에 담은 레드

## 나니아 돼지고기 파이

재료

**젤리형 육수 재료**

- 돼지 뼈 1파운드(454g)
- 당근 2개 거칠게 다진 것
- 양파 2개, 정향 4개와 함께 둔 것
- 월계수 잎 2장
- 타임 잔가지 4개
- 로즈마리 1가지
- 파슬리 작게 한 줌
- 통후추 10알

**필링 재료**

- 간 돼지고기 2파운드(907g), ⅓은 지방질일 것(지방이 파이를 촉촉하게 유지시켜준다.)
- 얇게 저민 훈제 베이컨 육포 2장 잘 다진 것
- 세이지 곱게 다진 것 2티스푼
- 파슬리 1테이블스푼
- 계피 가루 ½티스푼
- 막 갈아낸 넛맥 ½티스푼
- 정향 간 것 ½티스푼
- 올스파이스 ½티스푼
- 브랜디 3테이블스푼
- 안초비 국물 1티스푼

**핫 워터 크러스트 페이스트리 재료**

- 물 2테이블스푼
- 우유 5테이블스푼
- 돼지기름 6온스(170g)
- 슈가파우더 평평하게 쓸어 1테이블스푼
- 중력분 1파운드(454g)
- 소금 1티스푼
- 달걀 1개 푼 것
- 더블 크림 3티스푼
- 페이스트리에 깔 얇게 저민 훈제 베이컨 육포 6개

조리법

파이를 만들기 하루 전에 젤리형 육수를 만든다. 모든 재료를 팬에 넣고 재료가 잠길 만큼 찬물을 붓는다. 3시간 동안 부글부글 끓인다. 그러고 나서 체로 건진다. 건져 올린 건더기는 버린다. 육수가 ¾파인트(426ml)가 남을 때까지 졸인다. 간을 하고 식힌다.
필링은 아름다우리만치 간단하다(모든 필링 재료를 함께 섞는다).
이제 핫 워터 크러스트 페이스트리를 만든다. 큰 볼에 밀가루, 소금, 슈가파우더를 체 친다. 팬에 우유, 물, 끓인 돼지기름을 넣는다. 밀가루의 가운데를 우묵하게 파고 끓인 돼지기름/물 혼합액을 우묵한 가운데에 부으며 밀가루와 함께 나무 스푼으로 젓는다. 완성된 반죽은 매끄러운 공과 같은 모양이 될 것이다. 철제 베이킹 틀에 버터를 바르고 한옆에 둔다.
파이 덮개로 쓸 페이스트리의 ¼은 덜어둔다. 나머지 페이스트리를 철제 베이킹 틀의 바닥과 옆면에 손끝으로 눌러 파이 밑면을 성형한다. 햄 속이 새어나가지 않도록 갈라진 틈이 없어야 한다. 페이스트리에 얇게 저민 베이컨 육포를 나란히 깔고 난 뒤 파이를 양념한 돼지고기 혼합물로 채운다.
오븐을 200도로 예열한다. 가볍게 밀가루를 뿌린 작업대에 파이 덮개를 밀어 파이 윗면 크기에 맞게 모양을 잡는다. 파이에 덮개를 덮은 뒤 크림과 푼 달걀을 브러시로 바른다. 파이 위 껍질에 2.5cm 크기의 구멍을 남겨둔다. 이 구멍에 카드를 말아 만든 관을 꽂아 약 2.5cm 정도 파이 위로 튀어나오게 한다. 이 깔때기는 파이가 익으면 젤리를 흘려 넣는 데 필요할 것이다.
파이를 오븐의 중간 단에 넣고 2시간 동안 굽는다.
2시간 뒤에 파이를 오븐에서 꺼내어 식힌다. 젤리처럼 된 육수를 넣는다. 너무 단단하면 은근히 데워서 풀어준다. 주의해서 한 번에 조금씩 젤리 육수를 파이에 붓는다. 인내심을 갖고 젤리가 천천히 내려가도록 한다. 종이 굴뚝을 빼고 파이를 냉장고에 1시간 동안 두어 젤리를 완전히 굳힌다.

비어에서는 매혹적인 커피 향이 났다. 그는 겨울에 헤딩턴에 있는 무어 부인의 집과 쿠쿠 레인 밑에 있는 올소울스 사이를 걸어 다녔는데, 쿠쿠 레인을 지날 때는 눈 덮인 잔디가 크림을 섞어놓은 구스베리 풀 같다고 말했다. 그는 대학에 있는 쟁쟁한 적들 가운데 한 명과 우연히 마주치기도 했을 것이다. 그는 어니언스라 불리는 적수 때문에 골치를 썩고 있었다. 그는 1926년 7월 9일 금요일 보들리언 도서관에서 벌어졌던 '어니언스와 루이스의 칼싸움'을 기억했다. "내가 점심을 먹으러 자리에서 일어나려는데 어니언스가 불쑥 다가와 내게 말했다. '설마 너도 책을 읽는다고 말하려는 건 아니겠지? 넌 책을 안 읽는 사람인 줄 알았지.' 점심을 먹으러 모들린 칼리지에 갔는데, 거기서도 어니언스를 만났다. 그는 이번에도 내가 거기에 있는 게 놀랍다고 말했다. 나는 맞받아쳤다. 네가 보지 않으면 내가 책을 읽지 않는다고 생각한 것처럼 네가 보지 않으면 내가 점심도 먹지 않는 줄 아느냐고."

훗날 루이스와 친구들이 가장 좋아한 건 길게 이어지는 시골과 평원, 영국의 옛 오솔길을 걷는 것이었다. 그는 그것을 "하이킹"이라고 부르는 것에 딱 잘라서 반대했다. 하이킹이라는 말은 터무니없이 자의식이 강하고 부자연스러운 말처럼 들렸기 때문이다. 산책은 그렇게 복잡한 것이 아니었다. 그들은 더운 날 매혹적인 저수지나 개울을 만나면 옷을 벗고 시원한 물에 몸을 담갔다. 탁 트인 바다에서 수영을 할 때 루이스는 대서양의 추위는 짐작도 못한 채 큰 파도 속으로 돌고래처럼 몸을 던졌을 것이다. 또 그는 친구들에게 도시락을 싸오지 못하게 했다. 대신 꼬박꼬박 술집에 들러 아침에는 맥주나 사과주를 마시고 점심에는 빵과 치즈를 먹어야 한다고 고집을 부렸다. 그들이 마시는 술은 반드시 진짜 에일 맥주여야 했다. 루이스와 형 워니는 "캔에 든" 맥주에는 손도 대지 않았다!

그들은 한낮에 술을 한 잔 마시기 위해 도로변에 있는 어느 여관에 들렀다. 얼굴에 화장을 진하게 하고 과산화수소로 붉게 물든 머리를 작은 탑처럼 얹은 여관 주인의 아내는 음탕한 성적 매력을 발산했다. 그녀는 매력적인 미소를 던지며 살살 녹는 목소리로 루이스를 줄곧 "귀염둥이"라고 불렀다. 루이스는 도저히 참을 수가 없어서 일행의 옆구리를 쿡 찔렀다. "이봐, 모리스." 그가 흥분해서 말했다. "분명히 나한테 *뭔가* 있나봐! 저 멋진 여자가 불과 몇 분 사이에 나를 세 번이나 '귀염둥이'라고 부른 거 들었어?" 한번은 어떤 여관 여주인이 썩 내키지는 않지만 루이스와 그 일행에게 신발을 벗고 부엌방에서 먹는다면 음식을 주겠다고 했을 때, 그는 낮게 속삭였다. "그거 알아? 나는 누가 나한테 이런 식으로 명령하는 걸 즐기는 편이야. 심리학자들은 이런 심리를 뭐라고 할까?"

1929년 솔즈베리 평원에서는 매우 친절한 여자 우체국장이 그들에게 차와 삶은 달걀(부디 루이스가 욕정에 휩싸이지 않았기를)과 빵과 잼을 주었다. 그는 맥주 못지않게 차—토탄 색깔이 나고 향이 강해야 했다—도 광적으로 좋아했다. 그는 나쁜 맥주를 "광택제"라고 불렀다. 같은 날 저녁 우리의 산책자들은 사과주와 햄에그, 치즈, 빵, 마멀레이드를 먹고 차를 마셨다. 루이스는 낮과 밤을 가리지 않고 차를 좋아했으며, 자칭 '잉클링스'• 라는 모임도 차와 함께 의식을 시작했다. 물론 차를 마신 다음에는 럼주와 뜨거운 물로 이어졌겠지만.

잉클링스 회원들은 매주 목요일 옥스퍼드 세인트 자일스에 있는 이글 앤 차일드 펍의 뒷방에서 만났다. 술집 주인이 특별히 그들을 위해서 피워준 석탄이 바스라지면서 은은히 타올랐다. 그들은 즐거운 저녁 시간을 보내면서 바그너의 오페라 〈발퀴레Die Walküre〉 대본을 낭독하기도 했다. 그 사이에 J. R. R. 톨킨과 루이스 형제는 차를 마시기 위해 하이 스트리트에 있는 이스트게이트 호텔에 들렀다가 맛좋은 오믈렛과 생선 튀김을 먹고 맥주를 마셨다. 뭐든지 잘 잃어버리는 루이스가 모자를 잃어버렸던 모양이다. 친구와 함께 모들린 칼리지 운동장을 산책하다가 운동장에서 물에 젖은 벨벳 뭉치를 발견한 루이스가 손으로 가리켰다. "저거 내 모자 같아!" 그러더니 기쁨에 차서 "내 모자야!"라고 소리를 지르고는 그 벨벳 뭉치를 낚아채 자기 머리 위에 얹었다.

루이스는 친구들과 더 먼 곳까지 여행을 다녔다. 그중 기억에 남을 만한 여행은 보스포러스라는 요란한 이름을 가진 배(워니가 소유한 배였다)를 타고 템스 강 상류까지 떠난 여행이었다. 그들이 돌아오는 날 히틀러가 폴란드를 침공했다는 소식이 들렸다. 침묵이 덮쳤다. 루이스는 저녁을 먹다가 기운을 좀 북돋워보려고 이렇게 선언했다. "어쨌든 이제 우리가 암으로 죽을 가능성은 줄어든 거야."

전후 1947년부터 1950년 사이에 루이스를 숭배하는 미국인이 보내준 식량 보급품은 큰 환영을 받았다. 루이스는 그 음식들을 잉클링스 회원들과 나눠 먹었다. 그가 음식을 배분하는 방식은 참신했다. 그

---

• The Inklings: 루이스가 조직했던 문학클럽.

가 자기 침대 밑에 통조림과 봉지, 꾸러미를 전부 쑤셔 넣어두면 친구들이 침대 사이에 손을 넣어 골라가는 방식이었다. 한마디로 복불복이었다. 운이 나쁘면 말린 자두처럼 따분한 음식을 들고 돌아서야 할 수도 있었다.

그러나 메릴랜드의 워필드 M. 피러 박사는 영국에서 식량 배급의 심각한 따분함을 막는 데 가장 큰 기여를 했다. 그가 보낸 음식 꾸러미에는 늘 가장 소중한 선물—영국인들이 돼지로 만든 금이라고 부르는—이 들어 있었다. 바로 큼지막한 햄이었다. 햄이 도착했을 때 어찌나 기뻤던지 루이스는 피러 박사에게 이런 편지를 썼다. "이제 제 친구들에게 박사님은 거의 신화 속의 존재가 되었습니다. 햄의 피러, 즉 풍요의 신이 되었습니다." 모들린 칼리지의 개인 식당은 루이스의 특별한 "햄 저녁식사"를 위한 장소로 탈바꿈했고, 단란한 저녁 모임이 만들어졌다. 저녁을 먹으며 복권추첨 같은 장난을 치기도 했다. 어느 미국 팬이 루이스에게 턱시도를 보냈는데, 그가 입기엔 너무 커서 친구들에게 경품으로 내건 것이다.

햄 저녁식사를 하기 전에 흔히 거치는 절차가 있다. 루이스가 당신에게 슬그머니 다가와 공모자라도 된 듯 눈을 반짝이면서 자기 마음대로 지은 별명으로 당신을 부르면서 이렇게 말할 것이다. "내 방에 꽤 괜찮은 햄이 있는데, 오늘밤에 와서 먹을래?"

## 어니스트 헤밍웨이

ERNEST HEMINGWAY

1899~1961. 미국의 소설가. 신문 기자를 하면서 글을 쓰기 시작했다. 1925년 첫 단편집을 냈고, 이듬해 『해는 또다시 떠오른다』로 명성을 얻었다. 『노인과 바다』로 퓰리처상과 노벨문학상을 받았다.

어니스트 헤밍웨이는 파리에서 햇병아리 작가 시절을 보낼 때 순수하고 깨끗하게 정돈된 의식을 따랐다. 그는 거리 위쪽에 방을 얻고, 그 방에 앉아 고독 속에서 작업하길 좋아했다. 우리 대부분이 그러하듯이 헤밍웨이도 혼자 있을 때 두 가지를 했다. 하나는 마지막으로 식사를 한 때와 다음에 무엇을 먹고 싶은지에 대해 깊이 생각한 것이고, 다른 하나는 자신의 체온에 대해 생각하며 많은 시간을 보낸 것이다. 내 몸이 너무 뜨거운가? 너무 차가운가? 스웨터를 입어야 할까, 벗어야 할까?

모든 문제는 아주 간단하게 해결됐다. 해결책은 바로 자기 방에 모닥불을 피워놓고 타닥거리는 소리를 내며 타오르는 모닥불과 적당한 거리를 두고 앉아 손닿는 곳에 작가의 간식을 수북이 쌓아두는 것이었다. 모든 것이 아름다운 파리였으므로 그에 어울리게 간식도 예쁜 갈색 종이봉투에 든 밤이었고, 헤밍웨이는 방에 피워놓은 모닥불에 그 밤들을 구워 먹었다. 또 헤밍웨이는 은은한 빛의 노란 초승달을 닮은 달콤한 겨울 오렌지 조각들을 먹었고, 오렌지 껍질을 불길 속에 집어 던진 다음 그 껍질이 연기 속에서 돌돌 말리면서 내는 쓴 탕헤르 오렌지 기름 냄새를 좋아했다. 적어도 그런 다음에야 속이 든든해져서 완벽한 글에 대해 걱정할 수 있었다.

그는 배고픔이라는 공허에 익숙했고, 돌이켜보면 배고픔이라는 공허가 사랑스럽다고 말한 적도 있었다. 햇병아리 작가 시절에는 자신이 쓴 글로 거의 돈을 벌지 못했다. 당시에 그는 카술레•라는 단어만 봐도 속이 쓰렸다. 그는 자신이 굶주리던 시절에 세간을 더 예리하게 이해하게 됐다고 말했다. 굶주림은 그의 소설에 영양분을 공급해주었다. 굶주림 덕분에 무시무시한 식욕에 휘둘리며 음식에 집착하는 인물들을 창조할 수 있었다. 그리고 그날의 글쓰기를 마치고 나면 어김없이 키르슈••를 마시고 오렌지들을 자신의 주머니에 넣어두었다. 그렇지 않으면 오렌지들은 밤중에 그의 책상 위에서 얼었을 것이다.

시원한 바람이 거세게 부는 날이면 헤밍웨이는 완벽한 대사를 좇으며 시간을 보내길 좋아했다. 그가 카페에서 마르티니크 럼주를 마시며 정확한 단어들을 찾고 있을 때, 다른 사람들은 그를 위해 다른 계획을 준비했다. 에즈라 파운드는 고통스러워하는 다른 시인들에게 줄 아편을 헤밍웨이 편에 보냈다. 헤밍웨이와 존 도스 패서스는 생미셸과 몽파르나스의 모퉁이에 있는 '클로즈리 데 릴라'에서 만나 베르무트 카시스를 마셨다. 두 사람은 6일간 펼쳐지는 자전거 경주를 보는 걸 좋아해서 차가운 닭고기와 파테•••, 치즈, 와인, 길거리 시장의 좌판과 수레에서 구입한 갓 구운 롤빵을 가지고 관람석에서 자전거 경주를 구경했다. 또 어느 저녁엔 경마 내기 덕분에 멕시코 게와 굴을 먹을 수 있었다. 헤밍웨이는 센 거리 근처에 있는 서점들을 헤매고 다니다가 아내 해들리와 함께 부드럽게 으깬 감자, 우유에 담갔다가 아마도 브랜디와 샬롯, 크림과 함께 요리했을 송아지고기 간을 사 먹기도 했다. 퐁네프 다리 밑에서는 기중기처럼 생긴 막대기로 낚시를 하는 사람들을 구경하다가 그들이 낚아 올린 작고 맛있는 잉엇과의 생선을 사서 기름에 튀겨 한 접시 배불리 먹기도 했다. 정어리보다 단맛이 났다.

1926년 겨울, 헤밍웨이와 해들리는 그들의 아기 범비를 데리고 오스트리아 포어아를베르크●●●● 주 슈룬스에 있는 스키 리조트를 방문했다. 그리고 머지않아 운명은 헤밍웨이에게 그림자를 드리우게 된다. 그가 폴린 파이퍼를 만나면서 해들리를 떠나게 되는 것이다. 하지만 이 마지막 겨울은 행복했다. 헤밍웨이 가족은 스키를 타며 대지를 가로질렀고, 때로는 나무꾼의 오두막에서 밤을 보냈다. 잠은 너도밤나무 잎으로 속을 채운 매트리스에서 잤다. 그들은 별이 쏟아지는 밤하늘 아래에서 스키를 탔고, 대기는 소나무 향으로 가득했으며, 스키 밑에서는 눈이 끽끽거리는 소리를 냈다.

그들은 항상 배가 고팠다. 그들은 아침에 빵과 신선한 달걀, 햄, 과일조림으로 배를 채웠고, 밤에는 산에서 피는 용담 향이 나는 엔지앤

---

● cassoulet: 고기와 콩을 넣어 뭉근히 끓인 요리.

●● kirsch: 버찌로 빚은 브랜디.

●●● Pâté: 페이스트리 반죽으로 만든 파이 크러스트에 고기, 생선, 채소 등을 갈아 만든 소를 채운 후 오븐에 구운 프랑스 요리.

●●●● Vorarlberg: 오스트리아 서부의 주. 독일·리히텐슈타인·스위스에 둘러싸여 있다.

슈냅스● 여러 잔으로 몸을 덥힌 다음 진한 레드 와인 그레이비를 곁들인 토끼 스튜나 밤 소스를 곁들인 사슴고기를 먹었다. 물론 레드 와인은 잔에 넘치게 부었다. 헤밍웨이는 햇빛을 차단하려고 턱수염을 길렀고, 포어아를베르크 지방에서 생산되는 키르슈를 작은 잔으로 연거푸 들이키곤 했다. 현지의 농부들은 그런 그를 가리켜 "키르슈를

## 토끼 스튜

**재료**

- 토끼고기 1마리, 피와 함께
- 버터 2테이블스푼
- 얇게 저민 줄무늬 베이컨 훈제하지 않은 것 3장 라돈●으로 자른 것
- 작은 양파 25개 데친 것
- 중력분 1 ½테이블스푼
- 아주 진한 레드 와인 1파인트(568ml)
- 뼈를 우려낸 육수 1파인트
- 양송이 3온스(85g)

**양념장**

- 올리브 오일 3 ½테이블스푼
- 브랜디 4테이블스푼
- 중간 크기 양파 2개 링 모양으로 자른 것
- 샬롯 4개
- 파슬리 3테이블스푼
- 월계수 잎 1장
- 타임 작은 가지 2개

**장식용**

- 식빵을 작은 삼각형 모양으로 잘라 기름 바르고 금빛이 날 때까지 오븐에서 구운 것

● lardon: 베이컨의 살코기와 지방이 층층이 겹치도록 세로 방향으로 잘게 썬 것.

● Enzian schnapps: 독한 화주.

조리법

토끼 스튜를 먹기 하루 전날 토끼를 가져와 다리를 자르고 등 부위를 셋 또는 네 부분으로 나눈다. 토끼 피는 보관해둔다. 볼에 올리브 오일, 브랜디, 링 양파, 샬롯, 파슬리, 월계수 잎, 타임을 넣어 양념장을 배합한다. 양념장을 24시간 동안 둔다.

다음 날 베이컨 라돈에 끓는 물을 끼얹어 데친다. 작은 양파도 같은 방식으로 한다. 오븐을 170도로 예열한다. 캐서롤에 버터 2테이블스푼을 넣고 녹인다. 작은 양파를 캐서롤에 추가하고 부드러운 금빛이 날 때까지 은근하게 익힌다. 나중을 위해 보관해둔다. 베이컨 라돈을 갈색이 날 때까지 굽는다. 역시 나중을 위해 보관한다.

중력분을 기름과 함께 계속 저어주며 루가 밝은 금빛이 나는 갈색이 될 때까지 볶는다. 토막 낸 토끼고기를 양념장에서 꺼내 넣고 갈색이 될 때까지 익힌다. 뼈 육수와 레드 와인을 넣는다. 계속 저으며 끓을 때까지 둔다. 캐서롤의 윗부분 모양에 맞게 유산지를 원형으로 자르는데 사방 2.5cm의 여유분을 둔다. 종이에 버터 칠을 하고 토끼 스튜를 덮은 다음 캐서롤 뚜껑을 그 위에 덮는다. 이것을 오븐에서 대략 1시간 반 동안 익힌다.

시간이 되면 캐서롤을 열고 토끼고기를 건진다. 소스를 체에 거른다. 토끼고기를 캐서롤에 다시 넣는다. 양송이, 데친 양파, 베이컨을 추가한다. 걸러낸 소스를 캐서롤에 다시 넣고 20분 더 굽는다.

끝으로 캐서롤을 오븐에서 꺼내 가스레인지에 올려 아주 약한 불에 둔다. 토끼의 피를 추가한다(이것이 소스를 걸쭉하게 만들 것이다). 삼각형 모양 크루통과 함께 낸다.

포어아를베르크 키르슈 한 잔 혹은 여섯 잔을 위한 시간이다.

마시는 검은 예수”라고 불렀다.

잃어버린 세대•(다시 말해서 도로시 파커와 머피 부부••)가 1929년 스위스에서 만나 성탄절을 함께 보낼 때 헤밍웨이도 그들과 함께 있었다. 머피 부부는 결핵을 앓고 있는 아들을 살리기 위해 스위스의 요양소인 팰리스 호텔에 머물고 있었고, 마침 도로시 파커는 그들을 응원하기 위해 그곳에 와 있었다. 도로시 파커는 농담 삼아 그들을 스위스의 머피 가족이라고 불렀다. 그녀는 로버트 벤칠리에게 보낸 편지에서 자신은 항상 스위스를 “허튼소리의 고향”이라고 생각했으며, 그 생각은 바뀌지 않았다고 썼다. 파커는 옆방의 사람들이 마지막 숨을 몰아쉬는 소리를 들었고, 산이라면 치를 떨었으며, 케이블카에 탈 때마다 죽음을 자초하고 있다고 생각했다.

잃어버린 세대는 팰리스 요양소를 산책하다가 밤에는 기온이 영하로 곤두박질한다는 걸 알게 되었고, 머피 부부는 자신들이 묵고 있는 방에 알코올램프와 와인, 계피, 레몬을 가져와 임시 술집을 차렸다. 그들은 장갑을 끼고 술을 마셨고, 환자들을 방해하지 않기 위해 소곤소곤 말했다. 헤밍웨이는 성탄절 저녁을 위해 알프스에서 거위를 사냥했고, 그들은 요양소 주방에서 그가 잡은 거위를 구웠다.

이제는 설탕과 향신료를 넣어 데운 와인을 한 잔 또는 세 잔 마실 차례다.

---

• Lost Generation: 제1차 세계대전 무렵의 환멸과 회의에 찬 미국의 젊은 세대를 일컫는 말.

•• 제럴드 머피(Gerald Murphy)와 사라 머피(Sara Murphy): 1920~30년대에 프랑스에 살면서 예술가들과 교류했던 부유한 미국인 부부이다.

## 잃어버린 세대의 알프스 거위

재료

- 거위 3.5~4.5킬로그램 크기 한 마리
- 버터
- 소금
- 막 갈아낸 흑후추

조리법

오븐을 190도로 예열한다(이 모든 것을 병원 주방에서 살짝 취한 상태로 하는 것이 가장 바람직하다). 부드럽게 녹인 버터에 흑후추와 소금을 섞은 다음 이것으로 거위를 마사지해주는데 가슴살 부위는 특히 많이 문질러준다. 거위를 내열 접시에 놓고 450그램당 15분씩으로 계산해 구한 시간만큼 구워준다. 필요한 시간의 반이 지나면 불을 180도로 낮춘다. 20분마다 흘러나온 육즙을 거위에 끼얹어준다.

# F. 스콧 피츠제럴드

F. SCOTT FITZGERALD

1896~1940. 미국의 소설가. 제1차 세계대전에 참전한 뒤 『낙원의 이쪽』, 『위대한 개츠비』를 출간하여 엄청난 성공을 거두었다.

피츠제럴드 부부는 항상 방금 햇빛 속에서 걸어 나온 사람들 같아 보였다. 그 정도로 두 사람은 아름다웠다. 적어도 도로시 파커의 눈에는 그렇게 보였다. 그러나 사실 스콧과 젤다는 갈수록 고통스럽고 광적으로 변해가는 인간관계의 소용돌이 속에 휘말리고 있었고, 그러한 소용돌이는 그들의 근본적인 절망을 감추고 있었다. 즉 스콧은 술이 떨어지면 식은땀을 흘릴 정도로 알코올에 의존했고, 젤다의 정신은 가장자리부터 무너져가고 있었다.

1922년 존 도스 패서스는 이미 별처럼 빛나는 젊은 유명 인사로 떠오른 피츠제럴드 부부와 식사를 하기 위해 뉴욕 플라자 호텔에 나타났다. 그는 부부가 머물고 있는 스위트룸의 문을 세게 두드렸다. 스콧이 문을 열어주었는데, 그 순간 도스 패서스는 피츠제럴드 부부가 이 스위트룸을 빌린 척하고 있는 건 아닌지 궁금해졌다. 이들은 방문객들에게 깊은 인상을 주기 위해 스위트룸을 하루 동안 빌린 걸까? 피츠제럴드 부부는 얼마 안 있어 호텔 근처의 아파트를 임대하고 거기서 음식을 주문했다. 처음 만나는 날부터 젤다는 자신은 주방에 발을 들여놓지 않는 사람이라고 분명하게 이야기했다.

그날이 시작되었다. 피츠제럴드 부부는 한 쌍의 불친절한 아마추어 심리학자들처럼 성가신 질문을 던져 사람을 떠보고 그에 대한 반응을 분석하고 손님들의 대답에 숨어 있는 허점을 드러냈다. 도스 패서스는 견디기가 정말 힘들었다. 셔우드 앤더슨은 그날 점심식사에 참석한 또 다른 손님—도스 패서스는 그를 늑대들에게 던져주고 싶은 충동을 느꼈을지도 모른다—이었다. 그들은 반짝반짝 빛나는 식탁에 앉아서 브롱크스 칵테일과 바닷가재 크로켓을 깨지락거리며 어렵고 짜증스러운 대화를 이어갔다. 그러나 음식은 맛있었다. 브롱크스 칵테일은 도스 패서스의 짜증을 뉴욕의 대기 밖으로 날려버렸다.

뉴욕의 알곤퀸 호텔은 피츠제럴드 부부에게 아주 색다른 식사 경험을 제공했다. 도로시 파커는 스콧의 글을 좋아했고, 그에게 알곤퀸에서 만나달라고 부탁했다. 그들은 식당을 가득 채운 불편한 식탁들 중에서 한 곳을 골라 일렬로 앉았다. 식탁이 너무 다닥다닥 붙어 있어서 상대가 맞은편에 앉을 수 없었고, 그래서 우리의 행복한 일행은 벽에 등을 기대고 긴 의자에 나란히 앉았다. 파커가 빈정거렸다. "최후의 만찬을 먹는 지방순회극단 같군."

피츠제럴드 부부는 항상 뭔가 환상적인 일이 시작되길 기다리고 있었다. 마침내 그들은 1920년대 초반 프랑스 리비에라에서 보낸 꽤 오랜 기간 동안 제법 환상적인 일을 찾았다. 머피 부부의 별장에서 보낸 여름은 목가적이었다. 피츠제럴드 부부는 바닷물과 햇빛 때문에 미끈거리는 몸으로 맑고 파란 바닷가에 느긋하게 앉아 얼음처럼 차가운 셰리주나 카시스를 마시고 사라 머피가 좋아하는 수란과 파프리카를 뿌린 신선하고 달콤한 옥수수, 마늘과 올리브 오일을 두르고 서서히 익힌 속이 꽉 찬 토마토를 먹었다. 지나치게 격식을 차려야 할 자리가 생기면 피츠제럴드 부부는 또다시 합심하여 그날 저녁을 방해하기 시작했다. 한번은 아주 따분한 사람들(공작부인 패거리를 포함해서)이 저녁식사를 위해 머피의 별장을 찾아왔다. 스콧과 젤다는 칵테일을 잔뜩 마신 다음 따분한 사람들 사이를 기어 다니며 손님들에게 토마토를 던졌다.

헤밍웨이는 스콧과 함께 했던 아주 우스운 음식 여행을 『파리는 날마다 축제Moveable Feast』에 기록한다. 『파리는 날마다 축제』는 헤밍웨이의 뛰어난 분별력과 피츠제럴드의 어리석음, 그리고 두 사람의 술 사랑을 잘 보여주는 작품이다. 헤밍웨이는 매우 친절하게도 스콧과 젤다가 리옹에 버리고 온 차를 가지러 가기 위해 스콧과 함께 리옹까지 가주기로 했다. 물론 스콧은 늦어서 허둥지둥하다가 끝내 리옹 행 기차를 놓치고 말았다. 화가 폭발한 헤밍웨이는 혼자 여행을 해야 했고, 그해 말에 팜플로나에 가기 위해 모아두었던 몇 푼 되지 않는 돈을 써야 했다. 그날 피츠제럴드는 리옹에서 헤밍웨이를 찾지 못했지만, 다음 날 나타나 호텔에서 아침을 먹어야 한다고 고집을 부렸고, 곧 있을 자동차 여행을 위해 아주 푸짐한 소풍 도시락을 준비해달라고 호텔 측에 요구했다. 그가 요구한 도시락 비용은 여행 도중에 간단히 카페에 들러 음식을 사 먹는 비용의 4~5배에 해당했다. 그래도 피츠제럴드는 리옹에서는 훌륭한 닭고기를 먹어야 한다는 헤밍웨이의 충고까지 무시하지는 않았다. 그는 소풍 도시락을 담는 바구니에 닭고기를 넣어달라고 호텔에 요구했다. 아침식사 후에 든든하게 위스키를 한두 잔 마신다는 생각은 훌륭한 계획 같았다. 그런 다음 두 사람은 리옹의 거리를 이리저리 헤맨 끝에 차고에 있는 차를 가지러 갔다.

헤밍웨이는 소형 르노 승용차에 지붕이 없는 걸 보고 깜짝 놀라 그 자리에 멈춰 섰다. 전에는 지붕이 있는 차였는데, 어찌된 영문이지? 차가 고장 난 건 피츠제럴드 부부가 마르세유에 있을 때였다. 젤다는 정비공들에게 지붕을 없애달라고 요구했다. 인생에서 그녀의 주된 관심사가 발레 스텝을 배우는 것이었음을 감안했을 때 그녀의 말에 귀를 기울이는 사람은 아무도 없었을 것이다. 여하튼 날씨가 좋을 때라면 젤다의 기발한 생각은 더할 나위 없었겠지만 헤밍웨이와 피츠제럴드의 머리 위 하늘은 잔뜩 흐려 있었다. 정비공이 점잖게 말했다.

"두 분 다 우비는 안 가져오셨나요?"

결국 헤밍웨이와 피츠제럴드는 위스키에 취한 채 겨우 몸만 가릴 수 있는 이상한 르노 승용차를 타고 파리를 향해 출발했다. 약 1시간 동안 그들의 귓전에 감도는 공기가 심상치 않더니 마침내 비가 보슬보슬 내리기 시작했다.

빗속에서 그들은 차를 세울 수밖에 없었다. 두 사람은 배가 고파 죽을 지경이 되자 호텔에서 싸준 도시락에 달려들었다. 그 안에는 송로를 곁들여 제대로 요리한 맛있는 닭고기와 아주 훌륭한 빵이 들어 있었다. 게다가 최상급 마콩 화이트 와인도 몇 병 들어 있었다.

그들은 빗줄기가 약해질 때마다 다시 차에 올라탔다. 그들은 훨씬 더 많은 와인을 마셨는데, 결국은 와인을 네 병이나 더 땄다(물론 마콩

## 송로 치킨

송로 치킨은 풀레 드미 듀에(poulet demi dueil)라는 아름답지만 우울한 프랑스식 이름을 가졌는데 이것은 반쯤 상복을 입은 치킨이라는 뜻으로, 아랫부분에 검은 송로가 레이스처럼 입혀진 하얀 치킨을 보면 매우 맛있게 슬퍼 보일 것이다.

**재료**

- 놓아기른 닭 3파운드(1.4kg) 정도 크기
- 검은 송로 3온스(85g) 얇게 디스크 모양으로 썬 것
- 막 갈아낸 흑후추
- 소금
- 마늘 1쪽 얇게 저민 것
- 무염 버터 3테이블스푼
- 마데이라 와인 2 ½테이블스푼
- 브랜디 2 ½테이블스푼

**조리법**

치킨의 껍질 아래에서 작업하는데 부드럽게 가슴과 다리 부위에서부터 껍질을 들어내 그 바로 밑에 얇게 썬 송로를 미끄러지듯 집어넣는다. 송로가 치킨을 한 겹 감싸도록 한다. 이제 치킨을 캐서롤 냄비에 밀봉해 밤새 냉장고에 넣어둔다.

다음 날 오븐을 200도로 예열한다. 치킨을 소금과 후추로 간하고 마데이라 와인과 브랜디를 치킨의 비어 있는 안쪽에 따른다. 저민 마늘을 치킨에 골고루 뿌린다. 버터를 얇게 썰어 가슴살 부위에 깐다. 이제 치킨을 캐서롤 그릇에 밀봉해 오븐에서 1시간 반 동안 굽는다. 캐서롤 그릇을 열었을 때 송로와 마데이라의 짙은 향이 당신을 맞아줄 것이다.

화이트 와인 한 상자였다). 피츠제럴드는 와인을 병째 마시는 게 아주 재미있다고 생각하면서 마치 생전 처음 알몸 수영을 하는 사람이라도 된 것처럼 즐거워했다.

날이 저물어 도로변의 한 호텔 앞에 멈춰 섰을 때, 피츠제럴드는 자신이 폐렴으로 죽어가고 있다고 생각했다. 그는 지금이 자신에게 남은 마지막 시간이라고 한탄하더니 헤밍웨이에게 체온계를 가져다달라고 했다. 헤밍웨이는 침대에 누워 있는 피츠제럴드가 "작은 십자군 전사의 시신" 같아 보인다고 생각하다가 위스키와 레몬에이드를 주문하면 그의 몸속에 있을지 모를 폐렴을 몰아낼 수 있다는 기발한 생각이 떠올랐다. 체온계를 구해온 헤밍웨이는 그것을 피츠제럴드의 얼굴 위에서 흔들어 보이며 위협조로 말했다. "항문용 체온계가 아닌 걸 다행으로 생각하라고."

체온계와 폐렴 체이서•에 정신이 번쩍 든 피츠제럴드는 언제 그랬냐는 듯 기력을 회복했고, 아래층에 내려가 젤다에게 전화를 걸겠다고 고집을 부렸다. 그래서 두 사람은 호텔 식당으로 내려갔고, 거기

### 폐렴 체이서

**재료**

- 위스키 2단위 평균량
- 설탕 2티스푼
- 레몬 2개 갓 짠 즙

**조리법**

위의 재료를 모두 혼합한다. 기도를 하고 입에 털어 넣는다.

---

• chaser: 사전적 의미로는 쫓는 사람, 여자 뒤를 따라다니는 사람을 말하며, 음료 용어로는 약한 술 뒤에 마시는 독한 술 또는 그 반대를 가리킨다.

서 저녁을 먹기로 했다. 그들은 마늘 버터를 곁들인 달팽이를 먹었다. 피츠제럴드가 전화통을 붙들고 있는 동안(1시간이나!) 헤밍웨이는 남은 음식을 깔끔하게 먹어치웠다. 그는 빵 조각으로 버터를 바른 마늘과 파슬리 때문에 번들거리는 접시를 말끔하게 닦았다. 피츠제럴드는 언제나 그렇듯 요구가 많았다. 그는 주요리로 달팽이는 더 이상 주지 말아달라고 요구했다. 간이나 스테이크, 오믈렛도 사양했다. 그는 뭔가 간단한 걸 먹어야 했다. 그 동네에서 간단한 걸 먹고 싶다는 말은 프랑스 시골의 놀라운 닭고기 요리인 플라르드 드 브레스와 몽타니 와인을 먹고 싶다는 말로 받아들여졌다. 얼마 후에 피츠제럴드는 아주 공손하고 점잖게 술에 취해 곯아떨어졌다. 그의 머리는 두 손 안에 파묻혀 있었다. 그 모습은 마치 몽타니 사람들이 기분 나쁘지 않도록 조심하겠다고 말하는 것 같았다.

쉬, 그 사람은 깨우지 말고 우리는 그만 일어나도록 하자.

디저트로는 체리 타르트를 먹을 수 있었다. 그들은 파리 자콥 거리에 있는 미쇼 레스토랑에서 함께 체리 타르트를 먹었다. 당시 피츠제럴드는 헤밍웨이에게 자신의 음경을 찾아달라고 부탁했다. 피츠제럴드는 젤다 외에는 누구와도 잔 적이 없었다. 젤다는 그에게 음경이 그렇게 작으니 어떤 여자도 그에게서 즐거움을 얻지 못할 것이라고 말한 적이 있었다. 친절하게도 헤밍웨이는 화장실이라고도 알려진 "사무실"로 피츠제럴드를 데려가 들여다보고는 그의 음경은 훌륭하다고 안심시켰다. 위에서 내려다봤을 때만 당신은 그의 음경이 작다고 생각했을 것이다. 헤밍웨이는 자신의 의도를 전달하기 위해 피츠제럴드를 루브르 박물관에 데려가 남자 누드 조각상들을 보여주었다.

## 체리 타르트

**재료**

- 씨를 제거한 모렐로 체리 병에 든 것 1파운드(454g)
- 씨를 제거한 달콤한 체리 병에 든 것 1파운드
- 갈색 헤이즐넛 4온스(113g)
- 버터 4테이블스푼
- 정제 설탕 2온스(57g)
- 키르슈 2테이블스푼

**페이스트리 재료**

- 중력분 8온스(227g)
- 바닐라슈가 2온스
- 소금 ½티스푼
- 레몬 한 개 껍질 곱게 간 것
- 버터 5온스(142g) 주사위 모양으로 썬 것
- 달걀노른자 2개
- 물 3테이블스푼

**글레이즈**

- 레드커런트 젤리 3테이블스푼
- 슈가파우더 1테이블스푼
- 키르슈 1테이블스푼
- 남겨둔 모렐로 체리 시럽 혹은 주스 1테이블스푼

**조리법**

페이스트리를 먼저 만든다. 큰 볼에 밀가루를 체 친다. 버터, 설탕, 소금, 레몬 껍질 간 것을 넣고 모두 손끝으로 함께 비벼 소보로 상태가 되도록 한다. 달걀과 물 3테이블스푼을 추가한다. 부드럽게 주물러 반죽을 만들고 랩으로 감싸 1, 2시간 차갑게 냉장한다.

이제 타르트 필링을 만들 차례다. 모렐로 체리가 날것이라면 젓은 물에 몇 분간 삶아 부드러워지도록 익힌다. 병조림 제품이면 체리를 건지고 시럽은 보관한다.

헤이즐넛을 푸드 프로세서에 넣고 가루가 되도록 맹렬히 공세를 퍼붓는다. 그러고 나서 버터와 설탕을 넣어 푸드 프로세서를 돌리고 그 다음 달걀노른자와 키르슈 2테이블스푼을 넣고 푸드 프로세서를 돌린다.

오븐을 190도로 예열한다. 밀가루를 가볍게 뿌린 작업대 위에 페이스트리 반죽을 민다. 타르트 용기에 버터 칠을 하고 페이스트리를 그릇에 안친다. 포크로 바닥을 찔러주는데 완전히 관통하지는 않도록 주의한다. 이제 유산지를 깔고 베이킹빈을 깐다. 15분 동안 블라인드 베이킹 한다. 포일을 제거하고 10분, 혹은 페이스트리가 금빛을 낼 때까지 굽는다.

글레이즈를 준비한다. 소스팬에 레드커런트 젤리, 키르슈, 슈가파우더, 체리 시럽 ½컵을 녹인다. 반으로 줄 때까지 뭉근히 끓인다. 과일향이 풍부한 이 따뜻한 글레이즈를 파이지에 바른다. 타르트 표면에 붓질할 만큼은 남긴다. 이제 헤이즐넛 커스터드를 위에 붓는다. 작은 체리들을 커스터드에 퐁퐁 빠뜨린다. 마지막으로 남겨둔 레드커런트 젤리를 붓으로 바른다. 오븐에서 20분간 굽는다. 아무리 먹어도 한 조각 더 생각날 만큼 맛있을 것이다!

# 존 스타인벡

JOHN STEINBECK

1902~1968. 미국의 소설가. 대공황 이후 사회의 구조적 문제를 근본적으로 진단한 리얼리즘의 대표 작가이다. 1962년 노벨문학상을 수상했다.

많은 작가들이 그렇듯이 스타인벡도 10~20년 동안 돈에 쪼들렸다. 그는 1920년대에 스탠포드 대학에 다닐 때 알고 지내던 플로렌스에게 학비 마련을 위해 팔로알토에 있는 시티 카페에서 일하는 것이 어떤 것인지에 대해 편지를 썼다. "나는 자주 외출할 수가 없어, 플로렌스. 의욕은 넘치는데 돈이 없으니까 지금부터 내 즐거움은 무미건조할 수밖에 없어…. 나는 가난해. 찢어지게 가난해. 내가 뭘 먹으려면 다른 사람들부터 먹여야 해. 내가 심리학이나 논리학 같은 걸 배우고자 한다면, 지저분한 접시와 타락한 귀를 가진 여급들이 있는 환경에서 살아야만 해."

1930년대에 스타인벡은 아내 캐럴(플로렌스는 오래전에 잊혀졌다)과 이글 록에서 꽤 행복하게 굶주리고 있었다. 두 사람은 오렌지 과수원에서 과일을 훔쳤고, 훔친 아보카도와 햄버거로 끼니를 때웠다. 과수원 주인에게 쫓겨난 그들은 캘리포니아 퍼시픽 그로브에 있는 스타인벡의 아버지가 소유한 집으로 이사했다. 당시 스타인벡이 가장 잘 하는 요리는 '퍼시픽 그로브 굶주림 특선'이라는 이름의 요리였는데, 요리 재료에 대한 기록은 남아 있지 않다. 어쩌면 다행인지도 모른다. 요리 재료는 일급비밀이며 그게 뭔지 알고 나면 구역질이 날 수도 있다고 스타인벡이 말했으니까. 그는 전도유망한 작가였을까? 스타인벡은 무지갯빛 녹색을 띤 아름다운 청둥오리들과 함께 퍼시픽 그로브 연못에서 사는 것을 정말 좋아했다. 그러나 연못에 사는 금붕어들을 청둥오리들이 죄다 잡아먹자 오리들을 팔아 글을 쓸 종이를 살 수밖에 없었다.

1939년 『토르티야 대지Tortilla Flat』와 『생쥐와 인간Of Mice and Men』으로 한밑천 잡은 스타인벡은 로스 가토스에 목장을 세웠고, 마침내 스타인벡 부부는 자신들의 텃밭을 갖게 되었다. 그들은 버터와 치즈를 직접 만들었다. 그들의 목초지에서 풀을 뜯어먹을 기회를 준 데 대한 답례로 매일 그들에게 약 3리터의 우유를 제공해준 이웃의 젖소 덕분이었다. 지하 저장고에서는 집에서 양조한 와인과 나무 상자에 담아 둔 사과 냄새 때문에 달콤한 향기가 진동했다. 캐럴은 수확한 토마토를 통조림으로 만들었고, 부부는 따뜻한 햇살 아래 자두와 포도를 펼쳐놓고 말렸다. 개구리들은 비를 찬미했고, 새들조차도 풍작을 이룬 산딸기 위에서 술에 취해 비틀거렸다.

스타인벡은 늘 수완이 좋았고, 자신이 살고 있는 풍경에 자연스럽게 어우러졌다. 영국에 있을 때 그는 자신의 정원에서 민들레를 여러 다발 뽑은 다음 버터를 조금 섞어 요리하는 것을 아무렇지도 않게 여겼다. 그는 축 늘어지고 냄새가 고약한 하얀 덩어리를 먹기도 했다.

그 덩어리는 '웨스턴 플라이어'라는 정어리 배를 타고 코르테즈 해海를 여행하는 동안 잡은 거북이를 삶은 것이었다. 한번은 친구의 목장에서 머물던 스타인벡이 송어 낚시를 하려고 미루나무 숲을 헤치고 나아가다가 잔디가 덮인 언덕 너머에서 웅덩이 하나를 발견했다. 그는 거기서 무지개 송어 네 마리를 낚아 물로 씻은 다음 줄에 묶어 어깨에 걸치고 목장으로 돌아갔다. 그가 부엌에서 커피 한 잔을 마시며 쪼그리고 앉아 있는 동안 요리사는 무지개 송어를 옥수수 가루에 묻혀서 바삭바삭해질 때까지 베이컨 기름에 튀겼다. 요리사는 송어가 담긴 접시를 스타인벡 앞에 내려놓았다. 조명 아래에 놓인 송어는 뜨

## 직접 만들어보는 무지개 송어

**재료**

- 신선하고 통통한 무지개 송어 2마리
- 옥수수 가루 4테이블스푼
- 소금, 막 갈아낸 흑후추
- 베이컨 기름 2테이블스푼

**조리법**

무지개 송어를 씻어 한 마리씩 소금과 흑후추로 간한 옥수수 가루에 굴린다. 베이컨 기름을 넓적한 프라이팬이나 번철에 놓고 자글거릴 때까지 달군다. 송어를 번철에 놓고 한 면당 5분씩 양면을 익힌다. 옥수수 가루가 송어의 기름지고 맛깔스러운 껍질을 더 바삭하게 만든다. 송어살이 불투명해지고(가장 두꺼운 부위를 체크한다) 껍질이 보글보글 일어나고 꿀 같은 금빛이 되면 레몬즙 짠 것과 버터 한 덩이를 함께 낸다.

거웠고, 베이컨 향이 진하게 밴 튀김옷은 스타인벡의 입 안에서 바스러졌다. “그런 송어는 오랜만에 먹었다. 물에서 프라이팬까지 5분이 걸렸다. 손가락으로 송어의 머리와 꼬리를 부드럽게 쥐고 등뼈부터 야금야금 먹다가 마지막으로 감자튀김처럼 바삭한 꼬리를 먹는다. 커피는 서리가 내리는 아침의 특별한 맛이 나고, 세 번째 잔이 첫 번째 잔 못지않게 맛있다.”

우리가 스타인벡이라는 남자의 진면목을 볼 수 있는 것은 그가 혼자 있을 때이다. 예컨대 1960년에 그는 우스꽝스럽고 코가 긴 갈색 푸들 찰리(마치 개 가발을 쓰고 있는 것처럼 보였다)와 함께 낡은 빵 배달용 트럭을 타고 미국을 횡단했다. 스타인벡의 주장에 따르면, 찰리는 세계에서 유일하게 알파벳 자음 f를 발음할 수 있는 개였다. 스타인벡은 찰리에게 미국이 똑같은 냄새로 다가오는지 아니면 “지역마다 다른” 냄새로 다가오는지도 궁금했다.

스타인벡의 계획은 미국과 다시 연결되고, 미국에 대해 글을 쓰는 법을 다시 배우고, 미국의 상태에 대해 그가 믿는 “작가의 진실”이 옳다는 것을 확인하는 것이었다. 그래서 그는 모든 위대한 작가들과 똑같은 방식으로 시작했다. 버번에서부터 오래 숙성된 사과 브랜디에 이르기까지 다양한 술을 트럭에 실은 것이다. 그는 미국을 횡단하는 내내 먹고 마실 참이었다. 먹고 마심으로써 그가 잃어버렸다고 느끼는 미국과 다시 연결되고자 했다. 그는 신선한 사과주를 1갤런 샀고, 너무 달아서 한 입 깨물면 즙이 터져 나올 것 같은 빨간 사과를 먹었으며, 레몬과 버터만 곁들여도 메인 주의 껍질이 검은 바닷가재가 세계에서 최고라고 단언할 준비가 되어 있는 미국 음식에 대해 충분히 배웠다. 스타인벡은 여행 내내 모텔을 전전하면서 그 불모지 같은 세계에 치를 떨었다. 그는 사용자를 보호하기 위해 자외선 처리가 되어 있다고 뽐내는 변기 의자를 보고 놀랐다. 그에겐 북아프리카에서 어떤 아랍인이 먼지와 때가 낀 뿌연 유리잔에 박하차를 타서 건네주던 일이 좋은 기억으로 남아 있었다. 스타인벡은 그렇게 지저분한 동지애를 보여주는 행동을 좋아했다.

그는 미국은 어딜 가나 아침식사는 훌륭한데 저녁식사는 형편없다는 것을 알게 됐다. 베이컨과 달걀, 프라이팬에서 구운 바삭바삭한 감자튀김에 질리지만 않는다면 미국은 아침식사의 낙원이었다. "집에서 만든 소시지"나 "갓 낳은 달걀"이라고 적힌 팻말과, 그보다 나쁜 경우이긴 하지만 "집에서 훈제한 베이컨과 햄"이라고 적힌 팻말은 사이렌•의 유혹이었고, 그런 팻말을 볼 때마다 그는 망설임 없이 한쪽에 차를 대고 그것들을 몇 개씩 살 수밖에 없었다. 스타인벡의 접시 위에 올라오는 고속도로 카페의 멀건 양계장 달걀과 영양이 풍부한 황색노른자 덩어리는 그 차이가 확연했다. 소시지는 자극적이었고 스테이크 앤 셰이크 카페••의 냉장고 안에 들어 있는 윤기 없는 소시지 토막은 상대도 안 될 만큼 양념이 범벅되어 있었다. 그리고 커피. 진짜 커피? 스타인벡에게 진짜 커피는 마호가니 같은 짙은 적갈색 행복의 맛이 나는 것이었고, 노동자의 음료였다. "빛나는" 커피를 만들고 싶은가? 스타인벡이 전하는 최고의 조언은 보글보글 끓고

---

• Siren: 그리스 신화에 등장하는 마녀로, 아름다운 노랫소리로 선원들을 유혹하여 배를 난파시킨다.

•• Steak n' Shake café: 주로 미국 중서부와 남부에 위치해 있는 캐주얼 레스토랑 체인.

있는 커피포트 속으로 달걀 흰자위와 껍질을 떨어뜨리라는 것이었다. 그는 트럭 운전사들을 좋아했고, 그들의 목소리, 즉 길에서 수집한 이야기를 듣는 것을 좋아했다. 커피는 트럭 운전사들의 결속을 상징했다.

스타인벡이 생각하기에 미국의 음식은 위생적으로 바뀐 변기 또는 자동판매기와 아주 흡사하게 변해가고 있었다. 달리 말해서 인간미를 잃어가고 있었다. 식당 카운터의 티끌 하나 없는 부채꼴 식탁보위로 사람의 손이 닿지 않은 음식이 배달되었다. 스타인벡은 예전에 이탈리아와 프랑스에서 많은 사람들이 손으로 정성들여 만든 요리를 먹었던 걸 떠올리면 마음이 아프다고 말했다. 그러나 스타인벡은 관념론에 지나치게 빠져드는 것을 경계했다. "물론 나는 우리 음식과 노래, 언어, 궁극적으로 영혼이 대량 생산되는 것에 이의를 제기하고 있지만, 과거에는 집에서 빵을 맛있게 굽는 경우가 드물었다는 것을 안다. 드물게 예외는 있겠지만 엄마의 요리는 … 형편없었다. 제대로 저온 살균처리가 되지 않은 우유는 파리들만 건드렸고… 내가 그리워하는 듣기 좋은 사투리는 문맹의 산물이었다."

스타인벡은 미시시피에서 도로변에 있는 한 독일 식당에 들렀다. 소시지와 사우어크라우트가, 마치 사용된 적이 없으며 먹을 수 있는 휘장처럼 식당을 장식하고 있었다. 생기 없는 웨이트리스가 그의 주문을 받았다. 스타인벡은 요리사가 소시지를 싸고 있는 셀로판을 벗겨내더니 끓고 있는 물에 던져 넣는 것을 보았다. 크라우트는 오래된 잿빛 소금물에 섞여 무슨 웅덩이처럼 보였다. 그는 까무잡잡한 얼굴의 기분이 썩 좋아 보이지 않는 웨이트리스에게 미니애폴리스에서 길을 잃었다고 말했다. "이분이 미니애폴리스에서 길을 잃었대요!" 그녀가 요리사에게 큰 소리로 외치자 요리사도 고함으로 되받아쳤다. "미니애폴리스에서 길을 잃는 사람은 아무도 없어! 내가 거기서 태어나서 잘 알지!"

몬태나는 보글보글 끓는 흰 강낭콩과 팻백•의 천국이었다. 고속도

그것들에서 미국의 맛이 난다

## 몬태나 흰 강낭콩과 팻백

**재료**

- 기름 2테이블스푼
- 팻백 조각 ½파운드(227g)
- 흰 강낭콩 말린 것 ½파운드
- 양파 3개 껍질 벗기고 굵게 다진 것
- 당근 2개 다진 것
- 셀러리 2대 다진 것
- 마늘 2쪽 다진 것
- 월계수 잎 2장
- 타임 ½티스푼
- 파슬리 다진 것 1테이블스푼
- 소금과 흑후추
- 햄 스톡 2파인트(1,140ml)

**조리법** 흰 강낭콩을 하룻밤 물에 담가둔다. 밑이 깊은 팬에 기름을 둘러 달군다. 팻백을 넣고 껍질 쪽을 아래로 하여 전체적으로 갈색이 될 때까지 굽는다. 이제 양파, 당근, 셀러리, 마늘을 넣는다. 1~2분간 볶다가 월계수 잎, 타임, 파슬리를 넣는다. 소금과 후추로 간을 한다. 물에서 건진 콩을 따르고 콩이 잠기도록 햄 스톡을 붓는다. 한바탕 끓이고 2시간 동안 뭉근히 끓인다. 콩 스튜를 끓이는 동안 필요하다면 물을 추가한다.

• Fatback: 돼지 옆구리 위쪽의 비계살. 보통 소금을 쳐서 말린다.

로 카페마다 파리들이 더럽힌 간판에는 기발한 문구가 적혀 있었다. 스타인벡은 고속도로 간판에 내걸린 유머에 폭소를 터트렸다. 어떤 것들은 마치 신성한 기록처럼 읽혔다.

"엄마가 요리했다면 엄마 같은 파이가 나왔겠죠."

"우리가 당신 입 속을 들여다보던가요? 그러니까 우리 주방도 들여다보지 마세요."

"지문을 동반하지 않으신 분은 수표로 계산할 수 없습니다."

마지막으로 뉴멕시코에 도착했을 때는 마음이 무거웠다. 스타인벡은 산더미처럼 아무렇게나 쌓여 있는 유리병들 옆에 빵 배달용 트럭을 주차해놓고는 자신이 미국에 대해서 정말로 배운 게 있는지 곰곰이 생각해보았다. 심지어 미국을 더 이해할 수 있는 능력이 자신에게 있는지조차 의심스러웠다. 찰리도 우울해 보였다(스타인벡은 우울한 기분을 "멀리그럽스mullygrubs"라고 표현했다). 스타인벡은 자신과 찰리의 사기를 북돋아줄 특단의 조치가 필요하다는 결론을 내렸다. 그래서 생일을 맞은 찰리에게 케이크를 구워주기로 했다. 그는 케이크에 시럽을 뿌리고 양초를 하나 꽂았다. 찰리는 꼬리로 세게 그를 때렸는데, 그 모습은 마치 스타인벡과 대화를 나누는 것 같았다.

스타인벡은 순식간에 요리를 내놓았다. 자신을 위해서는 스트레이트 위스키를 준비했고, 찰리를 위해서는 네 겹으로 쌓아 올린 뜨끈뜨끈한 핫케이크를 준비했다. 핫케이크 사이사이에서 시럽이 뚝뚝 흘러내렸고, 케이크 맨 위에는 작고 기름기 많은 광부의 양초 토막이 얹혀 있었다.

이걸 먹고 나서 둘 다 기분이 좋아졌다.

찰리가 마지막으로 즐겼던

## 우울한 기분을 달래줄 핫케이크와 메이플 시럽

재료

- 중력분 1컵 체로 친 것
- 설탕 ¼컵
- 베이킹파우더 2티스푼
- 큼직한 달걀 1개 푼 것
- 바닐라 에센스 1티스푼
- 버터밀크 ¾컵
- 소금 꼬집으로
- 버터 1테이블스푼

조리법

중력분을 볼에 체 친다. 설탕, 베이킹파우더, 소금 한 꼬집을 넣는다. 가운데를 우묵하게 파고 조금씩 우유를 부어가며 매끄러운 반죽이 되도록 한다. 푼 달걀과 바닐라 에센스를 넣는다. 이것을 함께 휘젓는데 물기가 없어 보이면 우유를 한 번에 조금씩 더 붓는다. 핫케이크는 비교적 얇은 편이다. 이 반죽을 몇 분간 그대로 둔다. 되직해질 것이다.

번철이나 큰 프라이팬에 정해진 양의 버터를 녹인다. 버터가 뜨거워지면 핫케이크 반죽 1테이블스푼을 팬에 떨어트려 본다. 첫 번째 핫케이크는 항상 희생양이다(시도해봄으로써 온도가 적당한지 확인하는 것이다). 1분간 굽고 뒤집어 반대편을 익힌다. 핫케이크가 금빛 갈색이 나면 메이플 시럽을 위에 약간 뿌리고 초에 불을 붙인 다음 찰리를 부른다.

## J. D. 샐린저

J. D. SALINGER

1919~2010. 미국의 작가. 『호밀밭의 파수꾼』의 성공 이후 은둔하여 지내면서 새 작품도 거의 출판하지 않았다.

당신은 J. D. 샐린저가 불만 가득한 십 대 소년 홀든 콜필드의 이야기를 담은 통과의례 소설 『호밀밭의 파수꾼Catcher in the Rye』을 썼으니까 그가 십 대들을 매료했을 것이라고 생각할 것이다. 맞다. 그는 십 대들을 매료했다. 그리고 홀든과 마찬가지로 샐린저도 십 대 여자아이들에게 매혹당했다. 사실 불안정한 사춘기 소년 홀든의 모습 속에는 샐린저의 모습이 많이 투영되어 있다. 『호밀밭의 파수꾼』이 영화화될 때마다 샐린저가 홀든 역할은 *자신*이 맡겠다고 고집을 피웠던 것도 우연은 아니다.

1972년 4월 조이스 메이너드는 현관의 구두 흙 터는 매트 위에 놓여 있는 팬레터를 보고 놀라지 않았다. 그녀가 쓴 "열여덟 살이 되돌아본 인생"이라는 글은 젊은이 특유의 냉소주의와 불안으로 가득 차 있었고, 『뉴욕타임스』에 그 글이 실리면서 논쟁과 감탄을 불러일으켰기 때문이다. 그녀 세대는 밥 딜런과 재니스 조플린 세대였고, 메르세

데스 벤츠에 무슨 일이 일어났는지 궁금해 하는 세대였으며, 베트남이라는 지옥으로 보내졌던 세대였다.

조이스는 손에 든 봉투를 개봉해 편지를 읽기 시작했다. 그녀는 순식간에 편지의 목소리에 매료당했다. 편지를 쓴 사람은 그녀가 가진 불만의 근원을 이해하는 듯했다. 편지를 끝맺는 보낸 이의 서명을 보는 순간 그녀는 결정적이고 달콤하고 놀라운 충격을 받았다. 서명란에 적혀 있는 이름은 J. D. 샐린저였다. 이미 우상이었던 샐린저는 결혼도 두 번 했고, 조이스보다 서른다섯 살 연상이었다. 반면 그녀는 누군가와 키스를 한 적이 있는 정도였다. 그것도 한 번.

영혼이 통하는 짝의 고백은 조이스에겐 거부하기 힘든 유혹이었다. 그녀는 샐린저에게 답장을 보냈고, 그들의 편지는 점점 더 격정적이 되었다. 그는 매튜라는 이름의 열두 살짜리 아들이 있다고 그녀에게 말한다. 그녀는 인형의 집 가구를 만들고 자전거를 탄다고 그에게 말한다. 그는 그녀가 천부적인 작가라고 말한다. 그는 그들이 함께 스카치위스키를 마신다면 그녀에게 더 많은 이야기를 들려줄 수 있다며 만나고 싶다는 뜻을 넌지시 내비친다. 편지는 들뜬다. 그는 자신의 정원과 토마토 작물을 사랑한다. 그에겐 조이라는 이름의 닥스훈트 한 마리가 있다. 그녀는 그를 절대적으로 흠모한다. 그녀는 덩굴 옻나무에 찔렸고, 편지에서 그 일을 언급한다. 그는 도수가 높은 보드카에 흠뻑 적신 얼룩무늬 물봉선화를 그녀에게 보낸다. 덩굴 옻나무 때문에 생긴 발진이 사라진다.

그녀에게 그는 마법사다.

그녀는 편지에서 언제나 그를 “제리 님에게”라고 지칭하며 권태감을 전달하려 애쓰지만, "당신의 인생에서 하루는 어떤 모습인가요? 책상에 앉아서 글을 쓰시나요? 음악을 들으세요? 땅콩버터 샌드위치를 드시나요?" 같은 질문에서는 그녀의 천진함이 흘러넘친다. 그는 그 자신을 위해 직접 고안한 동종요법● 치료에 대한 설명과 자신이 사랑하는 것들의 목록을 답장에 적어 보낸다. 그 목록의 마지막에는 그녀의 이름이 있다.

4월에 시작된 편지 왕래는 5월에 끝났다. 그녀는 그의 전화를 받았다. 그는 그녀에게 수신자 요금 부담으로 전화해달라고 했다. 그들은 밤마다 전화로 통화하기 시작했다. 그는 그녀의 관심을 빼앗고 싶었고, 그녀에 대해 전부 알고 싶었다. 그는 재미있는 사람이었다. 남 험담하기를 좋아했고, 제리 루이스가 수년간 홀든 콜필드 역을 따기 위해 쫓아다닌 얘기를 그녀에게 해주었다. 누구를 막론하고 배우라는 사람들은 샐린저를 몸서리치게 만들었다. 그는 배우들과 친하게 지내느니 피마자유 한 잔을 들이키는 편이 낫다고 말했다.

로맨틱한 감정이 최고조에 달했을 때 그들은 마침내 샐린저가 살고 있는 뉴햄프셔 주 코니시에서 만나기로 했다. 그녀는 먼발치에서 그를 보았다. 그녀는 『라이프』지의 표지를 보고 하노버 여인숙 계단에 서 있는 그를 알아보았다. 그녀가 그를 향해 달려가자 그의 얼굴이 밝아졌다. 그들은 벌써부터 서로 상대를 어떻게 알아봤는지를 놓고 함께 웃음을 터트렸다. 그는 그녀에게 사람들로 북적이는 길 건너편에서 로렌 바콜이 그를 자기 남편인 제이슨 로바즈로 착각하고 인사를 했던 얘기를 들려주었다.

샐린저는 그녀에게 점심을 만들어주었다. 모두 동종요법 기도문에 나오는 좋은 음식들로 만든 것들이었다. 그의 지하실에 있는 커다란 상자형 냉동고 안에는 집에서 기른 채소와 견과류, 소용돌이 모양의 고비[••](나중에는 이러한 음식들에 더 의존했다)가 가득 들어 있었다. 그녀의 접시 위에는 갈색의 통밀 빵과 사과, 아주 작은 체다 치즈 조각, 살균되지 않은 꿀을 섞은 해바라기씨와 호박씨가 올라왔다. 아이스크림은 독약이라고 샐린저는 경고했다.

샐린저의 이상한 태도는 또 다른 냉혈한 캐리 그랜트의 습관을 연상시켰다. 샐린저는 자신의 집 마룻장 위에 두 개의 접이식 TV 식판을 펼쳤다. 추측건대 조이스는 두 사람 앞에 따로 놓인 두 개의 TV 식판을, 샐린저 내면에 전혀 로맨틱하지 않은 영혼이 숨어 있다는 경고로 받아들이고도 남았을 것이다. 대화는 두 사람의 이름으로 옮겨갔다. 그는 제롬으로 불리는 것이 싫다고 투덜거렸다. 그 이유는 그 이름이 발 전문가 같은 인상을 주기 때문이고, 훨씬 더 나쁜 것은 작가라는 인상을 주기 때문이라는 것이다. 그녀도 부모님이 네 살짜리 여동생의 이름을 지어야 하는 책임을 자신에게 떠넘겼다며 불평했다.

저녁을 먹을 시간이 되자 샐린저는 두 사람이 소용돌이 모양의 고비를 먹어봐도 될 만큼 가까워졌다고 생각되어 고비를 쪄 먹었다. 빵과 사과도 먹었다. 이번에는 얇게 잘라서. 그런 다음 샐린저는 집에서 만든 팝콘으로 자신이 가장 잘하는 요리를 뚝딱 만들었다. 버터는 넣

• homeopathic treatment: 인체에 질병 증상과 비슷한 증상을 유발시켜 치료하는 유사과학이자 대체의학의 일종.

•• fern: 양치식물 고사리목 고비과의 여러해살이풀.

지 않고 대신 오, 세상에, 진한 타마리 소스•를 뿌린 요리였다.

조이스가 기침을 하자 샐린저는 걱정이 되어 담요로 그녀의 발을 감싼 다음 벨벳 소파로 데려갔다. 여기서 그가 조금이라도 육체적 충

샐린저와 함께 하는 로맨틱한 식사, 혹은 120살까지 살아라!

## 고비 찜

이제껏 가게에서 고비를 우연히 만난 적은 없으므로 야생 고비를 채집할 수 있는 이른 봄 직접 숲으로 가야 한다. 야생고비가 양치류의 잎을 펼치기 전에는 매우 아름다운 회녹색 어린 순이다. 고비는 바이올린 목에 있는 둥그렇게 말린 부분과 닮아 근사한 장식처럼 보인다.

재료

- 고비 ¼파운드(113g)
- 마늘 2쪽 얇게 저민 것
- 올리브 오일 1테이블스푼

조리법

프라이팬에 올리브 오일을 두르고 달군다. 마늘을 넣은 뒤 고비를 넣는다. 소량의 물을 붓고 팬의 뚜껑을 덮은 뒤 몇 분간 고비를 찐다.

## 팝콘과 타마리

재료

- 버터
- 타마리 소스
- 마른 옥수수

조리법

깊은 팬에 버터를 넣고 달군다. 옥수수를 넣는다. 팬의 뚜껑을 덮고 불을 올린 뒤 옥수수 터지는 소리가 속사포처럼 이어지기

를 기다린다. 팬을 힘차게 흔들어 터지지 않은 옥수수를 잘 뒤섞어준다. 팬에서 소리가 잦아들 때 불에서 내린다. 버터로 기름진 뜨거운 콘을 깊은 그릇에 담고 타마리 소스를 뿌린다.

동을 통제하고 있다는 낌새가 느껴지는가? 이제는 영화를 볼 시간이었다(그가 선택한 영화). 그가 좋아하는 영화 중 하나는 히치콕의 〈39계단〉이었고, 로버트 도냇의 마법에 빠져 언제 시간이 지나갔는지 모르게 영화가 끝났다. 영사기에서 나오는 다음 영화는 〈그림자 없는 사나이〉였지만, 영화가 상영되는 동안 조이스는 꾸벅꾸벅 졸았다. 정말 무르익은 시간이었다. 이제 시간이 되었다. 그는 그녀를 침대에 눕히고 담요를 덮어주고 침대 시트를 정돈해주었다. 그녀가 안경을 벗더니 그가 누군지 알아보지 못하겠다고 농담을 했다. 그녀가 말했다. "당신은 누구라도 될 수 있어요." 그가 대답했다. "사실 내가 클라크 게이블이야."

아침에는 통밀 빵이 더 많이 나왔다. 하지만 전체적으로 봤을 때 아주 작고 무른 완두콩들은 … 음 … 어쩌면 조이스에게서 당황한 기색이 보이기 시작했을지도 모른다. 그래서 그들은 스승과 제자라는 새로운 역할을 만들었고, 그는 (아마도 자신의 TV 식판 너머로) 이렇게 말했다. "이러한 내 식습관에 대해서 가르쳐주고 싶어." 그녀를 향한 그의 태도는 진지했다.

• tamari soy sauce: 일본식 진한 간장.

샐린저는 생식 식단에 사로잡혀 있었다. 정제된 음식은 그 어떤 것도 그의 입으로 들어갈 수 없었고, 우유처럼 섭씨 150도 이상에서 조리된 음식도 마찬가지였다. 익힌 고기는 영혼과 비장에 치명적이었다. 하지만 젊은 여성의 환심을 사려고 할 때는 누구나 소량의 치즈는 피할 수 없었다.

샐린저는 고기를 준비하는 보기 드문 방법을 고안했다. 우선 건강식품점에서 갈아놓은 유기농 양고기를 사서 이를 패티 형태로 만든 다음 얼렸다. 냉동 과정에서 모든 벌레가 죽었고, 그 덕분에 패티를 섭씨 150도 이하에서 요리하는 게 가능했다. 그는 이런 식단으로 120세까지 살 수 있기를 기대한다고 그녀에게 털어놓았다. 조이스는 샐린저를 믿었다.

조이스가 떠날 때 샐린저가 그녀에게 준 마지막 선물—그녀의 입술에 한 키스 한 번—은 헨리 빌러 박사*의 저서 『음식이 최고의 명약이다Food Is Your Best Medicine』를 모방한 것이었다.

시작은 이렇게 조짐이 좋았다. 두 사람은 열흘 뒤에 다시 만났고, 샐린저는 조이스의 처녀성을 빼앗기 위해 혼신의 노력을 다했다. 샐린저의 침실은 널찍했고, 조이스를 맞이해준 건 오로지 동종요법 잡지들뿐이었다. 그러나 섹스는 고통스러웠다. 조이스의 근육이 경직되어 있었기 때문이다. 샐린저는 그런 결점을 조이스의 탓으로 돌리기보다는 조이스를 치료해주기로 결심했다. 이제 그녀는 그의 것이었다.

TV 식판 등장.

샐린저는 정원으로 내려가 여름 호박을 몇 개 따서 쪘다. 그런 다음 타마리 소스와 섞어 잘 뒤적인 다음 TV 식판 탁자 위에 올려두었다. 조이스가 그걸 먹는 동안 그는 약물학 책자를 뒤적였다. 마침내 그는 그녀의 상태가 질 경련이라고 단언했다.

샐린저는 매일 밤 두 사람을 위해 양고기 패티와 채소를 준비했고, 매일 밤 그들은 침실에서 성관계를 다시 시도했다(벨벳 소파에 앉아 … 그녀의 발을 담요로 감싸고 … 영화를 더 보고난 후에). 그는 무슨 수를 써 봐도 안 되면 둘이서 희곡을 써서 웨스트엔드 무대에 올리자며 그녀를 안심시켰다.

마침내 질 경련 문제를 해결한 조이스와 샐린저는 함께 살기 시작했다. 그는 두 사람이 함께 먹을 수 있는 음식 목록을 작성했다. 하지만 샐린저는 쉽게 만족시킬 수 있는 사람이 아니었다. 그는 환멸감을 드러내는 데도 주저하는 사람이 아니었다. 그는 그녀가 사과 속과 오이 껍질을 남긴 것에 대해, 그녀가 구운 바나나 빵에 대해 불만을 터트렸다. 그녀는 통밀가루를 사용했고 저온 살균을 하지 않은 꿀로 단맛을 냈으니 모든 규칙을 준수했다고 생각했지만, 화씨 350도[••]에서 바나나 빵을 구움으로써 규칙을 어겼다! 죄를 저지른 것이다. 샐린저가 자신이 기대했던 120세가 아니라 91세에 세상을 떠난 것은 어쩌면 바나나 빵 때문이었는지도 모른다. 조이스는 꼬박꼬박 구강성교로 샐린저를 기쁘게 해주었고, 그녀의 구강성교는 샐린저로 하여금 싱크대의 씻지 않은 그릇들과 바나나 껍질을 잊게 만들었다.

---

• Dr. Henry Bieler: 미국의 유명한 식물요법 의사.

•• 섭씨 약 177도.

샐린저는 건강식품점을 드나들면서 두 사람이 먹는 음식을 통제했다. 빵은 그들의 구매 목록에서 빠져 있었다. 말할 것도 없이 빵은 치즈와 마찬가지로 “여자의 환심을 살 때나 필요한” 음식이었다. 이스트를 넣지 않은 빵은 “한턱”이라는 이름으로 가끔 허용되었다. 조이스가 가장 손꼽아 기다리는 날은 샐린저가 뉴욕에 갔다가 블루밍데일 백화점에서 훈제 연어를 사가지고 돌아오는 날이었다. 양고기 패티를 먹던 그들에게 살이 많은 물고기를 먹는 것은 완벽한 사치이자 너무나 흥분되는 일탈이었다. 샐린저와 조이스는 연어를 어떻게 훈제할 것인지 계획을 세우기 시작했다.

샐린저는 인근 철물점에서 산 바구니를 들고 최고의 순수Purity Supreme—샐린저는 그 가게를 최고의 사춘기Puberty Supreme라고 부르길 좋아했다—라는 가게에 들러 연어 스테이크를 몇 개 집어 들었다. 차를 타고 집으로 돌아온 그는 파란 점프 수트를 입고 집 벽에 사다리를 기대 세워놓은 다음 연어가 들어 있는 바구니를 들고 지붕으로 기어 올라갔다. 그러고는 연어 바구니를 굴뚝 밑으로 내렸다. 샐린저와 조이스는 굴뚝 아래쪽에서 히코리 나무로 불을 피웠다. 이론대로라면 연어에서 진한 훈제 맛과 히코리 나무 향이 나야 했다. 하지만 바구니 때문에 굴뚝이 막히면서 굴뚝은 그을음을 토해냈고, 그을음은 집 안으로 역류해 들어갔다. 얼굴이 새카매진 샐린저는 블루밍데일에서 파는 연어가 정말 저렴하다는 점을 인정할 수밖에 없었다.

결국 샐린저와 조이스의 관계는 파국을 맞았다. 조이스는 대식가였고, 호박씨에 진절머리가 났으며, 집 안에 음식을 몰래 들여오기 시작했다. 그녀는 체다 치즈를 그냥 내버려둘 수가 없었고, 시내에서 요거트와 그래놀라를 몰래 먹고 있었으며, 구강성교도 더 이상 샐린저로 하여금 그녀의 결점을 잊게 할 수 없었다. 샐린저는 조이스를 차버렸다.

# 이안 플레밍

IAN FLEMING

1908~1964. 영국의 작가. 영국, 독일, 스위스에서 공부했고, 영국 첩보원 007 제임스 본드를 주인공으로 하는 소설로 인기를 얻었다.

그에겐 카나페를 맛보면서 동시에 총알을 피하고 여자를 탐스럽게 훑어보고 마티니를 마실 수 있는 우아한 능력이 있었다. 누구냐고? 누구긴. 제임스 본드와 그를 창조한 이안 플레밍이지. 음식의 선택만큼 본드와 플레밍의 공생 관계를 확실하게 보여주는 건 없다. 둘 다 캐비어, 베어네이즈 소스●, 녹인 버터를 곁들인 바닷가재 구이, 자메이카 카레를 넣은 염소 스튜를 좋아했다. 실제로 본드라는 캐릭터는 자메이카에 있는 플레밍의 은신처 골든아이에서 아침식사를 하다가 착상되었다. 플레밍은 아침식사를 끝내자마자 평소처럼 신선하고 달콤한 파파야와 초록색 라임, 스크램블드에그, 거의 검은색에 가까운 자메이카 마멀레이드, 구아바 젤리, 블루마운틴 커피를 즐겼을 것이다. 때는 1952년 1월이었고, 마흔세 살의 플레밍은 앤 로서미어와의 결혼을 앞두고 있었다. 중년에 접어들기 직전인 데다 결혼을 앞두고 있어 신경이 불안하고 예민할 때여서 플레밍은 자신의 대역으로 독신에다 영원한 젊음을 지닌 본드라는 캐릭터를 만들어낸 것일지도 모른다.

그러나 본드는 그날 아침이 아니라 그보다 더 오래전부터 만들어지고 있었다. 이러한 사실은 무엇보다도 플레밍의 식사의 역사에서 가장 분명하게 드러났다. 플레밍은 에버리 스트리트 22A에 살기 시작했을 때 에스토니아 출신의 죽마고우들과 함께 '식도락과 도박 서클'이라는 은밀한 식사 모임을 결성했다. 이 모임의 목적은 미각 개선이었고, 완벽한 식사에 대한 플레밍의 이상이 모임을 이끌었다. 여자친구들은 플레밍이 만든 목가적인 저녁식사를 즐길 준비가 되어 있었다. 하지만 그들은 양초 옆에 케저리••가 놓여 있는 것을 보고 실망했다. 의심할 여지 없이 플레밍은 자신이 여성에게 기대하는 것은 "관절이 유연하고, 입을 다물 때와 베어네이즈 소스를 만들 때를 아는" 것이라고 매우 본드적인 태도로 주장했다.

어떤 면에서 보면 플레밍이 이상적으로 생각하는 여성상은 그가 자메이카 골든아이에서 살 때 그의 집 가정부였던 바이올렛의 통통한 몸을 통해 구현되었다. 바이올렛은 플레밍의 전기 작가 피어슨에게 이렇게 말했다. "중령님은 여기 계실 때 그냥 만사가 편안한 걸 좋아하세요. 그분은 안달복달하지 않아요. 자메이카 음식을 정말 좋아하시고요. 새우, 생선, 소꼬리, 간 … 생선 수프, 검은 게 수프를 좋아

---

• Béarnaise sauce: 프랑스 소스로 식초, 와인 등을 넣어 졸인 후 걸러서 달걀노른자를 넣어 유화시킨 것이다.

•• kedgeree: 쌀, 콩, 달걀, 향신료 등을 넣어 만든 인도 요리. 유럽에서는 여기에 생선을 추가한다.

하시고, 우리가 시금치를 곁들여서 드리는 자메이카 음식인 칼라 수프calah soup를 좋아하세요. 중령님은 그걸 아주 좋아해요. 그분은 푸딩을 좋아하지 않아요. 매일 점심에는 구아바와 야생 비둘기 스튜, 생선과 바닷가재를 드시고, 매일 저녁 염소 스튜를 드세요. 그분이 정말 특별히 좋아하는 생선은 킹피시와 참다랑어, 도미, 고트피시*예요…. 고트피시는 진정한 자메이카 물고기예요. 중령님 같은 영국 사람은 많지 않아요. 중령님은 정말 고트피시에 푹 빠져 있어요." 아닌 게 아니라 플레밍은 고트(염소)라는 단어가 붙은 모든 음식에 푹 빠져 있는 것 같았다. 골든아이의 고정 식단에는 고트 카레가 들어 있었다. 고트 카레는 말 그대로 진한 염소고기 육즙에 요리한 아주 맛있는 자메이카 스튜였다. 사람들은 그런 음식이 어떻게 영국 방문객들 비위에 맞았는지 궁금해 한다.

대륙 반대편 사회의 상류 계층을 차분하게 경험한 덕분에 플레밍의 음식 일대기는 재미있는 세부사항들과 카나스타 게임**, 노엘 코워드와 서머싯 몸 같은 사람들과 함께 벌인 소라고둥 검보 잔치로 가득하다. 이들은 자메이카에서 플레밍의 또 다른 작품인 치명적인 럼 펀치 '처량한 남자의 술'을 대접받았다.

코워드의 주장에 따르면 그는 소금에 절인 생선과 뭉근히 끓인 과일 아키***를 먹기 전에 항상 성호를 그었다고 한다. "이안." 코워드가 호소했다. "이 음식에서 겨드랑이 냄새가 나!" 코워드는 플레밍의 만찬에 참석한 손님들이 음울한 표정으로 앉아 문어의 촉수를 만지작거리며 플레밍이 자신의 소설에서 묘사한 그 모든 맛있는 음식들 앞에서 깊은 생각에 잠겨 있는 얄궂은 상황을 눈여겨보았다. 그들은

## 처량한 남자의 술

**재료**

- 버터 1테이블스푼
- 무스코바도 설탕 1컵
- 오렌지 1개 껍질 간 것
- 레몬 1개 껍질 간 것
- 오렌지주스 2컵
- 쓰리 대저 럼[●] 1병

**조리법**

중불에 팬을 올린다. 팬에 버터 1테이블스푼을 녹이고 짙은 당밀 맛이 나는 무스코바도 설탕 1컵을 넣어 젓는다. 설탕이 녹으면 오렌지 한 개와 레몬 한 개 분량의 껍질 간 것을 추가한다. 잘 젓는다. 신선한 오렌지주스 2컵을 추가한다. 가열한다. 이제 값싼 쓰리 대저 럼을 한 병 붓는다(몇 테이블스푼은 점화를 촉진하는데 필요할 때를 대비해서 남겨둔다). 매우 뜨거워 불이 붙을 때까지 열을 가한다. 만약 잘 되지 않으면 남겨둔 럼 몇 테이블스푼을 추가해서 다시 시도해본다. 표면에 푸른 불길이 날름거리고 있을 때 전등을 모두 끄고 '처량한 남자의 술'을 손님에게 가져간다. 대접하기 전에 불을 끈다.

● Three Daggers Rum: 자메이카의 럼으로 1952년 생산이 중단되었다. 향이 풍부하고 색이 짙은 다크 럼으로 숙성 기간에 따라 원 대저-5년, 투 대저-6년, 쓰리 대저-10년으로 표시한다.

● goat fish: 노랑촉수과의 열대와 아열대산 물고기.

●● canasta game: 두 벌의 카드로 두 팀이 하는 카드놀이의 일종.

●●● ackee: 자메이카의 대표 과일로 아키앤솔트피시(ackee and saltfish)의 주재료이다. 빨갛게 익어서 벌어지면 까만 씨앗과 연노란색 과육이 드러난다.

실망한 기색이 역력했다. 1948년 플레밍에게서 골든아이를 임대한 코워드는 골든아이가 "병원의 불쾌함"을 다 갖추고 있다며 그 집의 이름을 "황금 눈과 코, 목구멍"이라고 다시 지었다.

자메이카라는 무대는 왕실과 관계가 깊었다. 1955년에 플레밍은 마거릿 공주에게 자메이카에서 무엇을 먹어야 하는지 조언해주었다. 덕분에 그녀는 자메이카에서 더 즐거운 시간을 보냈다. 비록 자메이카의 흑인들과 춤을 추어서는 안 된다는 명령이 떨어졌지만. 어쩌면 노엘 코워드는 플레밍의 음식을 그토록 거리낌 없이 비난한 것을 후회했을지도 모른다. 그는 1965년 여왕마마가 자메이카에서 점심식사를 하기 위해 그를 방문했을 때 어찌할 바를 몰랐다. 그는 여왕을 위해 특별히 불샷•을 식전주로 준비했고, 그러고 나서 여왕에게 카레를 먹이는 무모한 도전을 감행했다. 코워드가 원래 여왕을 위해 준비한 건 더 유럽적인 생선 무스였는데, 식감이 마치 "바람 빠진 슬래진저 테니스 공"을 씹는 것 같았다. 카레는 대성공이었고, 코코넛 찜과 함께 낸 식사는 럼 크림 파이가 대미를 장식했다. 불샷을 벌컥벌컥 들이켜는 여왕의 주량을 봤다면 히틀러가 왜 그녀를 유럽에서 가장 위험한 여인이라고 했는지 이해가 갈 것이다.

플레밍의 소설을 토대로 만든 영화와 우리가 그의 문장에서 발견하는 진짜 본드 사이에는 큰 차이가 있었다. 진짜 본드는 잠시도 쉬지 않고 먹는다. 그는 뭔가를 하기 전에 배를 든든하게 채우고 싶어 했다. 그렇다, 그는 섹스보다 저녁식사를 더 학수고대했다.

---

• Bullshot: 보드카에 소고기 부용을 넣어 만든 칵테일.

플레밍이 쓴 최초의 본드 소설 『카지노 로얄』에서 본드는 아침을 먹으면서 최대의 적수인 채찍질을 좋아하는 르 시프르(소문에 의하면 또 다른 대식가 알리스터 크롤리를 모델로 만든 인물이었다고 한다)의 계략을 곰곰이 생각한다. 본드가 먹는 음식이 자세하게 묘사된 건 이 아침식사가 처음이었다. 본드는 스크램블드에그 3개, 베이컨, 큰 잔으로 차가운 오렌지주스 한 잔, 더블 사이즈 커피—물론 설탕을 넣지 않은—를 먹어치웠다. 1인분의 양은 우연이 아니다. 플레밍의 먹는 즐거움은 '조금 더 추가'에 있었고, 그는 이 점에서 아주 구체적이었다. 그는 향이 강하고 색이 진한 커피의 양을 두 배로 늘리길 좋아했고, 오렌지주스는 반 컵을 더 마셨다. 아침에 먹는 삶은 달걀은 껍질이 갈색이어야 했다.

본드는 저녁식사 전에 항상 술을 딱 한 잔만 마신다. 하지만 그는 이렇게 말한다. "그 한 잔은 양이 아주 많고 아주 독하고 아주 차갑고 아주 잘 만들어진 것이 좋습니다. 나는 어떤 음식이든 양이 적은 건 질색입니다. 맛이 좋지 않은 음식일 때는 특히 더." 이 대목은 『카지노 로얄』에 나온다. 그는 카지노의 바텐더에게 자신의 "발명품"—드라이 마티니—을 바닥이 깊은 샴페인 잔에 어떻게 담아야 하는지 가르쳐준다. "잠깐. 고든스 세 잔, 보드카 한 잔, 키나 릴레 반 잔을 넣고 얼음처럼 차가워질 때까지 잘 흔들어요. 그런 다음 큼지막한 레몬 껍질 조각을 넣어요. 알겠죠?"

잠시 후 본드는 최근 연애 상대인 베스퍼 린드의 관심을 끌려고 알랑거린다. 그는 자신의 보드카 마티니 이름을 베스퍼라고 지음으로써 그녀를 흔들고 휘젓는다. 그들은 함께 식사를 한다. 베스퍼와 본드 모두 캐비어로 시작하지만 주요리를 먹을 때는 취향이 갈린다. 베스퍼는 감자를 곁들인 송아지고기 구이를 선택했고, 산딸기와 크림으로 식사를 마무리했다. 반면 본드의 충만한 남성성에는 베어네이즈 소스를 곁들인 스테이크와 아티초크 하트가 필요하다. 연약한 산딸기는 그를 위한 것이 아니다. 대신 그는 가벼운 샐러드드레싱을 곁들인 아보카도를 먹는다. 물론 베스퍼는 러시아를 위해 일하는 이중간첩이고, 결국에는 프랑스에서 본드와 함께 브리짓 존스 스타일의 짧은 휴가(그가 요양하는 동안 그녀는 자신이 좋아하는 음식에 관한 이야기로 그를 보살피고 회복을 돕는다)를 보낸 뒤 스스로 목숨을 끊는다. 이 사건으로 본드는 오랫동안 러시아의 간첩조직인 스메르시를 혐오했다. 비극을 암시하는 와중에도 플레밍은 집주인 부인이 불행을 앞둔 커플을 위해 버터를 바른 바닷가재 구이를 준비했다는 얘기를 하고 싶은 유혹을 참지 못한다.

플레밍 자신도 간첩 활동이 낯설지 않았다. 외무부의 비밀 임무를 띠고 모스크바행 기차에 오른 그는 캐비어와 크림, 러시아 팬케이크를 먹었다. 늘 그렇듯이 플레밍은 한 가지 풀리지 않는 중요한 음식 수수께끼를 우리에게 남겨둔다. 플레밍과 JFK가 조지타운에서 함께 식사를 하며 카스트로에게 어떻게 굴욕감을 줄지 (혹은 적어도 어떻게 하면 탈모제 가루로 그의 수염을 빠지게 할지) 계획을 짤 때 두 사람이 먹었던 음식은 무엇이었을까? 누구 아시는 분?

## 염소 카레

믿을 수 있고 이해심 많은 동네 정육점에서 당신을 위한 염소고기를 얻을 수 있다. 염소고기를 청하는 당신의 주문은 전통적인 정육점 주인에게 놀라움을 안겨주어 마치 여호와의 증인들에게 태국 신부를 부탁하려는 것처럼 전체 과정이 다소 당황스럽게 이루어질 것이다. 반드시 며칠 전에 미리 고기를 주문하도록 한다. 아, 그리고 정육점 주인에게 당신을 위해 고기를 손질해둘 것을 부탁하라. 주방 바깥에서 염소 다리와 씨름하느라 홀로 남겨지기를 원치 않는다면 말이다.

재료

**양념장**

- 염소 살코기 3파운드(1.4kg), 너비 5cm 주사위 모양으로 썬 것
- 라임 1개분의 주스
- 마늘 6쪽 으깬 것
- 큼직한 양파 2개 슬라이스한 것
- 소금 2티스푼
- 흑후추 부순 것 2티스푼
- 신선한 타임 잎 2티스푼
- 자메이카 저크 시즈닝● 2티스푼
- 카레 가루 1테이블스푼
- 스카치 보닛 페퍼 곱게 다진 것 1티스푼
- 즙이 많은 큼직한 토마토 2개 다진 것
- 신선한 고수 다진 것 3~4테이블스푼

**조리하려면…**

- 버터 4온스(113g)
- 식물성 기름 4테이블스푼
- 갈색 설탕 1티스푼
- 스캘리언 6알 얇게 저민 것
- 감자 3개 껍질 벗기고 주사위 모양으로 썬 것

● Jamaican jerk seasoning: 저크(jerk)란 고기를 톡 쏘는 맛이 나도록 양념에 절여 두었다가 장작불에 구운 것으로 자메이카풍 저크의 풍미를 위해 칠리, 타임, 양파, 후추 등을 혼합한 가루를 시중에서 구할 수 있다.

조리법 주사위 모양으로 썬 염소고기를 큰 용기에 담는다. 그 위에 갓 짠 라임즙을 뿌린다. 고기에 끈끈하게 으깬 마늘, 다진 고수, 토마토, 얇게 썬 양파를 넣는다. 다음으로 카레 가루, 저크 시즈닝, 타임 생것, 소금, 흑후추, 스카치 보닛 페퍼를 넣는다. 이 양념을 고기에 문지른다. 스카치 보닛 페퍼의 화끈거림이 두렵다면 고무장갑을 낀다. 뚜껑을 덮어 하룻밤 냉장고에 둔다.

다음 날, 양념에 잰 염소를 냉장고에서 꺼낸다. 큰 냄비에 버터와 기름을 녹이고 갈색 설탕을 더한 뒤 설탕이 버터에 녹을 때까지 젓는다. 양념된 염소고기와 스캘리언 저민 것을 넣고 휘저어준다. 다음으로 냄비 뚜껑을 덮고 불을 줄인 뒤 염소고기가 자체에서 나온 육즙 속에서 뭉근히 끓도록 2시간 둔다. 카레가 마르지 않도록 주기적으로 확인한다. 대개는 카레 자체에서 풍부한 육즙이 나와서 물을 더 부을 필요가 없다.

2시간 후에 주사위 모양으로 썬 감자와 물 2테이블스푼을 넣는다. 다시 뚜껑을 덮고 25분간 감자가 무를 때까지 부글부글 끓인다.

자메이카 코코넛 밥과 콩, 그리고 '처량한 남자의 술'도 함께 낸다.

# W. H. 오든

W. H. AUDEN

1907~1973. 영국의 시인. 1930년대 초 병든 사회를 정신분석과 사회 의식을 합친 기법으로 파헤치는 시들을 발표했으며, 1939년 미국으로 귀화한 뒤에는 종교성이 짙은 작품들을 발표했다.

"알겠어. 오든은 훈족•이 이기길 원하는 거구나." 어떤 교사는 어린 W. H. 오든이 마가린 바른 빵 한 조각을 또 먹는 모습을 보면서 신랄하게 지적했다. 제1차 세계대전이 정점으로 치달으면서 영국은 배급제도라는 궁핍하고 인색한 손아귀에 꽉 잡혀 있었다. 하지만 어려운 시절이든 아니든 오든의 식욕은 그에게 배급되는 음식의 양을 뛰어넘었다. 그는 한 조각 더 먹고 싶은 유혹을 참을 수 없었다.

식욕은 나이가 들어서도 크게 바뀌지 않았다. 옥스퍼드 학부생 시절 오든은 자기가 포크로 뭘 먹고 있는지는 거의 신경 쓰지도 않은 채 많은 양의 음식을 빛의 속도로 정신없이 입 안에 퍼 넣었다. 그는 분명히 힘든 손님이었을 것이다. 동이 트기 무섭게 눈을 반짝이며 일어나 끝없이 찻잔을 채워달라고 했을 테니까. 한 친구는 "크고 하얗

• Huns: 제1, 2차 세계대전 중에 독일인을 경멸적으로 가리키던 말.

고 누가 봐도 창백한 그의 몸은 온기의 지속적인 보급이 필요"해 보였다고 말했다. 오든이 자신의 돌발적인 음식 편애와 차별에 신경을 써달라며 자신을 초대한 주인들을 공격한 것도 무리가 아니었다. 1925년 그가 스티븐 스펜더 가족과 함께 머물 때였다. 점심시간에 접시 덮개를 들어 올린 오든은 접시에 담긴 내용물을 물끄러미 바라보더니 못마땅하다는 듯 투덜거렸다. "*삶은 햄이군!*" 심지어 그는 음식이 실망스러우면 거의 울기 직전까지 갔다고 한다.

오든은 1937년 크리스토퍼 이셔우드와 중국을 여행하는 동안 비위에 거슬리는 음식들 때문에 울고 싶은 걸 겨우 참았다. 그들은 중국 여행기를 써달라는 파버 앤 파버 출판사의 의뢰를 받고 떠났는데, 그 책에는 결국 『전쟁 같은 여행Journey to a War』이라는 제목이 붙었다. 파버 출판사는 실제 여행 경로를 두 사람의 선택에 맡겼다. 그들이 선택한 중국 여행 경로는 흥미로웠다. 그들은 충실하고 주근깨가 있는 식민지풍의 사람들을 우연히 만났는데, 그중 한 사람은 그들이 만든 지도를 보더니 머리를 흔들며 중얼거렸다. "행운을 빌어요. 하지만 힘든 길을 골랐네요. 힘든 길이에요." 그러더니 은밀하게 덧붙였다. "중국 음식을 먹어야 할 겁니다."

오든은 자신이 모험심이 대단히 강한 사람이란 걸 증명해 보였다. 그의 안전제일주의는 친숙한 영국 음식에만 국한된 얘기인 듯싶었다. 개고기, 뱀술, 피단皮蛋들은 단순하지만 말도 안 되게 재미있었다. 기이한 중국 음식들은 이셔우드와 오든에게 큰 즐거움을 선사했고, 섬뜩해서 더 그들의 관심을 끌었다. 광둥에서 오든은 반질거리는 검은 바퀴벌레를 식용으로 파는 걸 보고 경악했고, 이셔우드는 커다란 물통 안에서 헤엄치며 꿈틀거리는 뱀들을 겁에 질린 채 바라보며 숨을 죽였다. "저 뱀을 먹는다면 나는 미쳐버릴 거야." 그가 소곤거렸고, 그 순간 이셔우드에게 반드시 그 뱀을 먹이는 것이 오든의 임무가 되었다.

장난기 넘치는 두 사람은 그들만의 비밀 게임을 생각해냈다. 자신들이 가장 마음에 들지 않는 음식을 칭찬하는 게임이었다. "맛있네." 오든은 접착제로 가득 찬 스펀지처럼 보이는 음식을 먹으면서 말했다. 그에 대한 응답으로 이셔우드는 쓴 알로에 맛이 나고 가운데에 근육질의 바구미처럼 생긴 것이 자리 잡고 있는 오렌지를 씹으며 간드러진 미소를 지었다.

오든과 이셔우드는 전 상하이 시장이자 당시 광동성 주석인 우티에청吳鐵城의 집으로 점심 초대를 받고는『중국 방갈로The Chinese Bungalow』라는 제목의 의심스런 책을 보면서 중국에서 가정을 방문할 때 알아야 할 모든 예절을 미리 공부했다. 그들은 누군가의 집을 방문할 때 거쳐야 하는 절차를 몰래 연습하고 벌어질 수 있는 상황을 예상해봤다. 우 장군은 "누추한 곳에 와주셔서 영광입니다"라고 말할 것이다. 그러면 두 사람은 "저희의 발은 귀하의 훌륭한 집안에 들여놓을 자격이 없습니다"라고 대답해야 한다. 그 즉시 우 장군이 이렇게 대답할 것이다. "우리 집 문간이 황금으로 만들어졌다 하더라도 두 분의 기품 있는 신발에는 한참 모자랄 것입니다."

그런 상황이 벌어졌을까? 천만에. 그들이『중국 방갈로』를 잽싸게 들춰보기 위해 화장실에 갈 새도 없이, 혹은 사람들의 신발을 살펴보기도 전에, 식사는 시작되었다.

오든은 우 장군의 점심 식탁에서 먹을 수 있는 걸 거의 찾지 못했다. 젓가락은 그림 그리는 붓처럼 생겼고, 아주 작은 접시에 담긴 무지갯빛 소스는 그림물감을 닮았기 때문이었다. 그리고 찻종은 작은 모자처럼 생긴 뚜껑에 덮여 있었고 그 안에 물이 담겨 있었는데, 왠지 그 물에 붓을 담가 씻었을 것 같았다. 오든과 이셔우드가 더 당황한 이유는 식사와 관련하여 쉽게 알아챌 수 있는 유럽식 방법이나 순서가 없는 듯했기 때문이다. 상어 지느러미 수프—그들은 상어 지느러미 수프가 보르시•나 미네스트론••과 맛이 비슷하다고 느꼈다—는 나왔는데 상어는 어디 있지? 식사에 확실한 시간제한도 없었다. 언제 끝날지 예상할 수 없었다. 놀랍게도 음식이 끊임없이 등장했고, 그들이 "전채"라고 부르는 음식들이 사방에서 툭툭 튀어나왔다. 고기 요리라고 할 만한 것은 없었다. 닭고기, 바닷가재, 밥, 생선이 정신 차릴 새 없이 잇달아 나왔다. 가장 고통스러운 것은, 설령 가장 좋아하는 음식이 나오더라도 맨 마지막에 나온다면 그때쯤엔 이미 배가 너무 불러서 한 입도 더 먹을 수가 없다는 점이었다.

새로운 음식이 나올 때마다 장군은 자신의 젓가락으로 마치 무슨 신호를 하듯 이상한 동작을 하고 나서 음식에 달려들었다. 더 헷갈리는 건, 맛이 콘•••이나 볼스••••와 유사한, 옥수수와 장미꽃잎으로 만든 술이 아주 작은 금속제 찻주전자에 담겨 나오거나, 데워진

• 177쪽 주 참고.

•• minestrone: 야채와 파스타를 넣은 이탈리아식 수프.

••• korn: 독일산 증류주

•••• Bols: 네덜란드산 진.

### 장미꽃잎 진[●]

재료

- 진 2리터
- 장미꽃잎 파인트 잔에 2컵 분량(인공처리 되지 않은 것인지 확인할 것)
- 흰 설탕 ½파운드(227g)
- 로즈워터 2티스푼(선택 사항)
- 살균처리한 물, 포도주 등을 담는 주둥이가 좁은 병

조리법

진, 설탕, 장미꽃잎을 병에 함께 넣고 밀봉한다. 1주일 동안 그대로 두는데, 설탕이 녹도록 매일 부드럽게 흔들어준다. 7일 중 마지막 날에 장미꽃잎을 진에서 건져 맛을 보고 더 강렬한 장미의 맛과 향을 원한다면 로즈워터를 더한다. 얼음 잔에 얇게 썬 녹색 오이 조각과 함께 낸다.

● rose petal: 말리거나 가루로 만든 장미꽃잎으로 음식에 넣어 달콤하고 향긋한 향신료로 쓴다.

현미주가 당돌하면서 깔끔한 장미꽃잎 진을 마신 다음 나온다는 것이었다.

오든과 이셔우드는 칼과 포크가 있을 때도 젓가락을 써서 음식을 먹곤 했다. 한번은 식사를 하면서 어느 영국인 손님이 그들에게 젓가락을 이용해 새우 패티 집는 법을 보여주다가 그만 패티가 카펫 위로 날아가 처박혔다. 배려심 많은 미스터 통은 그 손님의 체면을 살려주고자 이렇게 외쳤다. "아, 저 새우가 살아 있나 보군요!"

심지어 그들이 중국에서 먹은 백인들의 음식조차도 상반된 의도로

가득했다. 한번은 오든과 이셔우드가 미국인인 화이트 부부, 그리고 어느 침례교 목사와 함께 점심으로 미트로프와 샐러드를 먹었다. "우리 밭에는 도둑이 많습니다." 침례교 목사가 오든에게 비밀을 털어놓았다. 오든은 위로의 말을 건넸다. "정말 속상하시겠어요. 도둑이 채소를 훔쳐가나요?" 화이트 씨가 싫증이 난 목소리로 끼어들었다. "목사님은 선교 현장을 말씀하시는 거예요."

요즘도 그런 일이 흔하겠지만, 최악의 식사는 영국인이 중국 음식을 만들려고 할 때나 그 반대 경우였다. 오든과 이셔우드는 쉬저우徐州 전선—거기서 두 사람은 전투를 위해 흰 말을 초록색으로 칠해놓은 걸 봤다—에 도착했을 때 차량으로 이동하려던 계획에 차질이 생겨서 전선에서는 엄두를 못 낼 만큼 비싼 호텔에 묵게 되었다. 호텔의 레스토랑은 투숙객에게 끈적끈적하고 하얀 닭고기 수프처럼 형편없는 잡종 음식을 제공했다. 수프에 햄 파편이 둥둥 떠다니고 있었다. 메뉴판에 나와 있는 그 밖의 프랑켄슈타인 음식들로는 레밍 파이, 모자 케이크, 햄에그와 FF 감자, 커피 잔에 담긴 끔찍한 코코아가 있었다. 오든과 이셔우드는 그런 궁핍한 상황에 무감각해지기 위해 카운터 뒤에 있는 위스키 한 병과 "입에 담기도 싫은 상하이 셰리주" 아프레 누Après Nous를 마셨다.

결과적으로 이 호텔은 저니스 엔드Journey's End를 위한 좋은 예행연습이 되었다. 저니스 엔드는 지우장九江에서 수 킬로미터 떨어진 지우링 산九嶺山(지금의 루 산廬山)에 자리 잡은, 눈에 띄는 식민지풍의 금방이라도 무너질 듯한 호텔로 찰튼 씨가 운영하고 있었다. 오든과 이셔우드는 한구漢口 신문에 실린 색다른 저니스 엔드 광고를 보고 이 호텔에 흥미를 느꼈다. 신문 광고는 저니스 엔드를 이렇게 묘사했다. "양쯔 강 계곡의 마운트 라비니아 호텔●. 그릴에 구운 송어. 게와 집에서 기른 샐러드. 신선한 새우 카레." 광고는 마지막으로 독특한 제안을 했다. "중국의 스위스에서는 낮이나 밤이나 좋은 것들, 그리고 어린 종업원이 함께합니다. 와서 직접 확인해보세요." 오든의 맥박이 빨라졌다.

그곳에 도착해서 저니스 엔드가 기대한 만큼 우스운 곳이라는 것을 알았을 때 오든과 이셔우드가 얼마나 기뻤을지 상상해보라. 찰튼 씨는 한 무리의 소년들을 종업원이 되도록 훈련시켰다. 그들을 소집해 운동을 시키고 카키색 반바지와 흰 셔츠를 입게 했다. 그는 날마다 다른 양말 설명서를 나눠주었다. 어떤 날은 소년들에게 스타킹을 무릎까지 올려 신으라고 지시했고, 또 어떤 날은 발목까지 내려 신으라고 지시했다. 찰튼 씨는 마치 너그러운 황제라도 된 듯 설명했다. "그때그때 다릅니다. 내 기분에 달려 있죠." 거실 한쪽 구석에는 레이디 러버블이라는 이름의 개 박제가 아름답게 자리를 빛내고 있었다. 그것은 찰튼이 기르던 우량한 스패니얼 종 개가 죽자 그 사체로 만든 박제였다. 레이디 러버블의 유리 눈 한쪽은 오래전에 빠져서 사라지고 없고, 다른 쪽 유리 눈은 줄곧 무섭게 거실을 지켜보고 있었다.

이셔우드와 오든은 레이디 러버블을 저녁 식탁으로 옮겨 함께 저녁식사를 했다. 오든은 그날 밤 레이디 러버블이 물기 없는 엉덩이와 뒷다리를 이끌고 자신의 침실을 방문할지도 모르겠다고 말했다.

---

● Mount Lavinia Hotel: 스리랑카의 유서 깊은 호텔.

말년에 오든은 오랜 세월 만나온 연인 체스터와 함께 몇 년을 보냈다. 먹는 것만 놓고 봤을 때 그 몇 년은 만족스러운 기간이었다. 오스트리아 키르흐슈테텐에 있는 그들의 집은 오든이 소유한 첫 번째 집이었고, 그는 처음으로 진정한 가정을 갖게 되자 기쁨의 눈물을 흘렸다. 그와 체스터는 주방을 미국식으로 꾸몄다. 적외선 그릴과 서랍에서 갑자기 튀어나오는 빵 써는 기구 같은 최신식 문명의 이기도 들여놓았다.

두 사람은 모든 식사를 집에서 가장 큰 방에서 했다. 오든은 식탁 앞에 있는 자신의 지정석 위에 옥스퍼드 영어사전 한 권을 올려놓고 그 위에 걸터앉았다. 점심을 먹기 전에는 항상 베르무트•나 캄파리••를 한 잔씩 마셨고, 주방에 널찍하고 폭이 깊은 냉장고가 들어오고 난 뒤 오든이 마시는 마티니는 더 순해졌다. 진을 대신해서 보드카가 주재료가 되었고, 올리브 대신 양파 피클이 유리잔 밑에서 뒹굴었다. 술을 묽게 만드는 얼음은 전혀 넣지 않았다. 마티니는 저녁을 먹기 전에 딱 두 잔만 허용됐다. 첫 잔은 6시 30분, 두 번째 잔은 7시. 저녁식사는 정각 7시 30분에 시작되었다. 이 의식은 철저하게 지켜졌지만 오든과 체스터는 창의력이 풍부했다. 두 잔의 식전주는 점점 양이 많아졌다. 보라색의 자극적인 이탈리아 적포도주 발포리첼라가 저녁과 함께 나온 것이다.

칼로리 계산은 금지되었다. 체스터는 유지가 많은 크림과 버터, 달

• vermouth: 포도주에 향료를 넣어 우려 만든 술. 흔히 다른 음료와 섞어 칵테일로 마신다.
•• Campari: 이탈리아 전통 식전주.

걀을 듬뿍 집어넣는 걸 좋아했다. 두 사람은 저녁 식탁에서 오래 머물렀다. 체스터는 음악을 틀 때도 있었다. 요리책으로 미어터지는 오든의 주방은 다양한 음식으로 아수라장이 되었고 줄기차게 변신을 거듭했다. 그 와중에도 체스터는 항상 요리를 하고 훌륭한 식사를 준비했다. 오든은 선택한 개별 음식을 요리하면서 마치 그것이 그 자체로서 아름다운 헌정물이기라도 한 것처럼 그 음식에 딸려 나오는 음식을 만들 생각은 까맣게 잊었다. 그런 까닭에 딸려 나오는 음식은 없이 완벽하게 뼈를 발라서 예술적으로 압착한 오리고기 하나만 덩그러니 놓고 식사를 할 때도 있었다. 빵도, 디저트도, 커피도 없었다. 오직 맛있는 오리가 전부였다.

주방에 있는 많은 도구 중에서 체스터는 소시지 만드는 기계를 집어 들었다. 오든은 돈을 절약해줄 기계라는 생각에 소시지 만드는 기계를 환영했지만, 체스터가 1차로 만든 치킨 소시지와 트러플 소시지는 오든의 소시지 만드는 예산을 금세 한계까지 밀어붙였다. 2차로 만든 소시지의 양은 너무 많아서 체스터는 친구 테클라의 도움을 받아 새벽까지 뜬눈으로 새며 포장 작업을 마무리해야 했다.

체스터가 뒤죽박죽 섞여 있는 다양한 요리책에 들어 있는 레시피 중에서 적어도 하나씩은 만들어보고 "전에는 드셔본 적이 없을 거예요. 노르웨이식 생선 파이예요"라고 소개하며 손님들을 맞이하는 것을 의무로 여긴 반면, 오든은 저녁 식탁으로 달려가서 커튼을 치고 식탁 위에 놓인 개인 식기 세트를 만지작거리는 쪽이었다.

오든도 생일에는 특별한 음식을 먹었다. 예를 들어 그들은 이스키아 섬•에 살 때 오든의 생일을 기념하기 위해 양고기 다리를 요청했

전에는 절대 맛보았을 리 없는

## 노르웨이식 생선 파이

재료

- 양파 2개 잘게 다진 것
- 감자 얇은 칩 모양으로 자른 것 1파운드(454g)
- 버터 3테이블스푼
- 안초비 20마리 뼈를 발라낸 살코기
- 막 갈아낸 흑후추
- 더블 크림 ½파인트(284ml)

조리법

오븐을 150도로 예열해둔다. 파이 접시에 버터를 칠한다. 남은 2테이블스푼의 버터로 양파가 금빛을 띨 때까지 부드럽게 볶는다. 얇게 칩 모양으로 자른 감자의 반을 파이 접시에 깔고 양파를 뿌린다. 이제 안초비 층을 한 겹 만들고 남은 감자를 위까지 채운다. 후추를 위에 뿌리고 작은 덩이로 버터를 점점이 올린다.

오븐에 파이를 넣는다. 10분 후 크림의 반을 감자 접시 위에 붓고 10분 후에 남은 크림을 붓는다. 30분 더 익힌다.

다. 전보들과 함께 작은 양고기 다리가 두 개씩이나 도착했고, 그중에는 오든을 아주 기쁘게 한 전보가 있었다. 모스크바에서 온 그 전보엔 "게이 버지스"●●라는 서명이 있었다.

사실 굵주린 얼굴로 집 안을 돌아다니는 오든을 사진에 가장 잘 담을 수 있는 곳은 이스키아 섬에 있는 그의 집 주변이다. 그곳에서는

● Ischia: 티레니아 해에 있는 화산섬.

●● Gay Burgess: 케임브리지대 출신으로 소련을 위해 일했던 스파이 5인방 중 한 명이다.

문에 마늘과 토마토, 양파가 치렁치렁 매달려 있고, 쇼핑한 음식이 든 망태기가 그의 옆구리에서 흔들리고, 애완견 모세는 그의 발뒤꿈치를 따라다닌다.

## 양고기 다리 구이

재료

- 양의 다리 5파운드(2.3kg)
- 레몬 4등분 한 것
- 레몬 껍질 간 것
- 마늘 4쪽 부드러워지도록 으깬 것
- 디종 머스터드 2테이블스푼
- 꿀 4테이블스푼
- 커민 1테이블스푼
- 신선한 로즈마리 가지 다진 것 2테이블스푼
- 굵은 소금
- 막 갈아낸 흑후추
- 화이트 와인 1잔

조리법

양 요리를 하기로 한 전날 밤 구이용 트레이에 양고기를 놓고 표면에 작은 칼집들을 낸 뒤 레몬 껍질 간 것, 마늘, 디종 머스터드, 꿀, 커민, 로즈마리를 문지른다. 4등분한 레몬 조각을 비틀어 짜 즙을 뿌리고 양고기 한옆에 둔다. 전체를 포일로 덮고 하룻밤 둔다.

다음 날 오븐을 180도로 예열한다. 양고기에 굵은 소금, 흑후추를 뿌리고 180도 오븐에 10분간 둔다. 10분 뒤에 드라이 화이트 와인 한 잔을 양고기 위에 붓고 오븐 온도를 160도로 낮춘다. 이 온도에 1파운드(454g)당 20분으로 계산해 산출한 시간에 20분을 더한 만큼 굽는다.

양고기를 오븐에서 꺼내 15분간 두었다가 먹는다. 게이 버지스를 위해 건배하기를 잊지 않는다.

# 조지 오웰

GEORGE ORWELL

1903~1950. 인도에서 태어난 영국 작가이자 언론인. 명료한 문체로 사회 부조리를 고발하고 전체주의에 대한 비판과 민주사회주의에 대한 지지를 표한 것으로 유명하다.

오웰의 1931년 홉 따기 일기를 보면 1930년대의 부랑자들이 자신들의 접시 위에 어떤 음식이 놓여 있기를 기대했는지 알 수 있다. 오웰은 런던에서 다른 남자와 함께 노숙을 하면서 울워스 슈퍼마켓에서 훔친 칼과 포크로 음식을 먹었고, 통조림에 들어 있는 연유를 마셨다. 아침식사로 빵을 통조림 뚜껑 위에 올려놓고 구웠고, 베이컨 샌드위치를 먹었으며, 저녁에는 차가운 차를 홀짝였고, 훔친 사과를 불 위에서 구웠다. 홉 따는 일이 직업인 사람들은 부랑자인 오웰과 그의 친구를 측은하게 여겨서 먹다 남은 음식을 나눠주곤 했다. 한번은 돼지 머리를 통째 준 적도 있었다. 나는 울워스의 칼과 포크가 어떻게 돼지 머리를 감당했는지 궁금하다.

오웰은 부랑자 생활을 경험한 덕분에 『위건 부두로 가는 길The Road to Wigan Pier』의 자료 수집을 위해 1936년 위건으로 여행을 떠났을 때 다른 노동자들보다 쓰레기를 훨씬 더 잘 견딜 수 있었다. 그는 자신이 머물던 H 부인의 하숙집 부엌을 조사하다가 깜짝 놀랐다. 한눈에도 영국 북부의 쓰레기가 영국 남부의 쓰레기보다 훨씬 더 심했다. 믿기지 않을 정도였다. 그는 부엌방 주변에 잔해처럼 널려 있는 쓰레기의 목록을 작성했다. 베이컨 옆구리 살 5파운드. 기분 나쁘게 큰 생간. 소 몇 마리의 다리를 덮고도 남을 정강이 살. 폐허가 된 성城 같은 고기 파이와 허물어진 벽 같은 페이스트리 반죽. 역시 여기저기 아무렇게나 널려 있는, 러시아 인형처럼 갈수록 더 작아지는 과일 파이 조각들. 18개의 빵 덩이들과 20개쯤 되는 달걀. 작은 케이크들. 썩기 시작한 따뜻한 버터. 이런 것들이 여기저기 널려 있었고, 빵을 제외한 달걀, 케이크, 버터는 모두 덮개도 없이 더럽고 끈적끈적한 선반 위에 놓여 있었다.

돼지 머리까지 먹어본 오웰조차도 감당하기 힘든 혐오스러운 음식들이 있었다. 그는 랭커셔 사람들이 양[•]을 식초와 함께 차게 먹는 걸 보고 정말 소름이 끼쳤다. 그러한 충격은 H 부인의 하숙집에서 나와 수상한 소문이 도는 파이 가게에 하숙방을 얻고 나서도 가시지 않았다. 소문에 따르면 파이 가게의 지하 저장고에는 양이 보관되어 있고, 저장고 바닥이 온통 시커먼 바퀴벌레로 우글거린다는 것이었다. 하숙생들이 앉는 아침식사용 식탁 아래에는 비우지 않은 요강이 놓여 있었고, 하숙집 안주인은 신문지 조각으로 바닥에 흘린 음식과 자기 침을 닦았다.

마침내 셰필드의 설 부부의 집에서 지내게 된 건 오웰에게는 다행

---

• tripe: 소, 돼지 등의 위에서 사람이 먹을 수 있는 부분.

스러운 일이었다. 오웰은 설 부인을 보자마자 홀딱 반했다. 그녀는 글을 모르는데도 상황 판단이 빠르고 아주 영리했다. 오웰은 다른 하숙생들이 못마땅해 하거나 말거나 아랑곳하지 않고 으레 설 부인의 설거지를 도왔다. 그녀의 요리가 훌륭하다는 증거로 오웰은 자신의 일기에 그녀의 건포도 식빵 조리법을 적어두었다.

힘들고 단조로운 일을 조사하며 먼 곳을 돌아다니지 않을 때 오웰이 가정에서 가장 열정을 쏟은 두 가지 일은 자신이 먹을 것을 기르는 일—그는 먹을 것을 찾아다니는 것도 좋아해서 너도밤나무 열매를 따 먹곤 했다—과 많지 않은 염소와 닭 무리를 돌보는 일이었다. 그가 기르는 수탉 이름은 헨리 포드였다. 베이컨 공급이 딸리자 오웰은 "메이컨"을 만들려고 시도했다. 메이컨은 양고기를 소금에 절여 베이

## 설 부인의 건포도 식빵

설부인의 건포도 식빵 조리법(버터와 함께 조리하면 매우 좋다)을 잊어버리기 전에 여기에 적어둔다.

**재료**

- 밀가루 1파운드(454g)
- 달걀 1개
- 당밀 4온스(113g)
- 말린 과일 혼합(또는 건포도) 4온스
- 설탕 8온스(227g)
- 마가린 또는 돼지기름 6온스 (170g)

**조리법**

설탕과 마가린을 풀어 크림처럼 만들고 달걀을 풀어 넣은 뒤 당밀, 과일 혼합과 밀가루를 넣는다. 기름을 바른 철제 틀에 부어 175도 오븐에 30분에서 45분간 굽는다.

더불어 설 부인의 스펀지케이크를 위한

## '54321' 조리법

재료

- 밀가루 5온스(142g)
- 설탕 4온스(113g)
- 기름(버터가 가장 좋다) 3온스 (85g)
- 달걀 2개
- 베이킹파우더 1티스푼

조리법

위의 재료를 모두 섞고 굽는다.

컨 맛을 낸 음식이었다. 그는 사과주와 사과생강주도 직접 만들었는데 생강을 너무 많이 넣어서 성공적이지 않았지만, 야생자두잼은 그런대로 괜찮았다. 한때는 자랑할 만한 블랙베리 젤리를 포함해서 잼이 모두 합쳐 25파운드(11킬로그램)에 이르렀다.

그러나 오웰이 소규모 농지를 가장 잘 운영한 시기는 1946년에 여동생 에이브릴과 그녀의 양아들 리처드와 함께 스코틀랜드 주라 섬의 반힐 별장에서 살 때였다. 당시 그는 『1984』를 쓰고 있었고, 훗날 그의 목숨을 앗아가게 될 결핵으로 서서히 쓰러져가고 있었다. 주라 섬에서는 자급자족이 필수였다. 가게가 37킬로미터나 떨어져 있었기 때문이다. 하지만 1주일에 세 번 "증기선"이라는 웃기는 이름이 붙은 작은 우편선이 음식을 싣고 엔진에서 칙칙 소리를 내며 나타났다. 틀림없이 에이브릴은 증기선에 어떤 식량을 주문해야 하는지 계획을 짜는 데 능숙했을 것이다.

주라 섬을 둘러싼 바다는 바닷가재와 게로 가득했다. 어부들은 서

## 오웰식 블랙베리 젤리

재료

- 블랙베리 5파운드(2.3kg)
- 요리용 사과 2파운드(907g)
- 막대 계피 1조각
- 오렌지 1개의 껍질
- 물 3파인트(1705ml)
- 과즙 1파인트(568ml)당 설탕 1파운드(454g)
- 면보 1개

조리법

사과를 씻어 조각낸다(심은 파내지 않는다). 사과를 블랙베리와 함께 큰 냄비에 넣는다. 계피 조각과 오렌지 껍질도 넣는다. 이제 차가운 물을 베리 위에 붓고 냄비를 중불에 올린 뒤 블랙베리가 거무스름한 보라색으로 흐물흐물하게 졸아들 때까지 혼합물을 끓인다. 걸쭉한 액을 면보에 쏟아내는데 면보는 안전하게 밤새도록 거를 수 있도록 충분히 큰 팬에 걸쳐둔다.

다음 날 진한 블랙베리즙을 파인트 단위로 계량한다. 이에 맞춰 지정된 비율로 설탕의 양을 계산한다. 이제 과즙과 설탕을 냄비에 넣고 약불에서 설탕이 녹을 때까지 저으며 가열한다. 접시 하나를 냉장고에 넣어 차갑게 해둔다. 설탕이 녹으면 빠르게 끓도록 불을 올리고 과즙을 아주 차가운 접시에 계속 떨어뜨린다. 계속 해본다. 손끝으로 젤리방울을 긁어보았을 때 과즙이 다시 모이지 않고 젤리 상태를 어느 정도 유지할 때까지! 마지막으로 살균처리된 단지에 옮겨 담는다.

리가 덮인 통발에 바닷가재와 게를 담아 항구로 돌아왔다. 통발은 초록색이 되어가는 삼노끈과 코르크 찌, 돼지나 개의 부풀어 오른 방광으로 만든 부표 때문에 밝은 머릿수건을 쓴 것처럼 보였다. 오웰에게는 이안이라는 어부 친구가 있었는데, 이안이 들려주는 다양한 통발 이야기에 오웰은 마음을 빼앗겼다. 오웰은 바닷가재도 공포를 느낄 수 있고 지성이 있다는 사실에 매료당했다. 이안의 주장에 따르면, 통발에 갇혔다는 것을 아는 순간 바닷가재는 자신을 통발로 유인해 갇히게 만든 미끼 먹기를 중단한다. 바닷가재는 자신이 끔찍한 실수를 저질렀다는 걸 *안다*. 오싹하지 않은가? 현지인들이 "세이디"라고 부르는 대구도 풍부하다. 대구 떼는 거대한 은빛 무리를 이루어 민치 해협을 통해 이동했다. 오웰은 고기를 잡기 어려운 겨울에 먹기 위해 대구를 말려 보존하는 법을 현지인들에게 배우기도 했다.

오웰은 온갖 종류의 생물을 죽이고 요리하면서 바다와 땅이 제공하는 먹을거리를 충분하게 활용했다. 잠깐 동안 고함을 지르며 허우적거리면서 힘겹게 바닷가재 두 마리를 잡아 삶았다. 바닷가재는 자

오웰이 알아낸 방법

## 대구 절이는 법

먼저 대구의 내장을 꺼내고 머리를 제거한다. 굵은 소금 층 사이에 단단히 다져주는데 소금—생선—소금—생선 식으로 각 층을 번갈아 가며 한다. 며칠간 둔다. 날씨가 건조하고 맑아지면 생선을 소금에서 꺼내고 두 마리씩 걸어놓는다. 꼬리를 둘러싸고 매듭을 지어 빨랫줄 또는 밧줄에 건다. 완전히 건조될 때까지 둔다. 이 작업을 한 뒤에는 집 안 아무 데나 걸어놓으면 된다. 좋다, 거실이 여의치 않으면 원예용 창고에 두어라. 몇 달간 대구 육수를 먹을 수 있을 것이다.

신들의 운명에 마지막으로 격렬하게 저항이라도 하듯 껍질이 진홍색으로 변했다. 토끼 한 마리가 정원에 뛰어 들어왔을 때 오웰은 총으로 쏴 죽인 다음(베아트릭스 포터•였다면 상상도 할 수 없는 일이다), 양파 피클과 함께 요리를 했다.

## 주라 섬의 토끼와 양파 피클

**재료**

- 어린 토끼 2마리, 씻어서 큼직한 덩어리로 자른 것
- 중력분 2테이블스푼 소금과 흑후추로 간한 것
- 훈제 처리하지 않은 베이컨 4온스(113g) 주사위 모양으로 썬 것
- 버터 2온스(57g)
- 작은 피클 양파 20알
- 젤리형 치킨 스톡 ½파인트(284ml)
- 소금
- 막 갈아낸 흑후추
- 싱글 크림 ¼컵

**조리법**

오븐을 180도로 예열해둔다. 토끼고기 조각을 소금으로 간한 밀가루에 굴린다. 스토브에 캐서롤 그릇을 올려 버터를 녹인다. 주사위 모양으로 썬 베이컨과 토끼고기 조각을 넣고 둘 다 갈색이 날 때까지 굽는다. 베이컨과 토끼고기를 캐서롤 그릇에서 꺼내고 피클 양파를 갈색이 날 때까지 볶는다. 이제 토끼고기와 베이컨을 캐서롤 그릇에 다시 넣는다. 젤리형 육수를 넣고 간을 한 뒤 캐서롤을 오븐에 넣는다. 약 1시간 정도 익힌다. 가끔씩 바닥의 육즙을 고기에 끼얹어준다. 토끼 소스는 마침내 진하게 졸아든다. 오븐에서 꺼내 크림을 추가한다. 그릇에 낸다.

진리부••에 대한 글을 쓰지 않을 때 오웰은 토끼 가죽을 소금에 절여 담배쌈지를 만들었다. 그가 이걸 기록으로 남겼다면 독자들의 반응은 한결같았을 것이다. 오. 세상에! 이 사람은 결핵으로 죽어가면서도 내내 *담배를 피우고* 있었네. 소년단의 영리한 단원처럼 오웰은 손수 사슴 뼈를 깎아 머스터드 스푼을 만들었다. 한편 그의 여동생 에이브릴은 바위가 많은 해안가에서 식용 해초인 덜스를 모아 말렸다. 그녀는 덜스 조리법을 제대로 알지 못했다(내 증조할아버지는 덜스를 부지깽이에 돌돌 감아서 불 위에서 구운 다음 부지깽이를 자신의 맥주에 찔러 넣었다). 하지만 에이브릴은 덜스를 우유 속에 넣어 요리하는 조리법을 발견했다. 오웰 남매는 그렇게 조리하면 블라망제•••가 나올지도 모른다고 기대했다. 오웰은 에이브릴의 실험이 얼마나 성공적이었는지 기록으로 남기지는 않으며, 그 실험이 101호실••••에서 등장하지도 않는다.

1946년 9월 오웰은 살이 통통하고 달콤한 고등어도 이런 식으로 절인 다음 20시간 동안 장작불 위에서 훈제했다. 오웰은 이렇게 훈제한 고등어를 좋아했다.

---

• Beatrix Potter: 영국 작가로 대표작은 『피터 래빗』이다.

•• Ministry of Truth: 『1984』에 등장하는 네 개의 정부기구 중 하나이다.

••• blancmange: 우유에 과일향을 넣고 젤리처럼 만들어 차게 먹는 디저트의 일종.

•••• 『1984』에서 주인공이 마지막에 끌려가서 고문을 당하는 방.

# 애거서 크리스티

AGATHA CHRISTIE

1890~1976. 영국의 추리소설 작가. 80여 편의 추리소설을 썼으며 '추리소설의 여왕'이라 불린다.

애거서 크리스티의 먹는 인생은 토키[*]에서 시작되었다. 애거서 밀러라는 보잘것없는 이름을 쓰던 어린 시절, 토키에서 그녀는 다정한 어머니와 친절하지만 약간 게으른 아버지, 애지중지하는 앵무새 한 마리, 조지 워싱턴이라는 이름의 요크셔테리어, 성격은 둔감하지만 숙련된 요리사 로 부인의 보살핌을 받으며 지냈다. 로 부인은 부엌의 통치자였다. 애거서의 주장에 따르면, 로 부인은 먼저 나서서 음식에 대한 생각을 내놓는 적이 없었다. 한 가지 음식만 빼고. "오늘 저녁 푸딩은 뭐지?"라는 질문을 받으면 그녀는 항상 계시라도 받은 것처럼 "근사한 돌 푸딩은 어떨까요, 마님?"이라고 대답했다.

애거서의 어머니는 음식에 대한 자기만의 생각이 있었다. 그녀는 "숙녀는 항상 자기 접시에 있는 음식을 남기는 것이 매너야"라며 애거서를 훈계했다. 그녀는 데본셔 크림[**]이 대구 간유보다 몸에 더 좋다고 인심 쓰듯 말했고, 애거서 가족은 노란색 크림을 빵에 발라 먹거나 한 숟가락 가득 퍼서 숟가락째 먹었다. 어른이 된 애거서는 크림 반 파인트가 무슨 근사한 요리라도 되는 양 즐겨 마셨다.

로 부인은 항상 소처럼 조용하게 뭔가를 먹고 있었다. 그녀는 리듬

이것을 만들려면 신문지가 필요하다!

## 한 가지 아이디어 : 돌 푸딩

재료

- 더블 크림 2컵
- 우유 ¼컵
- 바닐라 깍지 1개
- 정제 설탕 1테이블스푼
- 젤라틴 ½온스(14g) 약간 모자란 듯하게
- 미디엄 드라이 셰리주 ¼컵
- 레몬 1개 껍질 곱게 간 것
- 살구잼 1테이블스푼

조리법

크림, 우유, 바닐라 깍지, 설탕, 젤라틴을 작은 소스팬에 넣고 계속 저어주면서 젤라틴이 녹을 때까지 끓인다. 이것을 15분간 식힌다(그러는 동안 바닐라 향이 스민다). 바닐라 깍지를 제거한다. 살구잼 한 스푼을 내열유리 그릇의 바닥에 깔고 셰리주와 레몬 껍질 간 것을 잇달아 붓는다. 신문지를 바닥에 깔고 그 위에 내열유리 볼을 놓는다. 개인적으로 초래할 만한 큰 재앙이 없는 선에서 최대한 높게 크림을 볼에 붓는다. 돌 푸딩을 하룻밤 냉장고에 두었다가(로 부인은 자신의 차가운 식료품 저장고를 이용했을 것이다) 그릇에 내면, 이것이 바로 다음 날 눈을 번쩍 뜨게 할 크림 풍부한 요리가 되겠다.

---

● Torquay: 영국 서남부의 해변 휴양지.

●● devonshire cream: 스프레드 타입의 크림으로 크림치즈와 같은 질감을 갖는다.

을 타는 것처럼 스콘과 록 케이크•를 씹고 우물거렸다. 그녀로 인해 크리스티의 어린 시절은 갓 구운 번빵과 건포도의 따뜻하고 진한 향기, 오전 11시경에 먹는 간식인 버터가 든 록 케이크에서 헤어나지 못

## 어린 범죄학자를 위한 록 케이크

**재료**

- 중력분 8온스(227g)
- 소금 꼬집으로
- 베이킹파우더 2티스푼
- 데메라라 설탕 6온스(170g)
- 버터 6온스 주사위 모양으로 썬 것
- 말린 과일 5온스(142g)
- 넛맥 간 것 ½티스푼
- 바닐라 농축액 1티스푼
- 레몬 2개 껍질 곱게 간 것
- 스파이스 믹스 1티스푼
- 달걀 1개
- 우유 1테이블스푼

**조리법**

베이킹 트레이에 유산지를 깔고 오븐을 180도에 예열해 둔다. 큼직한 볼에 밀가루, 설탕, 스파이스 믹스, 베이킹파우더를 넣고 섞는다. 버터를 밀가루와 함께 손끝으로 비빈다. 고운 빵가루처럼 될 때까지 비빈다. 혼합 과일을 넣고 섞는다. 달걀과 우유를 함께 휘젓는다. 레몬 껍질과 바닐라 농축액을 더한다. 달걀과 밀가루 혼합물을 함께 섞어 상당히 뻑뻑한 반죽이 되도록 만든다. 너무 건조해 보이면 우유를 한 방울씩 더한다. 반죽을 작은 돌덩이 모양으로 빚는다(대략 작은 오렌지 크기). 각각의 반죽에 데메라라 설탕을 추가로 뿌리고 15~20분간 깊은 금빛이 될 때까지 굽는다.

• Rock Cake: 겉이 울퉁불퉁하고 속에 말린 과일이 든 작은 쿠키.

했다. 토키에서 로 부인을 찾는 많은 방문객들은 맛있고 따뜻한 록 케이크가 나오는 아침 시간에 맞춰 그녀의 주방에 들르곤 했다. 한편 어린 애거서는 주방에서 흘러나온 잼 페이스트리의 달콤한 꽃향기에 이끌려 로 부인의 왕국까지 내려오곤 했다.

로 부인은 아주 바쁘게 일했다. 저녁식사 때는 일고여덟 명을 위해 다섯 가지 코스나 되는 식사를 뚝딱 만들어내야 할 때도 있었다. 일요일 점심때는 애거서의 할머니와 나이 든 친척 어른들, 이모와 삼촌들, 때로는 배가 고픈 행인들까지 집에 몰려들었다. 어마어마하게 크고 맛있는 고기 덩어리, 거의 신석기 시대의 양에 버금가는 고기 덩어리가 식탁에 올라오거나, 1인분 크기의 소고기 스테이크 파이가 나왔고, 이어서 마음을 끄는 체리 타르트와 걸쭉한 크림이 나왔다. 디저트는 각각 다른 과일들—무화과, 구스베리, 혹은 흰 건포도—로 장식된 특별한 접시에 담겨서 나왔는데, 촘촘한 레이스 소재의 그릇받침으로 접시에 담긴 내용물을 가린 채 식사하는 사람들 앞에 놓였다. 그런 다음 일요일마다 가족들끼리 각자 그릇받침 밑에 어떤 과일이 있는지 알아맞히는 게임을 했다.

넌더리가 날 정도로 많은 체리를 먹고 물리도록 식욕을 채우고 나면 차와 파운드케이크를 먹을 시간이 될 때까지 모두 곯아떨어졌다. 하지만 조용히 코를 고는 소리 사이로 어른들이 나누는 다정한 대화의 토막들이 떠다녔다. 할머니는 바느질하는 아가씨 그랜트 양이 집에 왔던 이야기를 했다. 애거서는 그 얘기를 엿들었다. "그 가엽고 작은 것이 몸이 기형이야. 새처럼 기관이 하나뿐이야." 가여운 그랜트 양. 애거서의 할머니는 놀라울 정도로 천진난만했다. 할머니는 애거서의 언니의 구혼자인 앰브로즈가 집 앞 진입로에서 애거서의 언니가 방금 밟고 지나간 자갈 몇 개를 집어 드는 걸 몰래 훔쳐보고 나서 그의 행동을 가장 낭만적인 동기에서 우러나온 행동으로 해석했다. "나는 앰브로즈가 좋아." 할머니가 기분 좋은 목소리로 말했다. "앰브로즈가 일어나서 [매지를] 뒤따라가더니 무릎을 꿇고 매지가 밟고 지나간 자갈을 한 움큼 집어서 자기 주머니에 넣더라고. 얼마나 귀엽던지. 정말 귀엽더라고." 그들은 차마 할머니에게 앰브로즈가 지질학에 푹 빠져 있다는 말을 할 수가 없었다. 심지어 애거서의 할머니를 보고 있으면 미스 마플•이 떠오를 때도 있다. 할머니는 무기력한 사람에 대해 말하길 좋아했다. "나는 솜털 같은 사람을 믿지 않아."

애거서가 열한 살 때 아버지가 세상을 떠나면서 모든 것이 바뀌었다. 가정경제는 파탄이 났다. 그 변화를 두드러지게 느낄 수 있는 곳은 주방이었다. 로 부인은 애거서와 그녀의 어머니만을 위해 요리하는 것이 낯설었고, 마카로니나 치즈 같은 작고 보잘것없는 음식만 하는 것에도 익숙해지지 않았다. "하지만 저는 뼈를 발라낸 가자미 살 12개를 주문했어요." 로 부인은 그렇게 말했다. 그녀의 목소리는 지불해야 할 두 장의 대금 청구서를 보더니 차츰 잦아들었다. 모든 것이 달라져야 했고, 결국 로 부인은 더 많은 사람들에게 음식을 해주기 위해 다른 곳으로 떠나게 되었다. 그녀는 결코 감정을 많이 드러내는 사람이 아니었지만, 콘월에 사는 애거서의 오빠 몬티 가족에게 요리를

---

• Miss Marple: 애거서 크리스티의 추리소설 주인공 중 한 명. 다른 사람의 생각과 감정을 잘 읽어내는 현명하고 온화한 할머니로 그려진다.

해주기 위해 토키를 떠날 때는 뺨 위로 굵은 눈물을 흘렸다. 그녀는 자신의 소지품을 넣은 트렁크 하나를 들고 떠났다.

애거서는 댄스파티에서 만난 아치 크리스티와 제1차 세계대전이 발발한 직후에 성급하게 결혼식을 올렸다. 아치는 프랑스에 배치됐고, 애거서는 토키에서 어머니와 함께 막다른 상황까지 몰려 있었다. 다행히 로 부인은 더 이상 그곳에 없어서 배급제를 목격하지 않았지만, 그들의 하녀 메리는 여전히 그들 곁에 남아 마가린이라고 부르는 끔찍한 음식을 먹어야 하는 상황에 대해 불평하더니 밀러 부인에게 하소연을 늘어놓았다. "죄송해요, 마님. 하지만 이건 부당해요. 우리가 받는 음식 말이에요. 이번 주에는 이틀이나 생선을 먹었고, 고기 내장까지 먹었다고요." 애거서의 훌륭한 할머니도 이사를 와서 그들과 함께 살았는데, 그녀는 통조림 음식을 몹시 못마땅해 하면서 전시를 보냈다. 할머니는 통조림 음식에 식중독 균이 들어 있을 거라고 의심했다.

애거서는 진료소에서 근무하면서 코코아 버터로 좌약 조제하는 법 같은 걸 배웠고, 코코아 버터 하나를 땅에 떨어뜨려 발로 밟아 뭉개는 데 성공했다. 그녀는 함께 일하는 작고 이상한 약사를 애매하게 "미스터 P"라고 불렀다. 미스터 P는 그녀를 계속 다정하게 쓰다듬으려 했고, 주머니에는 큐라레 덩어리, 즉 독약을 넣고 다녔다. 그가 크리스티에게 물었다. "내가 왜 이걸 주머니에 넣고 다니는지 알아요? 이걸 가지고 다니면 내가 강력한 힘을 가진 사람이 된 것 같은 기분이 들기 때문이죠." 한 명의 범죄 작가가 탄생하는 순간이었다.

마침내 크리스티는 아치와 함께 런던 노스윅 테라스 5번지에 있는 그녀의 첫 번째 집으로 이사했다. 그녀는 이제 스스로 요리사가 되는 법을 배워야 할 때라고 판단했다. 그들의 작은 부엌에서 크리스티는 이런저런 음식을 시도해보았다. 그녀는 요리 교실에 다녔지만, 식사를 시작하기 위해 '내셔널 수프 스퀘어'를 이용하기도 했다. 아치는 그곳의 수프를 "모래와 자갈 수프"라고 불렀다. 수프를 만회하기 위해서일까, 크리스티는 직접 정성들여 치즈 수플레를 만들었다. 하지만 아치는 그녀가 만든 치즈 수플레를 먹고 극심한 소화불량에 시달렸고, 그녀는 그가 소화불량에 걸리면 당밀이나 꿀 시럽을 먹고 싶어 한다는 사실을 알고 놀랐다.

애거서의 우울한 임신이 끝난 뒤 아치는 "벤저의 음식"—"벤저의

## 치즈 수플레

재료

- 부드러운 버터 ½온스(14g)
- 그뤼에르 치즈 곱게 간 것 1테이블스푼
- 중력분 1온스(28g)
- 버터 1 ½온스(43g)
- 우유 ½파인트(284g)
- 소금 꼬집으로
- 넛맥 꼬집으로
- 막 갈아낸 흑후추
- 달걀노른자 4개
- 달걀 6개분의 흰자
- 디종 머스터드 ½티스푼
- 곱게 간 그뤼에르 치즈 6온스(170g)
- 주석산 ½티스푼

조리법

오븐을 200도로 예열해둔다. 3파인트(1,705ml) 크기의 수플레 그릇 안쪽에 버터를 칠한다. 그뤼에르 치즈 1테이블스푼을 뿌리

고 그뤼에르 치즈가 고루 분배되도록 접시를 흔든다.
끓기 바로 직전까지 우유를 데운다. 데우는 동안 중간 크기의 소스팬에 버터를 녹인다. 밀가루를 넣고 1~2분 동안 계속 저어준다(루가 타지 않도록 주의한다). 불에서 내려 뜨거운 우유를 붓고 루가 우유와 섞이도록 젓는다. 이제 팬을 불에 다시 올리고 계속 저어주면서 소스가 끓기를 기다린다. 부글부글 끓으면 불에서 내려 달걀노른자를 매우 조금씩 넣어 완전히 섞는다. 취향에 맞게 소금과 후추로 간한다. 커스터드를 넣고 젓는다. 이제 이 소스를 그대로 놔둔다.
다음으로 달걀흰자를 넛맥, 주석산과 함께 힘차게 젓기 시작한다. 거품기를 들어 올렸을 때 원뿔형 모양이 잡힐 때까지 젓는다. 공기를 머금은 달걀흰자 한 스푼을 노른자 우유 소스에 더한다. 이제 그뤼에르 치즈를 거의 다 넣는다. 수플레 표면에 뿌릴 1테이블스푼은 남겨둔다. 남아 있는 거품 낸 달걀을 금속 스푼으로 바닥에서부터 감싸듯이 접어 올린다. 접는다(휘젓지 말고).
수플레를 준비된 그릇에 따르고 치즈를 흩뿌린다. 수플레를 오븐의 중앙에 놓고 바로 190도로 온도를 낮춘다. 25~30분 동안 굽는다(반드시 수플레 곁을 지날 때는 발끝으로 살금살금 걷도록 하고 시간이 다 되기 전까지 절대로 오븐을 열어서는 안 된다). 완성된 수플레는 황금빛 갈색을 띤다. 바로 먹는다.

음식"은 이유는 분명치 않지만 전장에서 기분을 좋게 만드는, 부상병들을 위한 보조식품이었다. 제2차 세계대전 때 적십자의 식량 보급품 속에 들어 있었다—으로 그녀를 보살폈고, 사기를 북돋우려고 그녀의 베개 위에 바닷가재를 깜짝 선물로 놓아두기도 했다. 애거서는 딸 로

잘린드의 유모 사이트와 함께 요리를 하기 시작했다. 식탁에는 두 사람이 각자 만든 음식들로 뒤죽박죽이었다. 사이트는 식초에 절인 청어와 잼 타르트를 만들었고, 애거서는 치즈 수플레(또!)와 베어네이즈 소스●, 잉글랜드 와인크림●●을 만들었다. 식사는, 가장 좋게 표현하면, 색달랐다.

## 잉글랜드 와인크림

**재료**

- 정제 설탕 3온스(85g)
- 레몬 2개 껍질과 과즙만
- 셰리주 4테이블스푼
- 브랜디 2테이블스푼
- 더블 크림 ¾파인트(426ml)
- 계피 가루 꼬집으로
- 아몬드 에센스 ¼티스푼

**조리법**

정제 설탕, 레몬 껍질 간 것, 셰리주, 브랜디, 계피, 아몬드 에센스를 내열 볼에 넣고 혼합한다. 뜨거운 물 위에 볼을 놓아 중탕 냄비를 만들고 설탕이 녹을 때까지 은근히 데운다. 이것을 다시 식힌다. 더블 크림을 휘저어 거품기를 들었을 때 부드러운 공기를 머금은 뾰족한 뿔이 생기도록 한다. 여기에 액체를 넣고 거품을 접어 올리듯 섞어 크림으로 만든다. 와인크림을 그릇마다 스푼으로 퍼 담아 차갑게 한다.

---

● 351쪽 주 참고.

●● syllabub: 크림에 포도주, 설탕, 과일 주스 등을 넣고 거품이 일도록 재빨리 휘저어 차게 먹는 디저트.

# 오스카 와일드

OSCAR WILDE

1854~1900. 아일랜드의 극작가, 소설가, 시인. 19세기 말 '예술을 위한 예술'을 주창한 영국 유미주의 운동의 대표자이며, 풍속 희극으로도 유명하다.

1881년 크리스마스이브, 오스카 와일드는 거무튀튀한 리버풀에서 거대한 큐너드 사 여객선 애리조나 호를 타고 뉴욕으로 향했다. 젊고 낙천적인 스물여섯 살 와일드의 미국 여행이었고, 그는 아주 맛있게 그 여행을 했다. 그의 강연여행 주제는 탐미주의, 한마디로 아름다움이었다. 아름다움에 대한 와일드의 헌신은 대단해서 "소파의 추함을 가리기 위해" 미국에서 안쪽에 모피가 달린 외투를 들고 다닐 정도였다.

"신고할 물품이 있습니까?" 세관검사관이 물었다.

"내 천재성 말고는 없습니다!" 와일드가 대답했다.

그리고 19세기의 위대한 문학적 만남 중의 하나가 미국에서 이루어졌다. 와일드가 뉴저지 캠든에 있는 월트 휘트먼의 집을 방문한 것이다. 델라웨어 강변에 있는 휘트먼의 집을 방문한 시각은 오후 2시쯤이었다. 이튿날 휘트먼을 인터뷰한 『필라델피아 프레스』 기자에 따르면, 월트가 느낀 오스카의 인상은 "아주 덩치가 크고 대단히 멋진 청년"이었다. 그들은 "밀크 펀치를 큰 잔으로" 마시고 살짝 취했다. 그들은 필라델피아에 있는 휘트먼의 서재에 앉았다. 와일드는 휘트먼에게 경외심을 품고 있었고, 『풀잎Leaves of Grass』을 아주 좋아했다. 『풀잎』은 와일드가 어렸을 때 어머니가 읽어주던 시였다. 무엇보다도 와일드는 자신의 성적 취향을 솔직하게 드러내는 휘트먼을 존경하지 않을 수 없었다. 놀랍게도 와일드는 그를 만나자 말문이 막혔고, 휘트먼과 함께 있다는 사실에 감격했다.

## 휘트먼풍 밀크 펀치

**재료**

- 우유 4파인트(2,274ml)
- 우유 ½파인트(284ml)
- 레몬 1개
- 설탕 ½파운드(227g)
- 달걀 2개
- 럼 1파인트(568ml)
- 브랜디 ½파인트
- 막 갈아낸 넛맥

**조리법**

레몬 껍질을 거칠게 간다. 달걀 2개를 차가운 우유 ½파인트와 함께 휘젓는다. 크고 밑이 깊은 소스팬에 4파인트의 우유를 따르고 여기에 레몬 껍질과 설탕을 천천히 넣는다. 이것을 매우 천천히 끓어오르도록 데운다. 불에서 내려 레몬 껍질을 걸러내고 달걀과 우유 혼합물에 부어 젓는다.

약불에 두어 따뜻하게 유지한다. 우유가 끓게 하지는 않는다. 조금씩 럼과 브랜디를 더하고 펀치에 거품이 생길 때까지 휘저은 뒤 넛맥을 살짝 뿌려 곧바로 따뜻한 잔에 낸다.

와일드는 휘트먼에게 편지를 써서 다시 만나고 싶다고 간청했다. "이 넓고 큰 미국이라는 세계에서 제가 그토록 사랑하고 존경하는 사람은 또 없습니다." 결국 두 사람은 5월에 다시 만났고, 그 이후 와일드는 숨을 헐떡이면서 한 친구에게 말했다. "휘트먼의 입맞춤이 아직도 내 입술에 남아 있어."

와일드의 인생이 계속 그렇게 단순하기만 했다면 얼마나 좋았을까. 런던으로 돌아오자 인생은 훨씬 더 복잡해졌다. 오스카는 아편 빛깔을 띤 담배를 태웠고, 런던의 저녁 식탁을 난장판으로 만들었다. 그는 도가 지나친 행동을 일삼았고, 카페 로얄에서는 일부러 우스꽝스러운 행동을 했다. 카페 로얄에는 한때 "허풍 찬장"이라는 별명이 붙어 있었다. 카페의 경사진 거울들과 화환으로 장식한 기둥들이 술을 마시며 도미노 게임을 하는 손님들을 빤히 쳐다보고 있었기 때문이다. 무정부주의자, 예술가, 망명객, 퇴폐주의자들이 카페 로얄에서 식사를 했다. D. H. 로렌스는 예상대로 어떤 식탁에서 자기가 먹은 것을 게워냈다. 조지 버나드 쇼는 아폴리나리스[•]로 목을 축인 다음 본격적으로 마카로니를 마셨다. 1865년에 처음 문을 연 이후로 알리스터 크롤리, 아서 코난 도일, 마크 트웨인, 랭보, 툴루즈 로트렉, 에드워드 7세가 카페 로얄을 다녀갔다.

카페는 식당, 도미노 룸, 그릴로 나뉘었고, 와일드를 가장 자주 볼 수 있는 곳은 이가 나갔지만 화려하게 장식된 그릴 옆의 대리석 식탁이었다. 아서 랜섬은 그가 "뜻밖에도 손에 1파운드짜리 금화를 든 학

• Appolinaris: 탄산이 든 독일산 광천수.

교 앞 과자점의 남학생"처럼 행동했다고 말했다. 『카페 로얄: 보헤미아 90년Café Royale: Ninety Years of Bohemia』을 쓴 기 데기와 키스 워터하우스의 설명에 따르면, 와일드는 매끼 식사를 아름답고 의례적인 업무로 여겼다. 와일드는 "슈프레임 소스를 곁들인 닭 가슴살이나 루앙 지방의 새끼 오리 고기, 보마누아르 지방의 가자미나 새끼 가자미 페이장" 중에서 어떤 것을 선택할지 결정하기 위해 정성껏 메뉴를 읽었고, "궁금증을 불러일으키는 색을 띤 클리코의 분홍색 포도주 생 마르소나 샤토 레 테르트르의 장점들을 지나치게 세세한 것까지 따졌다."

경제적으로 더 힘들었던 과거에는 타이트 스트리트에 사는 친구이자 이웃인 돈에 쪼들리는 예술가 제임스 휘슬러와 함께 저녁을 먹었는데, 값은 싸지만 맛있는 클라레● 한두 잔, 소박한 구이 요리 혹은 휘슬러가 좋아하는 캐서롤 닭요리를 먹었을지도 모른다. 카페 로얄은 휘슬러가 결혼할 때 결혼식 음식을 제공했으나 하객들은 휘슬러의 집에서 포장용 상자에 든 음식으로 축하 만찬을 대신했다. 그러나 이제 인세 수입이 밀려들어오자 와일드는 가능한 한 빨리 그 돈을 쓰기로 마음먹었다.

와일드는 점심을 먹으면서 낙타처럼 길고 누런 이(어느 전기 작가에 따르면 와일드는 옥스퍼드에서 한 여자한테서 매독이 옮아 치료를 받았는데 효과는 없었고 치아만 검게 변하고 만다)를 드러내며 웃고, 터진 혈관 때문에 뺨은 발그레하고, 쾌활하면서 빈정대는 시선으로 당신을 바라볼 것이다. 그는 당신에게 담배를 권할 뿐만 아니라 친절하고 세심하게

● claret: 프랑스 보르도산 적포도주.

## 캐서롤 닭요리

재료

- 중간 크기의 닭 1마리
- 버터 2온스(57g) 부드럽게 한 것
- 신선한 타임 잎 2티스푼
- 마늘 2쪽
- 버터 1온스(28g)
- 베이컨 돼지기름이 겹겹이 있는 것 4온스(113g)
- 버터 2온스
- 작은 크기 흰 양파 15개 껍질 깐 것
- 당근 6개 너비 2.5cm 주사위 모양으로 썰어 모서리를 깎아낸 것
- 감자 15개 너비 2.5cm 주사위 모양으로 썰어 모서리를 깎아낸 것
- 치킨 스톡 ½파인트(284ml)
- 드라이 화이트 와인 ½파인트
- 소금과 막 갈아낸 후추
- 부케 가르니● : 파슬리와 월계수 잎 2장을 실로 한데 묶은 것

조리법

오븐을 180도로 예열한다. 절구에 마늘과 타임과 약간의 소금을 넣고 찧어서 타임의 향기 나는 기름이 스며 나오도록 한다. 부드럽게 크림화한 버터를 가져와 타임, 마늘과 함께 혼합한다. 이제 이 향이 나는 버터를 치킨의 안쪽에 문지른다. 치킨의 팔다리가 움직이지 않도록 묶은 다음 남은 버터를 껍질에 마구 문지른다.

버터 ½온스 정도를 넉넉하게 타원형 캐서롤 그릇에 녹여(이 정도는 치킨과 채소를 모두 충분히 아우를 만큼 넉넉한 양이다) 기름이 켜켜이 낀 베이컨을 갈색이 될 때까지 버터에 굽는다. 이제 금빛 나는 바삭바삭한 베이컨 조각을 캐서롤에서 꺼내고 치킨을 넣어 버터 맛이 나는 베이

● bouquet garni: 육수나 소스에 향을 내기 위해 넣는 허브와 향신채소 등을 실로 묶은 다발.

컨 기름에 모든 면을 갈색이 날 때까지 굽는다. 캐서롤을 불에서 내린다. 치킨과 베이컨 조각을 꺼내 한옆에 둔다.
이제 넉넉하게 2테이블스푼의 버터를 캐서롤 그릇에 녹인다. 양파, 당근, 감자를 금빛이 돌고 윤기가 날 때까지 5분간 볶는다. 치킨과 베이컨을 캐서롤에 다시 넣는다. 부케 가르니를 소금, 후추와 함께 채소 속에 던져 넣는다. 화이트 와인과 치킨 스톡을 넣는다. 캐서롤을 단단히 밀봉하고 1시간 15분 동안 오븐 중앙에 놓고 익힌다.

직접 담배를 골라주기까지 할 것이다. 그가 압생트를 벌컥벌컥 들이켰을 수도 있지만 그것은 제스처에 불과했다. 그가 선호하는 음료는 완벽한 스트레이트 위스키와 소다수였으니까.

1890년대 초반 내내 와일드는 스물두 살의 알프레드 더글러스 경, 일명 '보시'와 함께 런던 식당가를 돌아다니는 모습이 목격되었다. 와일드는 사랑에 빠진 게 분명했다. 그는 언젠가 켄싱턴의 로얄 팰리스 호텔방에서 친구 로버트 로스에게 편지를 썼다. "보시는 꼭 수선화 같아. 눈부시게 하얗고 황금빛을 띠었어. 그는 소파에 히아킨토스처럼 누워 있어. 나는 그를 숭배해." 그들은 떨어질 수 없는 사이였고, 와일드의 주장에 따르면 두 사람은 "맑은 거북 수프"와 "시칠리아의 주름진 포도 나뭇잎으로 감싼 달콤한 멧새", "호박 냄새가 나는 샴페인", "슈트라스부르크에서 직수입한 파테"를 먹고 살았으며, "특별한 페리에주에 와인"을 마셨다.

1892년 그들은 두 명과 새로 아는 사이가 되었다. 그리고 그 두 사람은 빅토리아 시대의 대중이 보고 있는 와일드의 재판에서 그에게 저주를 퍼붓게 된다. 두 사람은 싸구려 여인숙에서 살던 빌과 찰리 파커 형제였다. 이 형제는 글을 거의 읽을 줄도 쓸 줄도 몰랐다. 와일드는 케트너즈 식당에서 내실을 빌렸다. 와일드 일행이 푸짐한 식사를 즐기는 동안 찰리의 표현을 빌리자면 와일드는 “시와 예술과 그 옛날 로마 시대”에 대해 지껄였다. 설탕에 졸인 체리가 입에서 입으로 전달되며 붉게 젖었다. 그러더니 와일드가 크게 웃으면서 찰리에게 팔을 둘렀다. “이 친구는 내 꺼야!”

“감히 그 이름을 부를 수 없는 사랑”

## 설탕에 졸인 체리

재료

- 신선한 달콤한 체리 ½파운드 (227g)
- 물 ¾컵
- 설탕 ½컵
- 레몬즙 1테이블스푼
- 키르슈• 1테이블스푼

조리법

체리를 씻는다. 꼭지와 씨를 제거한다. 바닥이 무거운 소스팬에 키르슈를 제외한 모든 재료를 넣는다. 끓을 때까지 두었다가 불을 줄여 뭉근히 끓도록 둔다. 25분 동안 자주 저으면서 끓이면 점차 설탕 혼합액이 졸아든다. 혼합액이 시럽 형태로 걸쭉해지면 키르슈 1테이블스푼을 넣고 불에서 내린다. 달라붙지 않는 바닥에 체리를 식힌다. 차가워지면 체리를 연인과 함께 나눈다. 사랑하는 사람이 없다면 지금 하나 찾도록 한다. 와일드가 승인해줄 것이다.

• 317쪽 주 참고.

보시의 아버지이자 퀸스베리 후작인 존 숄토 더글러스 입장. 머리카락은 빨갛고, 욕설과 어리석은 호전성으로 똘똘 뭉쳤으며, 퀸스베리 권투 규칙의 창시자이기도 한 후작은 어려운 문제가 생길 때마다 개 채찍으로 해결하길 좋아했다. 그의 아내는 이미 학대와 간통을 이유로 그와 이혼한 상태였다. 1892년 가을, 퀸스베리 후작은 카페 로얄에서 점심을 먹고 있는 와일드와 보시를 우연히 만났다. 처음에 후작은 부루퉁한 얼굴로 구석에 처박혀 있었다. 그러다가 보시가 자기들과 합석을 하라고 설득했고, 마침내 후작은 와일드가 사람을 즐겁게 만드는 매력적인 사람이라는 것을 알게 됐다. 리큐어와 시가로 실내 공기는 숨이 막힐 듯 후끈 달아올랐고, 기독교와 토키에 관한 대화도 후끈 달아올랐다. 후작은 자신이 와일드에 대해 했던 모든 천박한 말들을 "철회"하고 싶다고 보시에게 편지를 썼다. 그러나 후작은 변덕이 죽 끓듯 하는 사람이었다. 사교계 사람들은 계속해서 입방아를 찧었다. 와일드와 보시가 그렇고 그런 사이라고.

1894년 봄 후작은 다시 그들과 점심을 먹었다. 하지만 이번에는 와일드의 기지에 넘어가는 대신 눈을 가늘게 뜨고 그 연인들을 의심스럽게 쳐다보았다. 퀸스베리가 보시에게 말했다. "내 두 눈으로 보니 두 사람은 가장 혐오스럽고 역겨운 관계라는 걸 알겠군. 태도나 표현에서 드러나고 있어. 내 평생 너희처럼 소름끼치는 광경은 한 번도 본 적이 없어. 사람들이 그렇고 그런 사이라고 수군댈 만하군."

후작은 와일드를 사냥해야 할 때가 왔다고 판단했다. 그는 카페 로얄의 수석 웨이터들에게 보시와 와일드가 함께 있는 것이 자기 눈에 띄면 지팡이로 와일드의 얼굴을 때리고 카페도 박살내버리겠다고 경고했다. 못된 짓을 하기로 작정한 후작은 〈진지함의 중요성The Importance of Being Earnest〉[*]이 초연되는 첫날 밤 채소로 만든 거대하고 역겨운 꽃다발—그러나 이 꽃다발이 정확히 무엇을 의미했는지는 지금은 잊혔다—을 들고 나타났다. 집요한 후작은 예고도 없이 타이트 스트리트에 있는 와일드의 집에 나타나 그에게 말했다. "너랑 내 아들이 사람들 많은 식당에 함께 있는 게 내 눈에 띄기만 해봐. 채찍 맛을 보게 해줄 테니까."

마침내 1895년 2월 18일 퀸스베리 후작은 와일드가 식사를 하던 앨버말 클럽에 들러 문지기 시드니 라이트에게 명함을 남겼다. 명함에는 틀린 맞춤법으로 와일드를 비방하는 글이 적혀 있었다. "남색자[**]를 자처하는 오스카 와일드에게." 와일드는 자신의 명예를 지키기 위해 명예훼손으로 고소하는 것 외에 다른 선택이 없다고 생각했다. 퀸스베리 후작은 와일드를 집요하게 쫓아다니며 그의 생계를 위협하더니 이제는 공개적으로 그를 모욕했다. 주사위는 던져졌다.

사보이 호텔에서의 "모든 식사", 카페 로얄에서의 점심, 케트너 식당 내실에서의 저녁, 윌리스 식당에서의 반주가 와일드의 재판에서 그에게 불리하게 작용했다. 그런 자리들은 젊은 남자들을 구애하기 위한 수단이었다는 주장이 제기됐다. 즉, 완전히 다른 디저트를 위한 유혹의 전주곡이라는 것이었다. 와일드 같은 사회적 지위를 가진 남자가 훨씬 낮은 계층의 남자들과 어울리고 밥을 먹을 이유가 달리 또

---

* 오스카 와일드의 희극.
** sodomite를 somdomite로 잘못 적었다.

있겠는가? 와일드는 음식과 술로 그가 그토록 갈망하는 "중대한 외설 행위"를 샀다. 그리고 어떻게 보면 이 어리석은 행동에는 사정이 있었다. 빅토리아 시대의 런던은 극도로 불평등한 사회였기 때문에 이 가난한 젊은이들 중에는 꽤 오랫동안 제대로 된 음식을 먹지 못한 사람들이 많았을 것이다. 배심원들은 설탕에 졸인 체리 이야기와 와일드가 찰리에게 숟가락으로 음식을 먹여준 이야기를 듣고 나서 저마다 의자에 깊숙이 몸을 파묻었다. 그 이야기들은 전부 와일드의 도덕적 과실을 시사했다. 19세기 말의 대중들 눈에는 그러한 연회들이 와일드에게 또 다른 과도한 식욕이 있다는 증거로 보였고, 판사는 남자들이 남자들과 식사를 할 권리에 대한 변론을 진행해야 했다.

와일드는 "동성애 행위"로 2년간의 중노동형을 선고받고 팬토빌 교도소로 이송됐다. 거기서 원즈워스로 이송됐고, 거기서 다시 레딩 교도소로 이송됐다. 와일드는 입맛을 잃었다. 실제로 1895년 4월 6일 보우 스트리트에서 와일드가 보낸 첫날밤을 취재한 『이브닝 뉴스』의 머리기사 제목은 "그는 먹지 못한다"였다. 귀리죽 같은 소박한 식사와 처벌을 위한 음식 금지는 와일드에게는 그가 과거에 살았던 삶으로부터의 추방이나 다름없었을 것이다. 레딩 교도소 메뉴에는 로맨스가 없었다. 와일드는 수인번호 C.3.3을 달고 감방에서 저녁으로 연한 육수로 만든 묽은 귀리죽인 "스킬리"를 먹었다.

1897년 5월에 출소한 와일드의 가슴 속에선 아직도 불길이 일고 있었다. 사실 이 시기야말로 와일드의 전성기였다고 해도 과언이 아니다. 그는 출소하자마자 『데일리 크로니클』에 영국 교도소의 잔혹 행위를 맹비난하는 글을 발표했다. 그는—와일드는 출소한 지 9일밖에 되지 않았는데 벌써 영국을 떠나 디에프•에 와 있었다—"워더 마틴 사건"에 대해 썼다. 도대체 교도관 워더 마틴은 무슨 잘못을 저질렀을까? 워더 마틴이 한 일이라곤 교도소에 수감 중인 굶주린 아이에게 측은한 마음이 들어 비스킷 몇 개를 건네준 것뿐이었다. 이것은 교도소 규칙 위반이었고, 워더 마틴은 즉각 해고당했다. 분노한 와일드는 이렇게 썼다.

> 교도소에 있는 아이가 겪는 두 번째 고통은 굶주림이다. 주어지는 음식은 아침식사로 7시 반에 형편없이 구운 교도소의 빵 한 쪽과 물 한 통이 나온다. 12시에 점심식사로 통조림에 든 굵은 옥수수 가루로 만든 귀리죽(스킬리)이 나오고, 5시 반에 저녁식사로 아무것도 바르지 않은 딱딱한 빵과 물 한 통이 나온다. 튼튼한 어른의 경우 이런 식단은 몇 가지 병을 부른다. 가장 흔한 병은 당연히 설사와 그에 따르는 허약함이다…. 외롭고 어둑한 감방에서 공포에 떨며 온종일, 어쩌면 거의 밤새도록 운 아이에게 이런 조악하고 몸서리쳐지는 음식을 먹여서는 정말이지 안 된다. 워더 마틴이 비스킷을 건네준 아이의 경우, 목요일 아침에 배가 고파서 울고 있었고, 아침식사로 나온 빵과 물을 전혀 먹을 수 없었다. 마틴은 아침식사 배급이 끝난 후 아이가 굶고 있는 걸 지켜보기 힘들어 밖으로 나가 아이를 위해 달콤한 비스킷을 몇 개 사왔다. 그로서는 훌륭한 행동이었고, 아이도 그의 행동이 훌륭하다는 걸 알았다. 교도소 위원회의 규정을 전혀 몰랐던 아이는 선임 교도관 한 명에게 이 하급 교도관이 자신에

• Dieppe: 영국 해협과 면한 프랑스 북부의 항구도시.

게 얼마나 친절하게 대해줬는지 이야기했다. 그 결과는 물론 상부 보고와 해고였다.

잘했어요, 와일드.

와일드는 평판이 나빠지고 몰락한 인간이 되어 유럽에 머물며 그가 떠나온 친구들 사이를 전전했다. 부인이 사망한 뒤 자신의 아들들을 만나는 게 허용되지 않자 와일드는 파리의 거리를 헤매고 다녔다. 늘 그렇듯이 그런 그를 손가락질하는 사람도 있었고 환영하는 사람도 있었다. 지난날의 메아리를 들으며 그는 마라스키노•나 위스키, 소다수를 마셨다. 이제는 카페 드 라 레장스 모퉁이의 대리석 식탁에서 압생트로 겉치레를 할 필요가 전혀 없었다.

아름다움에 몰두하고 화이트 와인을 "옐로우 와인"이라고 부르길 고집하던 월트 휘트먼의 소년은 온데간데없었다. 그는 아마 자신이 했던 이런 말을 잊었을 것이다. "내가 만일 무인도에 고립되어 혼자 남게 되고 내 물건들을 가지고 있다면 나는 매일 저녁 만찬을 위해 야회복을 입을 겁니다." 파리가 와일드의 무인도였고, 만찬을 위해 야회복을 입는 법은 잊은 지 오래였다. 어떤 카페들은 그를 문전박대했다.

와일드는 항상 경제적으로 쪼들렸고, 자신이 가진 돈으로는 살아가는 게 불가능하다는 것을 알았다. 보시가 아버지의 사망으로 상당한 액수의 유산을 물려받았을 때 와일드가 도움을 바라며 손을 내밀

• maraschinos: 야생 버찌로 만드는, 단맛이 나는 독한 술.

자 보시는 "늙은 매춘부처럼 감언이설로 꾄다"며 그를 비난했다. "나 말고 다른 사람한테 쓸 돈은 없어요." 그는 퉁명스럽게 와일드에게 말했다. 어쩌면 보시는 겉으로 보는 것보다 자기 아버지와 많이 닮은 사람이었던 것 같다. 와일드는 나중에 『옥중기De Profundis』에서 보시에게 이런 글을 쓰게 된다. "너와 함께 먹었던 무분별한 식사들을 떠올릴 때 유일하게 남아 있는 기억은 너무 많이 먹고 너무 많이 마셨다는 것뿐이야."

보자르 거리에 위치한 호텔 달사스의 친절한 주인은 와일드가 다른 호텔에 빚진 돈을 대신 갚아주기도 했다. 와일드는 호텔 달사스에서 마흔여섯에 뇌수막염으로 사망했다. 인생은 그저 커틀릿과 삶은 달걀이었다. 카페 로얄의 담배 연기와 영광과는 거리가 한참 멀었다.

# 실비아 플라스

SYLVIA PLATH

1932~1963. 미국의 시인이자 단편소설 작가. 자전적 성격의 소설 『벨 자(The Bell Jar)』로 명성을 얻었으며, 영국의 계관시인 테드 휴즈와 결혼했다.

미국 여류시인 실비아 플라스는 시인이면서 음식에 관한 한 감각주의자였다. 그녀는 음식을 살아 있는 순간에 대한 비유, 목이 쉬고 배에서 꾸르륵 소리가 나는 영광스러운 경험에 대한 은유로 받아들였다. 때때로 실비아의 음식은 햇살과 함께 울려 퍼진다. 그녀가 열여덟 살이었을 때처럼. 당시 그녀는 매사추세츠 주 스웜프스콧 비치 블러프 애비뉴 144번지에서 의사인 프레더릭 마요 부인의 세 자녀(프레드, 피니, 조이)를 돌보는 베이비시터로 일했다. 그것은 어린 시절에 맛본 순수한 독립이었다. 마요 부인의 가족이 유람선을 타고 여행 중일 때 실비아는 파랗게 울렁거리는 바다에서 수영을 하고 자기 입술에 묻은 소금을 핥으며 하얗게 바랜 바위에서 일광욕을 했다. 그녀는 집으로 가 신선한 옥수수와 램 찹●, 설탕에 절인 동그란 복숭아와 바닐라 아이스크림을 먹으면서 일에서 해방된 자유를 누렸다. 실비아는 마요의 결혼생활을 유심히 지켜보면서 아내가 된다는 것—그녀는 이를 "남자를 위해 스크램블드에그를 요리하는 것"이라고 요약했다—이 그녀가 시를 쓸 수 없음을 의미하는 것은 아닌지 걱정했다.

아이들 돌보기는 재미있지만 정신 사나운 일이었다. 아이들 돌보기는 따뜻한 어린애들의 팔다리와 웃음, 기저귀, 대추 견과류 바, 밝은 녹색 사과로 만든 사과소스로 가득한 세계였다. 자그마한 조이 마요는 비트주스를 뒤집어쓰는 데 선수였고, 어린애답게 버터를 가지고 노는 걸 너무 좋아해서 마치 뜨거운 감자 위에 금을 녹인 것처럼 온몸에 버터를 묻히곤 했다. 실비아는 지금이 아이들을 위한 케이크 굽기를 실험해볼 수 있는 기회라고 생각했다. 이른바 그녀 생애 최초의 데블스 푸드 케이크였다. 그러나 실험은 아이보리 스노우 비누를 주방 바닥에 내동댕이치고 거실로 쏜살같이 달려가 담배와 궐련을 마요 부인의 아름다운 동양산 융단에 던져버린 조이 때문에 꼬이고 말았다. 실비아는 어질러진 것들을 정신없이 치운 다음, 조이를 한쪽 겨드랑이에 낀 채 데블스 푸드 케이크를 층층이 쌓아 올렸다. 하지만 손에 쥐고 있던 유난히 무거운 식힘망 하나를 놓쳤고, 하필 그것이 식히고 있는 케이크 위에 떨어지는 바람에 케이크가 뭉개지고 말았다. 실비아는 폭격을 맞은 스펀지를 내려다보면서 케이크 겉에 설탕을 충분히 입히지 않았다는 걸 알았다. 그래서 케이크를 세 조각으로 잘라 각각의 조각에 설탕을 입혔고, 이제 멋진 케이크 아이디어에서 할 일이 없어진 흐물흐물한 초콜릿 군살은 찬장 뒤쪽에 숨겼다.

---

● Lamb Chop: 1년 이하의 양고기를 얇게 잘라서 레드 와인과 올리브 오일에 재워두었다가 살짝 튀겨 화이트 와인으로 조리해 둥글게 썬 것이다.

1952년에는 어쩌면 아내보다는 딸로 사는 것이 전체적으로 봤을 때 더 나은 거래였을지도 모르겠다. 실비아는 그해 12월 마운트 피스가 스키장에서 스키를 타고 정신없이 내려오다가 다리가 부러졌다. 그녀는 집에서 침대에 누워 어머니 오렐리아의 옥수수가 듬뿍 든 수프와 맛좋은 마요네즈와 삶은 달걀 자른 것을 잘 섞어 넣은 참치 샐러드—실비아가 가장 좋아한 음식 중 하나—를 먹으며 회복했다. 오렐리아는 식고 있는 우유 여러 잔과 생강 과자의 "맛좋은 갈색 회복력", 리마콩을 곁들인 마카로니와 치즈, 복숭아 조각을 실비아의 침대로 가져다주었다. 실비아는 음식을 묘사할 때는 항상 음식 재료들을 늘어놓는 데서 오는 은근한 사치를 즐기고, *백리향*, *셰리주*, *크림*, 살구 같은 단어를 음미한다.

하지만 실비아가 정말로 신이 났던 건 1955년 10월 풀브라이트 장학금으로 케임브리지 뉴넘 칼리지에서 영어를 공부하며 처음으로 영국 생활을 맛봤을 때였다. 밤에 검고 음울한 템스 강에 떠다니는 백조를 보면서 더브스 펍에서 럼주를 마시고 로스트비프 샌드위치를 먹는 것보다 좋은 것이 또 뭐가 있겠는가? 혹은 그랜체스터에서 진한 클로버 꿀과 스콘을 먹는 것보다 좋은 것이 뭐가 있겠는가? 그러나 뉴넘 칼리지의 음식은 이런 간식들과는 천지차이였다. 뉴넘 칼리지에서는 미끈거리는 양배추와 무시무시한 분홍색을 띤 혓바닥 고기, 물에 흠뻑 젖은 순무가 나왔다. 실비아는 미국에 있는 어머니에게 추억의 음식을 보내달라고 애원했고, 정확히 12월 10일에 아주 맛있는 헤이즐넛 쿠키가 도착했을 때 실비아는 하나도 남기지 않고 먹어치웠다. 헤이즐넛 쿠키에서는 고향의 맛이 났다. 하지만 미국에 대한 그리움은 그리 오래가지 않았다. 그리움보다는 현재의 기쁨이 컸다. 그녀는 케임브리지 캠퍼스의 남학생과 여학생 비율이 10대 1이어서 기뻤고, 영국 남자들을 만나는 날을 손꼽아 기다렸다(그리고 그 모든 것이 첫 주에 이루어졌다!). 멋진 일들이 펼쳐지리라는 기운이 감돌았다. 맬러리 워버라는 이국적인 친구는 머리가 칠흑같이 새까맸고 피아노를 칠 줄 알았다. 실비아는 잠시 그에게 넋을 잃었다. 9년 동안 인도의 다르질링에서 살았던 워버는 인도식당 타지마할로 그녀를 데려갔다. 그곳에서 실비아는 싱싱한 망고와 빈디 콰트(오크라)를 처음으로 먹었고, 기쁘게 자전거 바퀴를 굴리며 집으로 돌아갔다.

실비아는 셰리주를 과음한 뒤의 몽롱함에 빗대 젊은 시인이 된다는 것의 강렬한 흥분을 전달한다. 늦은 밤에 마시는 보랏빛 와인의 진한 충격 혹은 충동적으로 마신 마티니. 알코올은 치즈나 땅콩을 먹는 것과 마찬가지로 에로티시즘의 색채를 띠고 있었다. 1956년 초, 감기를 앓던 그녀는 직접 럼주와 정향, 레몬, 견과류로 버터 맛이 나는 뜨거운 럼주를 만들었다. 이 럼주를 너무 많이 마신 그녀는 자신이 알코올중독자가 될 소질이 있다고 결론 내렸다.

케임브리지의 한 파티에서 테드 휴즈를 만난 날 밤, 터틀넥 스웨터를 입은 젊은이들과 눈꺼풀이 짙은 섹시한 여자들에 둘러싸인 실비아는 용기를 내 "붉은빛이 감도는 금색" 위스키 맥스에 도전했다. 그녀의 가슴속에서 톡톡 튕기듯 재즈 음악이 흘렀다. 그녀는 입을 대지 않고 술을 마시려고 애썼다. 그 바람에 그녀의 손은 알코올로 끈적끈적해졌다. 실비아는 휴즈를 보았고—그녀는 그에게 열중했다—큰 소리로 그에게 시를 낭송하기 시작했다. 그가 브랜디를 권하자 이번에

## 버터 맛이 나는 뜨거운 럼주

재료

- 버터 1티스푼
- 흑설탕 2티스푼
- 정향 2알
- 계피 가루 꼬집으로
- 넛맥 가루 꼬집으로
- 레몬 2개를 갓 짠 즙
- 뜨거운 물 ¼파인트(142ml)
- 다크 럼• 넉넉하게 1단위 표준량
- 구운 슬라이스 아몬드 1티스푼

조리법

버터, 설탕, 정향, 계피 가루, 넛맥 가루를 내열 유리잔에 넣고 섞는다. 이제 뜨거운 물을 붓는다. 그리고 잔이 가득 찰 정도로 1단위 표준량의 다크 럼을 붓고 젓는다. 끝으로 구운 아몬드 조각을 위에 뿌린다.

• dark rum: 색이 짙고 갈색이 나는 럼으로 자메이카 럼주가 이에 속한다.

는 입을 대고 마셨다. 누군가 실비아에게 휴즈는 케임브리지에서 가장 여자를 밝히는 사람이라고 경고했다. 그가 키스를 시도하자 그녀는 그의 볼을 깨물었다. 그들의 미래는 확실해졌다. 오빠에게 보낸 편지에서 실비아는 테드가 자신이 과거에 알던 청소년들과는 많이 다르다고 썼다. 프린스턴의 남자아이들은 "하나같이 교도소의 벼락부자들처럼 핏기가 없었어."

그 무엇도 테드 휴즈를 능가할 수 없었다. 실비아는 마치 번개를 맞은 것 같았다. 두 연인은 밤에 수 마일을 걸어 케임브리지 숲을 가로질렀다. 테드는 노상 낡은 코듀로이 재킷을 입고서 주머니에 시와 신선한 송어를 넣고 나타났다. 실비아는 그녀의 방에서 작은 원형 가스레인지에 요리를 했고, 함께 스테이크를 먹으면서 테드는 실비아에게 청어 알 조리법과 점성술을 가르쳐주었다. 테드는 그녀가 만난 남자 중에 진정으로 음식을 사랑하는 최초의 남자였다. 그녀는 집에 편지를 써 보냈다. "어제는 그가 작고 신선한 새우와 송어 네 마리가 든 바구니를 들고 문 앞에 나타났어요. 저는 버터와 크림, 셰리주, 치즈로 뉴버그식 새우 소스•를 만들었어요. 그걸 밥 위에 얹어 청어와 함께 먹었어요. 작은 새우 껍질을 전부 벗기는 데 세 시간이 걸렸고, 테드는 식사 후에 끙끙거리면서 거대한 골리앗처럼 난로 옆에 누워 있었어요."

그녀는 위스키 맥스로 인연이 시작되고 나서 약 4개월 후인 1956년 6월 런던에서 테드와 결혼식을 올렸고, 아내로 산다는 것에 대한 생각이 180도 바뀌었다. 스크램블드에그를 요리하는 단조롭고 힘든 인생에 대한 의구심은 사라졌다. 실비아는 요리를 통해서 새롭게 발견한 결혼생활의 기쁨을 한껏 표현했다. 그녀는 요리를 사랑했고, 그녀의 "신성한 롬바우어"를 열심히 읽으며 몇 시간씩 보냈다. 롬바우어가 쓴 『요리의 기쁨The Joy of Cooking』은 실비아에게 큰 기쁨을 선사했다. 그녀는 그 책을 "진귀한 소설처럼" 읽었다고 했으며, 특히 채소를 다룬 내용이 흥미진진했다고 했다. 거꾸로 실비아는 때때로 소설가들의 삶을 읽고 나서 소설이 마치 그 자체로 요리책이라고 생각하며

---

• Shrimp Newburg: 뉴버그는 베샤멜소스나 크림소스에 백포도주, 달걀노른자를 넣어 만든 소스로 새우, 게, 바닷가재 요리에 사용하는데, 이 소스를 사용한 음식을 통칭하여 뉴버그라고 한다.

## 뉴버그식 새우 소스

**재료**

- 신선한 생물 새우 1파운드(454g) 껍질 벗기고 내장 뺀 것
- 버터 2테이블스푼
- 양파 1개 매우 곱게 다진 것
- 싱글 크림 3테이블스푼
- 셰리주 1단위 표준량
- 크림치즈 2테이블스푼
- 우스터소스
- 타바스코 소스
- 피시 스톡 $\frac{1}{2}$컵
- 소금
- 막 갈아낸 후추
- 달걀노른자 1개
- 곱게 간 파마산 치즈 2테이블스푼

**조리법**

프라이팬에 버터 2테이블스푼을 녹인다. 양파가 부드럽게 무르고 금빛을 낼 때까지 볶는다. 크림, 셰리주, 크림치즈, 우스터소스, 타바스코 소스, 흑후추, 피시 스톡을 더한다. 섞이도록 젓는다. 팬에서 소스 $\frac{1}{2}$컵을 덜어내어 달걀노른자에 붓고 휘젓는다. 다시 팬으로 돌아가 생물 새우를 넣고 4분간 저으면서 익힌다. 그 위에 파마산 치즈를 뿌린다.

테드 휴즈의 주머니에서 나온 송어와 밥과 함께 낸다.

읽을 때도 있었다. 그녀는 버지니아 울프의 일기를 읽다가 울프가 해덕과 소시지를 요리했다는 사실을 발견하고는 기뻐했다. 한번은 『모비딕』을 읽다가 영감을 받아 큰 냄비에 양파와 생선토막, 감자, 뜨거운 베이컨 조각들을 넣고 "버터 맛이 나는 크래커를 그 안에 빠트린 다음" 김이 날 때까지 맛있는 생선수프를 푹 끓여야 했다.

그들의 신혼여행은 파리를 거쳐 베니도름으로 이어졌다. 처음에 그

들은 미망인 망가다의 집을 첫 숙소로 잡은 걸 행운이라고 생각했다. 그 집은 우유를 섞은 커피색에다 바다 가까이에 있었으며 멀리 보라색 산들이 보였다. 문간에 있는 1리터짜리 빈 병 두 개는 매일 아침 염소지기가 지나가면서 신선한 염소젖으로 채워주었다. 실비아는 직접 카페오레를 만들었고, 테드에게 야생 바나나와 설탕으로 이루어진 그들의 아침에 어울리는 브랜디 밀크를 만들어주었다. 미망인은 정말 특이한 사람이었다. 날개처럼 그린 파란 아이섀도와 눈썹이 콧날에서 관자놀이까지 반대 방향으로 음울하게 급격히 치솟아 있었다. 하지만 상황은 점점 더 기묘하게 돌아갔다. 마실 수 있는 물이 보이지 않았다. 미망인은 주방에 비밀 우물이 있었다. 그녀는 실비아와 테드가 개인 식기류도 없이 베니도름에 왔다는 사실에 놀라움을 감추지 못했지만, 곧 훌륭한 포크와 나이프를 꺼냈다. 모든 요리는 오래된 가스버너에서 만들어졌고, 주방에는 개미 보병대가 여럿 있었다. 개미 보병대는 "돼지 같은 스페인 사람들" 몇 명과 주방을 나눠 써야 했다. 미망인 망가다는 실비아가 설거지하는 걸 보다가 혀를 차더니 짚을 한 움큼 쥐고 기름기 많은 찬물에서 그릇을 문질러 닦는 시범을 보여주었다. 실비아가 첫 번째 식사로 튀긴 정어리와 테드가 좋아하는 그린빈을 요리하고 있을 때 미망인 망가다가 물이 든 냄비에 하얀 가루를 던져 넣었다. 독약? 마법? 실비아가 궁금해 하자 테드가 '중탄산소다'라고 알려주었다.

그들은 곧 베니도름의 조용한 지역에 있는 더 나은 거처로 옮겼다. 무화과나무가 있는 사랑스러운 곳에서 두 사람은 부풀어 오른 무화과를 따 먹었고 무화과 잎은 접시에 올렸다. 테드는 아침마다 신선한 빵을 맛보기 위해 밖으로 나갔다. 생 아몬드가 담긴 바구니들을 지나갈 때 연기 냄새와 풋풋한 냄새가 났다. 요크셔의 시골에서 자란 휴즈에게는 매우 낯선 풍경이었다. 요크셔의 시골에서 자랄 때 강단 있는 휴즈의 아버지는 담배 가게를 운영했고 어머니는 작은 부엌에서 수프와 고기 파이를 만들며 한가하게 시간을 보냈기 때문이다.

실비아와 테드는 싱싱한 어시장 탐험을 아주 좋아했다. 좌판에 놓여 있는 유연하고 거대한 참치, 불그스레한 게, 짙은 남색 홍합, 분홍색 새우 같은 것들을 눈을 크게 뜨고 구경했다. 하지만 무더기로 쌓여 있는 미끈거리는 새끼 문어를 살 용기는 없었다. 마치 다리가 여러 개인 대머리 형제들처럼 문어들의 촉수는 서로 휘감겨 있었다. 대신 실비아가 선택한 것은 생선 스테이크였다. 그녀는 생선을 달걀과 레몬에 살짝 담갔다가 밀가루를 입혀 노릇노릇해질 때까지 튀겼다. 그들은 생선을 자주 먹었지만, 어시장에서 토끼도 샀다. 실비아의 일기를 보면 그녀와 테드는 함께 토끼를 요리했다. 테드는 식품저장실에서 재료를 가지고 와 그들이 사용하는 튼튼하고 검은 오븐에 불을 지폈다. 석탄은 뜨거운 열에 바스러지면서 밝게 빛났다. 당근, 양파, 뭉갠 토마토는 씻어서 잘게 다졌다. 그들은 가스레인지 위에 올려놓은 냄비를 뜨겁게 덥혔고, 실비아는 소금에 절인 포동포동한 돼지고기 조각과 노르끄레하게 그을린 토끼고기에 밀가루를 묻혀 튀겼다. 맛있을 것 같다고? 맞다. 실비아가 농축 수프 두 통을 첨가했다는 걸 언급하기 전까지는. 두 통 중 하나는 소고기 수프였고, 다른 하나는 닭고기와 채소 수프였다. 다행히 테드가 끼어들어 아주 큰 잔으로 레드 와인을 한두 잔 첨가해야 한다고 주장했다. 하지만 실비아는 꺼림칙한 점이 없지 않았다. 그 수프는 사실상 캠핑이나 다름없는 그들의 생활에 필수적인 수프였지만, 그녀는 통조림 수프에 든 닭고기가 일종의 "양념을 친 고양이고기"라며 걱정했다. 그녀는 될 수 있으면 직접 수프와 흑빵을 더 많이 만들고 싶었다.

음식과 테드와의 가정생활은 하나가 되어 움직였고, 시를 쓰는 인생—"책과 아기와 소고기 스튜"의 인생—과도 함께 갔다. 음식은 그들의 관계에서 없어서는 안 될 중요한 부분이었다. 실비아가 꿈꾸는 이상적인 가정은 천재들이 맛있게 식사를 하고 나서 주방에서 진을 마시는 그런 곳이었다. 그녀는 닭을 치고 싶어 했다. 그리고 식탁 위에 있는 좋은 음식은 테드를 향한 그녀의 사랑을 암시했다. 요리는 그녀의 결혼생활로 들어가는 입구였고, 그녀의 가정생활로 들어가는 열쇠는 패니 파머● 나 롬바우어의 요리책들이었을 것이다. 게다가 그녀에겐 훌륭한 조상들이 있었다. 실비아의 할머니 오렐리아 그륀발트는 오스트리아 사람으로 한번 맛보면 잊지 못할 사워크림 소스와 맛있는 크림치즈 살구 타르트를 만들었다. 크림치즈 살구 타르트는 실비아가 기억 속에서 자주 불러내곤 하던 음식이었다. 그 다음으로 그녀의 어머니가 만들어준 요리가 있었다. 실비아는 1956년 9월 어머니에게 편지를 썼다. "어머니가 정말 잘 만드시는 거, 우리가 좋아하는 그 음식들의 조리법을 저한테 보내주시면 좋겠어요. 콘 앤 피시 차우더, 사과 파이, 반달 모양 살구잼 등등요." 이보다 앞서 보낸 어떤 편지에서는 "캐비어로 가득 찬 당신의 딸이."라고 기쁘게 편지를 끝맺기도 했다.

---

● Fannie Farmer: 미국의 표준 요리책의 통칭.

테드와의 삶은 처음에는 천국이었다. 아침에는 늘 테드가 김이 모락모락 피어오르고 크림이 듬뿍 들어간 뜨거운 밀크커피를 침대에 있는 그녀에게 가져다주었다. 그런 다음 하루를 시작했고, 글을 썼다. 테드와 실비아는 커다란 책상을 함께 썼고, 마주 보고 앉은 두 사람 사이에는 찻주전자가 있었다. "뜨거운 차가 담긴 평화로운 찻잔"은 두 사람의 작업에 도움을 주었다. 그리고 시집과 신문들 옆에는 그녀가 큰 소리로 읽다가 그대로 펼쳐둔 요리책들이 있었다. 우습게도 실비아와 테드는 돌 파인애플에서 하인즈, 리비 토마토주스, 프렌치 머스터드, 심지어 슬렌데렐라까지 그들이 산 식료품에서 광고하는 모든 시합에 닥치는 대로 나감으로써 그들의 부족한 수입을 메웠다. 낮에 힘들게 일한 두 사람은 저녁에도 도서관에서 고되게 일한 다음 생기발랄한 얼굴로 집에 돌아와 "겉을 재빨리 구운 스테이크와 갈증을 풀어주는 셰프 샐러드, 와인, 걸쭉한 냉장 크림을 곁들인 투명하고 싱싱한 고급 무화과"로 활기차고 감각적인 식사를 했다. 언젠가 감기에 걸린 실비아는 흘러내리는 콧물에 잠길 지경이 되어 테드의 간호를 받았다. 그가 송아지 갈비를 요리해 침대의 그녀에게 가져다주고, 이어서 아이스 파인애플과 커피까지 가져다주었을 때 그녀는 놀라움을 넘어 애정 어린 고마움을 느꼈다. 그녀는 "불같은 사랑에 불이 붙어 달아올랐을 때" 자신의 실내화 속에 초콜릿 토끼와 초콜릿 달걀을 숨겼다. 하루나 이틀이 지나서 실비아는 얼음을 넣은 백포도주 한 잔과 참치 마요네즈, 양파, 옥수수, 으깬 감자로 해시 요리를 만들어 먹었다. 그러나 그녀의 진짜 감자를 "가장 먹기 좋을 때"는 그녀가 특별한 양파 감자를 만드는 법을 발견했을 때였다. 실비아의 특별한 양파 감자는 크림이 많이 들어간 으깬 감자를 버터에 튀긴 양파와 섞는 것이다. 실비아의 아름다운 묘사에 따르면, "뱀 비늘 같은 껍질에서 갈라져 튀어나온, 미끈거리고 윤기 있고 둥글납작한 양파"였다.

1959년 1월 실비아와 테드가 미국에서 일하고 있을 때, 유명한 시인 로버트 로웰이 저녁을 먹으러 왔다. 위대한 미국 시인에게 저녁식사로 무엇을 대접해야 할까? 실비아는 무엇이 좋을지 궁리했다. 그녀 자신도 미국의 위대한 시인이 되리라는 것은 알지 못한 채. 잠시 후 도움이 간절히 필요할 때 나타나는 눈부신 요정처럼 답이 나왔다. "나의 믿음직한 천사, 레몬을 얹은 머랭 파이"였다. 순수한 레몬의 강력한 떨림과 완벽한 파이 껍질은 시인들의 입에 안성맞춤이었다.

로버트 로웰이 충분히 만족할 만한

## 나의 믿음직한 천사, 레몬을 얹은 머랭 파이

재료

페이스트리

- 중력분 4온스(113g)
- 버터 1온스(28g)
- 돼지기름 1온스
- 레몬 1개 껍질 곱게 간 것
- 소금 꼬집으로
- 차가운 물(넉넉히 2테이블스푼)

필링

- 버터 4온스
- 레몬 4개의 즙
- 레몬 2개 껍질 간 것
- 정제 설탕 3온스(85g)
- 소금 꼬집으로
- 달걀 3개
- 달걀노른자 3개

머랭

- 큼직한 달걀 4개의 흰자, 실온에 둔 것
- 바닐라 설탕 4 ½온스(127g)

조리법

밑이 깊은 지름 20cm 파이 접시에 버터를 칠한다. 오븐을 190도로 예열해둔다. 중력분을 볼에 체 치고 버터, 돼지기름, 레몬 껍질 간 것, 소금을 넣어 칼로 자르듯이 혼합한다. 소량의 차가운 물을 더해 단단한 페이스트리를 만든다. 페이스트리를 공 모양으로 뭉쳐 랩을 싼다. 냉장고에 1시간가량 차갑게 둔다. 작업대와 밀대의 표면에 밀가루 칠을 한다. 이제 페이스트리를 파이 접시의 바닥과 옆면 크기에 맞춰 원형으로 민다. 포크로 바닥을 찔러주는데 페이스트리를 관통하지 않도록 주의한다. 페이스트리를 유산지로 덮고 그 위에 베이킹빈을 깐다. 10분간 블라인드 베이킹 한다. 베이킹빈과 유산지를 제거하고 15분 더 페이스트리를 굽는다. 페이스트리가 황금빛 갈색을 내면 오븐에서 꺼내 식힌다. 오븐 온도를 150도로 낮춘다.

이제 강렬한 풍미를 가진 맛있는 레몬 커스터드 필링을 만들 차례다. 버터, 레몬 껍질 간 것, 레몬즙, 설탕, 소금을 소스팬에 데우는 것으로 시작한다. 데우는 동안 내열유리 볼에 달걀과 달걀노른자를 크림처럼 만든다. 버터 같은 질감의 레몬 혼합물이 녹으면 크림화된 달걀을 조금씩 더해 계속 휘저어준다. 이제 달걀 혼합물을 소스팬에 옮겨 담고 쉬지 않고 휘저으며 걸쭉한 레몬 커스터드가 되도록 데운다. 끓지 않도록 주의하지 않으면 레몬맛 스크램블드에그가 되는 결과를 초래한다. 이 레몬 커스터드를 페이스트리 밑판 위에 따른다. 이것을 냉장고에 넣어 완전히 식힌다.

30분이 지나면 머랭으로 주의를 돌린다. 달걀흰자를 크고 매우 깨끗한 볼에 넣고 전동 거품기를 이용해 휘저어 거품기를 들어 올렸을 때 부드러운 봉우리의 형태가 잡히기 시작할 때까지 거품을 낸다. 바닐라 정제 설탕을 한 번에 ⅓씩 더한다. 머랭이 아이보리색 광택을 내며 윤이 나는 눈 덮인 산봉우리 형태가 될 때까지 젓는다. 생 머랭을 레몬 커스터드 위에 붓는다(머랭으로 천사 모양을 만드는 재미를 느껴본다). 단, 이때 머랭으로 접시의 가장자리까지 덮어야 한다. 그래야 필링이 완전히 밀봉된다. 오븐에 약 30분간 구워 머랭이 약간 캐러멜빛을 띠게 만든다.

한 덩이의 멋진 크림과 함께 따뜻하게 혹은 차갑게 낸다.

# 5장

## 끝으로, 미치광이 거장들

처음 한 입 먹자마자 카사노바와 사랑에 빠지게 될까? 아니면 당신은 세계에서 가장 유명한 마녀 시빌 리크의 사악한 식사를 먹어볼 생각이 있는가? 노스트라다무스의 식탁에 무엇이 있을지 누가 예언할 수 있을까? 당신은 흑마술사 알리스터 크롤리와 함께 쿠블라 칸 칵테일을 마실 수 있는가?

## 카사노바

CASANOVA

1725~1798. 이탈리아의 모험가이자 작가, 시인. 마법사로 고발되어 5년형을 선고받았지만 탈옥하고 추문과 결투를 피해 프랑스, 스위스, 독일 등으로 도망 다니기도 했다.

굴이 전부가 아니었다….

18세기 베네치아의 난봉꾼 카사노바는 살아 있는 동안 탈옥수이자 주술사(코피를 멎게 하는 엽기적인 치료법이 그를 주술사의 세계로 인도했다), 바이올린 연주자, 프리메이슨 단원, 복권업자, 모험가, 스파이, 파도바의 법학도, 전도사였다. 그러나 이 모든 일을 동시에 한 건 아니고 찔끔찔끔 하다 말다 했다. 하지만 한 가지 일관된 사실이 있다. 카사노바는 성관계를 갖거나 권총 결투를 벌이기 전에는 항상 가볍게 저녁 식사를 했다. 메뉴는 폭찹, 오르비에토• 한 병을 곁들인 폴렌타••, 치즈 조금이었고, 잠자리에서는 약간의 잠과 더불어 코코아로 사랑의 동력을 보충했다. 심지어 1755년에 스파이 혐의로 피옴비 교도소에

• Orvieto: 이탈리아산 백포도주.

•• polenta: 옥수수 가루나 보리 가루 등으로 만든 죽.

투옥됐을 때도(나중에 그는 수도승과 함께 탈옥했다!) 교도소 안에서 음식을 살 수 있다는 사실을 알고는 활기를 되찾았다. 그는 동료 죄수들을 위해 약간의 마카로니와 치즈를 뚝딱 만들어 그들과 함께 은밀한 저녁식사를 했다.

만일 당신이 순결하고 근사한 가슴을 가진 사람이라면, 그리고 가급적 어떤 종교 집단에 속해 있고 조개류를 좋아하는 사람이라면 아마 카사노바는 당신(과 당신이 만일 쌍둥이라면 당신 형제)의 순결을 빼앗을 것이다. 사랑을 위한 카사노바의 애피타이저는 데이트 상대에게 굴 먹는 법을 가르치는 것이었다. 굴 먹는 법 강의를 듣자마자 좋든 싫든 당신은 그와 잘 가능성이 있다는 사실을 알게 될 것이다. 굴은 당신보다 한 수 위인 수녀들을 유혹할 때도 빠지지 않고 등장했다. 그

## 스파이의 마카로니 앤 치즈

재료

- 마카로니 ½파운드(227g)
- 파마산 치즈 4테이블스푼
- 달걀 2개
- 디종 머스터드 1티스푼
- 소금
- 막 갈아낸 흑후추

조리법

밑이 깊은 팬에 물을 ¾ 정도 채우고 끓인다. 마카로니를 물에 쏟아내고 저어준 뒤 알덴테 상태가 되도록 약 10분간 삶는다. 마카로니를 물에서 건져 달걀, 머스터드, 파마산 치즈가루 4테이블스푼, 소금과 흑후추 한 꼬집을 더한다. 모두 함께 완전히 혼합한 다음 접시에 낸다.

중엔 간접적으로 M**M**로 알려진 수녀도 있었다. 그러고 나서 펀치를 여러 잔 마신다. 안타깝게도 그는 우리에게 펀치를 만드는 황홀한 제조법은 남겨두지 않았지만, 자신의 회고록에서 굴을 지지하며 강력하게 권한다. "관능적인 독자여, 굴을 먹어보길. 그리고 그것이 신들의 음료인지 아닌지 내게 말해달라."

자, 관능적인 독자여, 오늘밤이 그 밤이다!

그들의 가슴에 시선이 꽂혀 있던 카사노바는 어딘가 특별한 쌍둥이들—당연히 교육을 받고 있는 두 명의 수녀—에게 유독 흥분했다. 두 수녀 아르멜리나와 에밀리아는 "얼음을 건네줘" 게임●의 수상한

### 굴

**재료**

• 굴 12개

**조리법**

굴을 문질러 씻고 껍질을 따되 소금기 있는 즙은 보존하도록 한다. 껍질을 깐 굴을 흰 얼음 침대 위에서 대접하라. 껍질에 담긴 달콤함에 부르르 몸이 떨리도록. 단, 흘린 굴즙은 굴 껍질에 도로 뿌려준다.

이제 쌍둥이들을 찾아본다.

---

● Pass the Ice Cube: 사람들이 동그랗게 둘러앉아서 얼음을 땅에 떨어뜨리지 않고 입에서 입으로 전달하는 게임.

버전인 최음제 신화에서는 두고두고 회자되는 유명 인사다. 아마 이 쌍둥이들은 이 게임이 어떤 결말로 이어질지 상상하지도 못할 만큼 순진했겠지만 빨리 배우는 사람들이었다. 그러나 카사노바는 욕심 많은 아르멜리나를 나무랄 수밖에 없었다. 그녀가 카사노바에게 굴을 전달하기 전에 굴 국물을 삼켜버렸기 때문이다. 카사노바가 설명했다. 당신 혓바닥 위에 성벽을 세우라니까. 수업이 제대로 이루어지지 않을 때 카사노바는 묘안을 짜냈다. 다루기 힘든 굴이 도망가지 않도록 쌍둥이들에게 그들의 혀를 상대의 입 안에 집어넣으라고 한 것이다. 그가 지시했다. 혀를 쭉 뻗어야 해…. 그러고 나서 물론 에밀리아가 카사노바에게 전달한 굴은 그녀의 가슴 사이에 떨어졌다. 카사노바는 그 굴이 자기 것이라고 주장했다…. 다음 차례인 아르멜리나에게는 똑같은 일이 일어나지 않았다. 이번에는 굴이 가슴보다 훨씬 더 아래쪽에 떨어졌으니까!

1763년 6월 카사노바의 영국 방문은 주목할 만한 사건이었다. 영국은 우리의 쾌락주의자를 그 어느 때보다도 우울하게 만들었기 때문이다. 영국에는 쌍둥이들이 적었을까? 확실히 영국에서는 종교개혁 이후로 수녀들이 줄었다. 이것 때문에 카사노바가 우울해졌을까? 아니다. 그가 우울해진 건 주로 다음의 두 가지 때문이다. (a)영국, 그리고 (b)영국요리. 카사노바가 볼 때 잉글랜드는 유럽의 나머지 나라들과 완전히 달랐다. 템스 강의 물조차도 탁하고 다른 맛이 났다. 런던의 레모네이드는 (나쁜 의미로) 독특했고, 영국 맥주는 썩었다. 그리고 그들의 야만적인 요리법에서는 매력이라곤 전혀 찾아볼 수 없었다. 카사노바는 쉽게 이런 결론에 도달하지 않았다. 마치 사건을 수사하는 형사처럼 영국의 "맛"을 찾아 도처에 있는 모든 유형의 선술집을 찾아다니며 식사를 했다. 영어를 못하는 카사노바는 많은 사람들과 함께 조용한 무언극 속에 있었다. 심지어 조지 3세를 만났을 때도 왕이 너무 조용하게 말을 해서 카사노바는 아무것도 듣지 못하고 무조건 공손히 끄덕이면서 고개를 숙이고 있을 수밖에 없었다. 그중에서도 최악은 고상한 체하는 영국인들의 태도라는 게 그의 결론이었다. 영국인들은 나머지 유럽인들보다 자신들이 한 수 위라고 자부했지만, 영국인들의 태도에선 구린내가 났다. 예를 들면 베드포드 공작의 아들과 함께 굴을 곁들여 샴페인을 마시는데 공작의 아들이 카사노바에게 샴페인을 한 병 더 살 것을 요구했다! 다른 귀족들은 카사노바의 취향에 좀 더 맞았다. 예를 들어 펨브로크 경 같은 귀족은 애인들이 그의 턱수염 때문에 불편해하는 일이 없도록 하루 세 번 면도를 했다. 요컨대, 카사노바가 짜증스럽게 내린 결론은 이랬다. "영국 땅에 발을 딛는 이방인에겐 엄청난 인내심이 필요하다."

런던에서 카사노바는 소고기 구이가 담긴 접시를 앞에 두고도 거의 입맛이 동하지 않았다. 소고기 구이는 물 같은 기름을 뒤집어쓰고 있었다. 그는 런던에서 국제적인 음식을 먹을 수 없음을 안타까워하면서 마치 과거의 애인들을 손꼽아 세듯 하나하나 손꼽아보았다. 나폴리의 마카로니와 쌀, 스페인의 오야 포드리다•, 뉴펀들랜드의 포동포동하고 하얀 대구살, 구워진 검은 사냥감의 불가사의한 영광과 그 깊고 복합적인 맛, 촉촉한 블루치즈의 강력한 후추맛과 축축한 향기.

• Olla Podrida: 채소와 고기를 재료로 하는 스페인식 잡탕 요리.

이런 것들을 위해서라면 그는 *무엇이든* 달라는 대로 주었을 것이다. 블루치즈의 축축한 향기는 그에게 감상적이고 열정적인 흥분을 선사했다. 그것은 그가 여성들의 향수에서 경험한 것과 똑같은 흥분이었다. 흠….

천만다행인 것은, 카사노바가 펠멜가街에 있는 자신의 아파트에 고

## 스페인 오야 포드리다

**재료**

- 다크 퍼플 빈(스페인 강낭콩이면 더 좋다) ½파운드
- 소꼬리 1파운드(454g)
- 돼지 귀 1개
- 돼지 꼬리 2개
- 작은 훈제 햄 혹• 1개
- 하몬 세라노•• ½파운드(227g) 주사위 모양으로 썬 것
- 리크 1개 굵직하게 다진 것
- 양파 1개 얇게 썬 것
- 당근 2등분 한 것 3조각
- 통마늘 1통 껍질 벗기지 말고 양 끝을 자른 것
- 월계수 잎 2장
- 신선한 타임 잔가지 2개 부스러뜨린 것
- 치킨 ½파운드(227g), 다리와 넓적다리 살 섞어서
- 초리소 소시지 1개
- 모르시야••• 1줄
- 토마토 2개 껍질 벗기고 씨를 제거하여 반 자른 것
- 중간 크기의 감자 3개 반 자른 것
- 사보이 양배추 ¼통 거칠게 다진 것
- 그린빈 ¼파운드(113g) 반으로 가른 것
- 달콤한 훈제 파프리카 가루•••• 1 ½티스푼
- 사프란 가닥 꼬집으로
- 커민 씨 분쇄한 것 1티스푼
- 흑후추 알 1티스푼
- 파슬리 곱게 다진 것 2테이블스푼
- 올리브 오일

**조리법** 하룻밤 동안 다크 퍼플 빈을 물에 담가둔다. 돼지 귀, 꼬리, 훈제 햄을 물에 넣는다(이렇게 하면 초과분의 소금을 제거할 수 있다). 물에 담갔던 고기는 다음 날 건져서 씻는다. 콩은 건지지 않는다. 대신 콩과 콩을 담았던 물을 크고 밑이 깊은 팬에 따른다. 여기에 소꼬리, 돼지 귀, 돼지 꼬리, 햄 혹, 하몬 세라노, 리크, 양파, 당근, 통마늘, 월계수 잎, 타임을 넣는다. 충분히 차가운 물을 가득 부어 재료가 국물에 5cm 아래 잠기도록 한다. 불에 올려 불순물은 걷어내며 서서히 끓인다. 뭉근히 1시간 동안 보글보글 끓도록 둔다.

절구를 이용해 사프란, 훈제 파프리카 가루, 커민, 후추알, 소금 작게 한 꼬집을 넣고 빻는다. 토마토 하나를 더하고 죽처럼 되게 으깬다.

1시간 뒤 치킨, 초리소 소시지, 모르시야, 토마토, 감자, 양배추, 그린 빈을 더한다. 이제 향기 나는 향신료들과 토마토 혼합물을 더한다.

오야 포드리다를 2시간 동안 보글보글 계속 끓인다. 초리소와 모르시야를 스튜에서 건져 이들 소시지를 굵직하게 다진다. 오야 포드리다에 다시 집어넣은 다음 스튜를 볼에 담아내고 신선한 파슬리를 다진 것과 올리브 오일 몇 방울로 장식한다.

---

● 217쪽 주 참고.

●● jamón Serrano: 예로부터 스페인 산악지대에서 흰 돼지 뒷다리를 소금에 굴렸다가 서까래에 매달아 건조시켜 만들어 먹던 햄이다.

●●● morcilla: 우리의 순대와 모양이 비슷하다. 쌀과 선지를 넣어 만들어 소금이나 매운 소스를 찍어 먹으며, 향이 강하고 담백하다.

●●●● 파프리카 가루는 매운 것과 달콤한 것이 있다.

용한 전속 요리사가 영국 요리를 넘어서 프랑스의 프리칸도•와 라구••, 커틀릿, "프랑스의 으뜸가는 영광 중 하나"인 프렌치 수프 같은 강력한 레퍼토리를 갖추고 있었다는 것이다.

수프에 관해서도 영국인들은 밥맛 떨어지게 굴었다. 카사노바가 수프를 먹고 싶다고 하자 한 하녀가 조롱하듯 되물었다. "어디 아프세요? 수프는 환자들이나 먹는 거예요." 쳇! 영국인들은 심지어 수프 스톡을 위해 사용하는 고기를 그들이 기르는 개에게 먹이기까지 했다. 카사노바는 놀라지 않을 수 없었다. 무자비하고 따분할 정도로 육식만 고집한다며 카사노바는 영국인들을 비웃었다(그들의 소금에 절인 소고기가 훌륭하다는 사실은 인정할 수밖에 없었지만). 그가 볼 때는 영국 여자들도 음식 못지않게 끔찍했다. 그가 런던의 한 선술집에서 여자를 물색하고 있을 때 제일 먼저 다가온 여자는 헤라클레스 같았다. 그 이후 카사노바는 그런 칙칙한 안색의 앵글로색슨족 헐크 열한 명에게 퇴짜를 놓았다. 결국 영국인들은 카사노바에게 그의 인생에서 가장 긴 기간 동안 금욕생활을 선사했다. 무려 6주나.

• fricandeaus: 송아지, 칠면조 고기로 만든 스튜.

•• 45쪽 주 참고.

## 시빌 리크

SYBIL LEEK

1917~1982. 영국의 마녀, 점성술사, 심령 작가. 초자연적이고 난해한 작품을 많이 썼으며, 영국의 가장 유명한 마녀로 회자되고 있다.

만일 당신이 20세기의 마녀를 찾고 있다면, 시빌 리크보다 나은 사람은 없다. 주술처벌법이 폐지되기 전이었기 때문에 시빌은 자신의 일에 대해서 상당히 신중할 수밖에 없었다. 꼭 주술처벌법이 아니더라도 정기적으로 망토를 입고, 검은 털로 뒤덮인 커다란 새를 어깨에 얹고서 대단히 명망 있는 영국의 작은 마을들을 돌아다니는 사람이라면 최대한 신중해야 하는 게 당연했다. 그녀가 TV에 의해 발견되고 언론에 포착되기까지는 그리 오랜 시간이 걸리지 않았다. 언론은 당연히 시빌 리크와 그녀의 애완 갈까마귀 미스터 핫풋 잭슨을 사랑했다. 그들은 마치 누군가가 거꾸로 들고 마구 흔들어 턴 동화책 속에서 떨어져 나온 존재들 같았다. 그녀는 역사에서도 묵묵히 자신의 역할로 도움을 주었다. 알려진 대로라면, 제1차 세계대전 때 영국 정부에 의해 선발된 그녀는 점성술을 믿는 나치의 주요 인사들을 위해 가짜 별점을 제공했다. 소문에 의하면 시빌은 루돌프 헤스를 위해 점성술 도표를 써주었고, 이를 통해 헤스에게 영국으로 날아가는 것이 탁월한 계획이라는 확신을 심어주었다.

그렇다면 이 점성술 지식은 어디서 시작된 것일까? 자신을 펜들 마녀들•의 후손이라고 주장한 시빌은 마녀 족보에서 최고의 위치에 있었다. 그녀는 평범한 마녀 노파가 아니었다. 역시 마녀였던 그녀의 할머니는 구운 파이와 타르트로 어린 시빌에게 점성술의 기호들을 가르쳤다. 구운 파이와 타르트에 점성술의 기호들을 장식한 것이다. 할머니는 시빌에게 동물 제물이라는 잔인한 세계에 대해 몇 가지 모진 교훈도 주었다. 시빌이 디프테리아에 걸렸을 때 할머니는 시빌에게 다가가 이불을 잘 덮어주었다. 시빌이 키우던 애완 부엉이는 그녀의 팔을 베고 있었다. "네 애완 부엉이랑 너랑 둘 중에서 하나를 선택해야 한다면, 넌 어느 쪽을 선택하겠니?" 시빌은 대답할 수 없었다. 할머니는 단호하게 말했다. "부엉이가 죽어야 한단다." 시빌은 자신의 부엉이를 두 번 다시 보지 못했지만, 아침이 되었을 때 목 상태가 크게 호전된 기분이었다. 그리고 생각도 냉철해졌다(특히 부엉이에 대해서).

리크는 집도 산간벽지에 처박혀 있지 않았다. 산간벽지라니, 천만에. 그녀의 집은 대안적이고 자유로운 사상을 추구하는 사람들로 북적였다. H. G. 웰스는 차와 케이크를 먹으러 리크의 집에 들르곤 했고, 최고의 마법사 알리스터 크롤리는 리크의 집에 들를 때마다 자신

• Pendle witch: 17세기 영국 랭커셔 주에서 마녀로 몰려 재판을 받은 열두 명의 펜들 마을 사람들로, 영국 역사에서 가장 유명한 마녀 재판의 희생자들로 알려져 있다.

의 식단 때문에 리크의 할머니에게 꾸지람을 들었다. 시빌이 약초에 대해서 많이 안다고 말했을 때 학교에서는 그녀를 어떻게 받아들여야 할지 몰랐다. 여자 교장선생님은 시빌의 이야기를 받아들이지 않으면서 단호하게 선을 그었다. "우리 학교에서 식물에 관한 학문은 식물학이라고 부르는데, 식물학은 필수 과목은 아니지." 그러나 훨씬 더 이상한 상황이 기다리고 있었다. 시빌이 큰 소리로 새들을 불러 자기에게 날아오게 하자 함께 놀던 시빌의 친구들이 겁을 먹은 것이다. 이런 행동은 놀이터나 교무실에서 환영받지 못했다. 설상가상으로 하루는 시빌이 교장실에 불려갔다. 교장선생님은 시빌에게 어째서 두 과목의 수업에 동시에 출석한 것으로 표시되어 있는지 물었다. 시빌의 영혼은 여기저기 헤매고 다녔으므로 지리 수업에 잠깐 모습을 드러냈다가 어느새 프랑스어 수업에 나타나는 건 일도 아니었다. 시빌의 말을 직접 들어보자. "나는 그것이 유체 이탈이라는 간단한 문제에 불과하다는 걸 설명하려고 애썼지만, 내 말을 전혀 이해하지 못했다." 불행하게도 가정학 수업 시간에 그녀의 영혼은 어딘가 다른 곳을 헤매고 있었던 모양이다. 시빌은 가정학에서 형편없는 점수를 받았다. 할머니는 어떤 해결책을 내놓았을까? 소매를 걷어붙이고 시빌에게 명령을 내렸다. "요리에 익숙해지는 게 좋을 거야. 그 가마솥을 깨끗이 닦아라. 꾸물거리지 말고. 넌 그 여학교에서 충분히 시간을 낭비했어."

제3제국•을 속이는 일을 하기 전에, 그리고 골동품 가게를 운영하

• Third Reich: 1933년부터 1945년까지 독일 나치 정권의 공식 명칭.

고 미국에서 유명 인사로 대접을 받기 전에, 그녀는 뉴포레스트에서 집시들과 함께 이른바 마녀들을 위한 "예비 신부학교"에 다녔다. 시빌은 집시들과 어울리면서 자기 신발 속에 단돈 1파운드를 숨겼다. 마녀가 달리 어디에다 돈을 보관하겠는가? 그녀는 송어를 움켜잡는 법을 배웠고, 뉴포레스트에서 조랑말들을 위해 숲속에 숨겨진 빈터를 보는 법을 배웠다. 조랑말들은 죽을 때가 되면 그 숲속의 빈터로 갔다(마녀들과 마찬가지로 분명히 조랑말들은 자기들이 죽을 때를 안다). 집시들과 어울리는 일은 쉬웠다. 시빌은 이미 근처의 작은 집에서 살고 있었고, 집시들에게 "더 레이디"로 알려져 있었다. 시빌은 종종 문간에서 소리쟁이 잎이나 양치류에 싸여 있는 송어 선물을 발견하고 놀라곤 했다. 또 집시들은 안약을 만들 수 있는 좁쌀풀을 한 보따리 놓고 가거나 진에 향을 더해주는 주니퍼베리를 놓고 가기도 했다. 그들은 누구나 원하는 그런 이웃이었다. 시빌은 집시들과 함께 하는 식사를 좋아했다. 그들이 고슴도치를 점토에 싸서 구워 먹는 단조로운 식습관을 고수해야 한다고 생각하는 것은 실수라고 그녀는 주장했다. 덫에 걸리거나 그레이하운드에게 쫓기는 집토끼와 산토끼들도 있었으니까. 집시들은 꿩 밀렵을 아주 좋아했다. 시빌은 불이 더디게 붙는 가시금작나무 덤불 하나로 집시들이 나무에 있는 꿩들을 유인하는 광경을 넋을 잃고 바라보았다. 가시금작나무 덤불이 타면서 나는 강한 냄새와 연기에 중독된 꿩들이 높은 횃대에서 떨어졌다.

토끼 스튜는 거대한 쇠 가마솥에서 요리되었고, 그렇게 요리된 토끼 스튜는 탁탁거리는 소리를 내며 타는 가시금작나무 불길 주변에 앉아 있던 모든 사람들이 매우 민주적으로 나눠 먹었다. 토끼 스튜는

## 하치위치

조리법

고슴도치는 어느 곳을 뒤지느냐에 따라 어렵지 않게 손에 넣을 수 있다. 숨소리가 거친 편이니 이 점에 착안해 다니는 길목을 찾아낼 수 있다. 고슴도치는 집시들의 말로 부어스론 혹은 하치위치로 알려져 있다.

나무 꼬치로 고슴도치의 배를 따고 씻어낸다. 그 다음 고슴도치를 불에 태워 가시로 된 그들의 부채를 없앤다. 끓는 물이 담긴 양푼에 고슴도치를 삶는다. 이제 껍질을 벗기고 소금물에 씻은 다음 꼬치에 꿰어 굽는다. 간단하다.

마녀와 집시들이 가장 자주 먹는 음식이었다. 시빌은 확신했다. 누군가 톡 쏘는 듯한 보기 드문 훈제 맛을 지닌 토끼 스튜를 초록색 허브를 잔뜩 곁들여 식당에서 판다면 큰돈을 벌 수 있으리라고. 모든 토끼 스튜는 두 번 다시 똑같이 만들 수 없었다. 토끼 스튜에는 근처 농부들의 밭에서 "빌려온" 채소들이 들어갔는데, 그 채소들은 계절에 따라 바뀌었다. 그 당시 농부들에게 얼마나 큰 위로가 되었는지는 의문이지만, 집시들은 항상 먹고 남은 채소 부스러기를 밭에 다시 묻었다. 시빌도 궁금해서 물었다. "그걸 왜 다시 묻는 거야?"

대답은 "당연히 그 농부의 농사가 잘되라고"였다.

시빌은 그들을 설득해 커피를 마시게 하려고 노력해봤지만, 빻은 민들레 뿌리나 자기들 고유의 홍차에 대한 집시들의 애정은 흔들림이 없었다. "그들은 홍차를 깡통에 담아 장작불 위에서 끓였다. 불길이 너무 세서 홍차를 젓는 막대가 깡통 안에 서 있곤 했다. 그리고 석청을 잘 가미해서 … 아주 뜨거울 때 마셨고, 겨울에는 술보다 빨리 몸을 덥혀주었다. 여름에 홍차를 마시면 땀이 났는데, 나는 그 땀이 몸 안의 독소를 제거해주므로 유익할 거라고 확신했다."

집시들은 더 레이디가 어렸을 때 그토록 좋아했던 "약초"에 대해 더 많은 정보를 가르쳐주었다. 예컨대 민들레는 이뇨제 효과가 있을 뿐만 아니라 "여성의 기관"과 빈혈, 간과 췌장에도 좋다. 산딸기 잎은 사춘기에 좋고, 크고 거친 민들레 잎으로는 임신 테스트를 할 수 있다(소변 몇 방울을 민들레 잎 위에 떨어뜨렸을 때 빨간 기포가 생기면 임신이다). 류머티즘이 있는 사람은 쐐기풀을 빻아 피부에 대고 문질러라. 쐐기풀을 물에 불렸다가 쓰면 신경통도 완화될 것이다. 또 집시들은 디기탈리스 풀이 심장에 좋고, 별꽃을 약한 불에 살짝 끓여 먹으면 피가 맑아진다는 사실도 알고 있었다. 금작화는 혈압을 낮추는 데 도움이 되고, 물이끼는 출혈을 멎게 하므로 출산을 할 때는 반드시 써야 한다. 끝으로 대머리가 되기 싫으면 머리는 항상 자신의 소변으로 헹궈라.

당신은 시빌의 머릿결이 굉장히 좋다는 걸 알고 있었는지.

## 토끼와 꿩고기 스튜

기왕이면 가시금작화로 지핀 불에 가마솥이 있어야 하고 꿩은 약을 먹여둬야 한다.

재료

- 중력분 4테이블스푼
- 흑후추
- 소금
- 토끼고기 2파운드(907g) 굵직하게 다진 것(고기를 준비하는 것은 "제비뽑기"라 부른다.)
- 꿩 1마리 4덩이로 자른 것
- 고기 요리할 때 나오는 기름 3테이블스푼(집시는 절대로 식용유를 쓰지 않는다.)
- 뜨거운 물 한 주전자 가득
- 양파 3개 다진 것
- 셀러리 줄기 4대 2.5cm 크기 조각으로 자른 것
- 타임, 로즈마리, 파슬리, 러비지, 월계수 잎, 달래, 세이지
- 주니퍼베리 8알 살짝 으깬 것
- 감자 3개 반으로 자른 것
- 순무 1개 다진 것
- 당근 4개 다진 것
- 그 밖에 들판에 있는 채소 아무 거나
- 다양한 자연산 버섯 1파운드(454g)

조리법

중력분을 소금, 흑후추와 함께 섞는다. 고기에 밀가루를 입힌다. 밑이 깊고 무거운 팬에 고기에서 나온 기름을 녹인다. 필요하다면 토끼고기를 가지런히 놓고 갈색이 날 때까지 굽는다. 이제 양파, 셀러리, 허브를 추가한다. 고기와 채소가 잠기도록 물을 붓는다. 끓을 때까지 두었다가 불을 줄인다. 뚜껑을 덮고 부글부글 약 1시간 반 동안 끓인다. 다음으로 뿌리채소들(감자, 순무, 당근)과 자연산 버섯을 추가하고 1시간 더 익힌다.
이것은 모닥불 빵과 함께 대접하면 가장 좋다. 당신 몫을 챙기는 것도 잊지 말도록.

## 모닥불 빵

재료

- 밀가루 9컵
- 베이킹파우더 2테이블스푼
- 소금 2티스푼
- 버터 굵게 다진 것 4테이블스푼
- 고기에서 나온 기름 1티스푼
- 우유 1컵

조리법

볼에 밀가루, 소금, 베이킹파우더를 함께 섞는다. 이제 버터, 소금, 고기에서 나온 기름, 베이킹파우더를 밀가루와 섞어 부슬부슬한 노란 혼합물을 만든다. 조금씩 우유를 부어가며 손으로 주물러 반죽을 만든다. 필요하면 약간의 우유를 추가한다. 이 빵을 굽는 두 가지 방법이 있다: 정말로 모닥불 앞에 앉아 있다면 반죽을 긴 소시지 모양으로 만들고 튼튼한 막대 주위에 감아 불길이 약한 곳 위에 그 나뭇가지를 기대어놓는다(빵이 금빛 갈색을 띠면 다 된 것이다). 그러나 만약 가스레인지에 익힌다면 빵을 둥근 모양으로 빚어, 버터나 돼지기름을 살짝 바른 그릴에 한쪽 면마다 약 7분간 굽는다.

끝으로, 만약 그게 어떻게 되는지 궁금하다면….

## 노스트라다무스

NOSTRADAMUS

1503~1566. 프랑스의 천문학자, 의사, 예언가. 1522년 명문 대학인 몽펠리에 의대에 입학했으며, 흑사병을 치료하여 유명해졌다. 1555년에 『예언집』을 출간했다.

섬뜩한 분위기를 풍기는 노스트라다무스는 정말 좋은 사람이었다. 실제로 전염병이 창궐하는 16세기의 프랑스에서 의사로 활동하는 동안 사람 좋은 노스트라다무스는 전염병 피해자 치료에 도움이 될 매우 실질적인 아이디어들을 제시했다. 그가 제시한 아이디어들은 의외로 건전한 상식에 기초한 것들이었고, 돌팔이 의사들이 퍼트린 허튼소리와는 180도 달랐다. 우선, 노스트라다무스는 많은 전염병 의사들이 좋아하는 복장, 즉 기괴한 데이비드 보위 스타일의 옷을 벗기로 했다. 그는 자기 코에 스펀지를 줄로 매달거나 혓바닥에 마늘을 바르거나 심벌즈가 달린 신발을 신을 생각이 조금도 없었다. "마법의 주스"에 흠뻑 적신 촌스러운 담청색 줄무늬 블라우스나 밀랍을 바른 도발적인 빨간색 가죽 튜닉(오염된 공기에 대비한 방수옷)을 입을 생각도 없었다. 무엇보다도 안경 혹은 돌로 만든 눈이 달린 머리장식을 쓰거나 공기를 정화하기 위한 상쾌한 "약"이 들어 있는 길쭉한 새의 부리/코를 걸칠 생각이 없었다. 눈곱만큼도!

유럽 인구의 약 40퍼센트가 다름 아닌 이 전염병으로 목숨을 잃었다. 노스트라다무스는 합리적인 치료프로그램을 지지했다. 그 치료프로그램의 핵심 원칙은 감염된 희생자를 격리시키고, 그들이 사망하기 전까지 누워 있던 퀴퀴하고 낡은 밀짚 매트리스를 불에 태우고, 약제상과 환자 모두에게 신선한 공기와 물을 공급한다는 것이었다. 요컨대 노스트라다무스는 위생이 질병과 전염병 예방에서 중요하다는 새로운 생각을 가지고 있었다.

그리고 만약 그가 당신을 방문한다면 노스트라다무스는 거머리로 당신의 피를 뽑지는 않을 것이다. 이는 좋은 일이다. 사람들은 우리 인간이 가진 피가 얼마나 되는지 *정확히* 알지 못했고, 한 세기가 지나자 양의 혈액을 수혈하는 것이 효험이 있을 것이라고 생각했기 때문이다. 그럼에도 노스트라다무스는 몸에서 불순물을 제거하는 장미수를 당신에게 한 모금 먹이려고 할지 모른다. 향기가 얼마나 달콤하겠는가(게다가 장미수에는 높은 농도의 비타민 C가 들어 있다). 장미수는 만들기도 꽤 힘들다. 노스트라다무스는 "가장 아름다운 살색을 지닌 장미를 900송이 또는 거의 1,000송이 꺾어" 이파리를 떼어내고 꽃봉오리를 씻은 다음 그걸 두 손바닥 사이에 넣고 문지르라고 아무렇지도 않게 권한다. 휴!

그렇다, 9·11 테러와 타이타닉 호 침몰(나는 그가 예언 계획표를 제대로 이해하고 있었는지 궁금하다), 또는 이를 덜덜 떨리게 만드는 히틀러의 출현 가능성을 내다보는 일을 하고 있지 않을 때 노스트라다무스는 약을 만들기를 좋아했고, 특히 저장식품과 젤리를 즐겨 만들었다. 노스트라다무스의 『묘약Elixirs』은 흥미로운 책이다. 화장化粧에 대한 그의 조언은 수은과 베네치아의 백연에 의존해 서둘러 대충 쓴 것이 분명했다. 뾰루지와 공포의 빨간 사마귀를 제거하기 위해 그가 추천하는 방법은 조금 게릴라적이었다. 그는 독자가 정원을 파서 스쿼팅 오이*의 뿌리를 찾거나 자기 침을 정말 끝도 없이 비축해두길 기대했다. 그럼에도 젤리와 잼과 저장식품에 관한 내용은 정말 흥미롭다. 노스트라다무스는 레몬과 호박—호박은 체내의 열을 낮춰주고 맛이 아주 좋다—, 쓴 오렌지, 머스카텔 배, 마라스키노 체리, 호두를 썩지 않게 저장했다. 호두의 경우엔 와인을 끓여 그 안에 담가 저장했고, 와인 끓이는 법은 고대 로마의 데프루툼** 조리법에서 힌트를 얻었다. 그는 초록색 생강이 찬 속이나 "복부 불감증"(!?!)이 있는 여성들에게 좋다고 확신했다. 물론 지느러미엉겅퀴 뿌리를 썩지 않게 저장하면 초록색 생강과 효능은 똑같으면서 맛은 훨씬 달았지만.

노스트라다무스는 아비뇽에서 교황 특사인 클라르몽 추기경에게 자신의 마르멜로잼 한 병을 자랑스럽게 대접했다. 심지어 프랑스의 앙리 2세도 한 숟가락 맛보았다. 하지만 노스트라다무스는 마르멜로잼을 만드는 데는 돈이 많이 든다고 독자에게 경고했고, 왕자나 왕을 위해 준비해달라는 청을 받을 때를 대비해 보관해두는 게 좋을 거라고 했다. 그러나 노스트라다무스는 상류층을 동경하는 속물은 아니었다. 나는 노스트라다무스의 진정한 너그러움이 『묘약』에 나오는 "마지팬*** 만드는 법"에 관한 그의 조언에서 가장 잘 드러난다고 생각한다.

앞날을 예언하는 그의 재능은 프랑스 왕비 카트린 드 메디시스의

## 노스트라다무스의 마지팬

재료

- 껍질 벗긴 달콤한 아몬드 1파운드(454g)
- 마데이라 설탕 ½파운드(227g)
- 로즈워터 약간
- 얇은 비스킷 혹은 웨이퍼
- 깃털

조리법

달콤한 아몬드를 마데이라 설탕과 함께 절구에 넣고 찧는다. 마지팬이 촉촉해지도록 약간의 로즈워터를 넣는다. 이 혼합물을 작은 케이크에 말아 넣고 이것을 얇은 비스킷이나 웨이퍼 위에 올린 다음 170도 오븐에서 10분간 굽는다. 오븐에서 꺼내 깃털을 이용해 설탕을 약간 뿌리고 오븐에 다시 넣어 10분 더 굽는다. 다 구워지면 "섬세하고 훌륭한 맛"을 낼 것이다.

그리고 그가 겸손하게 덧붙인다. "야만인 헤르몰라드는 이 작은 케이크를 마지팬이라 불렀다. 이것은 약으로 사용됐으나 언제든 매우 훌륭한 먹을거리가 된다. 몇몇 사람들은 어느 약제상이든 만들 수 있는 그같이 간단한 것을 설명하는 나를 놀릴지 모르겠다. 하지만 나는 새로운 것을 배우기를 매우 좋아하는 보통의 남자들, 보통의 여자들을 대신해서 이 일을 한다는 점을 알아두라…. 기억해둘 것은 맛있고 신선하며 군침 도는 작은 케이크를 만들고 싶다면 아몬드가 아직 신선할 때 나무에서 직접 딴 것으로만 구워야 한다는 것이다."

---

● squirting cucumber: 지중해 연안의 오이 비슷한 식물.

●● defrutum: 포도를 즙으로 만들어 부피가 ⅓ 정도가 될 때까지 졸인 포도시럽.

●●● 117쪽 주 참고.

관심을 끌기도 했지만, 의심을 거두지 못하는 회의론자들은 이 미래학자의 능력이 어느 정도인지 시험해보고 싶은 강렬한 유혹을 느꼈다. 플로랭빌의 한 귀족은 교활한 계략을 생각해내고는 기뻐서 두 손을 비볐다. 그는 노스트라다무스를 저녁식사에 초대했다. 농지를 가로질러 귀족 집으로 걸어가던 두 사람은 돼지 몇 마리를 지나치게 되었다. 귀족은 노스트라다무스에게 저녁에 검은 돼지와 흰 돼지 중 어떤 돼지를 먹게 될 것 같냐고 물었다. "음." 노스트라다무스가 말했다. "우리는 검은 돼지를 먹게 될 겁니다. 왜냐하면 흰 돼지는 늑대에게 잡아먹힐 테니까요." 허허, 그렇단 말이지? 귀족은 즉시 자신의 요리사에게 흰 돼지를 잡아 요리하라고 말했다.

그날 저녁 늦게 그들 앞에 근사한 돼지 요리가 담긴 접시가 놓였다. 승리한 자의 능글맞은 웃음을 잠시도 참기 힘들었던 플로랭빌의 귀족은 흰 돼지가 늑대 선생의 턱에서 탈출한 게 분명하며, 이제 그들이 곧 먹으려는 돼지가 그 흰 돼지라고 말했다. "아닙니다. 이 돼지는 검은 돼지입니다." 노스트라다무스가 말했다. 귀족은 요리사를 불렀다. 알고 보니 저녁식사를 위해 흰 돼지를 죽였는데, 어떤 하인이 기르던 어린 애완 늑대가 쇠꼬챙이에 꽂혀 있던 흰 돼지고기를 훔쳐 달아났다는 것이다. 그렇다면 검은 돼지에게는 무슨 일이 일어났을까?

한 가지 궁금한 게 있다. 그 이후 플로랭빌의 귀족은 돼지 껍질 튀김을 어떻게 했을까?

## 알리스터 크롤리

ALEISTER CROWLEY

1875~1947. 영국의 심령학자, 마법사, 시인, 등산가. 신흥종교인 텔레마를 설립하는 일을 맡았다.

만약 당신이 19세기의 맨 끝자락에 카페 로얄에서 솔 므니에르[•]를 먹고 있었다면 마법사 알리스터 크롤리를 발견했을 수도 있다. 아마도 그는 스코틀랜드 산악지대의 족장(그의 필명 중 하나는 그가 스코틀랜드 네스 호에 구입한 집의 이름을 딴 '볼스킨의 지주'였다)처럼 옷을 입고 있거나 아프로 스타일의 검은 가발을 쓰고 아이라이너를 그리고 있었을 것이다. 그의 신발엔 커다란 은제 죔쇠가 달려 있었다. 설령 그의 이교도적 행위가 충분히 기괴하지 않다 하더라도 크롤리는 눈을 휘둥그레 뜨고 빤히 쳐다보게 만들 만큼, 신선할 정도로 특이해보였다. 그에겐 아프로 스타일의 가발이 필요했을지도 모른다. 출판인 실비아 비치는 "스스로 미라가 되려는" 크롤리가 "머리를 점토로 물들였

• Sole à la Meunierre: 프랑스식 가자미 구이. 밀가루를 입힌 버터 구이로 으깬 감자, 버터에 볶은 채소 등을 곁들여 먹는다.

다"고 했고, 모리스 리처드슨은 크롤리의 얼굴을 매우 큰 음경에 비유했다.

크롤리는 자신이 연기하는 놀라운 분신들과 이름들로 큰 상점을 열었다. 그는 카랑카랑한 고음으로 런던 토박이 말투를 썼다. 그는 피닉스 백작, 블라디미르 스바레프 백작, 키오카 칸으로 다양하게 불렸다. 그러한 이름들은 십중팔구 헤로인에 취해 꿈결을 헤매던 그에게 다가왔을 것이다.

마법의 망토를 입으면 투명인간이 된다고 믿었던 크롤리는 카페 로얄에서 별로 아로새긴 원추형 모자를 머리에 얹고 사교계의 명사들 사이를 느릿느릿 걸어 다니는 걸 즐겼다. 예의 바른 영국 시민들은 근엄하고 약간 뚱뚱한 사람이 몰래 탈출하는 거대한 코끼리처럼 카페 로얄에서 나와 자기들 앞을 지나가는 것을 보고 그 자리에 얼어붙었다. 물론 그들은 영국인들답게 공손히 시선을 돌려서 그를 빤히 쳐다보지 않거나 미치광이와 눈을 마주치지 않으려고 필사적으로 노력했다. 그러자 크롤리는 자신의 투명망토가 효과가 있다고 확신했다!

일단 망토를 벗으면 그는 전형적인 "망나니" 차림으로 당신의 시선을 사로잡을 것이다. 크롤리는 당신에게 "인생의 묘약"이라는 케이크를 팔려고 할지도 모른다. 그는 마법의 케이크니 꼭 사라고 강요하겠지만 케이크를 만들 때 크롤리 자신의 성스러운 형체—그의 정액—가 들어갔다는 사실을 아는 사람은 거의 없었다. 또 그는 1주일에 단돈 25기니의 수강료만 내면 성에 새롭게 눈뜨게 해주겠다고 장담하면서 자신의 "불로불사" 강좌에 신청하라고 교묘하게 당신을 설득할 것이다.

크롤리의 자기 지시적 종교인 "크롤리교", 즉 아프리카 사막에서 만들어진 텔레마● 숭배는 기독교의 대중적 인기에 흠집을 내는 데 이렇다 할 역할을 하지 못했다. 기독교의 대중적 인기에 흠집을 내려면 다윈주의를 믿는 게 더 나았다. 텔레마는 W. B. 예이츠와 험악하게 사이가 틀어지고 난 후 황금새벽회Golden Dawn movement(1887년 영국에서 설립된 마법을 믿는 조직. 예이츠도 이 조직의 회원이었다)와 겨루기 위해 크롤리가 만든 종교였다. 알리스터는 잠시나마 겁도 없이 황금새벽회에 도전했지만 예이츠를 두들겨 패거나 죽일 목적으로 몇몇 망나니 같은 사람들을 고용하는 바람에 스스로 명성에 먹칠을 했다(예이츠도 크롤리에게 저주를 퍼부었다).

크롤리의 비술에는 뭔가 끔찍하지만 재미있는 측면이 있다. 만약 그가 카페 로얄을 나와 술을 한 잔 하자며 챈서리 레인에 있는 그의 아파트로 당신을 초대했다면 당연히 당신은 크롤리가 마법을 물리치기 위해 사용하는 커다란 거울들을 보고 놀랄 것이다. 그러고 나서 당신은 죽은 참새들과 피로 뒤범벅된 바닥 위로 미끄러져 넘어지면서 해골이 된 인간의 팔과 충돌하게 될지도 모른다. 크롤리는 죽은 참새들과 피를 해골에게 "먹이로" 주었다. 부디 그가 당신에게 "섹스 마술"에 참여해보라는 요청을 하지 않았기를 바란다. 악마 같다고 그를 무서워하는 사람들도 있었지만, 크롤리는 아이처럼 순진한 면도 있었다. 한 예로 그는 치과의사를 피하기 위해 새로운 방법들을 사용했

● Thelema: 1900년대 초반 크롤리가 이집트에서 겪은 영적 체험을 바탕으로 만든 영적 철학. 개인은 저마다 자신의 진정한 의지에 따라 행동하라고 가르친다.

다. 치과 예약을 하기 전에 점을 치는 막대를 허공에 던진 것이다. 그러면, 신기하기도 하지, 매번 치과에 가지 말라는 점괘가 나왔다.

크롤리는 이상한 낌새를 못 챈 집주인들에게는 분명 악몽 같은 세입자였을 것이다. 앨런 버넷-레이도 그중 한 명이었다. 그는 집세를 안 내고 피해 다니며 평화를 방해한 크롤리를 악착같이 쫓아다니다가 두 손 두 발 다 들더니 결국 크롤리를 다른 가엾은 바보에게 거짓말로 떠넘기는 데 성공했다.

> 그날 그가 이사를 왔다. 그 뒤 나는 얼마 동안 출장을 다녀왔다. 출장에서 돌아오자마자 관리인은 내게 새 입주자가 지독한 향을 피워서 다른 사람들에게 폐를 끼치고 있다고 보고했다. 의심의 여지가 없었다. 나도 그 지독한 향을 느낄 수 있었다. 한술 더 떠 그는 가장 까다로운 요구를 해댔다. 벨기에 관리인의 아들 아돌프는 … 허구한 날 이상한 음식과 음료를 사다달라는 심부름을 해주고 있었다. 내 기억에 크롤리가 가장 좋아하는 음식의 하나는 돼지 족발이었다. 그는 주로 아주 곤란한 시간에 돼지 족발을 주문했다.

이 모든 것은 플리머스 형제 교회의 훈육이 당신에게 어떤 영향을 미칠 수 있는지 확인시켜준다. 아니면 그것은 레밍턴 온천이 한 감수성 예민한 아이에게 미친 영향일까? 형제 교회 사람들이 레밍턴에 있는 크롤리의 가정을 방문했을 때 버릇없는 소년이었던 알리스터는 피마자유 한 봉지를 찻주전자에 집어넣었고, 자신의 잼(너무 끈적거리고 지저분해서)을 먹지 않겠다고 거부했으며, 훌륭한 부모님의 인생에

심한 먹칠을 하는 아들이라는 게 드러났다. 그러자 다른 사람도 아닌 그의 어머니가 최초로 그에게 "짐승"이라는 별명을 붙여주었다. 속옷 입기를 거부하는 젊은 크롤리가 케임브리지 대학으로 떠난 건 그녀에겐 큰 위안이 되었다. 그러나 젊은 시절 크롤리가 보여준 모든 과도한 행동을 재정적으로 뒷받침해준 게 플리머스 형제 교회의 재산이란 사실이 얄궂지 않은가?

케임브리지 시절 이후 크롤리는 이상한 사람들에게 끌렸고, 엄격한 취미에도 끌렸다. 그가 선택한 스포츠는 암벽등반이었다. 그는 크램폰[●]을 발명한 엔지니어 오스카 에켄슈타인과 함께 암벽등반을 즐겼다. 오스카 에켄슈타인은 감자의 개수가 "틀리게" 나오면 음식을 되돌려 보낼 정도로 까다로운 사람이었다. 히말라야 등반을 준비하던 크롤리와 오스카는 높이 4,356미터의 당블라슈에 오르기 위해 출발했다. 당블라슈는 기 드 모파상이 장난삼아 "거대한 요부"라는 별명을 붙인, 스위스에 있는 거대한 산이었다. 하지만 악천후가 그들의 발목을 잡았다. 혹한의 날씨에 작은 텐트에서 지냈지만 크롤리는 포기하지 않았다. 후추맛 나는 음식으로 유명했던 알리스터는 "빙하 카레"를 개발했다. 매번 밥을 한 숟가락씩 먹고 나서 눈을 한 입 먹으면 "빙하 카레"였다. 크롤리는 『고백록Confessions』에서 이렇게 회상했다.

> 이 강한 남자들이, 모든 위험과 곤경에 단련이 된 이 남자들이 밥을 한 숟가락씩 먹고 부리나케 텐트 밖으로 뛰쳐나가 미친개처럼 눈에서 뒹굴

---

● crampon: 빙벽용 아이젠.

며 눈을 덥석 무는 걸 보는 건 굉장히 재미있었다. 그러나 그들은 눈이 카레만큼 아주 맛있다는 걸 인정했고, 나는 이걸 런던의 식당가에 알려야 한다고 말했다. 문제는 빙하만 있으면 되는데, 어쩌면 언젠가 폭설이 내린 다음 날….

크롤리는 색다른 카레 파티를 지칠 줄 모르고 좋아했고, 그러한 카레 파티가 열리는 시기는 그의 제삿날과 맞물릴 운명이었다. 시빌 리크나 뉴포레스트의 조랑말들처럼 자존감이 강한 비술 신봉자라면 누구라도 자기가 죽을 날을 미리 알고 있었을 것이다. 노년에 크롤리가 좋아한 간식은 카레 가루를 뿌린 정어리였다.

크롤리라고 해서 혹독한 외국 여행과 외국 음식을 항상 유쾌하게 받아들인 것은 아니었다. 그는 뉴올리언스의 프랑스-스페인 구역에서 파는 음식들은 굉장히 좋아했지만, 멕시코 음식은 그의 기대에 못 미쳤다. 오스카 에켄슈타인과 함께 멕시코 내륙을 여행할 때는 "먹는 것에 신경 쓰는 사람이 아무도 없었다"며 시무룩한 얼굴로 말했다. 아무도 신경 쓰지 않기는 술도 마찬가지였다. 멕시코인들은 아구아르디엔테[•]나 메스칼[••]을 목구멍에 들이붓는 것만으로도 만족하는 듯 보였고, "질 좋은 포도주"에는 전혀 관심이 없는 것 같았다. 오스카는 설사 때문에 고생이 이만저만이 아니었고(설사병에 걸린 게 감자의 정확한 개수까지 따지는 까다로운 성격 때문은 아니었을까), 두 사람은 샴페인과 덴

• aguardiente: 보드카처럼 알코올 도수가 높은 증류주.

•• mescal: 멕시코의 화주.

## 빙하 카레

**재료**

- 메추라기 12마리 껍질 벗기고 안팎을 씻은 것
- 중간 크기의 양파 2개 굵게 다진 것
- 중간 크기의 토마토 3개 굵게 다진 것
- 홍고추 12개
- 생강 으깨서 걸쭉하게 만든 것 2테이블스푼
- 마늘 으깨서 걸쭉하게 만든 것 1 ½테이블스푼
- 커민 가루 1 ½테이블스푼
- 고수 간 것 1테이블스푼
- 강황 ½티스푼
- 라임 2개의 즙
- 소금
- 갈색 설탕 1티스푼
- 카놀라유 또는 기● 3테이블스푼
- 물 2컵

**템퍼링**

- 통 커민 씨 ½티스푼
- 녹색 카다멈 6알
- 흑겨자 씨 ½티스푼
- 참깨 1티스푼
- 말린 새눈고추 6개

**장식**

- 생강 가늘게 썰어 바삭하게 튀긴 것 3테이블스푼
- 양파 가늘게 썰어 바삭하게 튀긴 것 3테이블스푼
- 신선한 청고추 2개 가늘게 썬 것(날것)
- 가람 마살라●● ½티스푼

---

● ghee: 인도 요리에 사용되는 정제 버터의 일종으로 우유에서 캐러멜 맛과 향이 날 때까지 약한 불에서 천천히 끓여서 만든다.

●● garam masala: '매운 혼합물'이라는 뜻으로, 계피, 카다멈, 커민, 후추를 베이스로 한 다양한 버전이 있다. 구운 고기나 채소 요리에 넣어 풍미를 돋운다.

조리법 양파를 푸드 프로세서에 넣고 갈아둔다. 토마토와 고추를 함께 갈아둔다.

큰 팬(메추라기 12마리를 한데 넣고 그 사이로 저을 만한 공간이 될 만큼 충분히 큰 것)을 사용한다. 팬을 불에 올리고 기름, 즉 기를 따른다. 기름이 탁탁 소리를 내기 시작하면 한 번에 세 마리씩 메추라기를 넣어 전체적으로 갈색이 될 때까지 굽고 한쪽으로 치워둔다.

이제 템퍼링을 위해 재료를 팬에 넣고 12분 동안 또는 겨자씨가 춤을 추기 시작할 때까지 볶는다. 그런 다음 간 양파와 소금 1테이블스푼을 넣고 눌어붙지 않게 가끔 저어가며 잘 볶는다. 양파가 밝은 금빛을 내면 강황, 생강, 마늘을 넣고 2분간 더 볶는다. 이제 라임 2개의 즙을 짜 넣고 2분간 더 익힌다. 이 단계에 이르면 멋있고 균일하게 걸쭉한 소스가 될 것이다. 토마토와 고추를 넣고 잘 섞는다. 뚜껑을 덮고 기름이 소스와 분리될 때까지 은근한 불에서 10분간 익힌다.

남아 있는 향신료, 설탕, 물 한 컵을 모두 넣고 잘 섞는다. 메추라기와 물 한 컵을 더 넣는다. 뚜껑을 덮고 메추라기가 부드러워질 때까지(약 15분) 부글부글 끓인다. 카레에 수분이 부족해지면 물을 약간 넣는다. 풍부한 양의 기름지고 걸쭉하며 매끄러운 그레이비를 얻게 될 것이다. 간을 보고 필요하면 소금을 더 넣는다.

메추라기가 먹음직스럽고 부드러워지면(고기가 손끝에서 부스러지는 정도) 장식을 위에 고르게 뿌린다. 손님을 위해 볼에 시원한 눈을 담아 함께 낸다.

마크 버터 말고 다른 것은 먹을 수가 없었다! 어느 멕시코인의 시체가 먹히지 않은 것을 우연히 보게 된 크롤리는 시체가 그렇게 보존될 수 있는 건 그 멕시코인이 죽기 전에 칠리를 먹었기 때문일 거라고 생각했다. 크롤리는 나중에 베두인족과 함께 사막에서 야영을 하며 그들의 신비한 기술을 배울 때 "총으로 쏘아 죽인 꿩과 가리발디 비스킷을 드물지 않게" 먹으면서 모험에 대비해 단단히 각오를 다졌다. 크롤리는 자신이 음식에 대해 선천적으로 까다롭다는 사실을 인정했다. "나는 마흔 살이 다 되어서야 샐러드에 손을 댄 것 같다. 터무니없어 보인다. 나는 마요네즈를 곁들인 바닷가재는 굉장히 좋아했지만 바닷가재 샐러드는 입에도 대지 않았다! 샐러드salad는 자음들의 결합이 마음에 들지 않는다. 단어란 막연하지만 뭔가를 암시한다."

네스 호에 있는 집 볼스킨에서 살 때 그는 아주 즐거운 시간을 보냈다. 증류기를 설치했고, 손님들에게 갓 잡은 연어를 제공했으며, 자신의 개 레이디 에델드레다를 데리고 사슴과 토끼를 사냥했다. 장난기 많고 사교적인 집주인 크롤리는 짓궂은 장난을 좋아했다. 어떤 방문객에게는 날카로운 비명소리를 따라가서 해기스●를 잡아달라고 재촉했고, 겁에 질린 산악지대의 배달부들은 "거대한 짐승"이 사는 집의 문 앞에 배달할 물건을 놓고는 겁에 질려 슬그머니 내뺐다. "지상에서 가장 사악한 남자"는 환갑이 지났을 때 떠들썩하고 추악한 만찬회를 열었다. "짐승"은 전형적인 크롤리식 유머를 발휘하여 독약이라는 라벨이 붙어 있는 병에 든 술을 마셨다. 그는 자신의 책 『어느 마약 중독자의 일기Diary of a Drug Fiend』에서 진과 베르무트를 섞은 칵테일을 만들어 재미삼아 쿠블라 칸 넘버 투라는 이름을 붙였고, 키르

● haggis: 스코틀랜드에 산다고 전해지는 상상의 동물.

슈와 압생트와 코냑을 동일한 비율로 섞은 다음 소량의 타바스코와 에테르를 곁들인 화끈한 칵테일도 만들었다고 주장했다. 그런 다음 칵테일에 얼음을 넣고 흔들었을 것이다. 만일 당신이 이 키르슈 칵테일 세례를 받고도 살아남는다면 크롤리는 칙칙한 잿빛 눈동자를 번득이며 그 악명 높은 카레를 재빨리 만들 것이다.

『알리스터 크롤리: 666의 회고록Aleister Crowley: A Memoir of 666』에서 크롤리의 집주인 앨런 버넷-레이가 크롤리와 함께 카레를 먹었던 일을 신경질적으로 묘사하는 걸 보면 웬만해선 견디기 힘들었던 모양이다.

## 쿠블라 칸 넘버 투

**재료**

- 진
- 드라이 베르무트[•]
- 그랑 마니에
- 오렌지 비터스[••]
- 오렌지 껍질 한 쪽

**조리법** 부순 얼음 한 줌을 칵테일 셰이커에 넣는다. 한 단위량의 진, 한 단위량의 드라이 베르무트, 그랑 마니에, 오렌지 비터스를 각각 소량 추가한다. 유리잔의 가장자리를 오렌지 껍질 조각으로 문지른다. 이제 쿠블라 칸 넘버 투를 잔에 따르고 오렌지 껍질을 퐁당 빠트린다.

---

• 366쪽 주 참고.

•• Orange bitters: 귤 껍질의 엑기스를 뽑은 것으로, 쓴맛과 오렌지의 향기가 있어 칵테일에 이용된다.

## 짐승

**재료**

- 키르슈
- 압생트[●]
- 코냑
- 타바스코 소스

**조리법**

각얼음 한 개를 칵테일 셰이커에 넣고 키르슈 1단위, 압생트 반 단위, 코냑 반 단위와 함께 섞는다. 차갑게 식힌 잔에 따르고 약간의 타바스코 소스를 뿌린다. 한 번에 꿀꺽 마신다.

● 45쪽 주 참고.

그는 내게 자신이 만든 카레를 먹어보라고 권했다. 전쟁이 터지기 하루 전이었다. 첫 숟갈을 떴을 때 매서운 신맛 때문에 혀가 불타는 줄 알았다. 나는 물을 향해 손을 뻗었고 그 다음부터는 한 숟갈 먹을 때마다 물을 마셨다. 반면 크롤리는 그 큰 접시에 담긴 카레를 엄청난 속도로 먹어치웠다. 칠리를 비롯해 이것저것 향신료를 첨가했기 때문에 그의 얼굴에서는 마치 터키탕에 들어가 있는 사람처럼 땀이 비오듯 흘렀다.

크롤리는 식사를 하는 내내 수다를 떨었다. 그는 후한 인심을 쓰듯 버넷-레이에게 인도와 그 비슷한 나라들을 방문해보라고 제안했다. 다른 이유도 있지만 그런 나라에 가면 처녀가 고환을 들어 올리고 부채질을 해줄 정도로 환대가 극진하기 때문이라고 했다. “이 모든 걸 누릴 수가 있지요.” 그가 신이 나서 말했다. “아편과 해시시, 대마초가 주는 즐거움은 말할 것도 없고요." 앉아 있던 앨런 버넷-레이는 그 말을 듣고 두 다리를 단단히 꼬았다.

"거대한 짐승"과 직접 식사를 한 사람들 중에서 그와의 식사에 대해 최고의 설명을 해준 사람을 꼽으라면 아마도 모리스 리처드슨일 것이다. 『파충류의 매력The Fascination of Reptiles』을 쓴 리처드슨은 1939년 벨그라비아에 있는 크롤리의 집에서 그와 점심을 먹었다. 크롤리와 리처드슨이 처음 알게 된 것은 크롤리가 어떤 책의 서평을 쓴 리처드슨에게 항의 편지(편지지에 음경들이 양각되어 있었다. '바포멧'•이 새겨진 크롤리의 만년필로 쓴 게 틀림없었다)를 보내면서부터였다. 두 사람은 크롤리의 집에서 점심을 먹기로 약속했고, 리처드슨은 크롤리의 악마적 평판에 무척 흥미를 느꼈다. 점심은 네 시간 동안 이어졌다. "살이 쪄서 둥글둥글한" 크롤리는 헐렁한 초록색 반바지에 타탄 무늬 나비넥타이를 매고 있었다.

크롤리와 리처드슨은 보드카를 몇 잔 마시고 나서 점심을 먹기 시작했다. 점심은 크롤리의 가정부인 무뚝뚝한 스코틀랜드 여인 "캐시"가 차려줬다. 크롤리는 식탁 맞은편에서 굵은 목소리로 이교도의 주문을 외웠다. "네가 원하는 바를 하라. 그것이 율법의 전부로다." 그러나 캐시의 재촉 때문에 크롤리는 서두를 수밖에 없었다. "빨리 끝내요, 알리스터. 감자 다 타겠어요." 환상적인 바닷가재 비스크••가 나왔고, 크롤리는 수프에서 툭 튀어나와 있는 바닷가재 조각을 가리켰

• Baphomet: 마녀들이 숭배했다는 악마. 머리와 다리는 염소이고 몸은 인간 여성이며 등에 날개가 달려 있다.

•• bisque: 조개류 등을 끓여 크림과 섞은 진한 수프.

## 지옥의 악마, 바닷가재 비스크

**재료**

- 작은 바닷가재 2마리
- 올리브 오일 1테이블스푼
- 버터 3테이블스푼
- 샬롯 3개 껍질 벗기고 잘 다진 것
- 마늘 1쪽 간 것
- 당근 1개 껍질 벗기고 잘 다진 것
- 셀러리 1대 잘 다진 것
- 월계수 잎 1장
- 신선한 프렌치 타라곤 다진 것 1디저트 스푼[•]
- 부케 가르니[••] 1다발
- 코냑 3테이블스푼
- 플럼 토마토 통조림 1캔
- 드라이 화이트 와인 200밀리리터
- 피시 스톡 2리터
- 넛맥 간 것 꼬집으로
- 카옌 후춧가루 꼬집으로
- 레몬 ¼개의 즙
- 더블 크림 100밀리리터

**접시에 내려면**

- 크림 4테이블스푼
- 쪽파 잘 다진 것 1테이블스푼

**조리법**

바닷가재를 잠잠하게 잠들도록 하기 위해 냉장고에 2시간 넣어둔다. 꺼내서 고무줄이 집게발에 여전히 묶여 있는지 확인한다. 바닷가재를 죽이려면 머리 중앙의 두 눈 사이의 십자 표시를 관통해 찔러야 한다. 이제 가운데를 갈라 머리에 있는 모래주머니와 소화관을 제거한다. 집게발을 몸에서 떼어내 밀대로 내리쳐 쪼갠다.

크고 깊고 바닥이 무거운 팬을 가져온다. 버터 3테이블스푼을 녹인다(버터가 타지 않도록 올리브 오일 1테이블스푼을 넣는다). 그런 다음 샬롯, 마

---

• 303쪽 주 참고.

•• 391쪽 주 참고.

늘, 당근, 셀러리, 월계수 잎을 버터에 추가한다. 중불에 4분간 볶는다. 색이 진해지지 않도록 한다. 이제 바닷가재를 넣고 5분간 더 조리한다. 코냑을 팬에 더하고 불을 올린다. 수프 육수가 부글부글 끓을 것이다. 조리된 바닷가재 꼬리 부분을 꺼내 껍질에서 살을 뽑아낸다. 이것으로 수프를 장식하면 나중에 마음을 어지럽히는 눈으로 당신의 동반자를 천천히 응시하며 "이건 마치 지옥에서 악마가 구운 것 같지 않아요?"라고 말할 수 있다.

꼬리 껍질을 팬에 다시 넣고 플럼 토마토, 프렌치 타라곤, 부케 가르니, 화이트 와인, 피시 스톡을 넣는다. 끓을 때까지 두었다가 불을 줄여 부글부글 15분 끓인다.

이렇게 하고 난 다음 바닷가재를 팬에서 건져 올려 바닷가재의 살을 깨끗이 발라낸다. 부케 가르니와 월계수 잎을 제거한다. 바닷가재 살을 수프에 다시 집어넣는다. 거친 수프를 믹서에 매끄럽게 갈아 퓌레로 만든다. 이제 전부 다 매우 고운체에 걸러 팬에 다시 넣는다.

수프를 다시 불에 올리고 카옌 후춧가루, 레몬즙, 넛맥, 소금, 흑후추를 넣는다. 더블 크림도 넣는다. 10분간 더 익힌다.

그릇에 내려면 각각의 볼에 크림을 올리고 그 위에 쪽파를 뿌린 뒤 바닷가재 꼬리 한 조각을 올린다.

다. 크롤리는 마음을 어지럽히는 눈길로 리처드슨의 눈을 응시하면서 천천히 말했다. "지옥에서 로스팅한 악마 같아요. 그렇지 않나요, 리처드슨 씨?" 차게 식힌 키안티• 병들이 식탁 위를 오갔고, 오리 구

• Chianti: 이탈리아 토스카나 지방에서 생산되는 적포도주.

이를 먹었으며, 이어서 브리 치즈와 자메이카 블루마운틴 커피가 나왔다. 그와 함께 "달걀 껍데기를 벗긴" 키프로스 브랜디와 흥분을 불러일으키는 검은색 멕시코 시가도 나왔다. 대화는 방향을 잃은 채 표류했고, 리처드슨의 기억에도 남아 있지 않았다. 결국 리처드슨은 서평에 대해 사과하게 되었다. 그러자 교활한 크롤리는 기다렸다는 듯 리처드슨에게 서평이 잘못됐다는 내용의 짧은 메모를 써달라고 요청했다. 다행스럽게도 리처드슨은 자신이 펜을 쥘 수 없는 상황이란 걸 알았고, 그 덕분에 명예훼손으로 고소당하는 일을 모면했을지도 모른다. 누가 알겠는가?

하지만 그런 짓궂은 장난에도 리처드슨은 그 후에 크롤리와 몇 차례 더 식사를 했다. 한번은 점심을 먹는데 크롤리가 리처드슨에게 베를린에서 자신과 하숙방을 같이 썼던 친구라며 제럴드 해밀턴을 소개했다. 놀라운 건 해밀턴과 크롤리 두 사람 모두 베를린에 있을 때 영국 정보기관에서 돈을 받고 서로 상대를 감시했다는 것이다. 크롤리는 리처드슨이 충분히 취했다고 생각하고는 다시 한 번 서평에 대한 사과의 편지를 써달라고 꼬드겼다. 그 순간 해밀턴이 크롤리를 향해 고개를 세차게 흔드는 모습이 리처드슨의 눈에 들어왔다.

함께 먹는 마지막 식사가 될지도 모르는 점심을 위해 두 사람이 소호의 에스카르고에서 만났을 때 휴전이 선언되었다. 편지지는 보이지 않았다. 대신 공작의 복장을 입은 크롤리가 "오래된 수술실에서 날 법한 아주 역겨운 냄새를 앞세우고서" 야단스럽게 들어왔다. 리처드슨은 숨이 턱 막혔다. 어찌된 일인지 묻자 크롤리는 거침없이 그 냄새가 "매일 잠을 깨우는 칵테일, 에테르 반 파인트" 냄새라고 답했다.

크롤리는 제비 꼬리 모양의 외투 소매를 걷어붙이고 달팽이 서른여섯 개와 야생 오리 파이를 뱃속에 집어넣었고, 버건디와 눈물을 쏟게 만드는 브랜디를 마셨다. 그는 좋아하는 검은색 멕시코 시가에서 피어오르는 뿌연 연기에 묻혀 앉아 있었다. 그 모습은 불가사의하고 기묘해보였으며…

악마 같았다.

## 야생 오리 파이

**재료**

- 야생 오리 4마리(농장에서 기른 오리보다 훨씬 작다)
- 얇게 저민 베이컨 8조각
- 작은 포트와인 한 잔
- 소금
- 막 갈아낸 흑후추
- 샬롯 5개 간 것
- 브랜디 1테이블스푼
- 올리브 오일 2테이블스푼
- 버섯 케첩 1테이블스푼
- 싱싱한 밤 7온스(198g)
- 사과 2개 껍질 벗기고 4등분 한 것
- 야생 버섯 7온스
- 신선한 타임 잎 1티스푼
- 세이지 잎 4~5장 잘게 썬 것
- 올스파이스 가루 꼬집으로
- 오리 내장과 뼈로 만든 육수 ½파인트(284ml)

**고기 육수**

- 올리브 오일 2테이블스푼
- 오리 뼈
- 갈색 양파 1개 껍질째
- 당근 1개
- 셀러리 1대
- 끓는 물
- 월계수 잎 1장
- 파슬리 작게 한 줌
- 타임 4가지
- 흑후추 알 한 주먹
- 소금 크게 한 꼬집

**러프 퍼프 페이스트리**●

- 중력분 9온스(255g)
- 버터 9온스
- 소금 1티스푼
- 물 150밀리리터
- 달걀 1개 푼 것

**조리법**

오리를 깨끗이 씻어 말리고 마리당 2개의 얇게 저민 베이컨으로 감싼다. 오븐을 170도로 예열하고 오리를 베이킹 트레이에 놓는다. 35분간 굽고 오븐에서 꺼낸다. 베이컨을 벗겨내고 포트와인 한 잔을 고기 위에 붓는다. 오븐에 다시 넣고 5분간 굽는다. 오븐에서 꺼내 식힌다.

오리가 다루기 좋게 충분히 식으면 살을 모두 발라내고 남은 뼈는 육수를 내는 데 쓰기 위해 보관한다. 살코기는 파이를 만들 때까지 냉장고에 둔다.

이제 육수를 만들 차례다. 크고 깊고 바닥이 무거운 팬에 올리브 오일을 두르고 연기가 날 때가지 열을 가한다. 오리 내장과 뼈, 양파를 껍질째 넣는다. 뚜껑을 덮고 타는 듯이 뜨거운 온도에 두어 내장과 뼈가 갈색이 될 때까지 익힌다. 뚜껑을 단단히 덮고 팬을 흔들어 내용물을 뒤섞는다. 이제 다른 재료들을 넣고 끓는 물을 위까지 채운다(끓는 기름이 튀겠지만 이내 잦아들 것이다). 1시간 동안 계속 부글부글 끓인다. 육수에서 채소와 뼈를 건진다. 건지고 남은 육수가 ½파인트보다 많다면 더 끓인다.

육수가 부글부글 끓는 동안 퍼프 페이스트리를 만든다. 밀가루와 소

---

● puff pastry: 얇게 반죽한 페이스트리를 여러 장 겹쳐서 파이·케이크 등을 만들 때 쓴다.

금을 체에 쳐 큰 볼에 넣는다. 버터를 자그마한 덩어리로 대강 자르고 이것을 밀가루와 함께 비빈다. 이 작업은 버터 조각이 여전히 보이도록 대충 한다. 이제 혼합물의 가운데를 우묵하게 파고 달걀을 저어 섞고 약 100밀리리터의 물을 붓는다. 필요하다면 물을 추가해 거친 반죽을 만든다. 이것을 랩에 싸 냉장고에 넣고 25분간 둔다.

페이스트리 작업대에 밀가루를 뿌린다. 작업대에 페이스트리를 놓고 직사각형으로 부드럽게 민다. 길이가 너비의 세 배가 되도록 한 방향으로 넓게 펴 민다. 버터가 페이스트리를 가로지르며 긴 줄무늬를 낼 것이다. 페이스트리의 아래쪽 ⅓ 지점을 잡아 가운데를 향해 접어 올린다. 페이스트리의 위쪽 ⅓ 지점을 잡아 가운데를 향해 접어 내린다. 반죽을 90도 돌려 조금 전과 반대로 반복해 한 방향으로 밀어 직사각형이 세 배 길어지도록 한다. 두 번째 접는 과정을 마치면 다시 랩으로 싸 냉장고에서 차갑게 20분 동안 식힌다. 파이지를 만들기 위해 밀기 전에 그대로 둔다.

오븐을 230도로 예열한다. 밑이 깊은 프라이팬에 올리브 오일을 두르고 따뜻하게 데운 뒤 샬롯과 양송이를 10분간 볶는다. 5분 지났을 때 익힌 밤, 올스파이스, 세이지 잎, 타임을 넣는다. 브랜디 1테이블스푼과 버섯 케첩 1테이블스푼을 넣는다. 육수를 넣고 끓을 때까지 둔다.

이제 파이 조립을 시작한다. 파이 접시에 샬롯, 양송이, 밤 혼합물을 넣는다. 그 위에 4조각 낸 사과와 함께 오리고기를 정돈해 올린다. 페이스트리 윗면을 밀고 파이 접시 위에 이 덮개를 덮는다. 푼 달걀을 붓질한다.

200도 오븐에서 20분간 굽는다.

## 재료 설명

- **A1 소스** A1 sauce | 스테이크 소스의 일종. 고기 추출물을 고아서 육수를 만든 뒤 갖은 향신료를 첨가하여 만든 것으로 육류, 해산물, 가금류의 스튜, 찜 요리 등에 풍미를 더해준다.

- **hp 소스** hp sauce | 스테이크 소스의 일종. 브라운소스에 마늘, 토마토, 애플주스, 오렌지주스, 양파, 향신료 등이 풍부하게 들어가 깊은 맛을 낸다.

- **그레이프프루트** grapefruit | 약간 신맛이 나고 큰 오렌지같이 생긴 노란 과일. 우리나라에서는 자몽이라고 한다.

- **그뤼에르 치즈** Gruyère cheese | 스위스 그뤼에르 지방에서 만든 치즈로, 살균하지 않은 우유로 만드는 커다란 치즈이다. 5개월 이상 숙성시키며 노란빛을 띤다.

- **그린 베이컨** green bacon | 돼지고기를 많은 양의 소금에 절인 결과물로 말리거나 훈연하기 전 상태이다. 생베이컨이라고도 한다.

- **넛맥** nutmeg | 씨앗 향신료. 육두구과 열매의 씨를 말린 것이 넛맥이고, 씨를 둘러싼 선홍색 껍질을 말린것이 메이스이다. 단맛과 약간의 쓴맛이 나며, 도넛, 푸딩, 소스 등 여러 요리에 쓰인다.

- **더블 크림** double cream | 영국 기준으로 유지방 함량이 48%인 진한 크림. 우리나라에서 판매하는 생크림의 유지방 함량은 보통 18%가량이다.

- **데메라라 설탕** demerara sugar | 원당을 부분적으로 정제한 설탕. 황갈색의 커다란 설탕 결정으로 매우 천천히 녹으며 집에서 빵을 만들거나 커피나 홍차 등의 차를 마실 때 사용한다.

- **등화수** orange flower water | 오렌지 꽃에서 채취하여 증류시킨 향료이다.

- **디종 머스터드** dijon mustard | 고급 드레싱용 프렌치 머스터드. 옅은 노란색을 띠고 부드러우면서도 강한 매운맛을 내는 머스터드이다.

- **러비지** lovage | 지중해 연안이 원산지인 허브의 일종. 다양한 향을 띠며 수없이 많은 요리에 쓰인다. 잎의 향이 주를 이루며, 줄기는 양배추, 뿌리는 딜과 유사한 향을 지닌다. 씨는 순하고 달콤한 맛을 내며, 잎은 가벼운 쓴맛이다.

- **리크** leek | 양파의 한 품종으로 단 냄새가 나는 통통하고 짧은 흰 뿌리는 맛이 달콤하고 맵다. 수프와 스튜에 많이 쓰인다.

- **마라스키노 체리** Maraschino cherry | 설탕에 절여 색깔이 투명한 체리이다. 칵테일, 아이스크림, 파르페 등에 사용된다.

- **마조람** marjoram | 타임 등과 함께 고기 요리의 냄새를 제거하는 향신료로 많이 사용한다. 순하고 단 향이 나지만 맛은 약간 쓰다.

- **맥아 분유** malted milk powder | 대맥의 맥아를 가수분해하고 우유와 혼합하여 건조시킨 분말이다.

- **맬든 소금** Maldon salt flakes | 영국 맬든(몰든) 지방에서 생산되는 소금으로 플레이크 모양의 결정에 칼륨, 칼슘, 마그네슘 함량이 다른 소금에 비해 상당히 높다.

- **메이스** mace | 향신료. 넛맥 열매의 선홍색 씨의 껍질을 말린 것으로 부드럽고 고급스러운 향이 난다.

- **모렐로 체리** Morello cherry | 체리는 크게 단 체리와 신 체리로 분류되며 단 체리는 대개 생으로 먹는 반면 신 체리는 주로 파이 재료로 쓰여 파이 체리라고도 불린다. 모렐로 체리는 신 체리의 대표적인 품종으로 진한 색을 가진다.

- **몬터레이잭 치즈** Monterey Jack cheese | 체다 치즈의 일종으로, 6주 이상 숙성시키는 순한맛의 흰색 치즈. 100% 우유만 사용하면 반 연질치즈가 되고, 탈지유를 사용하면 경질치즈가 된다. 맛은 섬세하고 부드러우면서 약간 신맛이 나

며, 파스타와 피자에 즐겨 사용된다.

- **무스코바도 설탕** Muscovado sugar | 필리핀에서 전통 방식으로 추출되는 무정제 설탕. 진한 갈색으로 흑설탕보다는 입자가 거칠지만 부드럽고 촉촉하며 당밀 맛이 강하다.

- **물라토 칠리** mullato chili | 포블라노 칠리를 말린 것. 크고 넓적하며 어두운 색에 두께가 두껍고, 별로 맵지 않다. 멕시코 요리에 많이 사용된다.

- **바닐라 익스트랙트** vanilla extract | 바닐라 추출물. 바닐라콩을 럼이나 보드카 등에 숙성시킨 엑기스를 말한다.

- **바를로티빈** barlotti bean | 담황색 꼬투리를 가진 흰색 콩. 익혀서 주요리에 곁들이거나 수프에 넣어 먹는다.

- **버지니아 햄** Virginia ham | 땅콩과 복숭아를 먹여 키운 등이 뾰족한 돼지로 만들며, 히커리나무 연기로 훈제하여 숙성시킨다. 달콤한 맛이 난다.

- **버터밀크** butter milk | 배양 버터밀크는 우유에 유산균을 접종하고 발효시켜 만들며, 고체 지방 성분을 버터로 뽑아내고 남은 영양 많은 액체 혼합물이다. 농후한 질감과 맛, 톡 쏘는 냄새를 가지고 있다.

- **블레이드 메이스** blade mace | 향신료. 향미는 넛맥과 비슷하지만, 더 짜릿하고 더 강렬하다.

- **사보이 양배추** Savoy cabbage | 일반 양배추보다 봉오리가 더 넓게 퍼져 있고 잎이 부드러우며, 잎면에 격자무늬 같은 결이 있다. 생으로 먹기보다 가열해 먹는 것이 더 맛있다.

- **새눈고추** bird's-eye chili | 동남아시아 고추 품종으로 맵기가 청양고추의 6배에 이른다.

- **샬롯** shallot | 양파를 1/4 크기로 축소한 모양이다. 맛은 양파보다 달콤하고 부

드러우며, 마늘의 알싸한 맛도 난다.

- **슈레디드 수이트** shredded suet | 고형 쇠기름 혹은 양기름을 채 썰어 놓은 가공품이다. 영국 요리에서 페이스트리나 푸딩을 풍부하게 하기 위해 주로 사용한다.

- **스카치 보닛 페퍼** scotch bonnet pepper | 카리브 해 지역에서 나는 고추. 통통한 모양이고 달콤한 맛이 나며 캐리비안 요리에 자주 등장하는 재료이다.

- **스캘리언** scallion | 파, 양파, 부추, 샬롯과 비슷하며, 양파보다 맛이 부드럽다. 샐러드나 수프에 쓰인다.

- **스타아니스** star anise | 적갈색 별 모양의 향신료. 매운맛과 쓴맛을 내는 독특한 향미를 가지며 고기 요리에 넣어 나쁜 냄새를 제거하는 데 주로 쓰인다.

- **스톡** stock | 수육류·가금육·생선을 뼈째로 채소·양념·물과 함께 끓인 진한 국물. 여러 가지 요리를 만드는 데 사용된다.

- **싱글 크림** single cream | 지방 함량 20% 전후의 크림.

- **아이올리 소스** Aïoli sauce | 다진 마늘, 올리브 오일, 달걀 노른자, 레몬즙 등으로 만든 소스이다.

- **안초 칠리** ancho chili | 약 8cm 정도의 칠리. 순한맛에서 매운맛까지 있으며 자두와 건포도 향이 난다.

- **앙고스투라 비터즈** Angostura bitters | 중남미에서 생산되는 앙고스투라 나무의 껍질로, 칵테일에 쓴맛을 내는 향료이다.

- **앙두유 소시지** Andouille sausage | 매콤한 맛의 훈제 소시지.

- **에파소테** epazote | 독특하고 강한 향을 지닌 허브. 멕시코 요리에 이용되며 수프, 샐러드, 고기 요리에 주로 쓰인다.

- **엘보 마카로니** elbow macaroni | 폭이 좁은 튜브 모양 파스타로 길이가 대략 3cm 정도이다.

- **올스파이스** allspice | 서인도제도산 나무 열매를 말린 향신료. 후추, 계피, 넛맥 등을 섞어놓은 것 같은 향이 나며, 빵을 만들거나 다진 고기, 절임 양념 등에 쓰인다.

- **우스터소스** Woecestershire sauce | 영국 우스터 지방에서 유래한 것으로, 식초, 타마린드 추출액, 고추 추출액, 설탕, 안초비 등을 넣고 숙성시켜 만든 소스. 특유의 감칠맛과 신맛이 나며 우리에게 익숙한 돈가스 소스나 스테이크 소스를 만드는 데 쓰인다.

- **이탈리안 파슬리** italian parsley | 끝이 곱슬거리지 않고 반듯한 파슬리로 보통 파슬리보다 강한 향기가 나며 밑간할 때 곱게 다져 쓴다.

- **정향** clove | 원산지는 인도네시아. 꽃봉오리를 이용하며, 맛은 맵고, 깔끔하고 강한 향을 가지고 있다. 고기 등의 냄새를 없애는 데 주로 쓴다.

- **주니퍼베리** juniper berry | 주니퍼나무의 열매로 건조시켜 보관한다. 맛은 달지만 쌉싸래하다. 육류의 절임 요리나 알코올, 음료 등에 쓰인다.

- **차이브** chive | 부추 모양으로 양파, 파와 비슷한 향이 나며, 말려서 향신료로 사용한다.

- **초리소** Chorizo | 이베리아 반도의 여러 종류 돼지고기 소시지를 아우르는 말. 스페인의 초리소는 특유의 훈제 향을 가지며 말려서 훈제한 고추 때문에 진한 붉은색을 띤다.

- **치와클 네그로 칠리** Chihuacle negro chili | 고대로부터 내려오는 귀한 칠리. 중간 정도로 맵고 코코아와 담배, 말린 과일 향이 강렬하다.

- **치폴레 칠리** Chipotle chili | 통째로 훈제해 말린 칠리. 거의 순수한 훈제 향이 나며 원래 칠리의 달콤한 채소 맛이 거의 느껴지지 않는다. 매운맛은 순한 것부터

심하게 매운 것까지 다양하다.

- **카다멈** Cardamom | 생강과에 속하는 식물의 씨앗을 말려 만든 향신료. 그린 카다멈과 블랙 카다멈이 있다.

- **카엔 후춧가루** cayenne pepper | 생 칠리를 잘 말려 가루 내어 만든 것으로 매운 맛이 아주 강하다.

- **칼루아** kahlua | 데킬라, 커피, 설탕을 주성분으로 만든 것이다.

- **캐러웨이** caraway | 후추 맛이 나는 향신료. 독특한 향이 있으며 약간 얼얼한 맛이 난다. 강하게 쏘는 맛으로 스튜 등의 풍미를 더한다.

- **커민** Cumin | 양고기, 닭고기 요리에 주로 사용되는 씨앗 향신료. 다른 향신료의 향을 모두 감출 정도로 강하면서 톡 쏘는 자극적인 향과 매운맛이 특징이다.

- **코셔 소금** Kosher salt | 요오드와 같은 첨가물을 넣지 않은 거친 소금으로 일반 식탁용 소금보다 덜 짜고 물에 잘 녹는다.

- **콘스타치** cornstarch | 옥수수를 갈아서 만든 녹말가루.

- **크렘 프레슈** crème fraîche | 젖산을 첨가해 약간 발효시킨 크림으로 사워크림과 비슷하지만 덜 시고 점도도 낮다.

- **키라임** key lime | 열대지방에서 널리 재배되고 있는 라임의 원조이다.

- **토마티요** tomatillo | 토마토보다 작으며, 맛은 녹색 토마토와 비슷하지만 신맛이 있어 칠리의 매운맛과 잘 어울린다. 익혀 먹거나 퓌레로 소스에 넣어 먹는다.

- **파스닙** parsnip | 설탕당근이라고도 불리는 달콤한 뿌리채소. 당근보다 색이 하얗고 요리하면 맛이 더 달다. 끓이거나 구워서 먹는다.

- **파시야 칠리** pasilla chili | 칠리 네그로라고도 불리며 어두운 색깔의 주름진 표

면 때문에 이름에는 작은 건포도라는 뜻이 있다. 중간 정도 맵기에 풍부한 칠리 맛을 가진다.

- **판체타** pancetta | 돼지 뱃살을 염장하고 향신료로 풍미를 더한 후 바람에 말려 숙성시킨 이탈리아식 베이컨.

- **펜넬 씨** fennel seed | 회향이라고도 하며, 달콤하고 상큼한 맛이 나는 향신료이다. 생선의 비린내, 육류의 느끼함과 누린내를 없애고 맛을 돋운다.

- **포블라노 칠리** poblano chili | 멕시코 요리에 많이 사용하는 고추로 많이 매운 편은 아니다.

- **프렌치 타라곤** French tarragon | 프랑스 요리에 쓰이는 허브의 일종으로 달콤한 향과 강한 맛을 지닌다. 잎을 잘게 썰어 요리에 풍미를 낼 때 쓴다.

- **플랜틴 바나나** Plantain | 요리해서 먹는 바나나. 아프리카 동부와 중부, 아시아 일부에서 주로 쓰며, 전분 함량이 높아서 녹색일 때는 감자맛이 나는데, 칩으로 튀기거나 카레에 넣어 먹는다.

- **플럼 토마토** plum tomato | 토마토소스나 토마토 페이스트를 만드는 데 쓰이는 이탈리아산 토마토로 우리나라에서는 대추방울토마토로 알려져 있다.

- **피렌체 회향** Florence fennel | 회향의 세 가지 품종 가운데 하나로 구근 회향이라고도 불린다. 아니스 열매와 비슷한 맛이 나며 생으로 먹기도 하고 익혀 먹어도 맛있다. 이탈리아 요리에 많이 등장한다.

- **하바네로 칠리** habanero chili | 중남미가 원산지로 칠리 중 손에 꼽힐 정도로 매우 강렬한 매운맛을 지닌다.

- **헤비 크림** heavy cream | 유지방 함량 36% 이상을 포함한 생크림.

# 참고문헌


Ades, Dawn. *Dalí*. London: Thames and Hudson, 1995.

Alcantara, Isabel, and Sandra Egnolff. *Frida Kahlo and Diego Rivera*. Munich/London: Prestel, 2011.

Aldridge, John. *Satisfaction: The Story of Mick Jagger*. London/New York: Proteus Books, 1984.

Amateau, Albert. "Julio Zito of Former Zito & Sons Bakery Dead at 83." *The Villager 77*, no. 47 (April 23-29, 2008).

Amburn, Ellis. *Elizabeth Taylor: The Obsessions, Passions and Courage of a Hollywood Legend*. London: Robson, 2000.

Andersen, Christopher. *Michael Jackson: Unauthorized*. London: Michael Joseph, 1994.

Ansen, Alan. *The Table Talk of W. H. Auden*. London: Faber, 1991.

Armstrong, Louis. *Louis Armstrong, in His Own Words: Selected Writings*. Edited by Thomas Brothers. Oxford: Oxford University Press, 1999.

Auden, W. H. *W. H. Auden*. London: Faber, 2005.

Auden, W. H., and Christopher Isherwood. *Journey to a War*. London: Faber and Faber, 1973.

Bacall, Lauren. *By Myself*. Secaucus, NJ: Citadel Press, 1986.

Bacall, Lauren. *By Myself and Then Some*. London: Headline, 2005.

Bacall, Lauren. *Now*. London: Century, 1994.

Barbour, Alan. *Humphrey Bogart*. London: W. H. Allen, 1974.

Barr, Charles. *Laurel and Hardy*. London: Studio Vista, 1967.

Baxter, John. *Woody Allen: A Biography*. London: HarperCollins, 1999.

Beaton, Cecil. *Beaton in the Sixties: The Cecil Beaton Diaries as They Were Written*. London: Weidenfeld and Nicolson, 2003.

Beaton, Cecil. *The Unexpurgated Beaton: The Cecil Beaton Diaries as He Wrote Them*. London: Weidenfeld and Nicolson, 2002.

Benchley, Nathaniel. *Humphrey Bogart.* London: Hutchinson, 1975.

Benson, Ross. *Paul McCartney: Behind the Myth.* London: Gollancz, 1992.

Berman, Ronald. *Fitzgerald, Hemingway and the Twenties.* Tuscaloosa/London: University of Alabama Press, 2001.

Bergreen, Laurence. *Louis Armstrong: An Extravagant Life.* London: HarperCollins, 1977.

Billeter, Erica. *The World of Frida Kahlo: The Blue House.* Seattle: University of Washington Press, 1993.

Bockris, Victor. *Keith Richards: The Unauthorised Biography.* London: Hutchinson, 1992.

Boeser, Knut, Guy Slatter, and Carola Friedrichs-Friedlander. *The Elixirs of Nostradamus: Nostradamus' Original Recipes for Elixirs, Scented Water, Beauty Potions, and Sweetmeats.* London: Bloomsbury, 1995.

Bogart, Stephen Humphrey, and Gary Provost. *Bogart: In Search of My Father.* London: Sidgwick and Jackson, 1995.

Bowker, Gordon. *George Orwell.* London: Little, Brown, 2003.

Boyd, Pattie. *Wonderful Today: The Autobiography.* London: Headline Review, 2007.

Bragg, Melvyn. *Rich: The Life of Richard Burton.* London: Hodder and Stoughton, 1988.

Bray, Christopher. *Michael Caine: A Class Act.* London, Faber and Faber, 2006.

Breslin, James. *Mark Rothko: A Biography.* Chicago/London: University of Chicago Press, 1993.

Bret, David. *Elizabeth Taylor: The Lady, the Lover, the Legend: 1932-2011.* Edinburgh: Mainstream, 2011.

Bret, David. *Marlene Dietrich, My Friend: An Intimate Biography.* London: Robson, 2000.

Brian, Denis. *The Faces of Hemingway: Intimate Portraits of Ernest Hemingway by Those Who Knew Him.* London: Grafton Books, 1988.

Bruccoli, Matthew. *Fitzgerald and Hemingway: A Dangerous Friendship.* London: André Deutsch, 2003.

Bruccoli, Matthew. *The Romantic Egoists: F. Scott and Zelda Fitzgerald.* New York: Scribner, 1974.

Bryce, Ivar. *You Only Live Once: Memories of Ian Fleming.* London: Weidenfeld and Nicolson, 1984.

Bryer, Jackson. *Dear Scott, Dearest Zelda: The Love Letters of F. Scott and Zelda Fitzgerald.* London: Bloomsbury, 2002.

Buddicom, Jacintha. *Eric and Us: A Remembrance of George Orwell.* London: Frewin, 1974.

Burgess, Anthony. *Ernest Hemingway.* London: Thames and Hudson, 1999.

Burnett-Rae, Alan. *Aleister Crowley: A Memoir of 666.* Edited by Victor Hall. London: Victim Press, 1971.

Burton, Richard. *The Richard Burton Diaries.* New Haven, CT: Yale University Press, 2013.

Buttitta, Tony. *The Lost Summer: A Personal Memoir of F. Scott Fitzgerald.* Dunton Green: Sceptre, 1988.

Caine, Michael. *What's It All About?* London: Arrow, 2010.

Calhoun, Randall. *Dorothy Parker: A Bio-Bibliography.* Westport, CT: Greenwood Press, 1993.

Callaghan, Morley. *That Summer in Paris: Memoirs of Tangled Friendships with Hemingway, Fitzgerald, and Some Others.* London: MacGibbon and Kee, 1963.

Capel, Susan. *Nostradamus: His Life and Predictions.* London: Studio Editions, 1995.

Cargill, Morris. *Ian Fleming Introduces Jamaica.* London: Deutsch, 1965.

Carpenter, Humphrey. *The Inklings: C. S. Lewis, J. R. R. Tolkien, Charles Williams and Their Friends.* London: HarperCollins, 2006.

Carpenter, Humphrey. *W. H. Auden: A Biography.* Oxford: Oxford University Press, 1992.

Carpozi, George. *The John Wayne Story.* London: R. Hale, 1974.

Carroll, Tim. *Woody and His Women.* London: Little, Brown, 1993.

Casanova, Giacomo. *Casanova in London.* London: Mayflower Books, 1969.

Casanova, Giacomo. *History of My Life.* London: Longmans, 1967.

Casanova, Giacomo. *The Memoirs of Casanova.* New York: Bantam Books, 1957.

Castle, Charles. *Joan Crawford: The Raging Star.* London: New English Library, 1977.

Caws, Mary Ann. *Dora Maar–with and without Picasso: A Biography.* London: Thames and Hudson, 2000.

Chandler, Charlotte. *It's Only a Movie: Alfred Hitchcock: A Personal Biography.* London: Simon & Schuster, 2005.

Chandler, Charlotte. *Marlene: A Personal Biography.* London: J. R. Books, 2011.

Charone, Barbara. *Keith Richards.* London: Futura, 1979.

Christie, Agatha. *An Autobiography.* London: HarperCollins, 1993.

Churchwell, Sarah. *The Many Lives of Marilyn Monroe.* London: Granta, 2005.

Clark, Thekla. *Wystan and Chester: A Personal Memoir of W. H. Auden and Chester Kallman.* London: Faber, 1995.

Clayson, Alan. *Keith Richards.* London: Sanctuary, 2004.

Clayson, Alan. *Mick Jagger: The Unauthorised Biography.* London: Sanctuary, 2005.

Clayson, Alan. *The Quiet One: A Life of George Harrison.* London: Sanctuary, 1996.

Clayson, Alan. *Ringo Starr: A Life.* London: Sanctuary, 2005.

Coe, Jonathan. *Humphrey Bogart: Take It and Like It.* London: Bloomsbury, 1991.

Como, James. *C. S. Lewis at the Breakfast Table, and Other Reminiscences.* London: Collins, 1980.

Coward, Noël. *Autobiography.* London: Methuen, 1987.

Crawford, Christina. *Mommie Dearest.* London: Mayflower, 1980.

Crawford, Joan. *My Way of Life.* London: W. H. Allen, 1972.

Crawford, Joan. *A Portrait of Joan: The Autobiography of Joan Crawford.* London: F. Muller, 1963.

Cray, Ed. *Ramblin' Man: The Life and Times of Woody Guthrie.* London: W. W. Norton, 2006.

Crick, Bernard. *George Orwell: A Life.* Penguin: Harmondsworth, 1982.

Croft-Cooke, Rupert. *Bosie: The Story of Lord Alfred Douglas, His Friends and Enemies.* London: W. H. Allen, 1963.

Croft-Cooke, Rupert. *The Unrecorded Life of Oscar Wilde.* London: W. H. Allen, 1972.

Crowley, Aleister. *The Confessions of Aleister Crowley: An Autohagiography.* Edited by John Symonds and Kenneth Grant. London: Jonathan Cape, 1969.

Crowley, Aleister. *Diary of a Drug Fiend.* London: Sphere, 1972.

Crowley, Aleister. *The Magical Record of the Beast 666: The Diaries of Aleister Crowley, 1914-1920.* Edited by John Symonds and Kenneth Grant. London: Duckworth, 1972.

Dalí, Salvador. *Dalí.* New York: Abradale Press/H. N. Abrams, 1986.

Dalí, Salvador. *The Secret Life of Salvador Dalí.* London: Vision Press, 1976.

Dalí, Salvador. *The Unspeakable Confessions of Salvador Dalí.* London: Quartet Books, 1977.

Davenport-Hines, R. P. T. *Auden.* London: Heinemann, 1995.

Davidson, Emily, and Robert Santelli. *Hard Travelin': The Life and Legacy of Woody Guthrie.* Hanover: Wesleyan University Press, 1999.

DeCurtis, Anthony. "Memoirs of a Girl from the East Country (O.K., Queens)." *New York Times*, May 11, 2008. http://www.nytimes.com/2008/05/11/arts/music/11decu.html?pagewanted=all&_r=0.

Deghy, Guy, and Keith Waterhouse. *Café Royal: Ninety Years of Bohemia.* London: Hutchinson, 1955.

de Monfreid, Daniel. *Gauguin's Letters from the South Seas.* New York: Dover, 1992.

Dietrich, Marlene. *My Life.* London: Pan, 1991.

Donaldson, Maureen. *An Affair to Remember: My Life with Cary Grant*. London: Macdonald, 1989.
Donaldson, Scott. *Fitzgerald and Hemingway: Works and Days*. New York/Chichester: Columbia University Press, 2009.
Donaldson, Scott. *Fool for Love: F. Scott Fitzgerald*. New York: Congdon and Weed, 1983.
Dos Passos, John. *The Best Times: An Informal Memoir*. London: Deutsch, 1968.
Dos Passos, John. *Fourteenth Chronicle: Letters and Diaries of John Dos Passos*. London: Deutsch, 1974.
Douglas, Alfred Bruce. *The Autobiography of Lord Alfred Douglas*. London: Martin Secker, 1931.
Dowswell, Paul. *Paul McCartney*. Oxford: Heinemann Library, 2001.
Dylan, Bob. *Chronicles*, Vol. 1. London: Simon & Schuster, 2004.
Etherington-Smith, Meredith. *Dalí: A Biography*. London: Sinclair-Stevenson, 1992.
Eyles, Allen. *John Wayne*. London: A. S. Barnes, 1972.
Eyman, Scott. *John Wayne: The Life and Legend*. New York: Simon & Schuster, 2014.
Faithfull, Marianne, and David Dalton. *Faithfull*. London: Penguin, 1995.
Faithfull, Marianne, and David Dalton. *Marianne Faithfull: Memories, Dreams and Reflections*. London: Harper Perennial, 2008.
Farnan, Dorothy. *Auden in Love*. London: Faber, 1985.
Ferguson, Alastair, and Alf Bicknell. *Ticket to Ride*. London: Glitter Books, 1999.
Fields, Danny. *Linda McCartney*. London: Little, Brown, 2000.
Finler, Joel. *Alfred Hitchcock: The Hollywood Years*. London: Batsford, 1992.
Fitzgerald, F. Scott, Matthew Bruccoli, Margaret Duggan, and Susan Walker. *The Correspondence of F. Scott Fitzgerald*. New York: Random House, 1980.
Fleming, Ian. *Casino Royale*. London: Viking, 2002.
Fleming, Ian. *Thrilling Cities*. London: Vintage Books, 2013.
Freedland, Michael. *Michael Caine*. London: Orion Media, 1999.
Frewin, Leslie. *Blond Venus: A Life of Marlene Dietrich*. London: MacGibbon and Kee, 1955.
Fyvel, Tosco R. *George Orwell: A Personal Memoir*. London: Weidenfeld and Nicolson, 1982.
Gallagher, Elaine. *Candidly Caine*. London: Pan, 1991.
Gambaccini, Paul. *Paul McCartney: In His Own Words*. London: Omnibus Press, 1976.
Garner, Ava. *Ava: My Story*. London: Bantam Press, 1990.

Gauguin, Paul. *The Intimate Journals of Paul Gauguin.* London: KPI, 1985.

Gauguin, Paul. *Noa Noa: The Tahitian Journal.* New York: Dover, 1985.

Gauguin, Pola. *My Father, Paul Gauguin.* London: Cassell, 1937.

Gayford, Martin. *The Yellow House: Van Gogh, Gauguin, and Nine Turbulent Weeks in Arles.* London: Penguin, 2006.

Giuliano, Geoffrey. *Blackbird: The Unauthorised Biography of Paul McCartney.* London: Pan, 1992.

Giuliano, Geoffrey. *Dark Horse: The Secret Life of George Harrison.* London: Pan, 1991.

Gold, Todd. *Michael Jackson: The Man in the Mirror.* London: Pan, 1992.

Graham, Sheilah. *The Real F. Scott Fitzgerald Thirty-Five Years Later.* New York: Grosset and Dunlap, 1976.

Grant, Kenneth. *Remembering Aleister Crowley.* London: Skoob, 1991.

Grayson, Dave, Donald Shepherd, and Robert Slatzer. *Duke: The Life and Times of John Wayne.* London: Sphere, 1985.

Greene, Joshua. *Here Comes the Sun: The Spiritual and Musical Journey of George Harrison.* London: Bantam, 2006.

Grissom, C. Edgar. *Ernest Hemingway: A Descriptive Bibliography.* New Castle, DE: Oak Knoll Press, 2011.

Gross, Miriam. *The World of George Orwell.* London: Weidenfeld and Nicolson, 1971.

Grunwald, Henry. *Salinger: A Critical and Personal Portrait.* London: Peter Owen, 1964.

Guiles, Fred Lawrence. *Joan Crawford: The Last Word.* London: Pavilion, 1995.

Guiles, Fred Lawrence. *Norma Jean: The Life of Marilyn Monroe.* London: Mayflower, 1971.

Guthrie, Mary-Jo. *Woody's Road: Woody Guthrie's Letters Home, Drawings, Photos and Other Unburied Treasures.* Boulder, CO: Paradigm, 2012.

Guthrie, Woody. *Bound for Glory.* London: Penguin, 2004.

Guthrie, Woody. *Pastures of Plenty: A Self-Portrait.* New York: HarperCollins, 1992.

Haeffner, Nicholas. *Alfred Hitchcock.* Harlow: Pearson Longman, 2005.

Hajdu, David. *Positively 4th Street: The Life and Times of Joan Baez, Bob Dylan, Mimi Baez Fariña and Richard Fariña.* London: Bloomsbury, 2001.

Hall, William. *Sir Michael Caine: The Biography.* London: John Blake, 2007.

Hamilton, Alan. *Paul McCartney.* London: Hamish Hamilton, 1983.

Hamilton, Ian. *In Search of J. D. Salinger.* London: Heinemann, 1988.

Harris, Frank. *My Life and Loves.* Paris: Obelisk Press, 1960.

Harris, Frank. *Oscar Wilde: His Life and Confessions.* New York City: Frank Harris, 1918.

Harrison, Olivia. *George Harrison: Living in the Material World.* New York/London: Abrams, 2011.

Hemingway, Ernest. *A Moveable Feast.* London: Vintage, 2000.

Hemingway, Ernest, and Carlos Baker. *Ernest Hemingway, Selected Letters, 1917-1961.* New York/London: Scribner Classics, 2003.

Hemingway, Ernest, A. E. Hotchner, and Albert J. DeFazio. *Dear Papa, Dear Hotch: The Correspondence of Ernest Hemingway and A. E. Hotchner.* Columbia: University of Missouri Press, 2005.

Hemingway, Ernest, and Sandra Spanier. *The Letters of Ernest Hemingway.* Cambridge: Cambridge University Press, 2011.

Herrera, Hayden. *Frida: A Biography of Frida Kahlo.* London: Bloomsbury, 2003.

Heylin, Clinton. *Bob Dylan: Behind the Shades Revisited.* London: Faber and Faber, 2011.

Heymann, David. *Liz: An Intimate Biography of Elizabeth Taylor.* London: Heinemann, 1995.

Higham, Charles. *Marlene: The Life of Marlene Dietrich.* London: Mayflower, 1978.

Hitchcock O'Connell, Pat, and Laurent Bouzereau. *Alma Hitchcock: The Woman behind the Man.* New York: Penguin, 2003.

Hodkinson, Mark. *Marianne Faithfull: As Tears Go By.* London: Omnibus, 1991.

Hogue, John. *Nostradamus: Life and Myth: The First Complete Biography of the World's Most Famous and Controversial Prophet.* London: Element, 2003.

Hoog, Michel. *Paul Gauguin: Life and Work.* London: Thames and Hudson, 1987.

Hyde, H. Montgomery. *Lord Alfred Douglas: A Biography.* London: Methuen, 1984.

Hyde, H. Montgomery. *Oscar Wilde.* London: Mandarin, 1990.

Hyde, H. Montgomery. *The Trials of Oscar Wilde.* New York: Dover, 1973.

Hymans, Joe. *Bogie: The Biography of Humphrey Bogart.* London: W. H. Allen, 1971.

Jackson, Laura. *Heart of Stone: The Unauthorized Life of Mick Jagger.* London: Blake, 1998.

Jackson, Michael. *Moonwalk.* London: Heinemann, 1988.

Jagger, Mick. *Mick Jagger in His Own Words.* New York: Delilah/Putnam Book, 1982.

Jenkins, David. *Richard Burton: A Brother Remembered.* London: Arrow Books, 1994.

Julian, Philippe. *Oscar Wilde.* London/New York: Granada.

Kahlo, Frida. *The Diary of Frida Kahlo: An Intimate Self-Portrait.* Edited by Sarah Lowe. London: Bloomsbury, 1995.

Kashner, Sam, and Nancy Schoenberger. *Furious Love: Elizabeth Taylor, Richard Burton, and the Marriage of the Century.* London: JR, 2011.

Keats, John. *You Might as Well Live: The Life and Times of Dorothy Parker.* New York: Simon & Schuster, 1970.

Kelley, Kitty. *Elizabeth Taylor: The Last Star.* Dunton Green: Coronet, 1982.

Kelley, Kitty. *His Way: The Unauthorized Biography of Frank Sinatra.* London: Bantam Press, 1986.

Kennedy, Gerald, and Jackson Bryer. *French Connections: Hemingway and Fitzgerald Abroad.* Basingstoke: Macmillan, 1998.

Klein, Joe. *Woody Guthrie: A Life.* London: Faber, 1981.

Kobal, John. *Marlene Dietrich.* London: Studio Vista, 1968.

Laporte, Geneviève. *Sunshine at Midnight: Memories of Picasso and Cocteau.* London: Weidenfeld and Nicolson, 1975.

Latham, Aaron. *Crazy Sundays: F. Scott Fitzgerald in Hollywood.* London: Secker and Warburg, 1972.

Leaming, Barbara. *Marilyn Monroe.* London: Weidenfeld and Nicolson, 1998.

Lear, Amanda. *My Life with Dali.* London: Virgin Books, 1985.

Leek, Sybil. *Diary of a Witch.* New York: New American Library, 1968.

Leek, Sybil. *Mr. Hotfoot Jackson.* London: Muller, 1965.

Lemesurier, Peter. *The Unknown Nostradamus: The Essential Biography for His 500th Birthday.* Alresford: O Books, 2003.

Lennon, Cynthia. *John.* London: Hodder and Stoughton, 2005.

Lennon, Cynthia. *A Twist of Lennon.* London: Star Books, 1978.

Le Vot, André. *F. Scott Fitzgerald: A Biography.* Garden City, NY: Doubleday, 1983.

Levy, Alan. *The Elizabeth Taylor Story.* New York: Hillman Books, 1961.

Lewis, C. S. *All My Road before Me: The Diary of C. S. Lewis, 1922-1927.* London: HarperCollins, 1991.

Lewis, Lloyd, and Justin Smith. *Oscar Wilde Discovers America.* New York: Harcourt, Brace, 1936.

Lord, James. *Picasso and Dora: A Memoir.* London: Weidenfeld & Nicolson, 1993.

Louvish, Simon. *Stan and Ollie, the Roots of Comedy: The Double Life of Laurel and Hardy.* London: Faber and Faber, 2001.

Lycett, Andrew. *Ian Fleming.* London: Weidenfeld and Nicolson, 1995.

Mangum, Bryant. *F. Scott Fitzgerald in Context.* Cambridge: Cambridge University Press,

2013.
Mann, William. *How to Be a Movie Star: Elizabeth Taylor in Hollywood.* London: Faber, 2009.
Marley, Rita. *No Woman No Cry: My Life with Bob Marley.* London: Pan, 2005.
Marnham, Patrick. *Dreaming with His Eyes Open: A Life of Diego Rivera.* London: Bloomsbury, 1998.
Maynard, Joyce. *Looking Back: A Chronicle of Growing Up Old in the Sixties.* London: Joseph, 1975.
McCabe, John. *Babe: The Life of Oliver Hardy.* London: Robson, 2004.
McCabe, John. *The Comedy World of Stan Laurel.* London: Robson, 2004.
McCann, Graham. *Marilyn Monroe.* Cambridge: Polity, 1988.
McCann, Ian. *Bob Marley: In His Own Words.* London: Omnibus, 1993.
McCarthy, Albert J. *Louis Armstrong.* London: Cassell, 1960.
McCartney, Linda. *Sixties: Portrait of an Era.* London: Pyramid, 1992.
McCormick, Donald. *17F: The Life of Ian Fleming.* London: Peter Owen, 1993.
McGilligan, Patrick. *Alfred Hitchcock: A Life in Darkness and Light.* Chichester: Wiley, 2003.
McGrath, Tom. *Laurel and Hardy.* Edinburgh: Capercaillie Books, 2005.
Mellow, James. *Invented Lives: F. Scott and Zelda Fitzgerald.* Boston: Houghton Mifflin, 1984.
Meyers, Jeffrey. *Bogart: A Life in Hollywood.* London: Andre Deutsch, 1997.
Meyers, Jeffrey. *The Genius and the Goddess: Arthur Miller and Marilyn Monroe.* London: Hutchinson, 2009.
Michaels, Ross. *George Harrison: Yesterday and Today.* London: Omnibus, 1982.
Milford, Nancy. *Zelda Fitzgerald: A Biography.* London: Bodley Head, 1970.
Milkowski, Bill. *Keith Richards: A Rock 'n' Roll Life.* Newton Abbot: David and Charles, 2012.
Miles, Barry. *Paul McCartney: Many Years from Now.* London: Vintage, 1998.
Miller, Linda. *Letters from the Lost Generation: Gerald and Sara Murphy and Friends.* New Brunswick, NJ/London: Rutgers University Press, 1991.
Mogg, Ken. *The Alfred Hitchcock Story.* London: Titan, 2008.
Monroe, Marilyn. *Marilyn on Marilyn.* London: Comet Books, 1983.
Monroe, Marilyn. *My Story.* London: W. H. Allen, 1975.
Moor, Jonathan. *Diane Keaton: The Story of the Real Annie Hall.* Bath: Chivers Press, 1991.

Morgan, Janet. *Agatha Christie: A Biography.* London: HarperCollins, 1997.
Morgan, Michelle. *Marilyn Monroe.* London: Robinson, 2012.
Morley, Sheridan. *Marlene Dietrich.* London: Elm Tree Books, 1976.
Moses, Kate. "Baking with Sylvia." *The Guardian*, February 14, 2003. http://www.theguardian.com/books/2003/feb/15/fiction.sylviaplath.
Munn, Michael. *Richard Burton: Prince of Players.* London: JR, 2009.
Murry, Douglas. *Bosie: A Biography of Lord Alfred Douglas.* London: Hodder and Stoughton, 2000.
Norman, Philip. *Mick Jagger.* London: HarperCollins, 2012.
Olivier, Fernande. *Picasso and His Friends.* London: Heinemann, 1964.
Orwell, George. *Diaries.* London: Harvell Secker, 2009.
Orwell, George. *Down and Out in London and Paris.* London: Secker and Warburg, 1997.
Orwell, George. *George Orwell: Essays.* London: Penguin Books, 2014.
Orwell, George. *Hop-Picking: George Orwell in Kent.* Wateringbury, Kent: Bridge Books, 1970.
Orwell, George. *A Life in Letters.* London: Penguin Books, 2011.
Orwell, George. *The Road to Wigan Pier.* London: Secker and Warburg, 1986.
Osborne, Charles. *W. H. Auden: The Life of a Poet.* London: Papermac, 1982.
Pang, May. *Loving John.* London: Corgi, 1983.
Pearson, John. *The Life of Ian Fleming.* London: Aurum, 2003.
Pepitone, Lena. *Marilyn Monroe Confidential: An Intimate Personal Account.* London: Sidgwick and Jackson, 1979.
Philips, Gene. *Alfred Hitchcock.* London: Columbus, 1984.
Pinfold, Mike. *Louis Armstrong: His Life and Times.* London: Omnibus, 1988.
Plath, Sylvia. "Kitchen of the Fig Tree." *Christian Science Monitor*, May 5, 1959.
Plath, Sylvia. *Letters Home.* Edited by Aurelia S. Plath. London: Faber and Faber, 1975.
Prigozy, Ruth. *F. Scott Fitzgerald.* London: Penguin, 2001.
Ransome, Arthur. *The Autobiography of Arthur Ransome.* London: Jonathan Cape, 1976.
Ransome, Arthur. *Signalling from Mars: The Letters of Arthur Ransome.* London: Pimlico, 1998.
Rawlings, Terry. *Rock on Wood: Ronnie Wood–the Origin of a Rock and Roll Face.* London: Boxtree, 1999.
Renoir, Jean. *Renoir, My Father.* Paris: Hachette, 1962.
Richards, Keith. *Keith Richards: In His Own Words.* London: Omnibus, 1994.

Richards, Keith. *Life.* London: Orion, 2010.
Richards, Vernon, Colin Ward, and Nicolas Walter. *George Orwell at Home (and among the Anarchists): Essays and Photographs.* London: Freedom Press, 1998.
Ring, Frances Kroll. *Against the Current: As I Remember F. Scott Fitzgerald.* San Francisco: D. S. Ellis, 1985.
Riva, Maria. *Marlene Dietrich By Her Daughter.* Dunton Green: Coronet, 1994.
Rivera, Diego. *My Art, My Life: An Autobiography.* New York: Dover, 1991.
Rivera, Guadalupe, and Marie-Pierre Colle. *Frida's Fiestas: Recipes and Reminiscences of Life with Frida Kahlo.* London: Pavilion, 1994.
Rombauer, Irma S., and Marion Rombauer Becker. *The Joy of Cooking.* London: J. M. Dent, 1963.
Rothko, Mark. *Mark Rothko.* London: Thames and Hudson, 2000.
Rotolo, Suze. *A Freewheelin' Time: A Memoir of Greenwich Village in the Sixties.* London: Aurum Press, 2008.
Rowse, A. L. *The Poet Auden: A Personal Memoir.* London: Methuen, 1987.
Salewicz, Chris. *Bob Marley: The Untold Story.* London: HarperCollins, 2010.
Sandford, Christopher. *Keith Richards: Satisfaction.* London: Headline, 2003.
Sandford, Christopher. *Mick Jagger: Primitive Cool.* London: Victor Gollancz, 1993.
Scaduto, Anthony. *Bob Dylan.* London: Helter Skelter, 2001.
Scaduto, Anthony. *Mick Jagger.* London: W. H. Allen, 1974.
Sellers, Robert. *Hellraisers: The Life and Inebriated Times of Richard Burton, Richard Harris, Peter O'Toole and Oliver Reed.* New York: Thomas Dunne Books, 2009.
Shapiro, Marc. *All Things Must Pass: The Life of George Harrison.* London: Virgin, 2002.
Shipton, Vicky. *Bob Marley.* London: Scholastic, 2013.
Sinatra, Barbara. *Lady Blue Eyes: My Life with Frank Sinatra.* London: Hutchinson, 2011.
Slawenski, Kenneth. *J. D. Salinger: A Life Raised High.* Hebden Bridge: Pomona, 2010.
Smith, Susan. *Elizabeth Taylor.* Basingstoke: Palgrave Macmillan, 2012.
Sniff, Fannie, ed. *Famous Stars Favorite Foods.* Hollywood: Fannie Sniff, 1938.
Sounes, Howard. *Fab: An Intimate Life of Paul McCartney.* London: HarperCollins, 2010.
Sperber, A. M., and Eric Lax. *Bogart.* London: Weidenfeld and Nicolson, 1997.
Spoto, Donald. *Dietrich.* London: Bantam, 1992.
Spoto, Donald. *Elizabeth Taylor.* London: Warner Books, 1996.
Spoto, Donald. *The Life of Alfred Hitchcock: The Dark Side of Genius.* London: Collins, 1983.

Spoto, Donald. *Possessed: The Life of Joan Crawford.* London: Arrow, 2012.

Steckles, Garry. *Bob Marley.* Oxford: Macmillan, 2008.

Steinbeck, John. *The Log from the Sea of Cortez.* London: Penguin, 1995.

Steinbeck, John. *Steinbeck: A Life in Letters.* Edited by Elaine Steinbeck and Robert Wallsten. London: Heinemann, 1975.

Steinbeck, John. *Travels with Charley: In Search of America.* London: Penguin, 2000.

Stenning, H. J., and Maurice Malingue. *Paul Gauguin: Letters to His Wife and Friends.* London: Saturn Press, 1948.

Summers, Anthony. *Goddess: The Secret Lives of Marilyn Monroe.* London: V. Gollancz, 1985.

Symonds, John. *The Great Beast: The Life of Aleister Crowley.* London/New York: Rider, 1951.

Taraborrelli, Randy. *Michael Jackson: The Magic and the Madness.* London: Sidgwick and Jackson, 2003.

Taraborrelli, Randy. *The Secret Life of Marilyn Monroe.* London: Pan, 2010.

Taylor, Kendall. *Sometimes Madness Is Wisdom: Zelda and Scott Fitzgerald; a Marriage.* London: Robson, 2002.

Thompson, Laura. *Agatha Christie: An English Mystery.* London: Headline Review, 2007.

Thomson, Belinda. *Gauguin by Himself.* Boston/London: Little, Brown, 1998.

Thurlow, Clifford. *The Sex Life of Salvador Dali: The Memoirs of Carlos Lozano.* Bromsgrove: Tethered Camel, 2004.

Toklas, Alice B. *The Alice B. Toklas Cookbook.* London: Folio Society, 1993.

Tomkies, Mike. *The Big Man: The John Wayne Story.* London: Barker, 1971.

Tomkins, Calvin. *Living Well Is the Best Revenge: The Life of Gerald and Sara Murphy.* New York: Viking Press, 1971.

Vaill, Amanda. *Everybody Was So Young: Gerald and Sara Murphy; a Lost Generation Love Story.* London: Little, Brown, 1998.

Van Gogh, Vincent. *Vincent by Himself.* Edited by Bruce Bernard. London: Time Warner, 2004.

Van Gogh, Vincent, Ronald de Leeuw, and Arnold Pomerans. *The Letters of Vincent van Gogh.* London: Penguin Books, 1997.

Van Ronk, Dave. *The Mayor of MacDougal Street: A Memoir.* Cambridge, MA: Da Capo Press, 2005.

Vollard, Ambroise. *Renoir: An Intimate Record.* London: Constable, 1990.

Warhol, Andy. *The Andy Warhol Diaries*. London: Penguin, 2010.
Waterbury, Ruth. *Elizabeth Taylor: Her Life, Her Loves, Her Future*. London: Hale, 1964.
Waugh, Evelyn. *The Diaries of Evelyn Waugh*. London: Phoenix, 2009.
Waugh, Evelyn. *The Letters of Evelyn Waugh*. London: Phoenix, 1995.
Waugh, Evelyn. *Mr. Wu and Mrs. Stitch: The Letters of Evelyn Waugh and Diana Cooper*. London: Hodder and Stoughton, 1991.
Wayne, Aissa. *John Wayne, My Father*. London: Hale, 1992.
Wayne, Jane Ellen. *Ava's Men: The Private Life of Ava Gardner*. Oxford: Clio Press, 1990.
Wayne, Jane Ellen. *Marilyn's Men: The Private Life of Marilyn Monroe*. London: Robson, 1992.
Wayne, Pilar. *John Wayne: My Life with the Duke*. Dunton Green: New English Library, 1987.
Welch, Chris. *Paul McCartney: The Definitive Biography*. London/New York: Proteus Books, 1984.
White, Barbara Ehrlich. *Renoir: His Life, Art and Letters*. New York: Abrams, 1984.
White, Timothy. *Catch a Fire: The Life of Bob Marley*. London: Omnibus, 2006.
Wilde, Oscar. *The Annotated Oscar Wilde*. Edited by H. Montgomery Hyde. London: Orbis, 1982.
Wilde, Oscar. *De Profundis*. Mineola, NY: Dover, 1996.
Wilde, Oscar. *Selected Letters of Oscar Wilde*. Edited by Rupert Hart-Davis. Oxford: Oxford University Press, 1979.
Wolfe, Bertram. *Diego Rivera: His Life and Times*. London: R. Hale, 1939.
Wolfe, Donald. *The Assassination of Marilyn Monroe*. London: Little, Brown, 1998.
Wood, Ean. *Dietrich: A Biography*. London: Sanctuary, 2002.
Wood, Ron. *Ronnie*. London: Pan, 2008.
Wydra, Thilo. *Alfred Hitchcock*. Berlin: Suhrkamp, 2010.
Wyman, Bill. *Stone Alone: The Story of a Rock 'n' Roll Band*. London: Penguin, 1991.
Wyman, Bill. *Rolling with the Stones*. London: Dorling Kindersley, 2002.